U0033058

Getting More

How to Negotiate to Achieve Your Goals in the Real World

華頓商學院
最受歡迎的
談判課

上完這堂課，世界都會聽你的

【暢銷20萬冊增修版】

史都華・戴蒙——著
洪慧芳、林俊宏——譯

Contents

情境篇

Contents

各界推薦

● 談判，是爲了解決問題，而且能夠解決各式各樣的問題。《華頓商學院最受歡迎的談判課》是我目前看過最易讀且最容易上手運用的談判書籍，很高興戴蒙教授推出了全新增訂版，誠摯推薦給每位需要解決問題的朋友！

——鄭志豪，「一談就贏」創辦人、國際權威談判講師

● 本以爲這是本不好消化的談判聖經，沒想到一拿起來就沒再放下，直到整本翻完。戴蒙教授把整套談判技巧擴散應用到生活上的大小事，無私地教大家各種生活阻礙的解決方案，幫大家在有形的金錢或無形的時間上爭取更多，看完這本書，你得到的將比你想像的更多。

——貴婦奈奈，諮商心理師

● 婚姻或親子的教養生活，不能只依賴溫柔力量的牽引，與孩子對話的更多時候，其實充滿了談判的空間與技巧迴旋，像這樣的邏輯組織和表達能力，去體察出孩子內心的需要，並

適時做出情理兼具的回應，是爲人父母很重要的一堂課。華頓商學院的談判課，容易理解且執行有方，這本書的出版，讓台灣的父母親面對會吵鬧會談判的孩子時，不僅不會被精神綁架，也能建構出專屬於自己家庭、最適切最和諧的教養工作。

——番紅花，親職作家

● 我現在每天都在用戴蒙教授教的談判技巧。他的教導實際、立即可用，而且非常有效！

——維騰伯格，Google全球領導力發展部主管

● 戴蒙教授的談判課把我的人生分成兩部分——修課前和修課後。這門課讓我的人生更快樂、更輕鬆、更成功，人際關係更融洽！

——艾列克謝．盧哥夫索夫，倫敦美林證券交易員

● 戴蒙教授在華頓商學院的談判課程價值非凡，無論我在球場上、辦公室裡，或是在家面對我的五個小孩，這些談判技巧都幫助我達成目標。

——諾托，美國職業美式足球聯盟財務長

● 戴蒙教授揭露了「爭取更多」的祕密。我一再嘆服於這些工具的驚人效果。花幾個小時讀

完這本書，你將會在各種談判場合中獲得極大的優勢。

——坎普，微軟資深數位策略專家

● 戴蒙的許多談判建議是反直覺的，例如幫助對方做到更好、了解對方的個人好惡、給對方想要的東西……書中有上百個學生的成功案例，不管是說服店家打折，還是完成一筆上百萬美元的交易，本書教你在職場、商場、人際關係和旅行時皆得心應手！

——《柯克斯書評》

● 傳統的談判目標是要得到「雙贏」，但戴蒙認爲，有時候今天輸了一點，明天才會得到更多。人們常常爲了證明自己是「對」的，而偏離了最初的目標。記住，達成目標才是你唯一要在意的事！

——《今日心理學》

● 戴蒙要傳達的訊息很簡單：強迫對方是不管用的，理性的爭辯也是不管用的。一個成功的談判者，會設法讓對方看到及感受到他的世界。他深信，談判時考量對方的感受，比單純考量利益的效果更佳！

——《愛爾蘭獨立報》

〈編輯室報告〉

値回票價的一堂課

大學的校園裡，學生流行選修一種課叫「大補丸」。這種課的特色是老師上課不點名、給分寬鬆，學生可以輕鬆取得學分。不過，學生愛的不只是「大補丸」，還有一種課是學生也會爭相選修的。這種課的老師很會教，上課通常很有趣，上完課之後學生會覺得很充實。於是，口碑便一屆屆由學長姊傳給學弟妹。

在台灣，口碑好的大學課程很少爲校外人士所知，但是在美國，學生可以透過教學評鑑或校園票選活動，對教授打分數，於是便有了「最受歡迎教授」或「最受歡迎課程」的榮譽。先覺出版的《哈佛最受歡迎的行銷課》，就是哈佛商學院一位最受歡迎教授的著作。至於《華頓商學院最受歡迎的談判課》，更是來頭不小。在華頓這所全球排名第一的商學院中，史都華．戴蒙教授的談判課，連續二十年都是最受歡迎的課程。

在編輯這本書的過程中，我們發現了一件有趣的事：華頓商學院每學期的課程都是以競標的方式選課，簡單來說就是搶位子。要在二十年中一直成爲結標金額最高的課程，實屬不易，可見在這所頂尖學府歷屆學生的心目中，這是一門非常値回票價的課程。

戴蒙教授要求學生，上完課後必須實際演練談判技巧，並且寫下心得報告。例如每學期學生做的第一個作業，就是去店家要折扣，無論是買披薩，還是選購蒂芬妮項鍊，都必須主動向店家提出要求。結果學生發現，只要用對方法，各種東西都能談。

另外，課堂上也會進行「談判會診」，學生必須當著全班，與教授或同學進行演練。透過這個過程，學生可以察覺自己的缺點和盲點，知道如何改進。

這些年來，學生們累積了十萬份心得報告，其中有四百多則個案就收錄在本書中。

一定有人會問，戴蒙教授的談判技巧到底有什麼獨特之處？可以歸結為兩個字：「無形」。

戴蒙教授強調，「人」是談判時的重點，所以一定要先把人搞定，再來談事情。他的談判技巧有絕大部分都是在處理與人有關的問題，例如：找出雙方的需求、了解對方「腦中的想法」、與對方建立連結。另外，他曾深入研究心理學，了解人的思維與感受如何變化、如何受影響，所以談判時會特別考慮「人之常情」的作用，例如：人需要有信任與承諾、人習慣循序漸進、表述方式可以改變人的看法、只要覺得公平就可以用金錢交換無形的東西……

重要的是，這些技巧都不是等雙方坐上談判桌、正式互動時才運用，而是在雙方接觸的最初、議題發生的最初，就已經開始。只不過，當這些技巧轉變成日常用語傳達出來，根本聽不出是在談判。

例如，戴蒙教授談判時，最常講的第一句話是：「今天怎麼樣？」這句話就具備四個功能：主動與對方建立關係、提問以獲得資訊、焦點放在對方身上、製造輕鬆閒聊的氣氛。這個看似不經意的開場白，能爲談判全局奠定良好基礎。

有位擔任電信網路專家的學生說：「我談判的對象並不知道我在做什麼，他們完全不知道。」另一位在當管理顧問的學生則說，這些技巧讓他「在市場上占有很大優勢」。當別人忙著規劃正式議程，或針對交易條件爭執不休時，戴蒙教授的學生已經終結了談判。

日常生活中，我們時時要與他人進行協商——向店家要求你應得的服務品質、說服家人認同你的決定、與執法人員或公務員斡旋、出差旅行時解決突發狀況——許多人都覺得這些交涉很困難、很煩，常因此感到無助、痛苦，甚至憤怒。不可否認，我們常見到在談判協商的場合，人的因素被忽略、人的感受被傷害，甚至有時我們自己也是那個粗心大意的人。「以人爲中心」是本書要傳達的一個很不一樣的思維，它必須搭配一連串的談判技巧才會落實，幫助我們降低衝突和破局的機會，提高成事的可能。

舉個最簡單的例子。街角有一個水果攤，販賣一包包切好的水果。賽門每次去買水果，老闆都會多送他一包。賽門的朋友觀察了一陣子，很疑惑爲什麼老闆對他特別好？畢竟，賽門買水果的頻率和數量並不比別人多。有一次，賽門終於透露他的「祕訣」：「你們去買水果的時候，是不是都挑三揀四，問老闆：『這個會甜嗎？』『算我便宜一點啦！』但是我去買水果時，都是說：『老闆，今天的水果很漂亮哦！』『這個蓮霧看起來很好吃哦！』老闆聽了高興，當然對我比較好！」

賽門可能不覺得自己在談判，但他用的技巧就是「連結」——藉由讚美，對水果攤老闆「動之以情」。當對方跟你有了情感上的連結，事情眞的比較好談（甚至不用談，例如賽門並沒有向老闆要求送水果）。這個道理並不難，只是多數人不會去做，而去做的人必然「在市場上占有很大優勢」。

生活中，最親近的人有時反而愈難說服。書中的一個例子：棠恩的爸爸有重聽，但一直不肯裝上助聽器。有一天，棠恩去看他，對他說：「難道您不想聽見孩子的聲音嗎？」結果，她爸爸「當天」就裝上助聽器了。棠恩的爸爸或許對助聽器沒好感，也不想接受重聽的事實，但他的確想聽見孩子的聲音。

這個技巧也是無形的：換個方式陳述問題，就會改變對方對事情的看法和態度。這稱爲「表述」。若能以創意方式表述，把話說對了，效果立見。棠恩的表述點出爸爸的需求，因此說服了他。

並不是每個人都喜歡談判時的折衝斡旋，但每個人都希望買家多付一點，賣家少收一點。本書建議我們把「關係」放進談判架構的中心，因爲正如作者說的：「關係是一種精神付出，在充滿煩惱的世界裡可以替代金錢！」

掌握本書的技巧，今天開始你就能爲自己的人生爭取更多！

〈中文增修版序〉

學會談判，爲自己爭取更多！

這是一本樂觀的書，目的是要讓你的人生變得更美好，開宗明義所主張的原則就是你可以爭取更多。無論你是誰、個性怎麼樣，你都可以學習成爲更好的談判者，從而獲得更多。

本書說明說服及解題的工具與對策，是過去二十年來華頓商學院最熱門課程的授課基礎。數千位在這所全球頂尖商學院內求學的學生都運用本書的建議，在卓越的企業裡謀得高職，創業成功，並在日常生活中獲得信心與平靜。「令人脫胎換骨」是讀者對本書最常下的評論。

本書自二〇一一年出版以來，世界各地一萬兩千多名Google員工，微軟、臉書、推特、摩根士丹利，高盛等企業的無數專業人士，財星五百大企業的兩百二十位管理者，以及許多家長、孩童、購物者、旅行者都同樣受益匪淺，甚至軍隊也覺得學習後，更能有效地因應受援國及統馭兵馬。

《華頓商學院最受歡迎的談判課》至今銷售突破一百四十萬冊，譯成二十六種語言。此次更新是爲了讓教材更貼近現況。二十步驟的「爭取更多」模式稍微做了更動，許多地方也做了編修，以確保本書更貼近當今與未來的協商狀況。

這點在現在尤其重要，因爲世上衝突似乎愈來愈多，日益危險。無論是公開爭執、恐怖攻擊、核武威脅，或甚至學童互相對待的方式，我們看在眼裡，都覺得這不是正確的因應之道。

在台灣，我們也常在買方與賣方之間、勞方與資方之間、政府與民衆之間，甚至親子之間看到對立的現象，日常對話似乎充滿了壓力。

這種現象之所以會發生，是因爲我們從小習慣的互動模式是錯的：我們覺得一定要爭輸贏，動用權利，比影響力，一爭高下。我們習慣怪罪他人，亂發脾氣，反應激動，又不願道歉。如今，即使科學研究已經證明，合作可以創造出更多的價値，但我們的言行和情緒反應依然好像活在洞穴時代。不同的部落經常鬧得不可開交，無法達到共識。

本書提出一種驗證可行的更好方法，幫大家擺脫上述的無盡迴圈，以創造出更多的價値、更多的工作、更多的快樂、更少的仇恨。它把焦點放在找出及瞭解對方的觀感，以便更有效地說服對方。這是一種EQ更高、更體貼入微、更合作無間的方法。只要讀了第一章，馬上就能現學現賣，讓你立即受惠。這也對你的公司、你的團隊、幾乎任何環境都有效果。無論你是誰，身處何方，你都可以隨心所欲地爭取更多。

不過，這可不是一本「好人」書。這本書教你如何有效地因應頑固的協商對象，甚至是恐怖分子，也教你如何避免情況失控，吃悶虧，以及確實改善情境。無論你是否擅長因應他人，這本書都可以幫你爭取更多。

書中提到的許多工具和模型乍看之下有悖常理，在沒試過以前，你可能會說那不可能成功。

那是因爲這些技巧都是根據人類心理學設計的，而不是根據法律（更有爭議）或經濟學（合理但不恰當）設計的。

對台灣的學生和年輕的專業人士來說，本書可以幫你大幅提升你在國內外求學和求職的機會。對年長及經驗豐富的管理者和工作者來說，本書可以幫你在迅速變遷的世界中維持競爭力。對依然飽受偏見之苦的女性來說，本書讓人「更加自主自立」，我以前在華頓的學生溫柏．艾赫曼是這麼說的。她後來在高盛投資銀行升任爲副總裁，之後又自己創立了一家資本管理公司。

對勞資雙方來說，本書提供迅速削減衝突、解決問題，爲雙方增加獲利的方法。例如，我們運用本書的工具，讓好萊塢劇作家協會（Hollywood Writers Guild）在短短幾天內，就解決了他們和製片公司僵持了一年的工會紛爭。我也訓練政治人物和官員，以及他們的幕僚和支持者，幫他們找出爭鬥之外的更好方案。

本書對個人生活特別有益，無論是夫妻爭執去哪裡度假，或是想讓孩子乖乖聽取意見和指導，這本書都可以幫你找出更公平、更快速、更有愛的解決方法。換句話說，無論你做哪一行或身處的情況，這裡的工具都會教你如何把低信任的溝通轉變成高信任的溝通。

不過，且讓我言明一點，本書的宗旨是「爭取更多」，可不是「爭取一切」。這本書的目的是要幫你過得更好，而不是過得十全十美。它的目的是要帶給你逐步、但穩定的改善，就像熟練任何主題或運動一樣。

這本書平易近人，我花了很多心思去擺脫術語，簡化流程，並採用容易上手又實用的工具。

你可以從商店購物或與家人互動中，開始使用這些技巧，甚至走在路上都可以練習。這是一個流程，而不是一堆伎倆。同樣的工具和模型可以用於商店裡的討價還價，也可以用來因應阿富汗的部族領導人。

在這個流程中，你們可以根據自己的情況，各自以不同的方式、自己的語言來調整工具。這不是一體適用的工具，有些人可能會比較喜歡某些工具，有些人則偏愛其他工具，而且每個人的表現方法各不相同。你會因此變成更有說服力的人，而不是把別人玩弄於股掌之間的騙子。

一旦用了「爭取更多」模式，「談判」就會變成對話。換句話說，兩個人或更多人會一起實現他們的目標，各取所求。每一方都受惠，而不是只有單方占了便宜。我在談判時，最常說的開場白是：「今天怎麼樣？」那不是比賽或舞蹈，也不是遊戲，而是讓人更順利地度過一天，更有信心、更加平靜、更有成果的方式。

書中的內容不見得都適用在你身上。有些讀者沒有子女，有些讀者對公共議題不感興趣。但是，撰寫本書時，我盡量提供可以和更多讀者產生共鳴的建議。有些知識你可能已經知道，但其他人可能覺得很新鮮，反之亦然。重點是找出你現在與這輩子能用得上的內容，並善用它，尋找可以幫你、為你和別人的人生增添價值的東西。

所有的內容都是以我教過及指導過的人物故事來呈現，包括學生、州長、企業管理者、家庭主婦、求職者等等。我希望他們的經驗，無論成敗，都讀起來很有意思，感覺很真實。關鍵是讓你練習這些工具，否則光看不練只是紙上談兵。你要看到工具在現實生活中發揮效用，才算是真正擁有那些工具。

本書的每個工具在現實世界中都經過一再地驗證，而且確實可行。即使特定工具對你無效，你可以調整運用的方式，或是改用書中的其他工具。

最後，請讓我知道你的運用心得，你可以透過 sd@gettingmore.com 或網站 www.gettingmore.com 聯絡到我，我和我的團隊會回應所有的來信與詢問。如果你的成效卓著，或是不明白你為何一再失敗，我們都很樂於聆聽你的狀況，因為我們想讓那些探索周遭後、決定換個方式、爭取更多的人持續交流。

本書作者寫於美國賓州哈佛福，二〇一七年十月

01 談判，需要不一樣的思維

一路狂奔的我，在接近前往巴黎的登機門時逐漸放慢成小跑步。飛機還在，但登機門已經關上，門口的地勤人員靜靜地整理著票根，他們已經收起銜接登機門和飛機入口的空橋。

「嗨，我們搭這班飛機！」我喘著氣說。

「抱歉，」地勤人員說，「我們已經結束登機了。」

「但我們的接駁班機十分鐘前才降落，他們答應我們會先打電話來連絡登機門的。」

「抱歉，機門關閉後，我們就無法讓任何人登機了。」

我和男友不敢置信地走到窗邊，我們的長假眼看著就要泡湯了，那架飛機就停在我們的眼前。太陽下山了，飛行員低著頭，儀表板的光線反射在他們的臉龐上。引擎啓動聲逐漸增強，拿著亮光指揮棒的航機引導員漫步走上停機坪。

我想了幾秒之後，帶著男友走到正對駕駛艙的玻璃前面，就站在那個最顯眼的位置，專注地看著機長，希望能引起他的注意。

其中一名飛行員抬起頭來，他看到我們絕望地站在窗口。我一臉哀傷地凝視著他的雙眼，懇求他。我把行李癱放在腳邊，就這樣站在那裡，彷彿過了很久。最後，機長開口說了些話，其他飛行員都抬起頭來，我和他四目相接，他點了點頭。

引擎聲緩和了下來，我們聽到登機門那邊地勤人員的電話響了，她轉向我們，睜大雙眼說：「拿好行李！機長要讓你們登機！」我們的假期得救了，我和男友興奮地抓著彼此，拿起行李，向飛行員揮手，快步走下空橋登機。

陳瑞燕，華頓商學院二〇〇一年入學畢業生

這是談判課的學生告訴我的故事，而且顯然是個談判的故事。當然，裡頭沒用到隻字片語，卻是以條理分明、非常有效的方式達成，用到我傳授的六種談判工具，那是實務上幾乎每個人都看不見的技巧。

是什麼技巧呢？首先，**冷靜**，因爲情緒會破壞談判，你必須強迫自己冷靜下來。

第二，**做好準備**，即使只是五秒鐘，趁這段時間整理思緒。

第三，**找到決策者**。這裡是指機長，當事人沒浪費一分一秒在地勤身上，她並無意改變公司的政策。

第四，**鎖定目標**，而非誰對誰錯。接駁班機是不是晚到了，或沒事先連絡登機門，這些都不重要。目標是登上前往巴黎的飛機。

第五，**人際接觸**。談判中，人幾乎是一切的重點。

最後，**肯定對方的地位和權力，給予重視**。當你這麼做時，對方通常會運用職權幫你達成目標。

這些工具往往相當隱約，但它們不是魔法，而是以令人永生難忘的方式幫了這對情侶，也幫那些從我課堂上學到這些工具的人，讓他們在日常生活中談判成功，從求職到加薪，從面對孩子到應付同事，這些談判技巧已幫助數萬人在生活上獲得更多的權力和自主。

本書的目的是把我課堂上的教學轉化成文字，以饗各地的讀者，提供一套可以改變一切人際互動的技巧、模式和工具。這些內容和你讀過或學過的談判技巧截然不同，它們是以心理學為基礎，不是靠「雙贏」或「輸贏」，也不是靠「硬性」或「柔性」交涉，不依賴理性世界，不管誰握有最多的權力，不用那些難以運用或不切實際的談判術語，而是靠我們實際察覺、思考、感受、體驗的方式，來幫「任何人」達到本書所主張的目標：**爭取更多**。

那不正是人性先天的欲望嗎？想要更多！每次你做一件事，不是都在想「還有沒有更多」嗎？那不見得就是「給我更多，給你更少」，反正就是更多就對了。那也不一定是指更多錢，而是指更多你在乎的東西：更多錢、更多時間、更多食物、更多愛、更多旅行、更多責任、更多籃球、更多電視節目、更多音樂。

這本書要談的就是「更多」：就看你如何定義它、得到它、保有它。無論你是誰、在哪裡，書中的想法和工具都是為你設計的。

市面上充斥教你如何達成目標、克服障礙、致勝、取得優勢、成交、借力使力、影響或說服他人、態度大方、態度強硬等的談判書。但是讀過這些書的人鮮少運用書中學到的東西。此外，有時你可能希望得到的答覆是「拒絕」或「也許」，又或者，你只是想延緩事情，但本質上，你總是希望得到更多你想要的東西。

在本書中，我用你可以馬上運用的方式來說明談判技巧，無論是訂披薩、協商十億美元的交易，還是為了一件襯衫或一條褲子殺價。**這是上我課的人「必須」做的，我要求他們當天就運用課堂上學到的技巧，把它寫在日記上，不斷地練習，再運用。**

為什麼談判技巧很重要？

談判是人際互動的核心，每次的人際互動都涉及談判，可能是言語或非言語的，可能是有意或無意的。開車、和孩子溝通、辦差事，一定都會碰到，差別只在於你做得好不好。

這不表示你隨時隨地都要積極地談判一切，不過，比較注意周遭互動的人，的確可以從生活中獲得更多想要的東西。

本書的目的，就是要幫你學習更好的談判工具，讓你更注意人際往來的全貌。

多數來上我課的人，就像本章開頭個案那位陳同學一樣，都是一般人。不過，他們都學會以信心和技巧談判，達到特定的結果。不只一位上過我課的印度女性，運用課堂上學到的工具，說服雙親讓她不必接受媒妁之言。我建議的談判流程也促成二〇〇八年好萊塢劇作家協會大罷工圓滿落幕，他們都是運用我課堂上教過的同一套技巧。我會在第二章中詳細說明。

一位商學院學生在參加第一輪校園徵才時，與十八家公司面試都落選。後來，他來修我的課，運用我教的談判工具，在最後一輪校園徵才時通過了十二場面試，找到他想要的工作。有些父母也運用我教的技巧，讓孩子乖乖刷牙。

我們把學生運用這些工具所賺到的獲利和節省的成本加總起來：有人是七美元，有人是一三二美元，有人是一百萬美元以上。我們把蒐集到的三分之一個案加總起來，金額超過三十億美元。這還沒算進運用這些技巧幫忙拯救的婚姻、找到的工作、談成的生意、說服去就醫的父母、乖乖聽話的孩子。

本書收錄的四百多則個案都是使用真實姓名，他們會告訴你，他們是如何爭取到加薪、買了瑕疵品如何獲得滿意的處理、避免收到超速罰單、讓孩子做功課、生意成交——如何以形形色色的方法讓生活過得更好，如何爭取更多。

對我和成千上萬我教過的學生來說，除非這些工具在生活中很管用，否則我們毫無興趣。

這些人是誰呢？他們來自各行各業、各種文化背景，有大企業的高階主管、家庭主婦、學生、業務員、行政助理、主管、經理、律師、工程師、股票經紀人、卡車司機、工會勞工、藝術家，三百六十五行，應有盡有。他們來自世界各地，包括美國、日本、中國、俄羅斯、哥倫比亞、玻利維亞、南非、科威特、約旦、以色列、德國、法國、英國、巴西、印度、越南等。

這些工具都幫他們達到目的，對你也一樣管用。

班·費德曼每次消費時幾乎一定會問那家公司，新客戶受到的待遇，例如折扣或其他促銷活動，是否比他那樣的忠實客戶好。有一天他這樣問，就讓他以三三%的折扣續訂《紐約時報》。

金秀珍則是到處找關係。有一天她幫女兒報名補習班的法文課，結果一年學費省了兩百美元，她是怎麼辦到的？她還沒要求折扣之前，先和班主任聊天套交情，談她的法國之旅。這些技巧可以幫你這邊省一點，那邊省一點，一年加起來也可以幫你省個幾千美元。

有些人是一開始就賺了數百萬美元。保羅．瑟曼是紐約的管理顧問，他幫一家大客戶省了三五%的費用，比他上課以前多省了二〇%的「驚人」幅度。他是運用課堂上學到的技巧，例如標準、堅持、更好的問題、關係、循序漸進等。第一年省了三千四百萬美元，目前為止已經省了三億美元，他說：「我在市場上有很大的優勢。」

艾茲伯瑞園出版社前財務長理查．摩瑞納在公司出售時，運用課堂學到的工具（標準、表述等），為公司的售價多爭取了二．四五億美元，也為他自己多爭取了一百萬美元。他表示：「我會繼續運用這些工具。」想和摩瑞納一樣靠本書的技巧受惠，你需要改變人際往來的思維。

本書有什麼不一樣？

以下說明十二種技巧，這些技巧是讓本書與多數人所想的談判截然不同的原因。我會在書中闡述這些技巧，包括搭配這些技巧的工具及觀點，後續章節會說明如何把這些技巧運用在親子、差旅、職場等大家熟悉的場域中。

這些技巧結合起來，可說是全然不同的談判思維，那差異就好像「我踢足球」和「我踢職業足球」的差別，兩者幾乎是兩碼子事。

1. **目標至關重要**

目標是你談判前所沒有，談判後想獲得的東西。顯然，協商是爲了達成目標。許多人把焦點放在別的地方，所以採取的行動不利於目標的達成。他們在店裡發飆或對某人發脾氣，攻擊錯誤的對象。在談判時，別因爲你覺得關係、利益、雙贏或任何東西很重要，就去追求那些東西。談判時做的一切都應該「明顯」把你拉近那次談判的目標，否則就毫無意義，甚至對你不利。你必須自問：**我的行動能否達成我的目標**？

2. **要以對方爲主**

除非你知道對方腦中的想法（知覺、感受、需求、給承諾的方式、是否值得信賴等等），否則你無法說服他們任何事。找出對方敬重的人來幫你，他們是什麼關係？沒有這些資訊，你甚至不知道該從何開始。**把自己想成談判中最不重要的人**。你必須把角色互換，站在對方的立場思考，試著讓對方也站在你的立場思考。運用強權或借力使力都可能破壞關係，引起報復。談判要有效、有說服力，你必須讓人「想要」做事情。

3. **要動之以情**

這世界並非以理性運作，談判愈重要，就愈容易讓人失去理性。無論是談世界和平或是談十億美元的交易，還是小孩子想吃蛋捲冰淇淋，人不理性時，就容易感情用事，也就不愛聽道理。當他們不願聆聽時，就無法說服他們，尤其是訴諸理性或理智的論調，講再多也沒用。你需要重視對方或提供對方別的東西，讓他們更清楚地思考。**展現同理心，動之以情，必要時就道歉**。

4. **要因時因地制宜**

談判沒有放諸四海皆準的方法，即使面對同一個人，在不同天，談判同一件事，也可能情況完全不同，你必須把每個情境當成獨立個案來分析。如果你想要向眼前的人爭取更多，平均數、趨勢、統計或過去的問題都不重要。想要以一套談判規則運用在所有日本人或穆斯林身上，或是堅守「絕對不能先出價」的原則，都是大錯特錯。人與人之間有太多差異，每次狀況各不相同，思維不該如此僵化。**當對方說「我恨你」時，正確的應答方式是「說來聽聽」**。你可以藉此得知對方的想法或感受，更能說服對方。

5. **循序漸進為上策**

我們常因為一次要求太多，採取的步驟太大而失敗，反而嚇到對方，增加談判的風險，加深彼此的歧見。無論是爭取加薪或談判條約，都應該採取小步驟，引導對方逐漸從他的想法往你的目標移動，從熟悉移到陌生領域，一次一小步。如果雙方缺乏信任，更應該循序漸進，測試每一步。如果雙方歧見很深，應該**慢慢走向彼此**，逐步縮小差距。

6. 交換評價不相等的東西

每個人對事物的評價各不相同。首先，找出彼此在乎和不在乎的東西，不分大小、有形無形、交易內外、理性感性。接著，**以一方重視的東西交換另一方不重視的東西**，例如以加班換更多的假期、以電視時間換更多的作業，以低價換更多的轉介顧客。這技巧的應用比「利益」或「需求」更廣泛，因爲它使用我們生活中的所有經驗和連結。這種做法能把餅做大，在家中與職場上創造更多的機會。大家應該多多運用這項技巧。

7. 找出對方認定的標準

對方有什麼政策、例外、先例、過去的聲明、決策方式？你應該**運用這些標準來爭取更多**。當他們的標準不一時，你可以舉出他們自己違反規定的行爲來質疑他們。他們是否曾讓人延後退房？他們認同每個人都不該干擾別人吧？萬一無辜的人受傷怎麼辦？他們不是承諾提供優質的顧客服務嗎？這個技巧拿來應付難搞的交涉者會特別有效。

8. 保持透明、建設性，但不操弄

這是「爭取更多」和一般概念的一大差異。不要騙人，因爲對方終究會發現，長期來說反而有害。做自己，不要裝強勢、裝好人或裝出和你本人不符的樣子。別人一眼就可以看出僞裝。眞實最可靠，**可靠是你最大的資產**。如果你的心情不好或太強勢，或有什麼不懂的東西，就明白說出來，這樣比較容易解決問題。你的方法和態度很重要，這不是叫你認輸或事先攤牌，而是要誠實、眞誠。

9. 隨時溝通，開誠布公，表述願景

多數談判失敗的原因是溝通不良或毫無溝通。除非大家都同意休息，或你眞的想結束談判，否則別中途退席。不溝通就得不到資訊，威脅或指責對方只會讓他們做出同樣的回應。**你必須重視他們，才能爭取更多**。最佳談判者會清楚說明顯而易見的狀態，他們會說：「我們似乎處不來。」言簡意賅地描述狀況，讓對方知道你希望他們往哪個方向走，例如問對方：「你的目標是讓顧客滿意嗎？」

10. 找出眞正的問題，化問題爲機會

很少人去找出談判的根本問題或加以修正，你應該問：「眞正阻止我達成目標的原因是什麼？」想找出眞正的問題，你必須知道**「爲什麼」對方會以現在的方式行事**。一開始或許不是那麼顯而易見，你需要探索才找得到。你必須站在對方的立場想。爲了孩子的門禁時間或企業價值評估而爭吵，可能是出於信任問題，但也是改善關係的機會。問題只是分析的起步，往往可以變成談判的機會，你應該把問題當成機會來看待。

11. 接納彼此的差異

多數人覺得差異很糟、有風險、很討厭，令人覺得格格不入，但**差異其實是好事**，可以代表獲利更多、更有創意。差異可以促成更多的想法、新點子、選擇、協議，結果會更好。多問些有關差異的問題，可以增加彼此的信任，得到更多的共識。有些公司、國家和文明雖然公開表示他們包容差異，但實際上的行動卻一再顯示他們討厭差異。卓越的談判者則是樂見差異。

12. 做好準備：列出清單並事先練習

這些技巧都只是清單的開始，清單包含完整的談判技巧、工具和模式。清單就像食品儲物櫃一樣，你從中挑選食材來烹飪每一餐。談判時，你是根據特定的情境，從清單中挑選特定的項目來幫你談判，例如道歉和讓步是幫你落實「動之以情」技巧的工具。本書的技巧和工具都整理成「爭取更多模式」，以便大家查閱。**你應該列一份自己的清單**，如果你沒清單，就是沒準備，沒準備就做不好，即使只花幾分鐘列清單，都可以改善結果。持續落實清單，堅持到底，直到你達成目標。所以你需要練習技巧和清單，每次談判完都需要檢討。

我教過來自數十國的三萬多名學生和專業人士，他們都證實這些模式和技巧以及搭配的工具都很有效。他們的經驗記錄在十萬份以上的日誌、電子郵件、紀錄中，以及二十多年來無數的訪談和對話中。進一步的研究和諮詢，以及我四十多年來身為教師、研究人員、記者、律師、企業主管、談判者的實務經驗，都可以佐證這些技巧。本書提到的許多內容乍看之下或許有悖常理，但在現實世界中真的可以馬上見效，你從書中可以清楚看到這是如何辦到的。

看不見的談判技巧

關於這些技巧和書中提到的許多工具，有兩件事顯而易見。第一，這不是難事。第二，除非你已經知道它們是什麼，否則它們是無形的，隱藏在日常用語中。

艾瑞克．史塔克是南加大的ＭＢＡ學生，他說：「我開始發現，我談判的對象並不知道我在做什麼，他們完全不知道。」畢業多年後的今天，他是電信網路專家，他說現在還是如此。

我談判時，最常講的第一句話是：「今天怎麼樣？」這聽起來很普通，但那問題裡至少包含了四個工具。首先，它幫你和對方建立關係，因為你一開始給人感覺很健談、不嚴肅。第二，這是一個問句，提問是蒐集資訊的好方法。第三，把焦點先放在對方，以及對方的感覺和知覺上，而不是放在「交易」上。第四，它以閒聊的方式讓彼此感到自在。

除非你明確知道工具是什麼，否則你無法把它們有效地複製在不同的情境中，只能憑直覺行事，那樣你的談判技巧永遠無法進步。

幾年前，我在一個大風雪的日子談判。我一開口就先語帶無奈地說：「這雪是怎麼了？」對方卻回答：「其實我還滿喜歡雪的，我愛滑雪。」於是我改口問：「那你覺得暖氣如何？」

我爲什麼那樣說？我想找個雙方都討厭的敵人，共同敵人可以拉近雙方的關係，讓談判變得更容易。這就是大家愛抱怨天氣的原因，聊天氣能讓大家彼此連結，產生共同的看法。大家半開玩笑地抱怨律師、交通或官僚也是基於相同理由。

多數人不知道「共同敵人」這個工具，那是無形的，除非有人告訴你，否則你看不到。找出「共同需求」也是不錯的方法，不過對心理的影響較小。如果你可以在談判之初找到共同需求，也能產生不錯的效果。

這些技巧和工具都是無形的，因爲它們比較新，至少在運用上比較新。如今的談判這個領域是一九七五年左右由律師開發出來的，雖然不錯，但不完整，它可保護談判的下檔風險，但不太著重談判的上檔利益。八〇年代，經濟學家投入談判領域，開發出更多獲利和把握機會的技巧，但也不完整，因爲那是依賴理性。

當然，「爭取更多」也考慮到這些因素，但更重視參與者的心理，那也是多數談判應該偏重的：對方腦中的想法。除非你努力思考對方的心理，否則你無法發現機會或化解衝突。

本書不打算談什麼

「爭取更多」不是要宣示你權力過人，迫使他人接受你的要求。「權力」或「借力使力」是大家過於高估的談判工具，多數談判教學及電視電影中呈現的談判場景，都鼓勵大家以權勢壓迫對方，迫使對方做你想要的事，這會衍生許多問題。

首先，你一憑強勢壓人，雙方的關係通常就完了。誰都不喜歡別人逼自己做違反個人意志的事、不喜歡和那樣的人維持關係。第二，這傳達出錯誤的訊息，而且緊張、爭鬥、衝突也有損利益，因爲我們把精力用來捍衛自己，而不是促成事情。第三，以權力壓人容易引起報復，可能是立刻報復，也可能三年不晚，可能導致對方在工作上「不懷好意的遵從」，也可能促成世界各地的自殺炸彈客，或躺在地上又踢又叫的小孩。第四，以勢力壓迫不情願的對象，代價也很高，我們在書中會看到。第五，濫用權力被發現時，往往會失去權力。

使用權力應該謹慎巧妙，要在對方的同意下（例如在軍事或法院），而且要公平。我們必須了解權力平衡，才知道如何主張談判公平及達成目標。本書的技巧給你力量：在人生大大小小的狀況中，能夠有效說服的力量。

有些人問，這些工具會否傷害到別人？答案是，會。面對行事不公或想用權力傷害你的強勢交涉者，你可以增強自己的勢力，例如，面對不公平的業者時，對備感困擾的消費者來說這就是好工具。如果對手以不公平的方式逼你，你可以尋求別的選擇，但你必須隨時留意，小心別濫用，它可能回過頭來反咬你一口。

下面會看到，使用權力或借力使力是一種談判形式，但通常不是很好的形式，代價比較高，比較沒有約束力。如果我說服你心甘情願做某件事，代價通常不高。如果我無法說服你，可能就需要找外人來幫我談判，例如律師。如果律師也無法說服你，他可以訴諸其他外人，例如法官或陪審團。律師找上外人來協商時，那外人可能可以逼你去做你不想做的事。你可以看到，這時還是在談判，但當我拉愈多人和愈多力量進來時，代價就愈高。作爲最後的手段，這可能是必要的，但我們不會一開始就選擇這樣做，更不可能下意識就想用這種方法。本書主張使用比較好的談判技巧，也就是，你可以靠自己說服更多的人心甘情願地做事。

上述的無形技巧可能是一大競爭優勢。不過，你應該與對方分享這些優勢，他們才不會覺得受到操弄，長期來說，你也可以因此爭取更多。

本書也不談「談判協定的最佳替代方案」（簡稱BATNA），或其他類似的縮寫。這類替代方案其實是把焦點放在協商破局上，而不是和對方談出更好的結果。我常說：「就算協商破局對大家都沒損失，但如果我們願意坐下來協商，是否能獲得更多？」

所謂「談判空間」，也不如多數人所想的那麼管用。你可能聽說過「議價空間」：買方願意支付的上限，賣方願意接受的下限，但你還可以在談判中增加別的元素，以改變談判空間，例如交換評價不相等的東西。當你愈有創意，談判空間、BATNA和其他類似的東西就愈沒意義。

總而言之，有的選擇可能比你最後想出來的方式更好，你應該多方探索，但首先你需要盡量發揮創意，找出可用來對待對方的方式。如果你用你有的選擇來打擊對方，就好比在約會時，你向對方提起你原本可以約別人一樣，這段感情看來後勢不妙。我會在書中一再提起使用權力的問題，因為陋習容易再犯，我們很容易又想以勢力逼人就範，這種事不該發生。

給談判一個新定義

我們就從重新定義談判開始說起吧！首先，當你做對時，其實「談判」「說服」「溝通」或「推銷」並無差異，它們都該有同樣流程。也就是說，我們都該從目標開始，以人為主，因時因地制宜。

在這裡我們不使用一些談判術語，例如「連串的互讓」或「尋找正面妥協區」之類的。此外，以「合作」或「好勝」這種二分法來看人也是不對的。對方的言行舉止往往是視情況而定，人與情境並無法精確地分門別類。

我希望這裡定義談判的方式，可以幫你規劃實際上需要做什麼，讓你更清楚洞悉談判的流程。新定義的談判有四個層級，從最粗淺的層面開始。

簡單說，談判就是與人協商時，達成自己目標的過程。通常有以下四種談法：

1. **迫使對方做你要他們做的事**。這包括威脅、暴力、不容討價還價的要求、運用權勢。當然這算是談判——你告訴對方，除非照你的話做（至少目前是如此），否則就給他好看。這招有時有效，戰爭和侵略有時的確可以達到目的。

運用勢力的主要問題不在於它的效果。問題是，運用勢力的代價非常高昂，要讓對方持續遵守，需要很長的時間。所以這裡該問的問題包括：長期來說，這是達成目標的最簡單方法嗎？例如，如果你使用暴力但沒消滅對方，他們可能會繼續反抗下去。如果你祭出威脅，他們會想辦法報復。使用這種方法，你頂多只能說服他們「今天」不要還擊罷了。

在有限的情況下，單憑權勢或許可行。你看到電視或電影裡的情節，或聽許多領導者的說法，或許會覺得以權力威脅他人是最好的方式。但事實上，那不是最理想的選擇。整體來說，它的獲利和效用都不如其他的選擇。你看，上法院與人對抗的代價有多高。

2. **讓對方思考你希望他們思考的事**。第二個層級比較好：讓人看清你想法中的合理效益，這就是所謂的「利益型談判」，許多談判書中都提到這種。不過，這必須對方是理性的才行。

在現實世界裡，這種方式通常沒有效果。重要的談判大多包含很大的情緒成分，常有許多非理性的行爲。當談判對對方來說愈重要時，利益型談判的效果愈低。家人爭論度假的地點，或同事爭論誰用哪間辦公室，都是很難以利益型談判解決的，光是想「理性的人認爲什麼方式可行」是不夠的。

於是接下來，我們看到談判、說服和溝通中眞正有效的方法，那也是良好人際往來的開始。

3. **讓對方理解你希望他們理解的事**。現在你是以對方的角度來看世界，你想辦法改變他們的看法，從他們腦中的想法出發。想說服他們，這是正確的起點。

誤解往往是源自溝通不良，我們每天都可以看到因誤解而產生的紛爭和談判破裂。了解對方的看法是談判成功的關鍵，接著再逐步改變對方的看法。這樣做其實可以縮短談判的時間，自動執行、更容易。

4. **讓對方感受你希望他們感受的事**。這種做法會自動產生約制力，因爲你是訴諸對方的情感，也可以說是「非理性」。幾乎每個人都是從自己的感覺和看法來看世界。一旦有壓力，一旦攸關利害，情感往往戰勝理智（無論明顯與否）。顧及情感層面的談判，比「利益」更廣泛，能涵蓋所有需求，包括人們想要的一切，從合理到瘋狂的欲望都在其中。當對方察覺你在乎他的感覺時，他們就會多傾聽你的說法，更容易被你說服。

根據我的經驗，很少人會在談判時肯定或使用這點。想像一下，對立的律師雙方、球隊老闆對優秀球員，或是美國對伊朗，會這樣說嗎：「在我們坐下來正式討論議題之前，你還好嗎？開心嗎？你最喜歡什麼食物？你的家人好嗎？」這些是獲得最佳結果所「必要」執行的。本書中，大家會看到這樣做的人談判得較好，爭取到更多。

這些素材——技巧、工具、模式、態度——綜合在一起，就是談判「流程」。這是一種與人

對話、為人處事、幫你獲得更好結果的方法。雖然是個別的技巧，但它最後會形成你的一部分。有效的談判會變得像聊天一樣自然，不是在談判桌或正式場合中進行，而是在生活中發生。

事實會隨著情境而改變，但流程不該改變。掌握這個流程，你就可以隨時隨地和任何人談判任何事。

我在每次上課一開始時都會問學生：「今天誰談判了？」談判的主題是什麼並不重要，可能是談熱狗或熱門的工作。每件事都可以用同樣的方法分解成基本要素，這些基本要素可以拿來檢視、研究，再重組，以便從更高的層級談判。

如果你在談判前先花十或十五分鐘列出清單，自問如何把每項技巧運用在那個情況中，試想你談判的效果可以改善多少。你對對方有足夠的了解嗎？你的目標定義清楚嗎？你循序漸進、步驟分得夠細嗎？事後，你評估自己使用清單的成效，或許稍微修改、記取經驗，以便下次應用。

這就是所謂的「歸納」流程：從每個情況開始，然後找出可能最有效的具體技巧和工具，那也是你可以運用在下次談判中的知識。例如，你可能會發現，在某種情況下使用標準很有效，在另一個情況下訴諸關係很有效，而在第三種情況下，把焦點放在個別需求很有效。

現在我們就開始來看這份清單，讓我來說服你改變思維。

確立你的目標

這是本書和其他談判書的一大差異。「目標」不只是一個談判工具，而是談判的主體。談判就是為了達成目標，其他都是次要的。

目標是你想完成的事。別刻意去建立關係，或觸及別人的利益、需求、感覺或其他東西，也不要給予或取得資訊，除非做那些事可以讓你更接近目標。

這是很重要的一點。**除非我們做的事有助達成目標，否則不該追求「雙贏」或建立「關係」或尋求對方的同意。**「雙贏」是個陳腔濫調，聽起來有點操弄意味，每次有人對我說「我們來追求雙贏吧」，我總覺得「他們想從我這裡得到東西」。

談判的目的是「得到你想要的」。如果關係無法幫你達成目標，你又何必協商建立關係？如果別人持續傷害你的事業，你又何必追求雙贏？

也許你其實想要的是「我輸你贏」的結果，你想今天先輸，好讓他們明天多給你一些。也許你想要的是「雙輸」，讓兩人都知道那感覺如何。也許你想要的是「我贏你輸」的結果，以訓練他們下次改變做法。別因為其他事物而分心或受到蒙蔽，例如善意、強勢、情緒化等。千萬別把注意力移開目標，那是你現在沒有，但在流程最後想得到的東西。

關於目標的達成，有許多相關文獻。研究顯示，設定目標是一個人可為自己做的一件大事，光是設定目標這樣的舉動，就可以讓績效提升二五％以上。如今的情況不是「沒人知道他們需要找出與達成目標」，而是「沒人這樣做」。沒人做是因爲沒人注意這件事，因爲他們心有旁騖。即使他們終於做了，也沒完成，半途而廢。

有些高階主管可能會揮手反駁我的論點，他們說：「我們在商學院就是學到這些。」那爲什麼不做呢？

做事需要專注、有條理，光是說「達成目標」還不夠，你必須知道具體該怎麼做。你需要做的第一件事，是決定你的目標是什麼，在一開始就清楚定好，並在過程中時常提醒自己。

你去商店的目標是什麼？事先知道目標，就不會因衝動購買而浪費錢。你和家人討論度假計畫的目標是什麼？是爲了證明誰是對的嗎？是爲了別的事懲罰他們嗎？還是爲了決定對大家都好的假期？

你去開會時，多常對與會者說：「什麼是你們現在沒有，但開會結束時想達到的？」如果你沒這樣問過，下次試試看，這招很有效。雖然有時候有人會說謊或拒絕吐露實話，但大體上他們都會告訴你。你很快就會知道，大家是否覺得他們在開同一個會，有同樣的目標。即使目標稍有差異，也可能導致談判結果一團糟。

寫下目標，提醒自己，請朋友和同事也提醒你。不只在流程之初如此，在流程中也是如此。

沒有目標，就像上車時不知道該開往何處；不隨時檢查目標，就像沿途都不看地圖一樣。我們常在開會或活動的中途分心，中間常會出現新資訊，除非你不時檢查目標，否則不太可能達成目標，無論你再怎麼了解那家公司或那個人都沒有用。

我認識一位高階主管，在美國一家頂尖企業擔任策略副總。她上任不久，寫了一封信給其他十二位資深主管，邀他們來開會，並請他們把各自設定的公司目標帶來開會。

公司執行長收到信後打電話告訴她：「等等，妳才剛來，我們已經來好幾年了，我們知道公司的目標。」

「好吧，」新來的副總說，「但你找我來負責公司的策略，我向你保證，這會議只要順利召開，絕對值得，而且不會開很久。」執行長答應了。

其他十二位資深主管都把他們設立的公司目標帶來開會，策略副總把目標一一寫在白板上。最後，那十二位資深主管發現，他們的目標其實不只一個、兩個或三個，他們總共有十四個目標，而且多數目標還互相矛盾，這時他們才驚覺情況不妙。

目標要愈具體愈好，「我想去芝加哥」比「我想去伊利諾州」好，「送一個人上月球」比「探索太空」好。「我想從大學畢業」不如「我寫書時，想至少拿中等的成績」來得好。

我們常以爲，唯有犧牲別人，自己才能達成目標。其實你需要同時思考別人和自己的目標，否則別人很快就會縮減給你的東西。如果你爲了達成今天的目標而犧牲長遠的未來，對自己也沒什麼好處。「爭取更多」意指在各種情況下讓所有相關的人都達成目標。

確定目標後，你應該持續自問：「我的行動有益達成目標嗎？」許多人都沒做到這點，他們受情緒干擾或分心，或根本沒這樣想過。這點適用在你身上，也適用在你關心的人身上。

安琪拉．亞諾的父親中風，他在尚未康復前就想出院。安琪拉是顧問，她問父親最期待回家做什麼，父親回答：「帶林戈去散步。」林戈是他的狗。安琪拉說：「如果你想帶林戈去散步，即使現在出院也無法帶牠去散步。」她說，等康復再出院，就可以獨自行動，那時就能帶狗散步了。安琪拉讓父親明白，他自己的提案無法達到目標，所以父親後來等到康復才出院。

所謂的「好勝」，這裡多了一個新定義：達成目標的能力，這看法一反數百年來的商業思維。經濟學家亞當．史密斯的理念曾是主流。大家普遍認為亞當．史密斯是現代經濟學之父，他認為競爭是追求最大的自利，此後大家都認為競爭就是強勢壓敵，贏者通吃，毫不留情，後來有些人稱之為「經濟達爾文學說」。

如今，好勝者是以約翰．納許的思維取代上述想法。納許是普林斯頓大學的數學家，榮獲一九九四年的諾貝爾獎，電影《美麗境界》的劇情讓他廣為人知。

納許用數學證明一七五五年瑞士哲學家盧梭的理論：各方合作時，整體利益幾乎都會擴大，所以每一方得到的利益比孤軍奮鬥時還多。最典型的例子是每個獵人各自行動時，只能捕獲一隻兔子，但一起合作時，則可捕獲一隻鹿。

如今，聰明的競爭者都會盡量合作，例如IBM、蘋果、摩托羅拉共創的PowerPC，廠商為了研發而策略聯盟，藥廠之間的聯合行銷。研究顯示，人在合作的環境中有近九成的時間比在傳統「競爭」環境中表現更好。換句話說，一般的績效比賽並無法提升績效。

有些人會語帶懷疑地說，有時整體利益不會擴大，一方贏了，另一方就輸了。我請他們舉例說明時，最常聽到的例子是土地，我總是回應：「好吧，如果土地對你很重要，你拿你要的剛果，我拿日本。」換句話說，土地不盡然都是相等的，有許多競爭方式，別只局限於單一面向。

這裡再次強調，你應該寫下目標，並經常檢查。

你的態度，決定了結果

你用來談判的態度，對結果有直接的影響。如果你來談判時就預期是一場硬仗，結果就會如你所想，收穫也比較少。研究顯示，對抗型談判者成功的次數約是合作型談判者的一半，他們從談判中得到的成果也只有一半，所以如果你喜歡對抗，大概只能得到二五%的成果。

心情不好時，不適合談判。即使你是公司的專家，如果你無法和對方建立關係，就不是談判的合適人選。

這不表示你應該裝成別人。多數人不擅長演戲，對方一眼就可以看出你是裝的，你會因此失去可信度。在人際互動中，最重要的資產就是可信度。如果別人不相信你，你很難說服他們相信任何事。你的可信度比專業、關係、智慧、資產和外表更重要。

你應該運用本書學習如何「做自己」。說話沒什麼特別的技巧，無論你是誰，都應該把書中的技巧和工具融會貫通，變成你的一部分。

我們都喜歡別人對我們坦率，無論那個「坦率」是什麼意思，所以你不需要裝模作樣。

這表示如果你很積極強勢，一開始就先提醒對方。「如果我太咄咄逼人，請告訴我。」這樣做的用意是什麼？首先，這樣可以重新設定預期，先把問題釐清。第二，讓你顯得更眞實，增加你的可信度。第三，你不需要避諱或以不自然的方式談判，可以專注達成目標。

如果你習慣過度遷就，你也應該讓對方知道你常答應太多，後來又變卦，所以他們需要告訴你交易是否愈來愈不公平了。把責任交給對方，萬一對方趁你大方，想占你便宜，你就有個退路。這樣一來，你就可以做自己。

我到別的國家，不太了解當地文化時，常先致歉，告訴對方：「我可能無意間說了不得體的話，我希望我能更了解你們的文化，萬一我犯錯時，麻煩讓我知道好嗎？」此話一出，把可能的衝突轉變成合作的機會，讓他們充當我的顧問，也藉此避免文化錯誤所造成的關係緊繃，我可以專心做我自己。

卓越的談判者可以確實掌握顯而易見的情況，如果你在談判中和對方處不來，你應該說：「我覺得我們似乎無法相處，爲什麼？」你不妨直接說出口，因爲對方可能也這麼想。那種格格不入的感覺，就像房間內有隻八百磅的大猩猩，阻礙雙方達成共識。如果你心情不好，就告訴對方：「我心情不好。」這樣說可以讓他們原諒一些原本讓他們耿耿於懷的事。

透明度也表示你應該和對方「分享」這些工具。愈多人知道這些工具，談判的效果愈好。因爲談判的目的不是爲了打敗對方，而是爲了爭取更多。所以你應該把清單交給你的配偶、孩子、朋友和事業夥伴。

多數人會覺得這做法有悖常理，談判者大多認為他們不該讓人看穿，不過，少了透明度就缺乏信賴。透明不表示你要揭露一切，而是指你應該盡可能地揭露以達成目標，並讓對方感到自在。至於不便揭露的東西，你可以說：「目前還不方便透露。」

有效的談判者從來不對任何東西感到滿足，包括他們的表現、結果和過程。這不表示他們不快樂，也不表示他們不成功，而是他們持續在摸索能不能爭取更多。

你在慶祝交易成功時，也應該自問：雙方關係夠好嗎？我們做任何交叉銷售了嗎？我們是不是原本可以做得更快、更好？這些是讓優秀談判者精益求精的動力。

我教過最優秀的學生都希望別人能給他們批評指教，他們知道每次錯誤之後，只要能融會貫通，都可以讓他們變得更好，不再重蹈覆轍。我也常尋求大家的批評指教，你也應該如此。

一步一步，往前推進

我們想像大膽行動可以一舉成功，大獲全勝，但在現實世界裡，大膽行動幾乎都會把人嚇跑，因為你想一次做得太多，做得太快。循序漸進，按部就班，反而可以完成更多，談判雙方一開始有很大分歧時更是如此。循序漸進讓對方有喘息機會，環顧四周，判斷你採取的步驟是否感覺不錯，然後抱持信心前進。循序漸進讓人站穩陣腳，降低往前邁進的風險。

我們可以打個比方：如果你是打擊率〇．二八〇的棒球打者，每九場比賽多打出一支安打，你的打擊率可升爲〇．三一〇，那就足以名列棒球名人堂，年薪也可以多一千萬美元，而這只需要每上場打擊三十六次，多打出一支安打就夠了。

我談判時，目的不是打全壘打，而是每九場比賽多打出一支安打。這對談判來說是個很好的啓示，對人生來說也是。只要逐步進展，你就會達到驚人的成果。

不過關於體育的比方就到此爲止，不宜扯遠。在體育活動中，目標是一隊勝出，但人生並非體育競賽。在體育活動中，我們「預期」一隊會輸，比賽、錦標賽或季賽都是有限的，但是在人生中，我們有明天，我們都預期明天能獲得一些東西（至少一般人是這樣想的）。

即便如此，別貪心。貪心讓人產生反感，會導致對方不相信你，給你更少的東西。當你只是爭取更多一點點時，比較不會驚動大家，提議也比較容易被接受，而你可以等下次再爭取更多。

我告訴學生：「每次碰到的上限，都是一個新的底限。」

北歐航空公司總裁詹．卡森是個傳奇人物，他說過：「成敗之間的差距是……兩毫米。」換句話說，那差距像一句措辭、一抹神色、一個小小舉動那般微不足道。可行的工具雖然細小微妙，但非常有效。

本書訴求「爭取更多」，而不是「爭取一切」。**沒有什麼談判工具和策略是永遠行得通的，但是你「愈常使用，效果愈好」！**這不是要讓你變得十全十美，而是要幫你天天進步。

談判應該從簡單的開始，然後逐步擴大。如果談判時可以逐步提升成功率幾個百分比，你會愈來愈成功。如果有人告訴你某個技巧一定有效，那都是騙人的。我還是要強調，你追求的其實是每九場比賽多打出一支安打。

以前念南加大的學生傑拉德．辛格頓表示：「上這門課以前，我的技巧在半數情況下都行得通，我以為我是滿好的談判者。現在我運用更好的技巧，七五％的情況下都能奏效。對我來說，這效果好多了，而且我有一套架構可以幫我一輩子不斷地進步。」

每次談判都要因時因地制宜

以下是總結我整個談判課程的三大問題：

- **我的目標是什麼？**
- **談判的對象是誰？**
- **怎麼做才能說服他們？**

每次談判，情況都不一樣，因為每次談判牽涉的人都不一樣，或者同一人在不同的日子也不一樣，或是牽涉不同的事實和環境，或目標不同，所以每個情況我都需要問這些問題。

第三個問題的答案視前兩個答案而定，這就是你需要清單的原因。你必須根據目標和對方是誰，從清單和多種工具中挑選方法。在兩個主題相同、事實相同的談判中，你可能表現不同，因爲目標或牽涉的人不一樣，沒有一套放諸四海皆準的方法。

如果有人告訴你：「你應該用這種方法談房地產交易。」你得抱持懷疑態度，他們可能知道多種有時候可行的房地產技巧，可能有房地產方面的專業，但是在你界定目標和那情境的參與者之前，你無法有效判斷該用什麼談判工具。

參與談判的人和他們使用的流程占談判關鍵的九〇％以上。本質、事實和專業組成剩下那不到一〇％，這和多數人的想法正好相反。

審愼看待「權力」的問題

首先，我們把權力定義成在相關的時間框架內達成目標的能力。換句話說，你需要足夠的權力達成目標，但不必求多。純粹爲了權力而展現權力幾乎都是沒有用的，前面也解釋過，效果可能適得其反。除非削減對方的權力濫用可以增加你達成目標的能力，否則你沒必要那麼做。

本書裡的工具給你更多的權力，但這些權力需要小心運用。純粹的權力通常比我們所想的還要脆弱。你太過極端時，別人可能會覺得你不可理喻，因此削減你達成目標的能力。大家都討厭以權勢壓人的人，他們會故意搞破壞，改變權力平衡。

權力與談判技巧有關。一般認爲女性比男性善於談判。首先，女性比較常聆聽，她們蒐集較多的資訊。資訊愈多，更能有效說服對方，得到更好的結果。第二，女性比男性更努力學習書中技巧，因爲我們還活在男性主導的世界裡。女性握有的實權較少，她們往往是權力的受害者。

當你握有許多實權時，你的工具就像球棒一樣顯而易見，施展權力容易引起報復。當你權力較少時，你學習使用比較隱約的工具，那些工具甚至是當權者看不見的，這樣比較不會引來報復。我的學生中約有三〇%是女性，但是她們拿高分的比例高出許多，愈隱約的工具效果愈好。這也是爲什麼大家常認爲小國（例如瑞典、瑞士、馬爾他）比大國更善於化解衝突，小孩比成人更善於談判。這也可以解釋爲什麼小孩長大後就逐漸失去這些工具，改拿球棒（亦即純粹的權力）。卓越的談判者會仔細觀察對方，把焦點放在對方身上，更有效地達成目標。研究顯示，權力較少的人通常比權力較大的人更有創意。

所以，權力是個複雜的概念，大家都喜歡權力，所以給人權力或確認某人的權力，可以讓人感覺良好，對方會給你東西作爲回報。我們從孩子身上可以看到這點，關鍵是要非常注意施展權力的含意（尤其是長期），特別是權力的濫用。

落實你的技巧和工具

光是知道書中的談判技巧和工具還不夠，你必須懂得即時運用。如果你無法運用，它們對你來說毫無用處。這是關鍵，這世上充滿卓越的談判思想家，他們讀了談判書，上了談判課程，說起談判時頭頭是道，但是這世上能即時談判成功的卓越談判者並不多。

假設你去一家客滿的餐廳，沒事先預約，你想請店家給你位子，你該怎麼做？在此情況下，你怎麼對這位餐廳領班開口？

了解談判規則並不表示你就善於談判，這就像你讀了四十二本談網球的書，也打不贏世界級的網球選手一樣。本書的主要目的是把理論概念變成實用知識，舉例說明在現實世界中按部就班的實踐技巧。這本書就像第一堂網球課，若想精益求精，你需要練習使用這些工具。

本章開頭提到陳瑞燕運用技巧請機長讓她登機，她也有一份清單，那是她的起點，但那還不夠。她透過不斷的練習，亦即「刻意的練習」，把那份清單融會貫通。

同樣的工具可以應用在多種不同情況中，所以你不必把這些技巧套用在犯錯時會產生嚴重後果的大事上，可以先從小事著手。

你可以去一家從來不打折的服飾店，向店長爭取折扣，對方可能拒絕你。你可以問他們有沒有「購物助理」，購物助理通常是收取佣金，亦即買東西才抽佣，他們會竭盡所能地促成交易。你也可以問他們有沒有會員卡，問店長或購物助理那家店提供會員什麼優惠。

即使你要求折扣的東西定價是一美元也無所謂，因爲你是爲了將來買定價一萬或十萬元的東西做練習，那流程是一樣的。我以前幾乎任何你想得到的情況都拿來練習，朋友常笑我，但是當他們需要幫忙，我又幫他們達到他們做不到的任務時他們就不再笑我了。

卓越的談判者是後天養成的，不是天生的，卓越來自於專注和練習。我教過有些人一開始完全不善於談判，但一個學期後便功力大增。換句話說光列清單還不夠，你必須一再實踐，從錯誤中學習，學習並不難。

王唯唯是我在南加大談判課上的一位女學生，身形瘦小，一開始很害羞，迴避多數談判的機會，難以達成目標。所以我建議她先修溝通與簡報課，先練自信，她說：「不行，戴蒙教授，我眞的很想修這門課，請用最嚴格的方式來訓練我。」

「好吧。」我說。所以接下來的十二週，我一有機會就叫她和課堂上的談判高手練習，那個強勢談判者的身材幾乎是她的四倍大，措辭尖銳。不過王唯唯很認眞，把工具學得很好，最後一堂課時，她和這位談判高手又在全班面前談判，當場讓對方心服口服，贏得全班起立鼓掌，連對手也爲她喝采。

她不曉得自己進步了多少，那門課上了半學期時，她寫一封信給我：「戴蒙教授，我很沮喪，我已經照你的話做了，也學了所有的談判工具，練習這些工具，爲談判做準備，上場談判，但我還沒用上所有的東西，對方就答應了，我該如何增加練習？」

如果你準備和練習過了，對方會感受到，他們會給你更多東西，無論你從哪裡開始。

當然，你必須有意識地「決定」談判。我們的調查顯示，多數人覺得他們每週的談判時間約十四小時。實際上，幾乎每個人每週談判的時間都超過四十小時，只是他們沒意識到罷了。當你更用心使用談判工具時，你可以爭取到更多。

學習這些工具不是一個直線的流程，所以我在書裡不同情境中會重複提及某些觀念，讓你更了解該怎麼做。我發現每次教學生新觀念，之後再以稍微不同的方式重複一次同樣觀念時，他們會學到更多。所以，本書是以上課的方式呈現，你解構自己的行爲，檢視每個部分，加以改進，再把每個部分重組起來。

這就像學習某種運動一樣，想精益求精，先要找出運動的每個部分，鎖定缺點，加以改進，再把各部分組合起來。這和學習彈鋼琴或開車也很像。

不同的技巧和工具在不同的情境下，各有不同效果。不過，你可以運用那三個問題規劃任何談判流程，無論你是去熟食店要求折扣，還是談數十億美元的生意。這是卓越的談判者什麼都能談判，糟糕的談判者什麼都談不成的原因。

即使是最聰明、最有才幹、最受尊重的人，如果不用本書的技巧，也會犯錯。談判是個不斷發展的新領域，光靠本能是不夠的。

所以多善用清單，帶著它做各種談判，找出上次你哪裡做對或做錯了，然後修改清單，經常這樣做，一次練一項技巧，看看發生什麼事，從中學習，之後再試一次。

談判的訓練能夠幫助你

本書其實是連串的指導課程，目的是讓任何程度的人都能改善談判技巧。每個人都需要指導，其實你愈專精某件事，愈需要有人指導，才能精益求精。

想像奧運游泳冠軍麥可・菲爾普斯或七度環法自行車大賽冠軍蘭斯・阿姆斯壯。阿姆斯壯贏得比賽時，他會說「冠軍落袋，不需要再練習了」嗎？當然不會！談判也是一樣的道理，無論你是協商數百萬元的合約，或是爲了一件襯衫鈕子不見要求乾洗店收回。

宜藍．羅森堡是賓州的資深律師，他來上我的課以改進談判技巧。剛上完一堂課，他到墨西哥重新審理一件膠著已久的案子，他根據課堂上學到的東西，不是先從討論協議條款開始，而是先從了解對方開始——對方的希望、夢想和恐懼。對方一開始聽了很驚訝，接著便打開心房，告訴宜藍困擾他的事。結果呢？「案子結了。」宜藍說，「價値兩千萬美元。」

你學習這些談判方法時，很快就可以透過練習和自我簡報的方式自學，並逐月逐年地進步。

但是爲了達成目標，你也需要幫對方變得更好。

你需要幫助對方，因爲多數人不知道如何設定目標或達成目標。他們不知道如何聆聽或了解別人腦中的想法。大部分的人面對談判時，都是抱持對立與防衛的立場，態度都不對。

你需要幫他們界定目標，滿足需要，得到更多。強勢的交涉者大多欠缺技巧，他們不知道其他的談判方法，但是除非對方讓你看到那交易注定沒希望，否則你應該試著幫他。這不表示你自己要冒很大的風險，你可以循序漸進，看看情況如何。問對方：「你想協商對我們雙方都合理的協議嗎？」如果對方同意，你們就可以一起定義雙方該如何進行。

退休的體育經紀名人鮑勃．沃夫在談判時直接告訴對方：「我有一件事沒有商量餘地，我『堅持』我們一定要滿足你的利益。」對方對此表示驚訝時，他會說：「我們之所以需要滿足你的利益，是因爲如果不這樣做，你也不會滿足我們的利益，我這個人又很自私，我希望我的利益能獲得滿足。」

堅持下去很重要

談判要等你自己說結束時才算結束。無論對方回絕你幾次，或反駁你的說法，或給你難堪，那都不重要。你要不斷地要求，鎖定目標（別讓自己成爲焦點）。堅持就是長時間集中精力，以達成目標。如果對方因你的堅持而動怒，你可以說：「我只是想達成目標，有其他方式可以做得更好嗎？」有些人並不想幫你，但是很多人其實願意幫你，他們會讓你不斷嘗試，最後給你想要的東西，這種人其實比你想的還多。

我剛開始上課時，學生通常談判一件事幾次以後就放棄了。不過修完那門課後，他們通常會不斷地嘗試，無論試了幾次，他們每次都會稍稍改變技巧。

狄雅戈·艾茄托需要重訂一張從費城到邁阿密的機票，他前一天在暴風雪的阻擋下無法趕往機場而錯過航班，他希望達美航空取消一五〇美元的變更費。他打了十三次電話，達美航空的回答是：不行，不行，不行，不行，不行，不行，不行，不行，不行，不行，不行，不行，好吧。他花了九十分鐘，但省了一五〇美元。他說：「要有禮貌，但態度堅定。」現在艾茄托在華盛頓州負責經營家族的食品事業。「當你聽到『不行』時，反問：『爲什麼不行？』我當時已經準備好和他們談一整天。」

傑克．卡拉漢是我紐約大學企經班的學生，他覺得蘇斯博士（Dr. Seuss）的經典著作《火腿加綠蛋》是談堅持的書中寫得最棒的一本。經過上百次可愛的請求和拒絕後，主角終於開心地吃下綠蛋和火腿。「今晚我爲我那一歲大的固執小孩，讀了這故事七遍。」傑克說。

堅持久了就會產生自信：相信你可以做到。學生表示自信是他們從這門課中獲得的最大效益。提姆．艾歇把課堂上學到的工具應用在公司的交易上，因此拿到二五％的紅利獎金。這門課給他的自信讓他終身受惠。

科琳．索倫蒂諾在不必嘮叨下，終於有信心對她先生鮑伯說，他以前承諾過要負責去超市買菜，讓她專心讀書。她說：「我沒和他辯，第一次沒感情用事。」自從那次談判後，鮑伯開始負起上超市買菜的責任，就這樣持續了十幾年。現在科琳在家族經營的券商「接觸華爾街」擔任執行董事，「以前我要求什麼時，都會覺得很內疚，現在我有一些方法讓自己變得更堅強。」

探索更深層的動機

許多人做人生中最重要的事，不是爲了錢，不是基於理性效益，而是因爲那件事讓他們感覺很好。情感與心靈上的回報以及痛苦，都必須納入談判的流程中考量。

雪倫．沃克是我華頓商學院的學生，母親罹患乳癌，雪倫雖然打算成家，但她知道母親可能在她第一個孩子出世以前就過世了，她希望能把母親朗讀童書的樣子錄影起來，讓未來出世的孩子知道外婆的模樣。雪倫說：「我最喜歡的兒時回憶，就是她講故事時學動物說話的聲音。」雪倫希望自己的孩子也能聽到那聲音。

但雪倫不知道該如何說服母親，母親的重病讓全家悲傷至極。萬一母親聽了她的提議後變得更難過，父親和妹妹都會反對她的計畫。所以在課堂上，我們運用模擬談判做了角色對調，由雪倫來扮演她母親，讓她設法揣摩母親的想法和感覺。其他學生則扮演雪倫，讓她有機會看自己可以用什麼方式談判。雪倫最在意的就是她不想讓家人覺得她那樣做很自私，或是因此讓母親更難過。

在角色對調下，雪倫發現母親可能很希望在尚未出世的孫子生命中扮演一個角色，她也發現母親內心深處應該很想朗讀這些童書，錄影留念。但雪倫也了解母親可能很害怕，也很難過。她母親住在加州，離她三千英里遠，無法自己完成這些事。

雪倫也想到，如果她去加州，花點時間陪母親，她可以提醒母親以前她們母女一起分享童書的美好時光，她可以談到家人都覺得他們好像被癌症擺了一道，但母親可為大家留下特殊的紀念。她可以說：「無論發生什麼事，妳難道不想說故事給孫子聽嗎？妳難道不希望他們聽見妳的聲音嗎？」

雪倫這樣做是在操弄母親，從母親身上取得什麼嗎？我在課堂上講了這個故事，有些人認爲是，正確答案當然不是。雪倫是想「贏得」談判嗎？她母親答應朗讀童書是「輸了」談判嗎？幾乎說不上。更廣義地說，我們應該以雙贏或輸贏來談這件事嗎？事實上，輸贏對這件事和其他談判來說根本毫無關係，並未眞正掌握人際互動的根本動態。許多事與情感包袱有關，與眼前談判的事無關。

當你送禮給你關愛的人時，誰受惠較多？當店員給你折扣，因爲那一整天你是唯一善待她的客人時，誰受惠較多？這些事比想像的還要複雜，需要更深入探索人和情境才行。

後來，雪倫從學校回到加州時，母親已經病得太重，即使雪倫能說服她朗讀，她也做不到了。她已經失去聲音，在沒完成任務以前就過世了。如今，雪倫是波士頓的高科技策略顧問，她說，她希望這輩子能早點學會談判工具，這樣就可以在母親病危前，知道該怎麼說服母親。

不過，現在她把學到的東西傳授給三個孩子，尤其是如何了解與注意他人的感受。雪倫說，孩子都因此變得更好。這裡也要強調的是，雪倫沒達成前述的談判目標，因爲她母親在錄影前就過世了，這些流程並不完美，你也不該預期過程是完美的。但如果你持續練習，它們能以多種你意想不到的方式改善你的人生。所以現在就運用這些工具，別拖著不用。

你的人生會因此改變

我常聽學生說，談判課改變了他們的人生。有效談判有很多好處：信心、詳細的解題方法、掌握人生、更有錢、更安心。

紐約的避險基金經理人艾凡·克拉表示：「這門課的效益難以估量。我從這裡看到開啓一切渴望事物的鑰匙，不單是對我的職業生涯有益，也對我的個人生活和人際關係有益。」

凱洛．麥德莫的經驗可說是典型的例子，她運用課堂上學到的工具，一學期後：（一）年薪增加四萬五千美元；（二）銀行跳票處理失誤時，她設法拿回九十美元；（三）大陸航空沒幫她準備她預訂的餐點時，賠她一百美元；（四）她從有線電視業者那裡得到一年二百四十美元的折扣；（五）買四束花，得到八美元的「量販折扣」；（六）說服一家餐廳在打烊時間為她的小組提供服務；（七）說服兩位冷戰了三個月的朋友重修舊好；（八）說服男友到她家過感恩節；（九）學會在緊張談判中不慌亂；（十）更懂得如何避免爭論不重要的事而犧牲目標。

這些只是她隨手寫下來的幾件事，還有很多沒列出來。這些還只是她就學時的成果，她畢業後效益更是呈倍數成長。她的成果可說是一般談判課學生碰到的典型情況。

如今在倫敦美林證券當交易員的艾列克謝．盧哥夫索夫表示：「談判課把我的人生分成兩部分——修課前和修課後。這門課讓我的人生更快樂，更輕鬆，事業更成功，關係更融洽。」

艾列克謝提到兩次重要的談判，一次是工作上，一次是私人關係。二〇〇九年金融危機時，投資界預期蘇格蘭皇家銀行（全球資產最大的銀行）和萊斯銀行（英國最大的抵押貸款業者）將暫停發放股利。艾列克謝運用課堂上學到的工具，思考各方的想法（包括投資人），以及評價不相等的東西如何交換。

他想到，金融機構從來不會停發股利給一般投資人，因為這些投資人是經濟的主幹。他也想到政府需要投資人的支持，以穩定未來的政治局勢，所以會促成股利的發放。即使那些公司可能有違約風險，他還是建議客戶買進那些公司的股票。結果他猜的沒錯，股利真的發了，股價也漲了五倍多，他的銀行因此賺了數千萬美元。「我不是從分析法律文件和財報得出結論的，而是思考各方內心在盤算什麼。」艾列克謝說。

他的第二個重要談判是說服女友小晴陪他去參加一週的拳擊營，他女友在華爾街上班，她的朋友都在笑她沒向男友堅持要去巴貝多島或海灘度假。艾列克謝說：「我描述一個景象，問她有多少人可以和世界級的拳擊手並肩運動，那感覺完全值回票價。」他帶女友到拳壇傳奇唐金在佛羅里達州開辦的拳擊營，她在一些拳擊好手身邊一起練得滿身是汗，也開了眼界。「現在她想知道我們何時再去。」艾列克謝說。

就像波士頓顧問辛蒂．葛林說的：「我現在以不同方式評估一切人際互動，很注意他人的感受，人生徹底改變了。」你也會有同樣的感受。

02 人（幾乎）是一切的重點

二〇〇八年初，美國作家協會已罷工了三個月，約翰．鮑曼是該協會的主要談判代表。當時好萊塢知名經紀人艾里．伊曼紐安排他和我通電話，艾里對鮑曼說：「你聽聽這個人怎麼說，做筆記。」

通話那天是某週二的下午，鮑曼已經約好週四早上和好萊塢各大片廠的代表一起共進早餐，討論這場罷工糾紛。他打算提出幾個主要議題，例如授權金、基本薪酬等，他想知道討論當天該以什麼順序提出議題。

我建議他先把議題擱著，至少暫時先那樣做，那些議題並非問題所在。問題在於，每個人都很氣對方，每個人都在賠錢。我說：「你先閒聊，問他們：『你們開心嗎？』」他們肯定不開心，也會承認這點，他們可能開始指責作家協會，那也無所謂，我告訴鮑曼：「同情他們，問他們：『如果我們得一切重來，你們想看到什麼過程？』」

鮑曼不太相信我的說法。我告訴他，談判的重點在人，我舉了本章提到的幾個例子給他聽，說明談判為什麼幾乎都是以人為重。當我們碰到願意聆聽我們說話、重視我們、找我們商量的人時，我們會想提供東西給那個人。我叫他先支開那兩個幫協會談判的談判者，他們兩個是採取對抗的心態。好萊塢製片廠的管理高層原本態度隨和，但是他們兩人在場，反而激怒大家。

鮑曼在電話中說他會試試我的建議。依當時談判膠著的情況來看，其實他嘗試任何方法都不會有損失。結果呢？他和好萊塢代表共進早餐時，雙方同意在談判失敗幾個月後，重新啟動談判，鮑曼取代了原來那兩個談判代表，他們只花了幾天就達成協議，罷工幾乎隨即結束了。艾里說：「這流程解決了作家罷工的問題。」艾里是HBO《我家也有大明星》的實體範本，也是白宮幕僚長拉姆．伊曼紐的弟弟。

關於這件事，還有兩點值得一提：第一，談判不是什麼高深的學問。第二，除非你知道該怎麼做，否則技巧完全是無形的。

自古以來，大家總是帶著一開始就想大力主張的議題上談判桌—這是我想談的議題，這是我的提案。

大錯特錯！除非你和談判的對方有點共鳴，否則你們無法談定任何事。即使你們達成協定，那也不是什麼好的協定，難以持久。即使你討厭對方，你還是需要和他們建立關係。

切記，你是談判中「最不重要」的人，最重要的是「對方」，第二重要的是對談判者很重要的第三方。如果你不認同這點，你就無法說服對方接受任何事。本章將教你如何把焦點放在別人身上，從而達成目標。

了解對方腦中的想法

首先，**坐在你對面那個人的特徵和感覺，主宰了談判的各個面向，在你了解「當天他們腦中在想什麼」以前，種族、宗教、性別、文化、信仰或任何議題都不值得思考**。如果你們雙方週一各帶三個人去談判，週二你帶第四人加入，那就是全然不同的談判。即使是同樣那六個人，有人可能當天早上通勤時碰到不開心的事，有人可能身體不適，有人的孩子可能病了，有人可能因別的事分心。所以，你該做的第一件事，是先掌握對方的情緒和當下的情況，即使你已經很了解對方，即使他就是你的配偶，你也要察言觀色。

在思考談判的流程時，這是一種很不一樣的思維。一般來說，大家最注意的是談判議題：「這是我的提案，這是我的討論清單。」接著，大家想到的是利益：「你為什麼想達成這個協議？我們理性地來談談。」這把焦點從議題轉開，著眼於效益，所以比較好一點。但是，無論是著眼於議題，還是效益，兩者都不夠好。要真的有效，就應該從頭開始：對方感覺如何？他們對現況有何看法？他們腦子裡在想什麼？

如果不從了解對方的想法開始，你怎麼可能知道該從何處著手？每個人都不一樣，即使是同一人在不同天，或同一天在不同的時刻也不一樣。你必須注意他們和你討論時的感受、想法和看法，否則談判時猶如摸黑行走。

多數人認為，談判與實質身分有關：我是財務專家、我是醫師、我是環保律師、我是能源

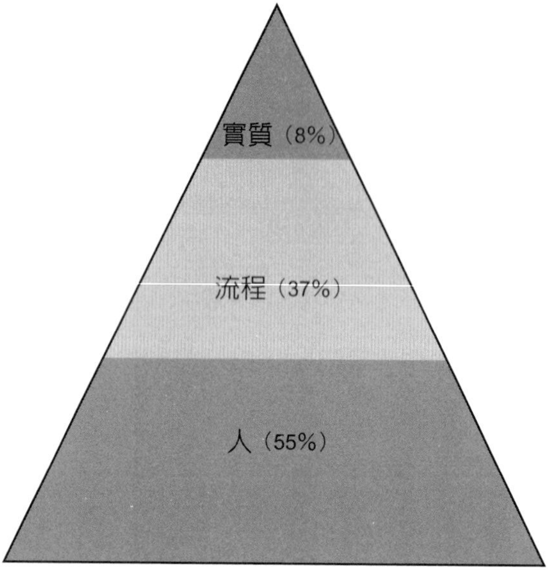

專家、我是技師。但研究顯示，談判之所以能達成協議，只有一〇%的原因與實質身分有關，有五〇%以上與人有關：談判者喜歡彼此嗎？信任彼此嗎？願意聆聽對方的說法嗎？有三分之一左右的原因是與談判使用的流程有關，亦即他們決定探索彼此的需求（理性和感性上）嗎？他們有認同的議程嗎？他們對彼此做出眞心的承諾嗎？

如果你認爲談判與實質身分有關，雖然抓對了事實，卻沒什麼說服力，因爲事實只是談判的一個參數，人和流程比事實更重要。這點對重視醫師、工程師、財務專家等實質身分的人來說特別難以接受。不過，研究顯示這是眞的，除非對方準備好聆聽你講什麼，否則你無法以實質議題有效說服對方。

爲什麼在妮可・布朗・辛普森和羅納

德．高德曼的謀殺案中，即使有充分的ＤＮＡ證據（包括現場血型相符），洛杉磯陪審團還是判定辛普森無罪？我認識的律師裡，看過證據的人幾乎都不太能理解最後判決為什麼會是那樣。不過，這問題本身包含了一個簡單的解釋：都心低收入區的陪審團大多是由少數民族所組成，他們對這起訴案、對那位有種族歧視的證人馬克．福爾曼，有什麼觀感？

首先，陪審團不喜歡那個檢察官，也不信任他。**只要對方不喜歡你，不信任你，「他們就不會聽你說什麼」。即使你講得口沫橫飛，他們回應「嗯，嗯」，但並不表示他們聽進了你的話。**當我們感到憤怒、困惑或不安時，「生理上」會聽進較少的話語。即使對方忙著做筆記，他們可能是在寫：「我討厭這傢伙。」為了說服對方，你必須先讓對方聆聽你的說法，那需要刻意投入很多的心思。

所以，陪審團對指控辛普森的許多論點，以及檢方蒐集的大量證據幾乎都充耳不聞。檢察官都是經驗老到又精明的律師，結果還是慘敗，因為他們對人心一無所知，而了解人心正是談判的第一要務。

辯護律師團在說服陪審團時，把他們當成一般人。辯護律師強尼．科克倫提到辛普森試戴警方列為證物的手套，他告訴陪審團：「手套不合，就應該無罪開釋。」這句話給了他們一個簡單的判決根據，你可能不喜歡，但現實世界就是這樣運作的。

小布希為什麼會贏得二〇〇四年的美國總統大選？我想那是因為他說：「即使我們立場不同，至少你知道我相信與主張什麼。」這是一種相當可信的說法，而可信度又是選舉中最重要的要素。這和民主黨候選人約翰．凱瑞的搖擺立場形成鮮明的對比。

二〇〇八年，爲什麼歐巴馬能贏得美國總統大選？我想歐巴馬是在第二輪的總統辯論中勝出的。每次共和黨的候選人約翰．麥坎攻擊他時，歐巴馬總是面帶微笑，展現泱泱風範。事實上，當時《紐約時報》和CBS的民調顯示：麥坎咄咄逼人的語氣令六〇%的選民反感。

在二〇一六年的總統大選中，希拉蕊一直把焦點放在事實上，川普則把焦點放在與民衆建立人際連結上。而且，他專注於流程：利用大規模的集會來造勢，利用活動和話題來掌控新聞週期。在此同時，希拉蕊卻說川普有很多的支持者「很可悲」——她應該說她想幫助川普的所有支持者才對。她因爲說不出那樣的話，而激出更多的選民投票支持川普，使川普的支持者離她更遠。無論俄羅斯的駭客對民主黨做了什麼，或聯邦調查局的官員針對電郵調查案發表了什麼聲明，導致敗選的更大因素是她對人和流程不夠專注。希拉蕊雖然在辯論中靠事實取勝了，卻因爲失去民心和忽略流程而敗選。

這對談判來說，意味著什麼？這表示，**如果你無法和對方討論議題，就先「停止」！回頭先談人，之後再來解決問題，別一古腦兒地硬談，因爲那無法達到目的，即使達成協議，也不持久。**

一名女子在洛杉磯談一個非常敏感的離職案子，對方出錢要她離職。第一天談得還好，第二天狀況不太妙，所以她不再談那件事，而是告訴對方：「馬克，我們昨天談得還不錯，但今天談得不太順，如果是因爲我說了或做了什麼，我很抱歉，我希望我們能恢復原來的樣子，現在是怎麼回事？」

馬克為自己的分心表示歉意，那完全是別的事造成的，他們重新檢視流程，順利地完成協商。

人際之間的連結

把焦點放在人身上，可以幫你爭取更多。即使是在交易中，如果你把對方當成「個人」看待，他幫你的機率會比平常高出五倍，那數字很驚人：九〇%與一五%的差異。

即使你不認識或不喜歡對方，和對方建立關係通常可以幫你達成目標。無論是面對愛理不理的公務員、電話公司冷漠的客服人員或是敵國的領袖，這點都是成立的。

你不該指責對方故意刁難或很可惡，指責對方只會讓你更偏離目標，善待對方才能拉近你和目標的距離。

艾麗莎．賴達搭美國航空半夜的飛機，從舊金山飛往費城，航程是五小時，她的座位剛好在中間，那班飛機只剩下中間的座位，一些乘客在登機門旁邊向服務人員抱怨這件事。艾麗莎走到服務臺時，注意到服務人員一邊咳嗽、一邊應付大家的抱怨，似乎身體不太舒服。

艾麗莎剛好多帶了一瓶水，她把那瓶水連同止咳藥片送給服務人員並問候她，對方欣然接受了。這舉動完全不是刻意的，艾麗莎（現在是匹茲堡的顧問）說：「那只是舉手之勞，無論如何，我都會做。」

艾麗莎後來客氣地詢問服務人員，如果等一下多出靠走道的位置，能否給她一個機會。她沒給對方壓力，也不抱怨，就只是把機票交給服務人員，然後就坐著等候。幾分鐘後，服務人員叫了她的名字。艾麗莎說：「她給我一個靠近出口的走道座位，那位子的空間比較大。她怕我餓著肚子睡覺，還送我一份免費機上餐點，我再次謝謝她，她又給了我一副耳機，方便我在機上看電影，好心有好報。」

你可能會說，如果每個人都這樣做，談判工具就沒效了。或者，你可能會說，這是耍心機。也許吧，但不是每個人都會這樣做，多數人只會抱怨，只想到自己，不會想到別人。況且這世上如果有太多人都是好人，那也不是什麼壞事，我很想活在那樣的世界裡，你不想嗎？

如果你是和一個團體的代表談判，所謂「把焦點放在人」，也是指把焦點放在團體的「個人」上，而不是放在公司或企業文化上，也不是放在他們的性別、種族或宗教上。每個人都是不同、獨一無二的，你應該以面對個人的方式和他們對話。

許多書和文章的標題是〈如何和俄羅斯人談判〉，哪裡錯了？那個標題是假設所有俄羅斯人、日本人、中國人、法國人、美國人都一樣。看到那種標題，我的反應通常是：「什麼!?你要和一・三億個日本人談判嗎？」

其實你只是和一個人或兩、三個人談判，他們可能或多或少都有一樣的文化標準。你在談判時，目標不是讓整個文化或整群人都說好或不好，你面對的是個人，他有自己的知覺和經驗。當然，文化「標準」中會有差異，不過標準是平均值，你無法根據平均值來精確判斷你該如何說服坐在你對面的那個人。

第一章提到的南加大王唯唯說：「美國人當然不是每個人都有強烈的個人主義，個性積極主動，日本人也不是每個人都很合群。」

有一次我感覺到客戶似乎不太高興，於是我問：「有什麼問題嗎？」他們回答：「我們不喜歡律師。」我是律師，我說：「說來聽聽看。」他們提起某次在辛辛那提和一些律師鬧得不太愉快的往事。

我告訴他們：「我有個好消息可以告訴你們，我不認識那些人，我和他們毫無關係，也不向他們負責……我就只是我而已。」

你何必為公司十年前做的每件事負責？或是為同業或同文化的人在一百年前或上千年前做的事負責？對方會幫他們國家或公司十年、二十年或五十年前做的事背黑鍋嗎？那樣做並不公平，更重要的是，那不相關。

你應該把焦點放在你面前的人，以及你和對方現在可以做什麼。你有權力做什麼事？這種談判思維可以給人很大的力量，你拋除所有你無法掌控的沮喪事物，只處理你能影響的東西，這樣做可以幫你確定優先順位，完成事情。如果對方說企業文化可能影響談判，你可以回應：「也許吧，不過你難道不想知道，我是否能做出滿足你需求的決定和持久的承諾嗎？」

即使是在最極端的團體裡，也不是每個成員都一樣。想像你是一九四四年活在波蘭的猶太人，你覺得所有納粹都是邪惡的。如果你當時遇到辛德勒，可能還是無法活命，因為辛德勒雖是納粹，但他願意救你一命，你卻以為所有納粹都痛恨猶太人，而沒對他開口。

在事業上或人生中，能知道誰是眞的一樣，誰是眞的不同，是一種競爭優勢。你無法光從外表特徵或關係來判斷異同。所以，有些技巧較差的談判者無法談判成功的情況，你反而可以成功地建立關係，談成協議。

喬治城大學的校長傑克．狄吉歐亞曾在華頓商學院上過一年的企經談判課程。我們談到這點時，他說二〇〇一年九一一恐怖攻擊後，他做了一些研究，探討阿拉伯裔美國人的文化。他發現，約有六三%的阿拉伯裔美國人是基督徒。

換句話說，這項研究和我們後來自己做的研究顯示，有半數以上的阿拉伯裔美國人和阿拉伯文化的主要信仰伊斯蘭教毫無關係，他們是信奉西方文化的主要信仰：基督教。

九一一之後發生了什麼事？美國有許多政府官員開始肆無忌憚地攻擊阿拉伯裔美國人，其中甚至有些人是位高權重的官員。此外，航空公司、教育機構、許多美國民衆也開始對阿拉伯裔美國人做出不友善的舉動，光是有紀錄的案子就好幾千件，從謀殺、非法逮捕與拘留，到趕下飛機等，不一而足。有些人指責所有阿拉伯人（包括那些信仰基督教的阿拉伯裔美國人）攻擊基督徒，你可能會說那比率很低，但即使只是一%，爲什麼大家會容許這種情況發生，尤其是在美國這樣的國家？

少了這些歧見，可能會有更多美國人和熱愛西方文化的阿拉伯裔美國人攜手合作，蒐集人脈、資訊，幫他們對抗阿拉伯的極端分子。這就是無法把人當個人看待時所錯失的機會。我們不是要批評信奉伊斯蘭教的人，重點在於大家不知分辨，無法有效精確地判斷人。

考慮第三方的影響

阿南德．艾耶在一家銷售換匯系統技術的公司上班。一位客戶表示，他的「公司」認爲阿南德開價太高。阿南德說：「我告訴他，我們是和人談生意，不是和『公司』談生意。」他告訴客戶，他很樂意和那個覺得價格太貴的人好好談談，後來才發現，客戶只是希望能在匯兌平台上獲得更多服務，所以他們重新談了條件，提供公關和一些額外服務，但費用維持不變。

談判時，即使只有兩人在場，幾乎都會牽涉到至少三個人。第三方可能是眞實的，也可能是想像的，那是主角覺得自己必須聽從的人。他們可能是主角用來保留顏面用的擋箭牌（配偶、同事、朋友），也可能是老闆。重點是，你需要考慮到這些人，才能達到目標，爭取更多。

例如，對方可能私底下認同你的看法，但他有一個難以理喻的老闆。在這種情況下，你可以聯合對方，一起想一些論點來說服他的老闆。

史考特．博德曼是某大化學公司的業務經理，他一直搞不懂，爲什麼他已經提出很有利的交易條件，對方的採購代表還一直要求更多，於是他提出問題，以了解他的背後是否還有第三方。「我發現對方的管理高層一直在監視他，質疑他的意圖。」

於是，史考特幫對方向老闆證明產業的標準，以及他們的需求將如何獲得滿足。「他告訴老闆，他已經盡可能找到最好的交易。」後來就成交了。

很少人會忽略對自己很重要的第三方怎麼想，所以當你需要影響某人的看法時，不要覺得你自己就足以影響對方，你應該思考：還有誰對那個人來說很重要，以及你比較容易影響誰。

向對方表達尊重之意

一名學生走進費城當時知名的百貨公司史克百貨，買一套面試用的西裝。他發現原本一套五百美元的西裝降價爲三百五十美元，他把那套西裝拿到櫃檯。忙碌的店員正在櫃檯應付顧客的各種要求和抱怨。

學生等到其他顧客都離開、店員有空時，才上前找她。他一開口就先爲其他人的行爲表示歉意，說店員辛苦一整天，想必累壞了，那些人把自己的問題都怪到她頭上實在不公平。這個學生可能是這一整天下來唯一對她友善的客人。

接著，學生提到那套西裝目前的優惠價格，詢問還有什麼方法可以得到進一步的折扣，例如刷聯名卡、付現之類的。店員說目前沒有其他優惠方案。學生問：「我可以給個建議嗎？我可能是好一段時間以來，第一個試著了解妳工作有多辛苦的人，我可以享有好人折扣嗎？」店員微笑說：「五十美元如何？」

當然，這只是一件小事。但是，這個學生只不過是和店員建立了普通的關係，就因此獲得一四%的折扣，這不是什麼花俏的技巧，卻是多數人看不見的。有時候，這在談判時可能事關重大。如果你的可支配所得因此增加一〇%，你會有什麼感受？

想讓人給你想要的東西，關鍵在於重視對方。多數電影和書籍所描述的談判是，你打敗對方，就能得到更多，因爲對方感到慚愧或遭到擊敗，但是那樣做其實完全錯了！想想你自己的反應。當別人重視你時，你會想給予對方更多的東西。在家裡，有人不滿，通常是因爲他們覺得自己不受重視。在職場上，員工覺得不受重視時，就會開始發牢騷。

如果你一開始的做法錯了，可以在談判中馬上調整。有一次我要去華頓授課時遲到了，不巧又碰上一部百事可樂的貨車擋在一條雙向道的巷口。另一條巷子裡，有一部汽車和計程車各自從巷子的兩端開進巷內，兩部車的後方可能各排了五部車，任一邊都不肯先讓步，於是我決定幫忙協調。我下了車，走向計程車，因爲我覺得和在地人比較好商量。

我說：「你一定要那麼強勢嗎？」我問錯問題了，這問題感覺是在侮辱、貶低他。他一手把我推開，對我說：「呸！」我發現我錯了，於是我改用比較有同理心的方法。

我說：「你其實可以當個好人。」當然，或許他以前就是因爲太好說話而被欺負。不過，他聽我這麼一說，思考了一下，然後說：「嗯。」但是他還是不肯動。

於是，我開始思考他腦子裡在想什麼，我想到他每天做的事，最後我突然想到我該怎麼重視他，我故意說：「這幾部車子裡，你是唯一的專業駕駛。」他一聽，就不再堅持了。

你應該要了解對方的腦子裡在想什麼，我會在後面反覆強調這個重點。這是你想說服別人時，最重要的一點。如果你試著去了解他們腦中在想什麼，就知道從哪裡開始改變他們的想法。

下次警察因爲你違規而攔你下來時，先道歉，謝謝警官善盡職責。你是在肯定他攔你下來的專業判斷，肯定他花時間爲自己的事業打拚。當你肯定他人時，對方就會給你想要的東西。如果你擔心自己被罰，你可以告訴他們，你對「剛剛發生的事」或「做錯的事」感到很抱歉。我通常會畢恭畢敬地對警察說：「你是老大。」

幾年前，我在紐約市三十七街因爲沒繫安全帶而被攔下來，當時可以看到路邊有三部車都因同樣的問題而吃罰單，警察在這路口攔了不少人。於是我決定先肯定警察的功勞，我說：「警官，非常感謝你盡責地攔我下來，你可能因此救了我一命。」我後來吃了罰單嗎？當然沒有。

當然，你必須是眞誠的。如果你說這些話時不帶一絲誠意，你還是會吃到罰單。如果你討厭警察，對方會感受到。你需要把日常生活碰到的一切都當成談判來練習，練到你可以立刻把焦點放在對方身上爲止。換句話說，你必須讓對方眞的覺得，他們以及他們的需求與看法是談判的焦點，而不是你。你要讓警察感覺到你眞的已經記取教訓了。

我以前當記者時，需要在幾秒鐘內就讓人信任我，我的首要目標是讓人持續吐露看法。我會想辦法「進入他們的大腦」，思考他們在想什麼，有什麼感受？什麼方法可以讓他們持續對我吐露資訊？什麼因素可以讓他們和我建立關係？你需要開放心胸，有足夠的好奇心，才會想找出他們在想什麼，否則你會迷失方向。

丹尼斯．薩維亞羅夫的五歲女兒瑞吉娜想當公主，丹尼斯說：「她喜歡看公主的卡通，房間的牆上貼滿了公主的海報。」只不過有個問題：「她的房間一團亂。」所以，丹尼斯開始思考瑞吉娜這個人、她腦中的想法，以及她眼中的世界。他請瑞吉娜教他如何用紙折出向日葵，瑞吉娜教他了，他說：「公主，謝謝！」接著他說：「但妳看，我們把房間弄得好亂。」他環顧房間，「這像公主的房間嗎？」

瑞吉娜想了想，她說：「公主沒有很亂的房間。」丹尼斯問：「那我們該怎麼辦？」瑞吉娜說：「我可以整理房間，扔掉所有乾掉的培樂多黏土，讓這裡變得像公主的房間。」任務達成！

某天清晨，有十六人在費城司庫河邊的某間船屋裡，等著艾弗瑞·赫特來練習划船。有一部車擋在他的車位前，害他無法開車。這時是早上六點，夜間警衛費了好一番工夫，打電話給那部車的車主，車主告訴他那部 **Acura** 汽車的鑰匙在哪裡。結果，警衛拿了一把 **Honda** 汽車的鑰匙來，一直想把鑰匙硬插進 **Acura** 汽車的車門鎖，他堅稱那是從車主說的鑰匙箱內取出的鑰匙，一定沒拿錯。

艾弗瑞沒抱怨：「你這個白痴，你沒看到那是 Honda 汽車的鑰匙嗎？」而是肯定警衛的努力，他告訴那警衛：「不是每個人都像你那樣有條理，或許車主把鑰匙擺錯了地方也說不定。」警衛答應回樓上去看看，終於找到正確的鑰匙。

你可能會說，這種事你「永遠」做不來。但是艾弗瑞這樣做，讓他得以準時趕到河邊練習。如果你的做法無法幫你達成目標，你會花很多時間和停車場的警衛及其他人爭論。

通常當你採取正確的行動時，會得到意想不到的回報。珍妮佛·普賽克在哥倫比亞商學院就讀時，主動去找文靜的中國學生吉米·盧聊天，班上幾乎沒人和吉米說話。他們聊不到五分鐘，滿心感激的吉米就介紹珍妮佛一份中國的公關工作。對別人的好奇心可能因此幫你找到工作。

後來，珍妮佛成爲一家公關公司的創辦人暨執行長，公司在紐約和倫敦都有據點。她表示：「我們覺得業務發展是個人的好奇心促成的。」她補充，簡單聊一下任何東西，也可能變成推銷的一部分。

所以該如何了解別人呢？從閒聊開始。不是因爲你在某處讀到閒聊是個很聰明的方式，而是因爲你對那個人感興趣，因爲你想和對方建立關係，那是一種接觸生活的方式。

閒聊也是一種接觸他人的方法。在費城的善普斯餐廳裡，一位新來的女服務生努力應付著很多張桌子的客人。我有一個學生和朋友在餐廳裡等了很久，一直等不到晚餐上桌，於是她請那個服務生過來，謝謝她的努力，給予她肯定。那學生對服務生說，她知道她是新來的，很忙碌，能不能先幫他們上開胃菜？

那服務生馬上送來免費的開胃菜，並從帳單中扣除主菜的費用，結果他們那餐除了飲料以外，全部免費，我學生說：「那服務生因爲我的體諒而請了我們一餐。」

費城的律師魯本·穆諾斯表示：「找出和對方的共鳴，可以產生很大的效益。」魯本想找人翻譯出生證明和結婚證書，他先上網找譯者，才和譯者見面，他和譯者聊到他們共同的興趣（西班牙和旅行），結果翻譯費用因此減半。你不想這樣做嗎？好吧，但是這樣你就得不到好處了。

一般大衆常把服務業的人當成傭人看待，如果你尊重他們，他們會非常感激。

暑假期間，高拉夫·特瓦利把幾箱東西寄放在公共儲物櫃裡，現在要拿回箱子，付一百美元的運費。他找到倉儲經理，和他閒聊。那經理說，他希望有一天去拿個MBA學位。高拉夫剛好在念MBA，他當場給那個經理一些申請商學院的建議，結果呢？倉儲公司沒收他運費。

根據學生的報告，他們運用這些小技巧所省下的費用，總計高達十億美元以上，這可不是小數目。

「建立人際關係」是指：你必須把焦點放在別人身上，而不是只在意自己，你必須把對方拉進來和你對話。一位華頓的學生某天開車在地價昂貴的費城郊區找房子，他希望畢業後可以和太太及襁褓中的兒子一起住在那裡。他沒注意到路上的標示，闖過一個「停車再開」的號誌，停在路邊的警車馬上把他攔下來。

那學生連聲道歉，說他這樣開車實在太危險了，學生說：「我忙著看這些美麗的房子，希望畢業後能和妻子及剛出生的兒子住在這裡，所以沒看到停車再開的號誌。」

他繼續說：「無論您決定怎麼罰我，能不能請教一下，這一帶的房子哪一區比較便宜？我很想住在你們這個社區，不過我希望能找到我比較住得起的房子。」警察一聽，掏出皮夾，讓那個學生看他孩子的嬰兒照。不出所料，最後他沒吃到罰單。

這招屢試不爽嗎？當然不是，但我要再次強調，你的目標是每九場比賽，多擊出一支安打。

找出對方的權力，並予以肯定

重視他人就是肯定對方的權力，這點不只適用在執行長身上，也適用在餐廳領班、知道檔案放在哪裡的行政助理、汽機車管理處窗口的不耐煩公務員，或是可能幫你省時或浪費時間的孩子或工作對象上。重視對方的行動，等於是肯定了他們的地位、能力或看法，他們會因爲你重視他們，而想回報你一些東西。即使對方權力有限，你肯定他們有能力掌控的事，藉此給予他們權力，也會促使他們回報你一些東西。這和對他們施展權力剛好相反，所以也會得出相反的結果：對方會想幫你。

所以，下次飯店員工、電話中心的客服人員、加油站員工或其他服務人員做錯事，或不給你想要的東西時，別責罵他們或對他們無禮，那樣做不會幫你達成目標。你應該肯定他們有能力採用不同的做法，展現出對他們的重視。這麼做和一般典型的反應相反，但有效許多。

管理顧問棠恩．麥克賴倫和朋友去一家客滿的餐廳，他們請服務生先送飲料來，講了四次，卻不見飲料上桌。棠恩的朋友對服務生咆哮，訓了她一頓，服務生離開後，棠恩尾隨她穿過餐廳，爲朋友及其他奧客的言行向她道歉。棠恩說：「如果妳能幫我們送飲料和帳單過來，下次妳來我們那桌時，是來收小費。」

結果兩分鐘不到，飲料就上桌了。棠恩說：「我沒讓她覺得自己很不稱職，而是從她的觀點來了解當時的情況。」

關鍵在於，即使對方心情不好，你也不要有情緒反應。別人對你發飆，往往是因爲他們碰到其他不太如意的事，別以爲是衝著你來的。告訴對方，他今天過得不順，你深表同情。好心會有好報，這需要多練習，不過回報是值得的。

你在人生中會碰到千百次這種情況，你解決問題的方式，會對你的生活品質有很大影響。

找出對方的權力並予以肯定，也意味著找出「決策者」，或是可直接影響決策者的人。你們有多少人曾浪費好幾個小時和「錯誤的人」協商？這種事每個人都碰過吧。你打電話給某人時，就應該要知道對方能否幫你。「嗨，你有權做某某事嗎？」人生苦短，不該瞎耗。

另一個和這點密切相關的問題是：**「誰是適合的談判者？」那可能不是最熟練或最資深的人。其實，研究顯示，權力愈大的人，愈不會注意到對方的需要，也就是說，他們可能要求到的東西愈少。**所以諷刺的是，在協商團隊中，有些最資淺的成員反而是最佳的談判者，所以你的問題應該是：「我的協商團隊中，誰最有可能讓對方達成我的目標？」

授權對方的一種重要方式（這方法也很少人用）是「把問題交給他們」。運用同理心，或直接尋求對方的幫助。當你讓別人參與你的問題時，對方會覺得他們獲得權力，因而把這件事視爲己任，更有可能幫你解決問題，所以你應該請對方幫忙。

我當談判者的這幾年，曾爲中央情報局提供諮詢服務。檢察長底下有人打電話給我，說局裡對於員工的投訴有應接不暇的問題，管理高層不知道該如何處理。

於是我去了一趟維吉尼亞州的朗里，我告訴他們，有個減少員工投訴的好方法，那就是把問題交給員工，組成員工申訴委員會，讓員工輪流進委員會擔任委員，例如每半年換一任委員。給予擔任委員的員工一點獎金，或是在員工考績上記上嘉獎。員工的投訴都必須先送到員工申訴委員會審查，審查通過後，才交由管理高層處理。

這樣一來，員工投訴的數量就開始減少了，因爲員工覺得向同事申訴一些雞毛蒜皮小事或挾怨報復很丟臉，最後只剩下正當的投訴案件。你可以把你的問題拿去詢問同事、老闆和員工，請他們給你一點建議。記得讓他們知道，你不見得每個意見都會採納。不過這樣做可以讓你因此爭取到更多。

培養信任感

有位同事和我是快二十年的朋友，某天他遇到一個機會，就把我們共同研究十幾年的專案當成自己的專案拿出去。這就像夫妻結婚多年，一方出軌一樣，轉瞬間婚姻就完了。

顯然，信任是重要的人際課題。信任有很大的效益：成交更快、交易更多、成果更大。一旦失去信任，就得付出昂貴的代價。法國一項研究顯示，法國人對彼此的信任度很低，導致就業率比原本可達到的水準低八％，國民生產總值（GNP）也低五％。這研究是以瑞典爲比較的基準，兩者差距多達數十億美元。一般來說，北歐國家的內部互信度最高，其餘還有荷蘭、中國、瑞士、紐西蘭與越南。

開發中國家有些經濟問題，是因爲缺乏信任而導致交易費用太高。美國的部分經濟問題，源自人與人之間和機構之間的信任度下滑。所以，商業、政治或每日談判的業務處理變得費時與昂貴。二〇〇九年丹麥的研究發現，社會信任和外國投資之間有直接相關，尤其是較低信任度的後共產主義國家和開發中國家。

我們先來定義何謂「信任」，信任是一種安全感，讓你覺得別人會保護你。有了信任，除非那件事讓對方覺得風險太大，或是出現更好的機會，否則對方會想辦法幫你。當對方非常信任你時，即使幫你可能會讓他受害，有時也會願意放手一搏。了解信任的動態「非常」重要。

信任的主要組成是誠實，亦即坦誠待人。信任「不」表示雙方認同彼此，或是永遠都喜歡彼此，而是指雙方彼此相信。我前面提過，你的可信度是最重要的談判工具。

信任的相反，當然就是不誠實，或是說謊，包括欺騙他人的任何行動，也包括講話時刻意遺漏一些事實及製造假象，或是巧妙的情緒操弄、扭曲資訊、虛張聲勢（威脅或做出不實的承諾），以刻意挑選的資訊破壞他人的信譽。只要給人不太對勁的感覺，都算不誠實。說謊會破壞信任，最終也會損及談判。

你必須確定你有讓人信任的基礎。在商業場合中，如果剛認識的人對你說：「你不信任我嗎？」你的回答應該是：「爲什麼我要信任你？我們才剛認識。如果你這樣就相信我，你才瘋了！」信任是日積月累慢慢培養出來的，那是一種基於相互尊重、道德和好感而對人產生的情感承諾，包含關心別人、不強占一切的概念。

如果你對關係不確定，就別信任對方，別讓自己輕易受到他人的波及。面對不值得信任的人，正確的回應方式不是用不值得信賴的方式對他，你何必為了對方而破壞自己的可信度？

我的同事米歇爾．馬克斯在一九七四至一九八六年間擔任紐約商品交易所的董事長，他發明了能源期貨，這是個價值上兆美元的產業。有一次我問他成功的祕訣，他說：「我總是留點錢給別人賺，從不自己獨吞。」他補充說，大家相信他，所以會介紹交易機會給他，讓他做更多的交易。他說他會以更快的速度處理交易，因此做了更多交易。

米歇爾不是傻瓜，當他不確定是否該信任對方時，他不會傻傻地任人宰割，他把自己的可信度視為一大競爭力。

律師可能會說：「留點錢給別人賺，這和我積極為客戶爭取權益的職責，不是相互矛盾嗎？」我的回應是：「你是以多長的時間範圍來看？如果你今天搶走所有的利益，別人不再和你往來，你這樣做，是真的為客戶在所有相關的時間範圍內，爭取最大的利益嗎？」

有些人可能會說，信任因文化而異，的確是如此。不過在任何文化中，都是人際關係愈多，信任也愈多，缺乏信任仍有其代價。幾年前，我在墨西哥為前蘇聯的幾位大企業家舉辦一場談判研討會，第一天早上談完後，三名與會者帶我去吃午餐，提醒我課堂上需要改進什麼。

其中一人說：「你講的那些合作觀念，對西方社會的學生來說很實用，但是與我們無關。每次我們想要一樣東西，都是直接用偷的。」他一講完，他們三人都笑了，不過他們是認真的。我問他們是否也會賄賂，他們說，對，他們也會用賄賂的方式。

我告訴他們：「這種方式可能目前在俄羅斯行得通，但國際商務上是不容許的。長期來說，得為此付出很大的代價。」當然，他們不相信我說的。

一九九八年，俄羅斯銀行界爆發醜聞，美國的銀行在俄羅斯因銀行詐騙案虧損數十億美元，美國在俄羅斯的投資從原本占全球投資的二八%降為二．九%。你去問許多國際金融家對俄羅斯的看法，他們第一個聯想到的就是「欺騙」，即使只有少數人如此，但那代價依然高昂。前面提過的法國研究顯示，約九成俄羅斯人對司法體系「毫無信任」；相較之下，美國約有三二%的人相信司法，挪威約有七四%，這兩國也是可信度最高的國家。

在組織內部，說謊或欺騙可能衍生紛爭，使道德標準較高的人產生不信任感。有人可能會察覺你說話前後矛盾，拿這些矛盾來攻擊你。

但是，這不表示你必須告訴對方一切。第一章提過，你可以告訴對方，你「目前」還沒準備好披露某些事，隨著雙方關係的進展，你可以逐步透露更多。

找出對方真正想要什麼，也有幫助。一名女子搬離曼哈頓，不久她又回到原住家附近的商店，買了幾張CD，價值約一百五十美元。她去結帳時，店長問她是否住在附近，附近居民可享折扣優惠。她後來問班上的同學：她當時應該說謊嗎？她那時沒說謊，所以付了全額。

那位店長真正想問的是什麼？他真的在乎她住在哪裡嗎？他只是想知道她會不會變成常客，她當時何不回答：「我以前住這附近，最近剛搬走，但我回來這裡就是為了買喜歡的音樂，這是其中幾張。」

這說法不是比說謊更有說服力嗎？這樣說也回答了店長眞正想問的問題。如果她說謊，讓店長看印有舊地址的駕駛執照，偏偏店長又剛好知道有人搬進她原來的住處了，那會變成怎樣？商家都有資料庫，她可能當場被抓包，變成拒絕往來戶。

那個學生爲了證明這點，又去那家店，以同學建議的說法來回應店長的問題，結果眞的拿到折扣了。這樣做可能需要多想想對方的想法和情境，但結果比較沒有風險，長期來說獲利更多。

缺乏信任時，如何談判？

我們都知道，這世界充滿難以信任的情境。在缺乏信任下，該如何談判？畢竟，即使是靠不住的人，也會付錢。

重點是，**儘管信任至上，成功的談判「不見得需要」信任**。這是很重要的一點，多數人往往沒注意到：信任並非成功談判的主要條件，談判的成功還需要更基本的東西。

談判眞正需要的是「承諾」，信任只是獲得承諾的一種方法。合約、第三方、**動機是獲得承諾的其他方法**。

重點是，你需要取得對方的承諾，而不是你的承諾。你言出必行？誰在乎呢？對方是否說話算話？別以爲你單方面做了承諾，對方就會做出同樣的承諾。你應該像設定目標一樣，花同樣多的心力去取得對方的承諾。

在中國做生意的美國公司常抱怨，許多傳統的中國企業不在合約上約定價格，他們承諾的方式不一樣。首先，中國公司先簽約規範交易的架構，包括供貨、交貨、時間長短等。接著，他們觀察市場，根據市場狀況提議價格，合約裡的價格是建議價格。二〇一〇年四月《中國經濟評論》報導，西方人沒為這種「簽約後二度談判」做準備時，就等著失敗吧。

不過，如果備受推崇的中國大老在媒體上宣布這只合約（內附定價公式）是美中合作的絕佳範例時，那宣布就比承諾還要可靠了。因為在中國，面子問題對事業和個人來說都很重要。

中國某大企業欠了美國一家顧問公司龐大債務，拖了七百天沒還（快滿兩年了），美國公司派出律師協商，依舊沒效。他們又祭出外交手段，後來終於露出一點曙光：對方願意開會。

我建議那家美國公司派管理高層和這家傳統中國企業的高層見面，並告訴對方：「你們不償還債務，讓我們因此信譽受損，在同仁、朋友、家人面前蒙羞，也在員工、顧問、顧客、政府、鄰里與社群面前感到丟臉。」

此外，美國公司也必須讓這家中國企業知道，欠債不還也會讓「他們」在自己的政府面前丟臉。由於中國一直想在國際貿易上獲得重視，欠債不還違反了國際標準。結果他們這樣一說，這家中國企業在三週內就還清債務了。

在中東地區的許多市場裡，握手是一種有約束力的承諾。交易的一方伸出手，手臂打直，並說：「這價格如何？來握個手吧。」交易的另一方若把手縮到背後，就表示他不接受對方的開價，於是雙方繼續協商。當他們達成協議時，會在證人的面前握手，確定承諾。

我開的一家公司從玻利維亞的叢林出口香蕉到阿根廷好幾年。在我們接觸的阿根廷市場中，我發現以下的說法都「不算」承諾：（一）「我發誓」；（二）「我以我媽的生命發誓」；（三）「我保證」；（四）「我簽約」；（五）「我絕對保證」。

但是，要是我們欠錢，他們會馬上照著合約來要求我們，直到我們付錢為止。所以我們後來發展出一套方式：他們必須先支付熟成、運送、銷售等成本，我們從最終消費者（超市）收到貨款後，才支付合作夥伴成本及分享利潤。

在我們和對方合作的六年間，他們從來沒違反協議的條款。我信任他們嗎？我連他們都不認識！所以關鍵在於：在缺乏信任下，你需要一個替代機制，讓對方有不欺騙的動機。那機制可以是類似上述的金錢機制，也可以是託管帳戶、第三方的潛在負評，或未來利潤的淨現值。

在談判中，有信任很好，但信任不是必要條件。

還有很多別的方法也可以保護你免受對方的欺騙。第一個方法是漸進式，在即使被騙也不至於付出慘痛的代價下，給對方一點資訊或價值，看是否能因此獲得對方的善意回應。小心別讓自己陷入棘手的狀況，給了對方很多，對方卻沒給你多少重要的東西。你要確定每個步驟中都從對方獲得充分的回報。

烏克蘭商人艾利克斯．道格表示，他在商業場合中和人見面時，最初幾個月他都會先問對方他已經知道答案的問題，他說：「如果對方說謊，我就不再和他們往來。如果對方據實以告，我會再進行下一步。」

還有別的方法可以測試對方。請對方向第三方證明，他們開出的其他條件是眞實的。告訴對方，你會在能力範圍內給他們較好的價格和條件，那條件只有第三方知道。接著請第三方比較其他條件和你的條件。如果你的條件較好，對方可以得到你預存在第三方那裡的錢，如果對方因此退縮，你應該懷疑他們的眞實性。

我喜歡美國前總統雷根對蘇聯的評語：「信任，但要查證。」那是一句俄羅斯的老諺語。

以下是你應該謹記在心的幾點：

◎如果對方知道的資訊比你多出許多，你就是居於弱勢。你應該採取循序漸進的方式，在取得更多的資訊或信任以前，不要承諾。

◎蒐集大量關於對方的資訊（「審愼調查」），向對方取得細節，看所有資訊是否都相符。

檢查和測試一切，善用你信賴的第三方來協助。

◎對方是否迴避你的問題或改變話題？他們愈是偷偷摸摸，就愈有可能有所隱瞞。

◎如果對方說謊時可比坦白獲得更高的利潤，就改變誘因。例如，爲他們長期提供的績效（價值）給予補償。

◎在沒有明確的保護下，別給對方任何資產（發明、時間、建築）。

◎把保證眞實性列爲協議的一部分，告訴對方：「如果你說的都是眞的，把這點列入合約可以讓我安心，對你來說也沒什麼成本。」如果他們因此退縮，你就要小心了。

◎在協議中列入違約的後果。

◎親自見面，對方比較難掩飾實情。在有些文化中，他們堅持一定要見面看到彼此，才肯協商。

◎如果有些事沒講明，讓你感到不放心，你可以問對方：「還有其他我該知道的事嗎？」相信你的直覺。對方緊張嗎？看起來心虛嗎？太假？眼神飄忽（除非那是當地文化）？沉默太久？拒絕承諾？這些並非不誠實的鐵證，但應該讓你產生質疑，放慢速度，詢問更多的問題，循序漸進。

「爭取更多」也是指「不要得到更少」，花點心思遵循這些守則，別事後再來後悔。

失去了信任感，如何重建？

一千年後，大家查二十一世紀的新聞報導時，會看到備受推崇的風格大師瑪莎．史都華的訃聞，那文章一開始可能是這樣寫的：「瑪莎．史都華改變了世界對風格的看法，她曾因爲對陪審團說謊而遭到起訴和定罪，昨日與世長辭。」欺騙，或是欺騙的印象，是永遠無法磨滅的。

假設你在一家律師事務所工作，你在職業生涯中，某次帳單多收了客戶一千美元，被客戶發現了，你這輩子，大家都會覺得你超收帳款，大家也會覺得這家律師事務所會超收帳款，即使這種事只發生過一次。

欺騙的代價就是失去信任，失去信任的代價是實際的金錢、信譽、談判效力的損失。麥可・菲爾普斯在二〇〇八年夏季奧運會中，破紀錄地贏得八面游泳金牌，後來因爲被檢驗出吸食大麻一次，而失去數百萬美元的代言合約。他依舊代言一些商品，但機會只有以前的一小部分。另外，大家也都知道，職業高爾夫球好手老虎伍茲婚姻出軌後，他的代言生涯發生了什麼事。

在談判課程中，一方有機會欺騙另一方。有一次，一位律師和一位法律系學生在談判時達成協議，但後來學生那一隊違背協議，痛宰了律師那一隊。那位律師很生氣，他當著全班的面，站起來對那個學生說：「我握有你後半輩子的把柄了。」

那學生回應：「嘿，別生氣，這不過是一場比賽。」那律師說：「如果你會爲了分數而做出這種事，可想而知你會爲了錢而做出什麼事。」

即使只是給人欺騙的「印象」，也可能破壞談判及連帶的關係。一個來上我哥倫比亞大學企經班課程的主管說，他在一家工業設備製造商工作，十年前公司和某大客戶的年度採購合約曾出過問題。

那家客戶一年採購八千萬美元的設備。在協商合約時，客戶明確指出他們反對某個定價公式，公司答應把那個公式拿掉，那公式並不會影響採購太多，也不是合約的重點，不過雙方爲此談了很久。合約定案後，賣方簽完合約，把合約交給客戶。客戶的採購經理檢查合約時，發現定價公式還在合約裡！客戶相當不滿，說他們受騙了，賣方連聲道歉，但都無法安撫客戶。客戶再也不相信賣方，因爲他們之前爲了那公式談了很久。

後續十年，那家客戶完全沒向這家公司採買任何商品。總之，加計通貨膨脹，賣方總共損失了十億美元的生意。十年後，賣方當初參與那次交易的高層早就離職了，客戶那方只有一人離職，那人是執行長，他正好就是十年前的採購經理。

關於失去信任的後果，最慘的實例之一，是某大化學廠商失去客戶信任的個案。

那客戶是紐澤西州中部一家大型的印刷廠。採購經理告訴我，他的化學品需求中只有不到一〇%是向這家廠商購買，一年的採購額約十萬美元。他說，他的公司其實每年「可以」採購至少五十萬美元，或許更多也說不定。但是那家廠商沒拿到這些生意，在一九九〇年還失去他們這家客戶。事實上，二〇〇一年是這家印刷廠自一九九〇年以來第一次向他們採買。

我問：「發生了什麼事？」

採購經理說：「一九九〇年，那家廠商硬要賣給我們一種新產品，他們說舊產品停產了。但是新產品無法發揮效用，浪費了我們的生產時間。」後來他發現，所謂的新產品其實是「測試品」。他說：「從此就失去了信任。」他說那家廠商因此失去他們公司一百萬美元以上的訂單。

我問：「那爲什麼後來又給他們一次機會？」

他說：「那家公司的業務代表很優秀，一直來找我們，提供我們資訊，是個滿好的人，所以我們又給他一次機會。」採購經理說，這就是二〇〇一年他們少量下單的原因。

我問：「巴斯夫公司的業務代表來找你們多久，你們才回心轉意？」採購經理說：「連續六年每個月都來。」

失去信任後，可能再重建信任，當然，那並不容易，也不見得會成功。如果你是以「第二次機會」為訴求，或許能讓對方產生共鳴。那過程必須是循序漸進的，賽諾菲安萬特製藥公司的資深行銷經理維拉．娜可法表示：「你必須很客氣，道歉，承諾你會做得更好。」維拉也是給一家表現欠佳的市調公司第二次機會。「你必須以開放的心態面對改變，討論過去的誤解。」她表示，重建信任的關鍵，在於展現你合作及解決問題的能力。

談判可以改變世界

用本章介紹的工具和技巧來了解人，可以得到特別的結果。克里斯．涉谷醫師是我以前在哥倫比亞大學商學院的學生，以下是他舉的例子：一名二十七歲的自閉症患者阿尚。

克里斯現在是瑞銀集團的投資組合經理，九○年代他在曼哈頓的史隆凱特琳紀念癌症中心擔任小兒科的痲醉醫師。阿尚是個罹患自閉症的成人患者，不愛說話，也不願合作。每次醫師拿針測試時，他都會激動反抗。

克里斯說：「我思考他的需要，以及他是什麼樣的人。他只是需要更多具體的保證，而他的應對機制較少。」

克里斯發現阿尚怕痛，也害怕痛苦的象徵，所以他刻意在阿尚面前把針收起來。克里斯也發現，阿尙討厭別人以高高在上的口吻對他說話，所以他坐在他旁邊，和他的視線等高，請一位護士平靜地躺在附近的擔架上，這做法肯定了阿尙的權力，也表示大家重視他。

克里斯認爲阿尙不喜歡任何意外的驚嚇，所以他盡量把動作放慢。克里斯先以監視器對著自己作示範，之後再對著阿尙的母親，兩人都露出了微笑。這就是人際關係。

克里斯知道阿尙在測試前覺得肚子餓，所以他在麻醉罩上塗上草莓的甜味，讓阿尙沉浸在那香味中。由於阿尙有時候會搖晃身子，哼唱起來，克里斯也會跟著做，輕哼「誰怕大野狼？」

阿尙在放心、平靜、合作下，悄悄地進入夢鄉。即使是最難搞的人，只要你去了解他、重視他、給他多一點掌控力，你也可以讓他乖乖就範。

03

談判失敗的最大原因

請看左圖，想像那圓圈是個紅色圓點。寫下你看到什麼。

你寫下什麼？最常見的答案是「紅點」，不過只有三三％的人回答紅點。第二多的答案是紅圈，有一八％的人如此回答。這問題得出許多不同答案，有些醫學院的人回答「鏈球菌」，約七％的人寫「空白」，有四〇％以上的人寫的東西與「紅」無關，以下列出部分回答：

紅點　　日本國旗　　紅鼻馴鹿魯道夫
右上　　目的　　眼球
鏈球菌　　黑點　　血滴
目標　　紅色尾燈　　空白

爲什麼大家對同一個簡單問題會有那麼多不同答案？換句話說，大家對看到的東西有普遍的歧見。把這歧見放大一千倍，就成了訴訟；放大一百萬倍，就成了武裝衝突，其實這些都是一樣的，只是程度上的差異。

此外，幾乎每個人都把問題本身的一點資訊納入考量。我雖然指著紅點，但我說：「寫下你看到什麼。」顯然，圖中的空白比紅點多。如果你說那問題讓你注意到紅點，爲什麼會有七％的人看到空白？

或許談判失敗的最大原因在於溝通失敗，溝通失敗的最大因素是誤解。兩個人看同樣的圖案，分別看到不同的部分，一般人常爲了同一圖案的不同部分爭得你死我活。

是什麼原因導致不同的知覺印象？首先，每個人各不相同，感興趣的東西也不一樣，我們的價值觀和性格也不一樣。我們受不同的人所影響，體驗與觀察不同的資訊，我們常忽略或不顧那些和我們想法不符的資訊。在辯論或談判中，我們選擇性地蒐集支持我們觀點的證據，也選擇性地記住某些資訊。我們的記憶也會扭曲我們的知覺印象。

開天闢地以來，幾乎所有人類衝突都是這些原因造成的，它們的重要性不容小覷。

在下面這個知名圖片中，有兩個女人，一個是老婦，一個是年輕女子。老婦的嘴巴是年輕女子的項鍊。左側老婦的大鼻子年輕女子的下巴。老婦的眼睛是年輕女子的耳朵。

在我上課的一些班級裡，我第一次展示這張圖時學生知道圖中有兩個女人。我把圖中的一半圖案影本（老婦或年輕女子）發給班上的兩群人看。

接著，我把教室前方螢幕顯示的合成圖關掉，叫大家盯著他們拿到的那一半圖案看五分鐘。然後，我又在前面的螢幕上展現那張合成圖。你猜發生了什麼事？

幾乎沒有人看得到另一半的圖案。你明知那張圖裡有兩個圖案，卻在看了其中一個圖五分鐘後就看不出另一個圖。當你看同樣的文化上千年後，如何能了解其他文化的觀點？

知覺印象的落差

這個問題比多數人以為的還要嚴重。別人不同意你，不是因為他們固執、愚昧，或不可理喻，而是因為你認為再清楚不過的東西，他們完全看不見。對他們來說，這些根本未曾存在過。因此為了說服他們，你必須確切明白他們腦海裡的景象。然後一筆一筆地畫出另一整個宇宙。如果不這麼做，即使花上千年，他們也會極力反抗你。你深信或重視的東西，往往是別人「看不見的」，那些東西並不存在。

所以，如果你想說服別人接受不同觀點，你必須從他們已知觀點著手，而非你的「事實」。這對多數人來說，有些出乎意料。如果你不先對老爸說：「爸，你為何喜歡抽菸呢？」這段勸他戒菸的對話便無從開啓，甚至根本也懶得理你，直到你投其所好，說點他想聽的。

中東的學童小時候看到的地圖裡沒有以色列，當他們得知以色列的確存在時，你猜發生什麼事？他們不相信。

聰明的律師在協商複雜的合約時，知道合約裡要有一節，專門用來定義合約內的術語。他們知道即使是最普通的用語，也可能有不同詮釋。如果各方對同樣字句有不同的想法，整個協議可能因為沒有共識而有風險。

這在日常用語中更是重要，因為平常說話時，誤解的機會更大，但大家鮮少界定自己的用語，更少質疑看似模稜兩可的東西。

誤解的例子比比皆是，房地產開發公司的創辦人安納普．米斯拉表示：「客戶說，我們的建築服務全套收費四十三萬美元太貴了，他不告訴我們，他指的是其中哪一筆費用。」最後，他們請客戶界定他所謂的「全套收費」是什麼，結果發現客戶其實是希望服務項目不要像最初開價單列的那麼多。最後他們把服務項目減半，收費二十三萬美元，爭議也消除了。

鮑伯．布朗不滿意兒子的高中成績。他仔細詢問兒子艾力克斯後發現，兒子覺得他的成績已經「夠好了」，足以讓他申請進入理想大學。於是，鮑伯介紹十四歲的兒子和升大學的顧問見面，顧問告訴艾力克斯，那成績還不夠。鮑伯沒和孩子爭論誰對誰錯，而是透過受到尊重的第三方，讓他看清申請大學的眞正標準。鮑伯是默克藥廠的保健顧問，他說：「這招很有效。」後來艾力克斯申請進入威斯康辛大學念電機系，平均成績都維持在三．八（優等）。

幾年前，我爲沙烏地阿拉伯利雅德的高階主管開了一門爲期三天的談判講習會。一位在美國住過的高階主管說：「你在美國的餐廳裡，想要咖啡續杯時，是舉起杯子，稍微前後搖晃一下，服務生看到就會過來幫你續杯。但是，如果你在沙烏地阿拉伯那樣做，服務生會收走你的杯子，他們以爲自己完全了解你的意思了。」試想，日常生活中充滿這種不同觀點的情況。

人與人發生衝突的方式有千百種，因爲他們沒問：「他們所指的意思和我想的一樣嗎？」在心理學中，這種錯誤叫做「基本歸因謬誤」，你以爲別人對事情的反應都和你一樣。

當你用稍微加強的語氣對別人說：「這裡好熱！」時，對方回應：「我覺得冷。」你不該回他：「你有問題！」每個人對事情的反應本來就不一樣。你在人際互動方面愈注意這些，遇到的紛爭愈少，可以解決更多問題。這表示如果你想說服對方，對方的知覺印象比你的提案更重要。

在公司裡，溝通不良的代價很大：費用更高、挫折更多、效率更低、服務更少、顧客流失、反應緩慢（包括因應競爭者的威脅）、無法善用集體智慧、較少時間打造組織。有一家大公司算過，那損失是每個員工每週損失三．五小時，這對一家員工五百人的公司來說，每年損失高達數百萬美元。這近乎占了利潤的一〇%，幾乎是多數公司的毛利率。

縮小知覺印象的差距

該如何解決這些誤解和知覺印象分歧的問題呢？你必須了解的第一件事是，這些問題隨時都在發生，無所不在。首先，你應該先詢問用語，看雙方所指的是不是同一件事。

賈思琳．多娜特是摩根大通的執行董事，兩歲的侄女安娜麗莎就寢時，多娜特告訴她：「現在是賈思琳說故事時間，我來講一個故事。」侄女馬上說：「兩個故事。」經過一番討價還價後賈思琳問侄女，爲什麼她要兩個故事，她回答：「因爲我還不累。」後來他們達成共識，講一個比較長的故事，他們對故事的長度有不同看法。

從現在起，你和人發生衝突時，請先自問：（一）我怎麼看這件事？（二）對方怎麼看這件事？（三）兩者是否不同？（四）如果兩者不同，爲什麼？

你過去可能常常這樣問自己，但現在你應該把這些問題列爲談判技巧的一部分，有意識地問自己。這表示你需要了解雙方各自具有的偏差，認清對方的看法，然後說明自己的看法。

以下是以同樣的文字做出的兩段表述。第一種表述：「我要去紐約市，你要去哪裡？」第二種表述：「你要去哪兒？我要去紐約市。」一般經驗顯示，**人們比較常聽到第二種表述**。當你先問對方的看法時，表示你重視對方，於是對方就比較有興趣聆聽你講的話。

兩種表述，同樣的文字，不同的順序。我之所以說這些談判工具對不知道的人來說隱於無形，是有原因的。

所以，打斷別人的話通常是不智之舉。當一個人說話被打斷時他腦中仍在運作，大多不會聽到你在講什麼。如果他們因爲說話被打斷而生氣，就更不可能聽到你說的內容了。談判的首要之務，是讓對方「有意」聽你說話。

多數人是從事實開始談起，「根據市況，這間房子我開價二十萬美元。」但我們之前看過，在促成協議的原因中，事實占不到一○%。有些人談判是從說明合理的「利益」開始，例如：「房價持續下滑，所以現在賣最好。」

但是事實或道理都無法說服多數人，我們應該一開始就先自問：對方有意聽我說話嗎？想知道答案，你必須先了解他們在想什麼：他們的想法和感受，他們對你和其他一切的看法。如果你不知道這些，你無從開始，只是在摸黑行走。

在上面的例子中你可以試試這麼說：「你的房子眞不錯，你住這裡幾年了？」

說明「你的」看法，是你最後才要做的事，首先你應該了解「對方的」看法。

提姆．麥克勒格是某大壽險公司業務經理，一位保險經紀人告訴他，他們公司的壽險價格貴了一五％。提姆仔細詢問經紀人對高價的哪些地方不滿意，結果發現：「那經紀人說，我們的價格讓他在顧客面前很難推銷。」所以他們提供一套額外的服務給經紀人，附加一份混合價格。

想了解別人心中的想法，提問是一個好方法。在談判中，問句比直述句更有效力。直述句一說出口，就和你密不可分，無法為你提供任何資訊，只給了對方攻擊你的把柄。相反的，問句通常會幫你取得資訊，給你題材自由發揮，提問是把焦點放在對方的身上。

你在談判中說的一切，都應該盡量以問句來陳述，這幫你確定對方是否真的想傳達你當初解讀其話語的意思。

達米恩．奧利夫是華盛頓特區國際金融公司（隸屬世界銀行）的資深投資經理，國際金融公司投資墨西哥一家企業，但他遲遲拿不到那家企業的財務資料，對方也不回他電話。

達米恩沒威脅對方，而是思考那家企業可能碰到什麼問題，他寄了一封信詢問他們一切還好嗎，他說：「我們發現他們沒有時間、金錢或人力馬上蒐集財務資訊。」對方對此感到很尷尬，最後對方提議逐步提供一點資訊，因此避免了不必要的衝突。

試著把你要講的話改成問句，別說「這不公平」，而是說「你覺得這公平嗎？」別對兒子說「把你的房間清乾淨」，而是說「能不能告訴我，為什麼你的房間無法清乾淨？」你可能不喜歡對方的回答，但切記，對方回答了問題並不表示談判就此結束，談判要到你覺得結束時，才算結束。提問也讓對方更有機會參與交流，你可能從中得知寶貴的資訊。最起碼，你先詢問他們的看法，這表示你重視他們。

傑克．道格拉斯努力說服客戶改用公司的新網站下單，卻始終勸不動。客戶使用目前的系統時，每天需要親自到店裡取貨好幾次。如果改用新的網路系統，顧客只要用電腦一週下單一次就行了。

傑克說：「客戶後來很生氣，說如果非改用網路下單不可，他就不向我們採購了。」於是，傑克巧妙地詢問他採購的習慣。

「我才發現他眞正的問題所在。」傑克說，「原來是人的問題，他喜歡和人實際接觸，想幫我們的店員保住飯碗。」傑克向他解釋，新的網路系統不會因此讓他喜歡的店員失業，他還是可以到店裡詢問店員的意見。改用新系統也可以幫公司的存貨配置變得更有效率，減少發票的數量，從而減輕那些店員的工作量。後來顧客就開始上網下單了。

許多人說他們沒耐心這麼做，其實這種人際互動方式長期來說可以幫你省下很多時間。對話也會變得比較沒那麼尖銳和情緒化，比較有說服力。

喬丹．羅賓森意外接到附近一位「充滿魅力的女性」打來的電話，對方邀他一起吃中飯，後來她帶了兩位女性朋友同行。席間，那三個女人一直稱讚喬丹，灌他迷湯，問他問題。喬丹受寵若驚，什麼問題都回答了。當他開始起疑，反問她們問題時，才發現她們想推銷他一套價值四百五十美元的人生改造課程。他婉拒時，對方開始祭出強迫推銷的技巧。「我因爲一開始沒提問題而浪費了兩小時。」他說。

提問題沒什麼大不了，許多人認爲提問是一種敵意的表現，其實提問有很多種技巧，我最喜歡的技巧是電視人物神探可倫坡所用的方式，他說：「幫個忙，我有點不懂……」這是有效的提問方法——**請對方幫你**。

下面是另一個以合作方式提出的有效問句：「請告訴我，我哪裡錯了？」如果對方告訴你哪裡錯了，你得到的資訊有助於改進下次的談判。再次強調，在你說結束以前，談判都不算結束。如果對方無法說出你哪裡錯了，你會變得更有說服力。

我總是不斷地請問別人，我哪裡錯了。從同事到執行長，我每個都這麼問。這是小事，但切記，談判在用字方面是非常敏感的。

關鍵在於精確，眞正存在細節裡的不是魔鬼，而是上帝。你在溝通想法、希望、夢想、感覺、一般資訊時，用字愈精確，誤解及談判失敗的機率愈低。

如何化解溝通的隔閡

我在哥倫比亞大學商學院上課時，一開始我會問學生：「我從這裡怎麼走去百老匯？」有人說：「沿著一一八街一直往下走，就會走到百老匯。」

接著我問：「我怎麼走到一一八街？」他們說：「穿過校園往北走。」我反問：「我怎麼走到校園？哪個方向是北方？」他們：「嗯，走出這棟樓就是。」我：「我怎麼走出這棟樓？走哪個出口？」他們：「搭電梯到一樓。」我：「電梯在哪裡？」他們：「教室外面。」我：「教室有兩個門，從哪個門出去？」

我們辛苦做了一遍這樣的練習後，大家就明白爲什麼誤解會那麼頻繁，導致衝突和協商失敗，因爲我們以爲對方腦中有特定的想法和情境，但事實上那些想法和情境往往是不存在的。如果你想說服對方，就必須從頭開始，以對方的速度一步一步來，而不是按你自己的速度。

有效溝通的根本要件是：（一）持續溝通；（二）傾聽和提問；（三）重視對方，別怪罪對方；（四）常做歸納和摘要；（五）進行角色對調的練習；（六）保持冷靜；（七）闡明目標；（八）堅定立場但不破壞關係；（九）尋找微小的訊號；（十）討論知覺印象的差異；（十一）了解對方如何給承諾；（十二）決定之前，先諮詢；（十三）把焦點放在你能掌控的事上；（十四）避免爭論誰對誰錯。

首要之務是溝通

這和一般看法迥異，大家因爲忽略了這點而產生不良的影響。除非是很極端的情況（例如對方傷害你摯愛的人），否則你再怎麼討厭對方，也應該盡量和他溝通。

因爲如果你不和對方好好談，那表示你不夠重視他，不想聆聽他說什麼，才會導致協議不成、訴訟或戰爭。如果你和對方交談，就可以得到你能運用的資訊，那資訊也許可以達成協議，或是變成反駁第三方的說辭。

無論你對對方（包括你的敵人）有什麼看法，即使你後來的決定是展開攻擊，在決策以前，先了解對方在想什麼不是比較明智嗎？

說話是一種力量，不說話則顯現出你的怯弱，偏偏這和一般的看法相反。許多勞資談判、體育協商、律師、外交官、領導人的談判常在談判不順時直接退席抗議，每次我看到這種情況總是很訝異，因爲那樣做絕對會把事情鬧僵，怎麼會合理呢？

然而，世界各地的談判者常以退席的方式破壞談判，他們以爲那樣做是對的。如果你怕對方覺得你很軟弱，爲什麼不乾脆說：「嗨，我來這裡是想聽你們是否想做讓步。」一切端看你如何表達。

二〇〇二年，以色列前總理夏隆說，他早該在二十年前殺死當時的巴勒斯坦解放組織領袖阿拉法特。那樣的言論本身並未讓夏隆變成糟糕的談判者，眞正讓他顯得糟糕的原因（至少在本例中），是因爲他沒說的話。他當時應該這樣說：「阿拉法特，我恨你，我早該在二十年前殺了你才對……**我們得談談**！」

如果夏隆希望達成協議，終止暴力，他就需要和阿拉法特談談，無論他們對彼此有何感覺。這也表示爲了從對方取得可以改善情況的資訊，你需要和各種角色交談，包括那些可能認同恐怖分子的人。如果你擔心與對方談話是在承認對方的地位，可以在談判代表的人選以及表述的方式上，採取漸進的步驟。

美國聯邦調查局、國家安全局，和其他關注人質及恐怖分子的聯邦機構，曾送員工來華頓商學院上我們的談判課程，學習這些工具。一些駐阿富汗的軍隊如今也是使用這些溝通工具，來建立打擊塔利班的聯盟。我會在第十五章談公共議題時，提到更多的細節。

這裡還有另一個看起來似乎有悖常理的溝通工具：**許多談判者要求對方讓步，以啓動或重新啓動談判。這在電視上看起來不錯，讓談判者在委託人的眼中有種強悍的形象，但這往往是無效的，更糟的是這還會激發敵意，有時甚至引來報復。**

除非我和你有某種形式的關係，否則我不會心甘情願給你任何東西。我只不過是有權和你講話而已，你就要求我讓步？我的第一個反應是，閃邊去，門都沒有！如果我們在談判期間培養出某種關係，或許讓步很恰當，包括爲你昨天受的傷害給你一些補償。但是在談判之初，當我們沒有信任或關係時，讓步是不可能的。

這種「你先讓步，我們再來談」的觀念可說是本末倒置。正確的順序應該是**談話優先，提案在後**。

對方想什麼、說什麼，比你想的說的更重要

這帶出了有效溝通清單上的第二點：傾聽對方並提問，肯定對方的看法，你說的話沒他們說的那麼重要。你覺得你說了什麼，還不如對方覺得他們聽到什麼來得重要。爲了說服他們，你需

要聆聽他們言語上與非言語上表達了什麼。你愈是責怪他們，他們愈聽不進去你說的話。你愈重視他們，他們聽進愈多。這點幾乎對每個人來說都是如此，無論是小孩子、政府官員、業務代表或客戶。

我叔叔是一位非常優秀的保險業務員，他常去拜訪潛在客戶，詢問一些問題，聊近一個小時。聊到最後，客戶通常會買保險，而且他們總是對我叔叔說：「啊，你眞是健談。」

多數人是以說話的方式來說服自己。如果對方辱罵或威脅你，你正確的回應是：「說來聽聽。」你愈了解一個人，愈明白對方是怎麼思考的，愈能想像他們腦中的想法，就會因此變成更好的談判者。如果你不這麼做，可能衍生很糟的結果。看看你周遭因「專家」犯錯而造成的嚴重錯誤有多少，這些都有不錯的借鑑效果。

一九七二年，德國當局在搶救以色列奧運選手時犯了一些錯誤，這事件已有許多文獻做過分析（西德慕尼黑舉行奧運，不幸發生巴勒斯坦恐怖分子殺死以色列選手的慘劇。巴解游擊隊潛入選手村，殺害兩名以色列選手後，擄走九人。德國拯救行動失敗，九名人質死於槍下）。事件發生時，德國慕尼黑當局抱持對立、分歧和蔑視的態度。人質還在槍口下，德國狙擊手就對著挾持人質的恐怖分子開槍，導致恐怖分子殺了十一名人質。一九九五年俄羅斯和車臣軍閥談判時，也採用同樣的計策，導致上百位人質身亡。

幾年前，一位來自美國南部市警局的人質談判代表來華頓上課，他談到一件失敗的人質談判案，最後那名歇斯底里的男子殺了自己的女友。他女友剛和他談分手，他把女友架在槍口下當人質。那位人質談判者是照著平常訓練的方式行事，採用粗糙的談判技巧，例如施放氣體攻擊那間公寓。

前面提過，那種技巧通常會讓對方更加不安、更情緒化、更難預測，而做出更極端的事。人質談判代表爲什麼不好好想一想，那個人在想什麼？他顯然因爲女友剛提分手而心煩意亂，他需要獲得重視才能平靜下來。

這位談判代表在課堂上講完這個案例後，大家開始討論。我提到人質談判代表當時其實可以告訴對方，他的女友還愛著他，事情是可以解決的。那女友如果夠精明的話，應該可以配合演出。那男人當時心煩意亂，很需要一些言語上的安慰，情況其實是可以挽救的。我這麼一說，那位人質談判代表臉色鐵青，他這才發現結果其實可以不一樣。

近年來，許多人質談判代表已經放棄這種極端的談判技巧，但現在有許多談判者是改用虛假的好意，讓對方放棄對他們不利的事。人一旦發現自己受到虛情假意的操弄，會變得情緒化、不安，產生危險的結果，就像以前使用敵意的老計策一樣。這種虛情假意和前面美國南部人質案的建議不同，因爲前面建議的策略是爲了幫助雙方，而不是傷害他們。

重視對方，別怪罪對方

過去五十年對兒童與成人所做的研究顯示，責怪會降低績效與動機；相反的，讚美則可改善績效和動機。我在第二章提過重視對方，這裡是談溝通。

以下研究結果顯示，技巧不佳的談判者（談判效果應該也比較差）談判時所造成的負面影響有多高。

談判行為	優秀談判者	一般談判者
冒犯對方的行為：自誇、暗示不公平	2.3%	10.8%
每件議題的選擇	5.1%	2.6%
責怪	1.9%	6.3%
分享資訊	12.1%	7.8%
「長期」意見	8.5%	4.0%
「共同點」意見	38.0%	11.0%

相較於技巧優異的談判者，一般談判者責怪他人的比率高出三倍，思考創意選擇的比率只有一半，尋求共同點的比率不到三分之一，分享的資訊較少，提出長期意見的次數只有一半，發表激怒對方的無謂言論則高出四倍以上。

總之，負面性愈高，談判愈難成功。

把聽到的資訊做歸納

經常歸納你聽到的資訊，用你自己的話複述一次給對方聽，這樣做顯示你重視對方，也能確定你們的認知相同。對方可以看到你在聆聽他們的想法，讓他們更有可能聆聽你說的話。如果你複述時，對方覺得不對，他們可以更正誤解。

這裡要強調的是，無論對方是顧客、朋友、競爭者或配偶，即使你覺得自己很了解狀況，並不表示對方也有同樣的了解。

這也讓你有機會以客觀方式包裝或表述資訊：「聽你這麼說，你比較喜歡我們的產品，但是你還是買他們的產品。」或「我在部門裡的考績最好，但領不到紅利獎金，其他人卻可以領到，我的理解沒錯吧？」或「兒子，你的意思是說，你的成績單上雖然都是拿乙等或丙等的成績，你還是覺得你可以進常春藤盟校？為什麼？」

羅莉．克里斯多福現在是洛杉磯的顧問，他說花旗銀行曾收她年利率一七．九％的信用卡利息，另一家銀行是收她一一．六％，花旗客服人員不肯降低利息，羅莉說：「所以你是告訴我，我應該把帳務餘額從貴行年利率一七．九％的信用卡，轉到他行年利率一一．六％的信用卡？」這樣一來，花旗客服人員就可以看清差異所在，羅莉因此拿到八．九％的年利率。歸納整理出一套說法，可以讓對方一目了然。

進行角色對調的練習

角色對調意指設身處地站在對方的立場思考，這是本書中最重要的工具之一，可讓你更了解對方的知覺印象、承受的壓力、夢想和恐懼。換句話說，要了解對方，你需要試著體會他們的痛苦、快樂和不安，在談判策略中處理這一切。你必須讓對方知道你努力想了解他們的感受。

我有一個學生打敗數千名求職者，成爲花旗集團錄用的五十幾位MBA應屆畢業生之一。他像大多數的MBA學生一樣，無論薪水多高，都想要更有錢。那個學生來找我提供建議。

「你的目標是什麼？」我問。學生說，他希望自己能從那群錄取的MBA中脫穎而出，在公司裡升遷快一點。他也表示，他希望錄取他的那位副總裁可以成爲他的職場導師。

我說，我們得逐一來看每個目標。「首先，如果你的目標是從一群人中脫穎而出，而多數MBA都要求更高的薪水，你也要更高的薪水，那要如何與衆不同？」

他說：「說得有理。」觀察你的行動是否和目標相符，向來是個不錯的方法。我說：「好，我們來看第二個目標，這位你希望成爲你職場導師的人是誰？」

學生說，那是他去年夏天去公司實習時的老闆，那副總裁剛開發出一套新計畫，讓五十幾位新進員工從今年九月開始，在不同的部門輪調，那副總裁對這項計畫的推動很緊張。

我說：「你站在他的立場想一想，他的希望和恐懼是什麼？你如何幫他？」

學生做了一下角色對調，設身處地站在副總裁的立場思考，想到他該怎麼做。於是他打電話給副總裁，先是感謝對方錄取他，接著說他希望副總裁能當他的職場導師。他也自告奮勇地表示，他願意在接下來的十個月盡量提供協助，他願意幫忙面試新人、做研究、做必要的行政工作。

副總裁說：「聽起來不錯，你先在電話上等我一、兩分鐘，我馬上回來。」

副總裁回來接電話時，他說：「我要告訴你兩件事，第一，我馬上給你一萬五千美元的獎金。第二，我希望你來參加下個月舉辦的花旗全球董事會，見見花旗集團的董事長和執行長。」

這位學生就這樣打穩了職業生涯，他還沒進這家有數千名員工、資產近五千億美元的公司以前，就已經有機會見到公司的經營者，而這一切源自他在一個普通的事件中，運用本書的談判技巧所創造的機會。角色對調可幫你更敏銳察覺對方的知覺印象。

一般人常無法表達自己的感覺，所以你得想辦法找出對方意見背後的真正意涵。這要怎麼做呢？多了解他們，多設身處地站在他們的立場思考，想像他們腦中的想法。

我曾爲蒙特婁的服飾供應商科瑪上課，他們的採購人員凱瑟琳．科拉卡其斯和中國的製造商之間最近碰到交貨問題。在課堂上，她根據上次會議的情況，扮演對方廠長的角色，演到一半，她突然停了下來。

她說：「我剛想到，我們走過一排襯衫，那時他帶我們一群人參觀廠區，他從架上拿下一件襯衫來展示，他說：『這是凱瑟琳的襯衫。』」當時，凱瑟琳想到，這廠長雖然幫科瑪製造了上萬件襯衫，但他其實不是在幫科瑪製造襯衫，而是幫她製造襯衫，她發現廠長不是問題所在，反倒是幫她解題的關鍵。」

於是，凱瑟琳送他一份禮物，感謝他「幫她」製造那些優質的襯衫。廠長後來終於對她坦承，交貨延遲是因爲他和布料供應商之間出了問題。那問題正好是凱瑟琳和供應商需要一起解決的常見問題，她的談判方式因此完全變了。

從對方的觀點思考，往往會衍生意外的結果。芭芭拉．楚萍是一位念MBA學位的醫護人員，在費城某個貧窮地區的診所工作。某天，一位面容憔悴的女子來診所驗孕。

進一步詢問後，芭芭拉發現這名女子：（一）是妓女；（二）有古柯鹼毒癮；（三）常進行無安全措施的性行爲；（四）常遭皮條客毆打；（五）懷孕就無法再接客；（六）不知孩子的父親是誰；（七）萬一懷孕，會遭到皮條客痛歐；（八）如果懷孕，她希望墮胎；（九）很窮；（十）教育程度低落；（十一）從未上過診所。

我請全班分析這個情況，只有少數幾個學生問道，爲什麼這名女子會到診所驗孕，畢竟市面上就有家用驗孕盒，這女子來診所其實是想求援，而不是爲了驗孕。**認清對方實際上在說什麼，而不是看起來在說什麼**，這點很重要。

芭芭拉幫那女子驗孕，和她談了一下她有哪些選擇，其中包括到其他城市的中途之家，以遠離虐待她的皮條客。

即使你是錯的，對方也會因爲你努力想了解他而心懷感謝。

練習設身處地爲對方想一想，請同事扮演你，模擬談判的過程，你不需要很多花俏的理論，只需要知道怎麼做，有實踐的意願，以及一點時間，就能變成更有說服力的談判者。

保持冷靜

當對方說「你是白癡」時，正確的回應是什麼？你可能心想：「滾開！」或「你才更白癡！」或「你去死吧！」這些回答都是錯的，正確的回應是：「爲什麼你覺得我是白癡？」

爲什麼這是正確的答案？首先，你會得到那次談判或下次談判可以運用的訊息。最好的談判者是冷靜的，他們會持續尋求資訊。

正如第一章所述，萬一有人對你說「我恨你」，你應該問他爲什麼。問對方最喜歡你競爭對手的哪一點，最不喜歡你的哪一點。如果對方威脅你，問他爲什麼會那麼生氣。你應該針對他們說話的背後意義來回應，而不是針對他們表達情緒的不良方式。即使對方只告訴你一點點，你也可以獲得寶貴的資訊，可用來說服對方。

大衛．霍羅克斯是保健資訊業的高階主管，他做了一個爲期五天的專案，他說：「第二天做到一半時，一位小組成員當著大家的面，憤怒地對我說，我刻意誤導他。」大衛沒發怒，而是問對方他確切做了什麼事情讓他那麼生氣，「當我了解他想要什麼時，我向他證明我不可能有刻意誤導他的動機。」對方迅速平息怒火，團隊再次順利運作。

在工作或生活中，你看過多少因怒火處理不當而衍生的衝突或持久的傷害？

闡明目標，重申目標

設定目標不只是談判一開始做的事，你需要經常檢查你的目標。

你們彼此的認知仍相同嗎？新事件或資訊導致你重新思考目標嗎？你的行動仍和目標相符嗎？你開車朝目的地行進時，一路上會一直調整方向盤，例如必要時繞個路以避開路障。所以想達成談判的目標，也需要做類似的調整。

透過電子郵件的溝通

談判時連確切的用字和語調都很敏感，如果你語帶敵意、侮辱某人、故意刁難，你說的話就會失去影響力。你可以在不冒犯對方下，堅定自己的立場，例如「我眞的需要這個，以下是我的原因。」諷刺用語可能讓你得意一時，但對談判往往毫無助益。或許你看到有些成功的談判中也有諷刺用語，這些人即使說話諷刺依舊談判成功，並不是因爲語帶諷刺而談判成功。

這世上有許多人靠著電子郵件過活，有些公司的存在完全是依賴電子郵件。二〇〇九年每天全世界寄出的電子郵件約三百四十億封，是一九九八年的兩千倍（每天一千五百萬封），所以二〇〇九年一整年約有十兆封電子郵件，如果再算進垃圾郵件，那數字還會暴增五倍。

電子郵件的溝通效果如何？多數人回答：「很糟。」原因之一在於電子郵件沒有語調，無論收件人當下的心情是什麼，電子郵件都會感染當時的情緒。如果對方充滿防禦心態，他可能會覺得你在攻擊他。可能的話，親自和對方見面或通話，效果比較好。

如果你必須使用電子郵件溝通，如何減少問題？以下是一些建議：

◎把語氣加回去，一開始先說：「請把這封信視爲……」然後加入「善意的」「關鍵的」「難過的」「失望的」等字眼。這讓收件人更有可能以你想要的語氣來讀這封信，至少可以緩和負面的反應。

◎絕對不要根據你收信時的第一反應來回信。多數人都知道應該避免這麼做，但很少人眞正做到，因爲你想趕快把事情解決或節省時間。其實，你把信留著，半小時後再回，會比你馬上回信，然後再花好幾個小時或好幾天來更正錯誤印象還省時間。

◎在傳送電子郵件之前，先以對方心情最糟的狀態重讀一遍。多數電子郵件給人的感覺，比寄件人原本想傳達的語氣還要激進。你應該想想對方在最糟情況下會怎麼想，這可減少風險。

◎角色對調。在電子郵件中先提到與對方有關的事物，就像閒聊一樣，例如「希望你感冒已經好了。」「聽說你們那邊下了很多雪。」這樣會讓你感覺更有人味，讓電子郵件比較接近面對面的接觸。

◎絕對不要在不滿或生氣時寄出電子郵件，你會在那種情況下寫下自己無意說出的話。你可以先寫下來，存成草稿，稍後再重讀一次。

◎電子郵件盡量保持簡短。需要許多時間審查的複雜提案，不適合以電子郵件提出。如果你需要傳送報告，就以附件的方式傳送，並寫清楚希望對方閱讀附件的時間（「您方便的時候」或「接下來的幾天」）。這麼做考慮到對方的時間，避免他們無奈地說：「老天，又來一封長信！」

◎如果你寫的電子郵件內容特別敏感，可以在寄出前先請同事或朋友幫你看一下，無預設立場的人通常可以看得比較清楚。

◎如果你必須寄出電子郵件，剛好你心情又不好，可以先自清，在信件一開始先寫：「我現在心情很糟，請原諒我信中的語氣。」或任何需要對方諒解的東西。

◎如果對方對幽默的看法和你相同，適度的幽默可以發揮效用，就像閒聊一樣。

最後，想想對方的溝通風格，盡可能貼近他的風格。你不是要模仿他，而是想爲他闡釋你的想法。

如果對方是忙碌的高階主管，他可能只想看幾個字。重點是讓對方聽到你希望他們聽到的話，這跟你溝通的方式有很大的關係。

比爾．科里安尼斯的喜帖設計師已經遲了一週沒提供樣本，比爾只能透過電子郵件連繫他。設計師的助理請比爾再等一週，比爾沒馬上回一封惱怒的郵件，而是發一封信先感謝設計師承接這個案子，接著再以平和的語氣說明婚禮的壓力，並提到他和未婚妻貞的需要盡快爲請帖做出決定，他問設計師如何幫他們趕上原訂的計畫？

結果，隔天比爾就收到快遞送來的喜帖設計，比爾說：「即使在電子郵件中，你也沒必要無禮回應。」他又補充，電子郵件抽離了情緒，讓設計師更容易迅速地採取正面的行動。

留意對方發出的訊號

如果你仔細觀察與聆聽，會發現多數人都會提供你說服他們的方式。我們觀察他人時往往不夠仔細，你應該注意各種言語和非言語的訊息，那些訊息提供許多訊息，可用來說服對方。

如果對方說：「這次我沒辦法為你這麼做。」你應該問：「那何時可以？」或「還有誰可以？」如果對方說：「這是我們的制式合約。」你應該問：「你們曾經破例嗎？」如果對方說：「我們是不二價。」你應該問：「那什麼是可以談的？」注意每個字句、音調變化和行動。

目前在芝加哥當律師的梅莉莎．葛魯薩曾經請房東調降房租，房東不肯。梅莉莎問他最近是否降過房租，房東答：「兩年前降過，但今天不行。」梅莉莎注意到「今天不行」這四字，她回應：「今天不行，那明天可以嗎？」房東就降低租金了。

法比歐．瓦索希望在申請到工作簽證以前，瑞銀集團能幫他保留工作機會，人事經理說：「我沒辦法幫你。」法比歐說：「那誰可以？」於是他找到可以幫他的人，順利保留了工作機會。法比歐仔細聆聽，他注意到訊號：人事經理只是在講她自己的權限，不是真的拒絕他。如今法比歐是倫敦野村國際公司的投資銀行家。

日本企業常帶很多人去參加會議，以仔細觀察與聆聽對方的說法：隱約的措辭、舉手投足或眼神、對方做筆記的時機、低頭的時機等，這些都提供了許多資訊。會後，日本團隊成員會聚在一起，交換意見。

這意味著什麼？這表示你去開重要會議時，最好帶人同行。你同事在說話時，你就仔細聆聽和觀察，你會發現別人看不到的訊號。

幾年前，一個非營利的保健團體在華頓舉辦一場五百人的會議，需要買資料夾。史泰博辦公用品公司開價一千三百美元，籌辦會議的團體買不起，於是打電話給位於加州的製造商，想取得比較便宜的直購價。

製造商的業務員表示，她無法直接把產品賣給最終消費者，她說：「我沒辦法把資料夾賣給你。」這句話裡包含了三個與學生的目標有關的訊號：三個字，分別是「我」「賣」「你」。「我」：如果業務員無法賣資料夾給學生，他們公司的其他部門能賣資料夾嗎？「你」：如果學生無法向業務員購買資料夾，或許大學的其他部門可以向他們購買，再轉交給學生。

最後，學生問對方：如果你無法「賣」資料夾給我，那可以「送」我嗎？答案是：可以！他們在保健會議上幫那家公司打廣告，那家公司把去年規格不合的庫存品免費送給學生，沒問題！

如果你仔細聆聽與觀察別人，對方會透露出各種大大小小的方法，讓你拿來說服他們。

一九九八年，美國政府指控微軟非法誘導顧客選用他們的網路瀏覽器，這是一起重大的反壟斷訴訟案。在此案的和解談判中，美國政府忽略了微軟釋出的一大訊號。

在一九九九年和二〇〇〇年法院下令的和解談判中，美國政府要求微軟在視窗產品中加入連上Netscape等其他瀏覽器的程式，但微軟不肯。代表微軟談判的蘇利文與克倫威爾律師事務所的合夥人史蒂芬．霍利表示：「比爾．蓋茲說，沒人可以告訴他該如何設計產品。」所以雙方又回到法庭，打了十九個月的官司，消耗了許多時間、金錢和精力。

當微軟表示他們不會把那程式加入產品時，美國政府應該怎麼要求？例如「那你們可以把那程式放在哪裡？」「那你們要在產品裡放什麼？」微軟對政府釋出一大訊號，說他們不會把那程式放在產品上，但他們完全沒提到微軟的網站或廣告，或微軟還可以在視窗上加入什麼別的東西。

這樣問很接近二〇〇一年微軟和美國政府達成的協議：如果微軟以外，有人（例如消費者或電腦製造商）把Netscape的程式碼裝上電腦，微軟就在視窗系統的選單上加入Netscape的連結。霍利說他們其實可以早十九個月得出那個結論，但政府其實不想在初期的調解中和解，大家也沒把焦點放在最後的和解上。

由此可見，即使你很擅長你做的事，這類往往隱於無形的談判工具仍是一種截然不同的技巧。

觀察對方如何給承諾

我們在第二章討論過這點，有效的承諾攸關對方腦中的想法，以及如何溝通那些想法。我把這點再次列入有效溝通清單中，以便大家參考。當然，這裡會有一些重複的地方。就溝通來說，你需要和對方「清楚地」談談，他們承諾及信守承諾的方式，否則你可能會碰到類似下面這家瑞士公司的情況。

瑞士公司以爲他們和中東交易對手簽的合約是「有約束力的協議」，所以他們要求對方履約，但中東公司拒絕履約。瑞士公司指出中東公司的簽名時，對方表示他們不受合約的約束，簽約只是爲了避免「失禮」。中東公司的代表說，他必須和瑞士公司的代表親自見面，「握手並達成口頭協議」，那才有約束力。

對瑞士公司來說，書面合約是有約束力的承諾，但是對中東公司來說，握手才有約束力。

下決定之前，先諮詢

假設你做的決定會影響到別人，例如決定去看電影或上館子、開新店或建廠，你沒諮詢受影響的每個人，就自己做了決定，這會發生什麼事？

最可能發生的第一件事是，對方可能因爲你不重視他們而反對你。他們是否有值得說出來的事，或你是否已經知道他們會說什麼並不重要。你沒詢問他們的意見，這樣做並無法幫你節省時間，反而會占用你的時間。他們會故意想辦法阻撓你，因爲你的做法等於是發出一個非言語的訊號，表示他們的意見不值得一聽。

最可能發生的第二件事是，你可能無法得知自己沒考慮到的好點子。

如果時間很緊迫，你可以發一封短信說：「我需要在明天幾點前做這個決定，如果在那之前我沒聽到你們的建議，我就認定照著計畫進行沒問題。」如此一來，大家會覺得你已經徵詢過他們了，很多人不會覺得他們非得和你連繫不可。如果他們在期限過後才和你連繫，你可以合理地說明設定期限的必要。如果他們不喜歡期限，你們可以一起爲下次想出更好的程序。

你不見得要採用他們的意見，你可以說明你爲什麼會做那個決定。萬一大家反對，至少你徵詢過他們了，他們比較不會有情緒反應，因爲你重視他們。

一家國際銀行把調漲的銀行服務費帳單寄給顧客，一位銀行經理說：「顧客相當不滿。」問題不在費用增加，而是顧客覺得，銀行在收費方法及時間方面都沒詢問過他們的意見。顧客說，在銀行人員和他們討論之前，他們拒付增加的費用。客戶關係需要修補。

葛瑞格．哥沃茲想造訪以色列，但家人擔心以色列太危險。他向每位擔心的家人徵詢看法，蒐集大家擔心的理由並一一說服他們。他說：「我讓家人知道，我不會去衝突最多的地方，我出遊前會先徵詢他們的看法，讓他們充分表達他們的擔憂。」

結果，他的母親因此「平靜下來」，父親也「確定那旅程很安全」。

決策前不先徵詢別人的看法，可能會在國際上產生嚴重後果。美國總統布希在二〇〇二年九月十二日對聯合國發表演說前，拒絕先徵詢其他國家對於攻打伊拉克的看法。他在當時及後續幾週逕自提出，萬一美國遭到威脅時，美軍在世界各地單方行動的新政策。

美國總統布希因此貶低聯合國兩百個國家與地區領導者的意見，他在過程中激怒許多國家，很多國家並未派兵到伊拉克幫助美國，有的國家則是派出較少的部隊或召回部隊，他獲得的支持減少很多。

布希其實可以發表一樣的演說，在不招致那樣的反效果下。他只需要運用較好的說服技巧就行了：決策之前先諮詢，重視別的國家。他其實可以說：

「我知道目前對很多人來說相當棘手，有些代表阿拉伯國家的人可能感到矛盾，有些代表開發中國家的人可能和美國的關係緊繃，但我誠心建議大家，把國際恐怖主義視爲共同的敵人。

「最終來說，這裡的每個主權國家，包括美國在內，都需要自己決定該做什麼：究竟是要使用外交手腕、軍事行動，還是介於兩者之間的方式。但是在我們決定以前，我們會盡量諮詢各國的意見。」

同樣的演講，但聽起來全然不同，不是嗎？這種說法可能讓美國獲得更多國家與軍隊的支持，或許可以因此得到更好的結果，避免多年的軍力耗損。

我們無法改變過去

我們對過去發生的事已無能為力，即使我們再怎麼想改變過往，爭論過去發生的事實對談判並沒有好處。爭論過去的事可能產生三種結果：（一）戰爭；（二）訴訟；（三）無法達成協議。這代價高昂、費時又痛苦，往往無法結束衝突，導致大家忽視了目標。

除非中東的阿拉伯人和以色列人不再爭論過往的事，否則中東永無寧日。無論他們有再多的條約和特使，總是有人會想為過去的事，對別人展開報復。

不過，這不表示我們在協議時就不能考慮到過往，但首先我們需要運用本書討論的談判工具，以人的立場來對話。我們必須找出前進的方法，如此一來才有可能處理過往的事，但這永遠是棘手的問題。

雙方的意向（無論是朝著過往或未來），是談判和訴訟之間的一大差異。訴訟是把焦點放在過往與究責上，談判則是把焦點放在價值和未來，或者更確切地說，是把焦點放在當下。

馬克．胡德是石油業供應鏈的主管，供應商為了過去的問題而對他百般刁難。供應商不滿的是馬克的前手對待他們的方式，而他們故意拿完全不相干的專案條件與付款條件來開刀。馬克說：「那是信任問題。首先，我們需要一起吃好幾頓飯，好好談談。」他聆聽供應商的意見，為其他人的行為致歉，承諾未來做得更好。

在談判中，不爭論往事是一種解脫，你是在鼓勵對方只談他們可掌控的事，這有助區分相關與無關的事，讓談判的雙方更有權力。你可以說：「為什麼要把以前的事情怪到我頭上，我並沒有參與，我也不代表當初參與那件事的人。」

在談判中，爭論對錯毫無意義

指責與懲罰是自然的人性反應，但是在心理上，對方很難接受處分。坦承自己錯了是一件很難的事，那讓你在自己及他人眼中顯得渺小。指責幾乎都需要第三者：法官、陪審團、裁判。如果你想爭論誰對誰錯，你會發現，要讓對方達成你的目標變得困難許多，你不得不訴諸更昂貴的替代方式：訴訟、第三方仲裁或戰爭。

最好的方式是提出協商問題：我們現在該怎麼做，如何避免這種事再次發生？

一九九三年，熱門人造毛料 Polartec 的生產商莫爾登紡織公司發生大火，燒燬了麻州波士頓外的廠房，損失四億美元。公司執行長艾倫·佛爾斯坦在重建工廠的兩年間，以全薪留住了工會的員工。當時美國的失業率很高，此舉讓佛爾斯坦一舉成為全美推崇的人物，還上了《時代》雜誌的封面。

但莫爾登公司擔心，火災可能觸犯了聯邦法律，聯邦調查局人員正打算偵訊當地的兩支消防隊：莫爾登的工廠消防隊和莫爾登市立消防隊。

火災一發生時，莫爾登的工廠消防隊就馬上趕到現場，但無法撲滅火勢。市立消防隊在二十分鐘後趕到，那時火勢已經完全失控。後來大火雖然滅了，但工廠已完全燒燬。

莫爾登公司的危機協調與行銷長傑夫．鮑曼表示，工廠消防隊非常憤怒，想責怪市立消防隊支援不力。當時我是該公司的顧問，協助鮑曼處理這件事。我們兩人極力說服佛爾斯坦，別讓工廠的消防隊批評市立消防隊。我們說，公司的目標是別讓聯邦政府認定我們有罪，怪罪市府單位並無助達成目標。

主張我們是對的，並非公司的目標。避免遭到法規處分、維持公司的良好聲譽才是公司的目標。佛爾斯坦特別在意個人的名聲是否受損，責怪市府單位只會讓自家的消防隊更孤立無援。

我說：「別說謊，不過工廠的消防隊員的確可以說，市立消防局比他們晚二十分鐘抵達現場，因爲他們住得比較遠。或許未來他們可以住在比較近的地方。此外，他們也訓練了工廠的消防隊，最後也把大火滅了。」

儘管這是合理的說詞，但你可以想像要讓工廠消防隊講出這些話有多難，因爲他們想對外主張自己是對的。最後，執行長說服了他們，工廠消防隊對外做出了委婉的反應，市立消防隊也呼應他們的說法。

後來工廠並未受到聯邦政府的法規處分，主要原因在於他們獲得當地消防隊的支持。鮑曼表示：「沒有他們，公司無法存留下來。」莫爾登之所以能存活下來，是因爲他們把焦點放在目標上，而不是誰對誰錯。

本章說明的每個工具都很隱約微妙，每個工具都只要你稍微改變談判的說詞就能做到。你不必一次用上所有工具，先嘗試一兩個就好，多練習，建立自信，得到效果後再試試別的工具。

在英國電影導演大衛．連執導的電影《印度之旅》中，蓋博教授讓這句話永傳不朽：

除非對方有意聽你說話，
否則你無法告訴任何人任何事。

04 面對難搞的談判對象

我有一個學生某晚十點五十五分到麥當勞點薯條，結果拿到一包濕軟的薯條。他請店員換一包新鮮一點的，店員厲聲回應：「我們再五分鐘就打烊了！」學生冷靜地走到櫃檯末端，拿起一份麥當勞保證新鮮的傳單，走回店員的面前。

學生說：「我是來麥當勞，沒錯吧？」店員咕噥回應：「嗯。」學生說：「這張保證新鮮的單子說，你們在營業時間內的食物絕對新鮮。」他指著單子上的薯條，上面寫著保證提供顧客期待的「完美口感」。

「這家店不是開到十一點嗎？」學生又問，「這裡沒說，新鮮保證在打烊前五分鐘不適用，對吧？」

後來學生拿到新鮮薯條了嗎？他的確拿到了。

許多人可能就此收下那包濕軟的薯條，或掉頭離開，或氣沖沖地爭論，或心裡老大不高興，這學生則是決定冷靜地運用麥當勞自訂的標準。當然，這是小事，但是在大大小小的談判中（小至餐廳和工作，大至地緣政治），運用對方的標準，可以有效幫你達成目標。

運用對方自訂的標準，是非常有效的談判工具，但多數人都不知道。標準對難搞的談判者來說特別有效，但很少人運用這個方法，因爲幾乎沒人了解，讓這個方法在各種情況下都發揮效果的心理因素何在。我談的，不是你覺得公平的「客觀」標準，而是對方認爲公平的標準，或他們曾做出的承諾。

運用對方認定的標準時，常會發揮神奇的效果。你可以每天都用這個談判工具，有時它的使用頻率比別的工具還高。

運用對方的標準很重要，因爲這世界並不公平，我們隨時都可以看到有些人和公司違反他們自訂的標準，提出服務承諾卻做不到。你向商店訂貨，對方卻沒照承諾出貨。他們承諾提供卓越的服務，卻對你很糟。你因爲相信他們的話而和他們往來，他們卻說話不算話，還死不認錯，很多人因此氣得半死。現在你可以冷靜地運用他們自訂的標準，得到你想要的結果。

已故的ＮＢＣ《會晤新聞界》主持人提姆．羅瑟以前常因精采的報導而獲得讚賞。他在訪問政治人物時常做一件事：在全國聯播的電視上，當著他們的面，播放他們以前講過、但和現在行爲矛盾的話。政治人物常坐立難安，被迫解釋前後矛盾的原因，這就是運用對方自訂的標準。

我是在三十幾年前當記者時，發現運用對方標準的效果，後來我成爲律師和企業家時，又進一步精進了這方面的技巧。這也是我課堂傳授的工具中必備的一種。

怎麼做呢？這是運用人類心理「討厭自我否定」的根本原則。當你讓人從下面兩種情況選擇時：符合自己的標準（呼應之前說過和承諾的事）、違反自己的標準，一般人通常會努力做到符合自己的標準。當然，沒有任何工具是永遠行得通的，但你可以靠這些工具爭取到「更多」。由於大家比較不常違背自己的標準，你會更常得到你想要的。

標準的威力

標準是一種讓決策有合法性的實務做法、政策或參考點，它可以是之前做出的表述、承諾或保證，也可以是談判時對方認同的做法。

公司政策是一種標準，基本上它就是說：「這是我們的規定。」另一種效果同樣強大的標準是：「貴公司曾破例嗎？」下次航空公司的票務人員告訴你，更換機票要加收一百五十美元時，就問他：公司的這項政策曾破例嗎？如果有，就努力讓自己也適用那個破例。

你可以先找服務商練習這項談判技巧，因為他們是服務業，幾乎一定都有服務的保證或標準，例如有線電視公司、電話公司、航空公司、信用卡公司、銀行、旅館等。如果你想申訴，先找出那家公司在網站、平面刊物或電視廣告上標榜了哪些顧客服務。

如果客服人員不想幫你或對你無禮，就對他們說：「你們的廣告說，客服人員隨時竭誠地爲客人服務，我很好奇，那說法和現在的狀況是同一回事嗎？」

對方不會因此掛你電話，掉頭走開，或揍你一拳，他們通常會做你希望他們做的事。

幾年前，賓大華頓商學院的學生傑森．克萊努力了三年，想進賓大的法學院就讀。他第一年沒成功，第二年擠進候補名單，後來還是沒上。第三年的四月底，他又上了候補名單，他需要馬上知道自己能不能上，才能確定他能不能在賓大修雙學位（這時他已經完成兩年課程的第一年）。

法學院通常要到夏季，才會確定候補名單上的誰可以入學，那對他來說太晚了，因爲他還需要先註冊課程和排定暑修計畫。他希望對方能破例先公布，也希望自己能獲准入學，也就是說，他需要對方迅速審核。了解頂尖學校入學審核流程的人都知道，他成功的機率趨近於零。傑森在華頓修了我的談判課，所以他來問我該怎麼做。

我建議他看一遍賓大法學院的招生簡章，研究一下那學院的標準，然後寫信給入學審查長，直接列出：「這是你們的標準，我符合了；這是你們的標準，我符合了；這是你們的標準，我也符合了。」在信終，我建議他說：「請告訴我，我哪裡有錯。」或類似的說法，後來傑森都照我的話做了。

他四月二十八日寄信給入學審查室，五月二日就入學了。傑森很確定，這絕非偶然，尤其法學院告訴過他，他的申請最快要等到六月才會獲得審核。

一旦你知道運用他人標準的威力後，你隨處都看得到它的蹤影，在這之前，這工具原本是看不見的。傑森說：「這流程讓我記取了深刻的經驗。」他現在是紐約史隆凱特琳紀念癌症中心的副總裁暨投資長，「談論這些工具和概念是一回事，實際運用時，看著它們幫我達成任務，那又是完全不同的一回事了。」

如果沒有先前的標準可用，你可以想辦法定義對方在談判時會同意運用的標準。一位年輕的高階主管去紐約的愛馬仕門市買一條絲巾。那條絲巾原價五百美元，特價兩百五十美元，這位年輕的高階主管請店員提供禮物包裝，因爲那是送妻子的生日禮物。店員回應：「我們對特價品不提供禮物包裝。」

一家那麼高檔的商店，竟然會做出這種回應，實在很誇張。多數人可能聽了會發火（但得不到想要的結果），這位主管問：「所以，如果我爲這條絲巾付全額，你就會提供禮物包裝嗎？」店員答：「當然。」主管說：「所以現在愛馬仕光是一個禮物包裝就要價兩百五十美元嗎？」

結果那位主管的絲巾獲得禮物包裝了嗎？當然有！

一般人幾乎都會照著自訂的標準行事，有兩個基本的原因。第一，內心的道德羅盤告訴他們，這是正確的事，他們不想坦承自己不老實。第二，他們擔心自己違反理當遵守的標準時，會觸怒對他們來說很重要的第三方，例如主張那標準的老闆。違反標準的人可能顯得不講理，甚至遭到革職。

假設你要求的事情完全合理，但是電話另一頭的客服人員不講道理，他其實違反了公司的標準，你可以問他下面的問題，藉此拉進第三方：「如果這通電話是貴公司的執行長打來的，他會認同你的說法嗎？」

你所做的，是把不可忽視的結構性議題帶進對話中。對方現在知道，他因爲違反公司的標準而面臨更大的風險。

我和合夥人在加勒比海地區買下了一家小型的貨運航空公司。幾年前我去實地勘查，爲了檢查當地的設施，造訪了許多島嶼。那時只有一位公司的飛行員，開著單引擎的飛機載我去。我們降落在英屬維京群島的托托拉島時，入境大廳除了入境管理員以外，空無一人。

那位管理員雖然認識飛行員，過去十年間也經常看到他，卻對他百般刁難。飛行員和我都有機場通行證，她還是要求飛行員塡寫許多表單。我只想確定公司在當地的小辦事處是否營運正常而已，那個辦事處離入境大廳僅五十碼，我們光是站在入境大廳，就可以看到辦事處的那棟建築。

我在入境大廳裡尋找規定，牆上掛著一塊我們有時會在旅遊景點看到的牌子，上面寫著英屬維京群島的總理所說的話：「歡迎光臨英屬維京群島，我們的海關和入境管理員，以及其他的服務人員都很重視我們的訪客和嘉賓，都會以禮貌、莊重與尊重的態度來待客。」

於是我走向那位入境管理員，對她說：「抱歉打擾一下。」她不耐煩地抬起頭來問：「什麼事？」我指著那塊牌子說：「那眞的是總理說的話嗎？」她說：「對。」語氣有點遲疑，我說：「所以總理說的話和現在的情況是同一回事嗎？」

結果，我們五分鐘內就離開入境大廳了。當地政府表示，那塊牌子後來被拿掉了。

善用對方認定的標準

你去乾洗店拿回洗壞的襯衫時，可能會對店家說：「把少了鈕釦的襯衫還給客人，是你們的規定嗎？」這回應的確運用了標準，但你可能會覺得這種說法有點咄咄逼人。沒關係，你也可以改用你覺得比較自在的口吻。不過，原則很清楚：乾洗店不是應該避免遺失鈕子嗎？

你可能對另一半說：「我們之前看的七部電影都是你想看的，該換我選片了吧？」同樣的，你也可以改用別的字眼。不過，你現在所做的，是問對方是否認同你倆應該平分電影的選擇權。

標準有個優點：那是透明的流程，「無法」隨意操弄。你可以告訴對方你確切做了什麼，如果對方說：「你是用標準來要求我嗎？」你可以回應：「那當然！以你們考慮周到的標準為決策基礎，有什麼錯嗎？」這裡，你是把討論標準變成一個標準議題，「我只不過是要求貴公司說到做到而已，不是嗎？」

有些心理學家把標準視為「一致性陷阱」，把它和操弄技巧歸為一類，這做法讓人對標準產生誤解。你並不是在設局讓人跨入圈套，你不過是要求對方履行承諾、展現合理的行為而已，堅持誠實與公平有什麼錯？

如果對方決定違反他自訂的標準，不誠實，你怎麼辦？他們自己走極端，那其實是有風險的，我等一下會說明。

另一點你應該謹記的是，這些工具可能會傷害到別人。它們的效果無庸置疑，但你必須決定你運用這些工具的程度。

以下是運用標準可能傷人的例子，這個例子和五〇年代初期韓戰中的美國戰俘洗腦問題有關。當時中國軍隊是支持北韓，他們會問美國戰俘：「美國完美嗎？」美國士兵當然回答：「沒人是完美的。」中國軍隊接著問：「你不介意把這句話寫下來吧？如果你眞的這麼想，就把它寫下來，我們會回贈你兩條香菸。」

所以，許多戰俘都寫了：「美國不完美。」

幾週後，中國的審問者會再問那些戰俘：「美國哪些方面不完美？」中國人這樣問，其實是要美國人提出論點，以佐證他們自己的說法。許多戰俘會寫下美國不完美的地方，因此又獲得一條香菸。

這做法會持續好幾個月，描述的細節愈來愈深入。接著，中國軍方會公布這些美國大兵親筆寫下對美國的長篇誹謗，極少美國戰俘會推翻自己的說法，因爲那些評論都是他們自己寫的。事實上，他們還會大力捍衛自己寫的東西，這些美國大兵其實已經遭到洗腦，這對美軍努力維持軍心是個很大的心理打擊。

下面是另一個比較接近你我的例子：尼爾．塞西現在是某大房地產公司的法務長，他在賓大法學院就讀時，和朋友一起去唐．許樂（邁阿密海豚隊的前總教練）開的連鎖運動酒吧吃晚餐和喝酒。他點了一杯啤酒，那啤酒一直到他們用完晚餐半小時後才送來，他說：「本著這堂課的精神，我幾乎在毫無思索下就問服務生，飲料是不是應該在晚餐前就先送上桌。」

尼爾說，服務生一再道歉，並提到她把這桌和別桌搞混了。尼爾問她，這一切延誤，他自己有錯嗎？服務生說，沒有。於是，尼爾叫服務生收回啤酒，服務生說她沒辦法幫他退酒，因爲啤酒已經開了，費用也計入收銀系統了。

尼爾說：「我問她，餐廳自己弄錯，卻懲罰客人，這是你們餐廳的規定嗎？」她說：「當然不是。」尼爾接著問，他們是否曾把已經輸入餐廳電腦系統的飲料費或其他費用從帳單上移除。服務生回答有，所以，尼爾想知道，既然這是餐廳自己的錯誤，以前也有把收費從帳單中移除的個案，爲什麼他的啤酒錢就不能從帳單中移除？結果，服務生幫他移除了那筆消費。

服務生離開後，尼爾的朋友對於服務生肯移除那筆費用感到相當訝異，他朋友說：「我知道這家連鎖餐廳的慣例，那筆錢是由服務生的微薄薪水中扣除的。」那位服務生因爲不想像傻瓜一樣遭到客人的質疑，寧可犧牲自己的薪水，而那可能是她的家用金。

尼爾表示：「我聽到那啤酒錢是從她的薪水中扣除時，相當震驚。我開始了解到這些工具的威力，也意識到我雖然學會這股力量，更應該把這些工具用於正途上。」於是他自己付了那筆錢，也爲這次人際互動的啓示謝謝那位服務生，他說那啓示對他的職業生涯有很大的影響。

了解這點後，你必須自己決定，談判時，哪些做法是你可以自在運用的。我會嘗試的一些做法可能是你永遠不想試、覺得不太得體的。儘管我最後可能得到的比你更多，你可能會覺得，爲了得到更多而心裡不安並不值得。

有一位來上我談判課的女子認爲，運用他人的標準不可能奏效，於是我請她選一個情境來試試。她平常在知名服飾連鎖店艾迪鮑爾買了很多衣服，這家公司明文規定，他們的衣服有「終身滿意，否則退款」的保證。

所以她回公寓，把過去五年從艾迪鮑爾買來的衣服全都拿出來，回到店家，把衣服放上櫃檯說：「我不喜歡這些衣服了，我想退錢。」

店員把錢全數退還給她，而且是當場全額退還現金。

「我這輩子沒那麼丟臉過。」隔週那個學生告訴我。

對那個學生來說，這樣做太過分了，她也因此知道自己的極限在那裡。我建議她避免這種讓自己覺得很丟臉的情境，我說：「但是，別告訴我這些工具沒效。」

幾年前我到台灣出差一週，那週結束時，旅館因為我用信用卡打了一百五十通電話，加收我一百五十美元（一通一美元）。我本來就打算付那筆錢，但是房間裡沒有任何通話費的說明，所以我找來負責決策的經理，開始和她交涉。

「在沒事先提醒客人的情況下，加收客人費用，是你們的規定嗎？」我說。

我這樣問，是讓她有所選擇。每次我使用對方標準來談判時，都會給人選擇：讓對方選擇是要來硬的，還是順我的意。她會怎麼回答？「我們的確違法了，有問題嗎？」她不太可能這樣回應。根據法令，你收費以前都要先說清楚。

所以她說：「當然不是。」

我提出第二個問題：「房間裡沒提到打信用卡付費電話要加收通話費，對吧？」她說：「沒有，但別家旅館也會收這個費用。」

我說：「他們當然會收，但是他們會事先聲明，對吧？」她想了一下，「戴蒙先生，您說的沒錯。這樣好不好，我們各付一半，您付七十五美元。」

我回應：「幫個忙，我有點不懂。如果我說的沒錯，我並不需要付錢。如果我有錯，我應該付你一百五十美元，那七十五美元是打哪來的？」

妥協往往是一種懶惰又無效的協商方法。到最後，在用完所有的工具以後，只離目標一小截時，或許妥協是可以接受的，但運用標準更有效。經理說：「您說的沒錯，我們會幫您把這筆費用拿掉。」

你可能會覺得這樣做有點過分，顯然，做這種交涉時，語氣適當非常重要，你應該以平靜、親切、合理的口吻說話。重點是讓對方有所選擇，看他是要來硬的，還是順我的意。多年來，我的學生用這種方法省下了數百萬美元，眞正的問題在於那錢應該是你的，還是對方的，尤其是對方做法不公的時候。

萬一對方不願回答你針對標準所提出的問題時，那該怎麼辦？你可以問他，你的問題有錯嗎，那可以讓回答問題也變成標準議題。

不過請注意：如果周遭有很多人時，要求對方破例通常會失敗，爲什麼？因爲你當場把問題變大了，對方需要做更大的決定。萬一有人無意中聽到你們的對話，也會要求對方破例。

保持循序漸進的步調

對「運用標準」和所有「爭取更多」的技巧來說，其實根本的概念都是循序漸進，把談判分解成多重步驟。多數不善於談判的人，都是要求對方一次就採取太大的步驟，從原本的立場直接跳到他們希望對方採取的立場。例如，「我的電腦壞了，換一個新的給我。」

要求對方採取那麼大的步驟，很容易遭到回絕。步驟太大時，看起來風險較大，和目前的狀態差異太大。所以，你應該把談判分成幾個比較小的步驟，一步步穩紮穩打，尋求對方的認同。每步驟之間的距離很小，以循序漸進的方式，讓對方慢慢做出大改變，引導對方從熟悉的領域跨入不熟悉的領域，一步一步來。

基本上，你是逐步奠定基礎，以說服對方跨出下一步。如果對方問你的目標是什麼，你可以告訴他，你想找出他們的標準，想找出這情況下什麼做法可行。如果對方問你更多的問題，你可以揭露一些讓你更接近目標的資訊。所以，你說：「這裡可以提供什麼？」會比直接說「我希望你給我八折優惠」更好，後者是比較大的進展。

你需要從很前面開始，就讓他們覺得無法對你提出的論點說不。從他們腦中的想法出發，那才是所謂的標準——他們腦中的想法。許多人在談判時，不是從起點開始。你需要從對方熟悉的地方開始，從那裡逐步進行。

我所謂「從很前面開始」是什麼意思？例如，你可以問：「你想達成協議嗎？」「你想獲利嗎？」「你想讓顧客滿意嗎？」這為談判打下支柱，如果對方一開始就說他們想達成協議，但後來卻提出過分的要求，你可以問對方，那要如何呼應他們想達成協議的意圖。

在談判中，你應該逐步領導對方，從熟悉跨到陌生的領域。情況愈棘手，就需要採取愈小的步驟，分成愈多步來進行。對方腦中的想法應該要簡單，是他們無法否認，也是你能接受的。

以下是循序漸進的例子，從熟悉的地方著手。我的學生洛基．莫特瓦尼去西費城的汽車監理處繳罰單，他在那裡看到一個標示，上面印著「絕不收個人支票」等大字。洛基只有個人支票，所以他決定試試能否交涉成功。

他開始尋找標準，結果看到罰單背後印了一個郵寄個人支票的地址，那地址看起來很眼熟。洛基走近窗口問櫃檯人員：「這裡寫，我可以把個人支票寄到這上面的地址，沒錯吧？」對方回應：「沒錯。」

洛基：「這地址是哪裡？」櫃檯人員回答：「這棟建築。」

洛基停頓了一下，接著問：「支票寄到這棟建築後，是送到哪裡？」櫃檯人員回答：「爲什麼這樣問？是送到那邊那個桌子。」指向六英尺遠的桌子。

「是哦。」洛基想了一下說：「我可以請教一個問題嗎？那六英尺有什麼特別的地方嗎？六英尺遠的地方可以收支票，這裡卻不收……如果我把支票放進信封裡，從你這邊把信封投到那個桌上呢？這樣就可以用支票付款了嗎？我甚至可以在信封上貼郵票。」

那天洛基以支票付款了嗎？沒錯。他前面有三千人無法這麼做，後面可能也有三千人無法這樣做。你可能不太喜歡洛基所用的諷刺口吻，你或許可以改問，他們是否曾破例收下個人支票。重點是，洛基指出監理所規定的明顯不一，因此達到了他的目的。如果他想一次就交涉成功

（「爲什麼我可以郵寄支票，卻不能親自以支票付款？」），櫃檯人員可能會覺得那一步跨得太大了，他需要看清楚思緒流程的每個步驟。

洛基後來當上摩根大通銀行的常務董事，負責價值兩億美元的事業，如今他說：「我會積極運用談判工具，每天都用。」尤其是循序漸進這個技巧。

下面是一個來自商業情境的例子。穆瑞．漢斯雷是巴斯夫的主管，一家大客戶要求他們在產品包裝上印條碼。客戶說，印條碼可以幫他們省下人工整理的成本，如果巴斯夫不印，他們就每包扣款四百五十美元。但巴斯夫總部告訴穆瑞，他們不會只爲一家客戶做這種事，穆瑞該怎麼辦？

穆瑞說：「我先不管客戶的威脅，而是注意其他漸進式的選擇。」他說服巴斯夫用客戶提供的條碼試做一個月，巴斯夫的物流和行銷人員同意配合客戶，結果試驗很成功。

律師覺得循序漸進的技巧其實和交互詰問的方式很像，都是一步步引導對方，往你希望他們走的方向前進。談判的差異在於，那流程不是爲了欺騙對方，而是讓對方確切了解別人的立場。

我課堂上的學生常從別人的錯誤中記取教訓。克莉絲．達文波特是我在哥大商學院的學生，她在餐廳裡點了一杯聖母瑪莉亞（亦即沒加伏特加的血腥瑪麗），但餐廳說沒辦法提供。她冷靜地問：「你們有番茄汁嗎？」服務生說：「有。」她又問餐廳有沒有梅林辣醬油、塔巴斯哥辣醬和冰，後來她喝到她點的飲料了。

我知道，有些人可能會覺得對方會破壞你的食物。如果你的語氣好一點，先問有沒有人會幫你做，就不會惹毛對方了。有一次我對一家餐廳那麼說，他們很訝異我竟然會想到這種方法。你也可以補充說，如果他們肯滿足你的需求，你會多給一些小費。

即使他們一開始不願給你很多東西，你可以先接受他們願意給的，下次再來。切記，「每次碰到的上限，都是一個新的底限。」這個月先接受信用卡利息減一％，下個月可以重新協商。這邊省五十美元，那邊省七十五美元，累積起來也很可觀。

同一事件，不同表述

標準的關鍵在於表述的方式（其實這也是談判成功的關鍵），我在前面提過，不過在討論「標準」時，表述的方式更加重要。**表述方式指的是包裝或呈現資訊時，使用精準的字眼和語句，讓第三方可以理解眞實的狀態，藉此說服他們做出不同的行動。**

談判時的用字遣詞非常敏感，重點是讓人知道關鍵議題是什麼。歐巴馬用「是的，我們可以」，已故律師科克倫在辛普森謀殺案的審判中，對陪審團說：「手套不合，就應該無罪開釋。」可口可樂則是靠著「心曠神怡那一刻」這標語賺進了數十億美元。

如果餐廳沒照你預訂的時間提供服務，你可以問店家：「請問你們信守承諾嗎？」你也可以問對方：「讓顧客滿意是你們的目標嗎？」

在想出表述方式之前，你應該先自問：「現在是什麼情況？」卓越的談判者會確實掌握顯而易見的事實。

華頓商學院的學生周麗娜收到美國運通卡的申辦邀請函，辦卡可免費獲得航空公司五千英里的里程數，價值約二百五十美元。她打電話給美國運通，但對方卻告訴她，她的資格不符，因爲她已經有一張美國運通卡，那項優惠只有新會員適用。

麗娜想了一下，回撥電話給美國運通，請對方幫她接主管，她把情況告訴那位主管，然後說：「能不能告訴我，如果我想找美國運通談全球廣告和公司定位的改變，該找哪一位？」那位主管問：「您是指什麼？」

麗娜說：「以前美國運通的標語是：『會員獨享專屬權益』，但現在我發現，非會員享有的權益比會員還多，所以你們應該把標語改成：『非會員獨享專屬權益』才對，我應該找誰談這點？」

那位主管當場送麗娜免費的里程數（麗娜如今在紐約當財務分析師），你能想像這情況被寫上部落格會是什麼樣子嗎？用適切的方式表述問題，然後在第三方（或暗示的第三方）在場時運用標準，這方法非常有效。本例中，麗娜表述問題的方式顯示，美國運通的做法意味著新客戶比現有客戶更有價值。她以這種方式表述問題之後，美國運通就願意給她免費的里程數了。

研究顯示，**兩個人面對一樣的事實時，表述方式好的人比較有說服力**。成功的談判者會在對方腦中表述不同的情境以包裝資訊。有一項與手術存活率有關的研究，常被引用來說明表述方式的效果。實驗者告訴一些病患，有一種「非急需手術」的存活率是九〇％，實驗者告訴其他的病患，那手術的死亡率是一〇％。雖然兩種資訊完全一樣，但是以第一種方式表述時（存活率九〇％），比較多人願意接受手術。

一名學生向CompUSA連鎖店買電腦，一個月後電腦壞了，他打電話給銷售員，銷售員叫他把電腦退給廠商，因爲電腦還在保固期內。學生不想這麼做，因爲送修需要花時間，他現在就需要電腦。

所以，那學生又打電話到CompUSA找店長，他告訴店長：「爲本地顧客服務是你們的政策嗎？還是一出問題就把顧客推給別人處理？」

「我們當然會爲出售的產品負責！」店長說。

「那爲什麼我上學需要電腦，你們卻叫我去找廠商？」學生問，「這樣看來你們並沒有爲出售的產品負責，不是嗎？」

結果那學生拿到一部備用電腦。其他人使用這種方法時，是直接換到新的電腦。不過，多數學生碰到這種情況時只會抱怨：「電腦壞了。」或問：「爲什麼修個電腦那麼麻煩？」店長不會因此改變他們的立場。那位學生是以店家的客服標準來表達訴求，因此達到目標。

你可能會說：「這不合理。」重要的談判通常不在乎合不合理，重點在於情感和觀感，所以表述方式（資訊的呈現方式）才會那麼重要，我們可以用表述方式讓世界變得更公平。

雪納茲·吉爾目前在可口可樂公司擔任策略經理，費城的PNC銀行弄錯他的帳務，依舊向他收取帳戶透支費，他問銀行經理：「PNC顧客應該爲銀行的錯誤付款嗎？」經理顯然不知該如何回應，他很難承認這點。

所以，雪納茲改用PNC銀行的第二個標準：PNC到處廣告他們致力爲顧客「設想解決之道」。他問銀行經理，如何爲他設想解決之道，結果銀行就把錢退還給他了。

標準不僅可以用來對付難搞的交涉者，也可以用在各種關係上，關鍵在於你用它來維護關係。切記，你是站在對方那邊，你只不過是幫他以不同的方式了解議題而已。

康卡斯特公司的副總裁塔希爾．卡齊有一個兩歲半的女兒娜迪亞，娜迪亞很討厭晚餐時被放在兒童座椅上，她想和家人同桌。塔希爾沒告訴娜迪亞該做什麼或編任何理由哄她，而是繞著餐桌，逐一指著每張椅子問娜迪亞：「誰坐這個位子？」娜迪亞覺得這遊戲很有趣，因爲她有權決定每個人坐哪裡，她玩得很開心，不久每個椅子都有人坐了。

這時，塔希爾並沒有對娜迪亞說，餐桌沒她的位子，而是問她該怎麼辦。娜迪亞知道，如果她坐其中一張椅子，平常坐在餐桌旁邊吃飯的某個人就沒位子坐了，她也知道自己是唯一能坐上兒童座椅的人。

年紀比較大的孩子可能會說：「再拉一張椅子過來。」或是不肯聽話。對娜迪亞來說，「這個情境裡」具備了完美的工具組合。她有權力、決策權限、漸進的流程，幫她了解她是唯一能坐上那張兒童座椅的人。

表述方式有一大部分是在「重新塑造」，你是從對方描述某件事的方式開始著手，然後想辦法以不同的方式來詮釋，讓對方有深入的了解，進而達到你的目標。

表述方式常會改變談判中的權力平衡，無論對方有多麼強大。前面提過，這招應該小心使用，用於正途上。我有一個華頓商學院的學生拿到麥肯錫的工作機會，麥肯錫是全球首屈一指的顧問公司。學生覺得，麥肯錫之所以雇用她，是看上她以前在媒體與娛樂業的多年經驗，所以她覺得自己應該獲得三萬美元的額外簽約金。她未來的老闆也覺得她拿這獎金很合理，但他告訴我的學生，他沒辦法給她簽約金，因為麥肯錫的規定是對所有剛畢業的MBA學生一視同仁。

這位學生開始思考如何重新塑造麥肯錫的標準，以達到自己的目標：迅速拿到額外的三萬美元。她問未來的老闆，公司最快何時可以發獎金給新進員工，老闆回答：「三個月。」於是她提議：「那麼你何不在我上班三個月後，給我三萬美元？」老闆說：「好啊。」

那協議所花的時間，比你讀完整個故事的時間還少。

讓對方做決定，比你告訴對方該如何決定，更有說服力。你應該以漸進的表述方式，引導他們朝你希望的方向前進。對父母來說，這些工具用在孩子身上特別有效，我會在本書稍後說明。

約翰．羅奇是紐約一家房地產投資信託公司的財務長，他的妻子蘿絲瑪麗想把他們的大麥町（名叫胡丁尼）送走，約翰說：「她討厭狗。」因為胡丁尼常穿越家中的禁區，啓動警鈴，在鄰里間跑來跑去，鄰居常來抱怨。

約翰說：「我先給太太發洩怨言的機會，接著問她，胡丁尼是否保護孩子，也是孩子的玩伴。」她說：「對。」這時她比較願意思考養狗的好處，接著約翰又說：「如果我們把狗送走，要怎麼告訴孩子？說我們把狗送走是因爲牠很麻煩，我們不想再傷腦筋？」

俗話說，別用大錘殺蚊子。問題不是出在狗身上，而是欠缺圍欄。解決方案：調整圍欄，別讓狗啓動警鈴，到處亂跑。逐步深入探索，找出解決眞正問題的最小方案。

表述方式和循序漸進是一般人最難學會的技巧，大部分的人都想一鼓作氣往前衝，很難把事情分成較小的步驟。此外，尋找適切的表述方式需要時間，許多人沒有耐心，但卓越的表述方式可以馬上促成對你有利的談判。

凱文．薛洛克是德意志銀行的常務董事，有一位客戶要求銀行做許多額外的工作，卻不願多付費用，他爲這位客戶說明情況：「爲了提供最完善的服務，我們必須酌收費用。」以合作的口吻表達，這是讓客戶了解現實狀況的好方法。

設定己方的標準

談判開始前，你應該先設定標準。流程開始時，讓對方看到一般規則很重要。如果你不這樣做，而等到顯然對你有利時才設定標準，對方會覺得你在耍手段，利用情況占便宜。

想在商務會議一開始就設好標準，你可以採取類似下面的做法：任何議題只要十五分鐘內解決不了，就先處理下一個議題，如此一來大家不會半夜三點還卡在第四個議題，而是已經談到第三十個議題，只剩四個未談。等全部都談過一遍以後，再回頭處理困難的部分，這叫「流程」標準，或用來管理談判流程的標準。

議程也是一種流程標準，多數人覺得議程沒什麼大不了，所以不預先設定。他們知道自己想做什麼，覺得那樣就夠了。我不認同，我覺得那樣還不夠。

我無法想像開會時沒有議程是什麼樣子，即使你知道你想談什麼，議程還是爲程序設定了一套標準。萬一你迷失討論方向，議程可以把你拉回正軌。你需要確定大家都認同那個議程。如此一來，萬一有人打斷議程，扯題外話，你可以搬出大家都認同的議程來提醒大家。你可以把新的議題寫在白板上，讓大家都看得見，把它歸爲「其他事務」。

即使是簡單的會議，你也需要議程。如果你開會以前就先設好議程，會議一開始應該再檢查一遍，以免有些事情已經變了。我們都知道會議很容易就離題，一開始沒先訂好大家都認同的議程，就好像開車不知道目的地在哪裡一樣。

談判時，從簡單的事情先開始，會讓雙方比較有成就感。例如「下次什麼時候開會？」就是簡單的事情，即使討論的前五項都與流程安排有關，那並非微不足道的小事。任何議題達成協議，都可讓雙方對會議的感覺更好，更緊密地合作。

兩大高科技公司在協商價值三億美元的合併案時，進度相當緩慢，雙方爭執不斷。我發現委員會的規模太大，很難迅速達成協議，這時我抓住對方代表瑞克．賽佛的目光。

我說：「嘿，瑞克，要不要一起去隔壁喝杯咖啡？」也許瑞克和我可以先談出點什麼。

瑞克那方的人馬上反應，他公司的執行長說：「我不答應！」他們覺得我想採取各個擊破的方式，覺得瑞克會洩漏資訊，或是我會想辦法占瑞克的便宜。當然，這些想法都很可笑。

於是我說：「哦，我懂了！你們覺得我會在十五分鐘內幫瑞克洗腦。對不對，瑞克？我可能在十五分鐘內幫你洗腦嗎？」

他的同事一聽，也覺得很愚蠢。瑞克是一位經驗老到的談判者，他們剛剛的表現顯露出他們對他缺乏信心，他們的恐懼其實毫無道理。我想像他們腦中的想法，知道他們可能在懷疑我為什麼要私下和瑞克談。

於是我說，「我先告訴你們，瑞克和我只是去喝個咖啡，我相信我們都需要喝點咖啡，你們何不給我和他一些問題，讓我們喝咖啡時可以順便談談？我們會努力想個解決之道回來。」

大家似乎都覺得這很合理，所以他們交派一個問題給我們，瑞克和我就到隔壁房間去了，我們都覺得談判的進度太緩慢，一起解決那個議題，找出解決之道，然後又回去談判。我們一起想出的解答，改變了談判的主旨，談判後來就順利達成協議了。

如果你不知道對方的標準呢，那該怎麼辦？問就對了。例如在工作上，你可以問老闆加薪和獎金的發放標準是什麼。如果對方不告訴你，你可以客氣地表示，如果你不知道他們希望你做到什麼程度，你並無法滿足他們的需求。你應該讓對方盡量具體地說出標準，包括他們的需求和獎金的金額。當你達到標準時，就比較容易要求加薪。找出消費者物價指數，看看你今年的薪水相對於去年的薪水，以實際幣值來算是增加了，還是減少了。如果減少了，就問你是否至少和去年一樣有價值，或是找一些衡量公司績效的標準來用。

這種方式在有些情況下行不通。我說過，沒有任何工具是完美的，但是只要你肯用，就很可能成功，即使只是小幅提升成功的機率，那對你的人生還是有很大的正面效應。

詢問對方他們的標準是什麼，通常是一種尊重對方的表現，當你態度誠懇時，更是如此。有一次我遲繳了美國運通一筆大帳單，美國運通因此拒絕給我附贈的航空公司免費里程數。我本來想對美國運通的客服人員發火，因爲我是他們的忠實老客戶。但我後來克制自己，想了一下她這一天上班的情況。

我在電話上對她說：「我想，今天一整天妳大概都聽到客人對妳大吼大叫吧。」她說：「是啊。」

我說：「許多人拿不到免費里程數時，一定是以剪卡來要脅吧。」她說：「沒錯。」

我問：「碰到那種情況，妳都怎麼因應？」她說：「我只要把他們的電話轉去停卡部門就行了，不需要理會那些抱怨。」

我問：「客人遲繳帳單時，妳曾經幫他們恢復過里程數嗎？」她說：「當然有。」我問：「什麼時候？」

她說：「當他們道歉，謝謝我，保證不再遲繳，對我好一點的時候。」

我說：「我眞的很抱歉我遲繳費用了，如果妳能幫我恢復里程數，我會很感謝妳，我保證以後再也不遲繳了，我想妳眞的是一個很好的人。」她笑著說：「你的里程數已經恢復了。」

這種事只要多加練習，就能進步，熟能生巧。

另外，你也需要控制決策所用的標準。以前男性主管通常會要求女性主管，拿粉筆在黑板上記錄會議重點，女性主管常對此感到不滿。我的建議是，你應該自己拿粉筆寫下來，這樣你才能自己掌控流程。

泰森食品公司是全球最大的雞肉、牛肉和豬肉供應商，有一次我在亞特蘭大和他們的執行長巴迪．雷及財務長韋恩．布里特協商。我是代表一位克羅埃西亞的客戶，他們向泰森購買雞肉，在俄羅斯銷售，積欠了七千五百萬美元的貨款。我的目的是減少債務金額，協商還款條件，讓客戶能繼續營運下去。

我比對方年輕許多，比較知道如何打字輸入，所以我主動表示我願意做會議紀錄。泰森的執行長有點高傲地對我說，我本來就應該做會議紀錄。

於是，我照著我想要的方式，記錄會議的過程，完全依我的想法列出重點，打了一份我想要的會議紀錄，也打出我想要的下次開會議程，然後寄給泰森的管理高層。

下次開會時，那位銀髮的泰森執行長走了進來，笨拙地帶著一部筆記型電腦，彷彿他沒用過似的。他刻意對我大聲地說：「我來寫會議紀錄！」他一點也不傻。

無論你在公司是屬於哪個層級，只要問一些拿捏得當的問題，就能迅速掌握會議。你可以用不帶威脅的語氣詢問：「我們今天的目的是什麼？」你可以婉轉地說：「有什麼問題？」你可以主動表示願意幫大家把這些東西記在白板上，尋求大家的許可，很快你就會控制會議。

指出對方的不當行徑

搬出對方的標準和指出對方的不當行徑只差一步。行爲失當的人因違反公序良俗，以及所屬公司、團體或組織的慣例，而違反了自己的標準。

這裡所指的「社會」包括對方在意的第三方，第三方是關鍵，無論他在不在現場。對方在重要的第三方面前顯得不可理喻，會讓他失去信譽，受到批評，甚至遭到解雇。

有人虧待你時，你可以把它當成「籌碼」，例如要求對方道歉。如果你的車子送修，店家維修晚了，你指出這件不當行徑時，或許可以因此獲得免費更換機油的服務。前述一些例子就是運用暗指的第三方，例如托托拉島入境管理員那個個案（萬一總理發現她違反他的承諾，會發生什麼事？）。

在男人主宰的企業裡，指出不當行徑對女性來說特別有效。有很多不同方法可以做到這點，例如直接幽默地指出，幾乎都能馬上見效。一位女性副總裁相當好相處，這通常是件很棒的事，但她身處在男性主導的圈子裡，常不受重視。

有一天，她和公司的執行長及一位男性副總裁談話，那位副總裁一再打斷她的話。後來，她一句話才講到一半，對方就先行離開，讓她非常尷尬，她覺得這是她主張個人立場的時機。所以她和執行長講完話後，去找了那位男性副總裁。

她說：「我想請教你一個問題。」他說：「什麼事？」

她說：「我和執行長講話講到一半，你掉頭離開，那時你在想什麼？是故意讓我難堪嗎？你的目的是什麼？你想和我維持什麼樣的關係？如果今天我是男的，你會這樣做嗎？」

她說，後來那位男性副總裁連續向她道歉了兩天。

卓越的談判者會確切掌握明顯不當之處，並直接指出來。你可以問：「你有必要對我大吼大叫嗎？」或「我要求自己盡量不打斷你的話，我可以請你也做同樣的考慮嗎？」當你遇到不懂關係概念、想破壞你的難搞交涉者時，這些是你可以經常用來對付他們的工具。

在電影《黑道當家》中，約翰．屈伏塔飾演的角色爲金．哈克曼飾演的角色提出談判建議，屈伏塔告訴哈克曼，他談判時，應該把窗簾拉起來，讓對方坐在面對太陽的位置，讓他分心。萬一你碰到那種情況，你難道不會向對方提出異議嗎？「爲什麼我要坐這個陽光直射我的位置？」或者你也可以說：「這陽光太刺眼了，可以請你拉下窗簾，讓我專心討論及聆聽你的說法嗎？」

對付難搞的交涉者，你需要「工具」。不是每個談判者都很友善，有些人會建議你，談判時友善一點可發揮很大的效力。其實那要看情況而定，如果你是和兇狠的人談判，就需要強勢一點。我也比較喜歡展現友善，但如果情況不適合溫和看待，我不會讓自己在毫無防備下談判。

指出不當行徑的關鍵在於（這也是最有效的工具之一）：「絕對不要」讓自己變成議題。如果你讓自己變成議題，你就失去了籌碼，因爲你也跟著不講理了。律師常犯這種錯誤，他們可能會說：「你竟敢叫我混蛋，你這個混蛋！」事實上，如果對方變得愈惡劣、愈難以理喻時，你一定要冷靜面對，這是少數讓對方沒輒的工具之一。例如，你可以用很有親和力的聲音問：「爲什麼你要那樣罵我？我絕不會那樣罵你，爲什麼？因爲我尊重你。」

你應該把焦點全部集中到對方身上，他們會變得愈來愈不合理，自己走向毀滅。

現代最擅長使用這項工具的人是甘地，他不發怒，甚至不動一兵一卒，就取得大英帝國的珍寶——印度。英方愈是兇惡，他愈不理會。最後，英國變得非常極端，連他們自己都無法承受輿論的抨擊，只好放棄印度。金恩博士和他的非暴力策略也是促成同樣的反應，白人至上主義者最後走到極端，失去政治體系及多數國人的支持。

指出不當行徑、但不讓自己成爲議題，這個效果非常強大，因爲那是讓對方自己去剋自己，所有焦點都集中在對方身上。二〇〇八年美國總統大選的第二場辯論時，每次共和黨候選人麥坎攻擊歐巴馬，歐巴馬都是尊重地回應。辯論完後，麥坎拒絕和歐巴馬握手，歐巴馬還是很有風度。結果所有負面焦點都集中到麥坎身上。前面提過，麥坎可能從當時就開始輸了選戰。

在企業或人際關係的情境中，你指出不當行爲的方式要特別小心，這通常需要技巧，有人想把你的點子占爲己有時就是一例，你在會議上提出很棒的點子，後來卻被人用不同的方式，包裝成自己的想法，這就是你指出不當行徑、但不讓自己成爲議題的完美時機。

首先，你應該先恭維對方，以不帶諷刺的語氣說：「眞是太好了！不久前我提出這個想法時希望有人也贊同，看到我們的看法一樣，眞是開心！」如果你想更強硬一點（但不讓自己變成議題），可以說：「太棒了！不久前我提出這個想法時，我不知道有人開始做了。」接著親切地詢問大家做了哪些事：「所以最近你們做了哪些與這個點子有關的事？」

他們這次或許可以全身而退，但下次絕對不敢再犯。

顯然，多練習幾次，熟能生巧。練習在表述問題時，把標準放進問題中一起說，你會愈練愈好。「這樣公平嗎？」「我們如何決定？」「我應該為你的錯誤付錢嗎？」「貴公司的目的是讓顧客滿意嗎？」

當對方違反他自己的標準時，你不要因此表現出不滿，是一個關鍵。改變態度才能把事情做好，例如，每次生意往來時，如果碰到有人想騙我，我都會叫我團隊的人別生氣，我說：「換個角度來看，我們剛剛賺錢了！」我們指出不當的行徑，取得籌碼。別人想騙我時，我很高興，現在他們已經被我視為騙子，這籌碼可以永遠拿來使用。

對方不回電話或電子郵件時，別生氣，只要記住你連絡對方的日期和時間就好了。當你記下夠多的紀錄時，把整份紀錄寄給對方看，對他說：「唉呀，過去兩週我們找了你十四次，一直都連絡不到你，有什麼事是我們可以幫忙的嗎？」現在你已經握有紀錄，可以用來告知第三方，但你可能不會真的用上這一招，因為對方聽你這樣說之後，幾乎一定會馬上回你電話或郵件。

莫伊拉·麥卡洛在夏天某個下雨的週末，到濱海別墅度假，結果發現房東帶了一些朋友去那裡。「房東以為我們那個週末不會去。」她說。

許多人會因此對房東發火，但這樣做毫無幫助。房東可能會辯解，莫伊拉或許得控告房東才能落實租約。但她沒那樣做，反而相當冷靜，「我問他，我們是不是為了整個夏天付了房租，每週七天，共付了十六週。」她說。

房東坦承自己的做法不當，莫伊拉還是很冷靜地問他，是否該提出補償，結果房東讓她九月免費多住兩週。莫伊拉說：「大家在交涉時，常忘了自己的目標。」後來她在倫敦與紐約當電訊經理。

訓練自己這樣做，你會因此爭取到更多，更常達到你的目標。

房地產避險基金經理人班．楊去曼哈頓的一家電器行買攝影機的長效電池。售貨員報價：「二百美元。」那價格是一般市價的四倍，班覺得很誇張，以親切的口吻問：「爲什麼是市價的四倍？」售貨員改口說：「一百美元。」班問：「爲什麼突然降價那麼多？你一定是想騙我。」

結果價格又降到八十美元、六十五美元，最後到了五十五美元。售貨員說：「這是我能給你的最好價格了。」這時班請他把店長找來，對他說：「以一般市價的四倍向顧客報價，是你們的規定嗎？」店長說不是，並責罵了售貨員，以五十美元賣出那個產品，還送他免費的盒子，「做爲補償。」很棒吧！面對難搞的交涉者其實很有趣！

新加坡銀行的董事林家明請修繕人員來家裡修理設備，卻一直叫不到人。但是住戶向大樓管理員提出憤怒的申訴時，那些修繕人員都會處理，所以他對大樓管理員說：「抱怨最少的住戶，反而得到的關注最少，你覺得這樣公平嗎？」林家明的做法，其實就是以好的表述方式指出不當的行爲，結果修繕人員四小時內就來了。

當你做錯某事時，別人會強行對你做出很大的懲罰嗎？這時你也可以用表述方式來因應。基本上，對方因爲對你的不當行徑做出「過度的指控」而表現失當。在此情況下，你可以問：「你爲了這件事，想懲罰我到什麼程度？」這樣說可以讓對方恢復理性。

泰瑞．瓊斯買錯了紐澤西快捷通勤列車的車票，查票員罵他，要求他買昂貴的單程票到紐約，並加付補票費用。泰瑞開玩笑地問：「你是想判我死刑嗎？」查票員笑著說他會再回來，他後來就沒再回去找碴了。

詹姆斯．夏雷塔的未婚妻收到科恩眼鏡公司的優惠券，配一副眼鏡只要三十四美元，優惠券上沒寫任何限制。但店員告訴她，那只適用於幾款比較便宜的鏡架。多數人可能就此放棄，不想小題大作，但詹姆斯決定冷靜地運用店家的標準，讓店家履行承諾。

詹姆斯的未婚妻挑了一副一七四．五四美元的鏡架，詹姆斯先向店長自我介紹。店長確認這是一家連鎖店，他的未婚妻有權選購店內的所有商品。店長也確認，客戶滿意對科恩眼鏡非常重要，就像廣告中標榜的一樣。

詹姆斯說：「我問她，履行優惠券上的承諾是不是科恩的規定，她說是。」但是她後來拒絕兌換優惠券，所以詹姆斯又問，科恩眼鏡是否堅持做到廣告的承諾。

「她開始抱怨廣告公司打錯廣告。」詹姆斯說，「她變得愈來愈激動，我則一直很冷靜，一再把她拉回來，談同樣的標準議題：她的權限、客戶滿意度、履行公司的規定。我問她，賺錢是不是比顧客滿意及履行規定來得重要。」

最後，店長開始對詹姆斯和他的未婚妻大叫：「沒錯，賺錢對我來說最重要！」詹姆斯後退一步，等著看會發生什麼事。突然間，店內的人都停了下來，一臉錯愕地看著她。就這樣過了幾秒鐘，但實際上感覺好像過了很久。詹姆斯已經打算寫信到總公司申訴這家連鎖店，他知道對方也知道這點。

「我冷靜地把她剛剛說的話，對著現在店內安靜下來的客人重複一次。」詹姆斯說，「店長攔住我，對我致歉，說我是對的。她說，顧客的確比較重要，她的店會履行廣告的承諾。」詹姆斯叫未婚妻把她挑的鏡架和優惠券交給店長，「三十分鐘後我們就拿到配好的眼鏡了。」他說。

這做法遠超過一般人爲了要求公平所願意做到的程度，詹姆斯表示他在交涉時，的確感覺到嘴唇在顫抖，我說那只要多練習幾次就會消失了。不過，詹姆斯在過程中一直保持平靜，生氣的是店長。有人會覺得店家不該因爲廣告公司的錯誤而受罰嗎？或許吧。

但我之所以舉這個例子，是想說明遇到這種情況時，可以怎麼做。大家可以看到，詹姆斯是採取循序漸進的方式，從頭到尾都沒慌亂。你也可以把這方法運用在生活中的大小事上，只要讓對方落實承諾就好了。

現在我們來看一些重要的商業談判，看這些工具如何運用。幾年前，惠普投入一項重大專案，幫開羅的埃及電信公司把電腦設備升級。惠普表示，另一家包商相當無禮，充滿性別歧視、種族歧見、喜歡爭論，當地的美國員工對此相當不滿。

惠普送了幾個人來我費城的辦公室，和我談了幾個小時，想了解如何運用談判工具。惠普基於多種業務原因，不想直接向埃及電信公司提出他們掌握的一些實證。

我問惠普的人，這項交易中是否有任何美國官方的贊助。的確有，其中有少部分資金是來自美國國際開發署。如果有公司違反美國的法規，那家公司就不能參與專案，那位包商的做法顯然違反了美國法規。我提到，美國政府應該是最在乎美國法規是否落實的單位。

所以我建議惠普的人，發給每位員工記事本和筆，在未來一個月要求惠普員工把那包商說的話和做的事都寫在記事本中，別和他爭論，別反抗，也不必生氣。

我又說，那個月結束後，惠普應該蒐集大家的筆記本，捆成一疊，把內容整理成摘要，把摘要寄給位於華盛頓的美國國際開發署，問他們怎麼看這件事。

不久，那個包商就消失了，簡簡單單，毫不費勁。這是運用標準對付不當行徑的好例子。

我遇過最難搞定的交涉者，是幾年前幫烏克蘭一家公司處理大型融資案時遇到的。烏克蘭最大的公司尤日內機器製造廠發行了價值一．〇七五億美元的歐洲債券。前蘇聯核彈頭的陸基洲際彈道飛彈大多是尤日內製造的。蘇聯瓦解及烏克蘭獨立後，尤日內把核彈頭送到莫斯科，以因應柯林頓政府在位期間所促成的裁軍協定（目的是限制擁有核武的國家數）。

烏克蘭如此展現善意，因此獲得一些西方的生意，其一是他們和北京建立合資公司，生產火箭以發送衛星。

尤日內需要營運資金才能生產火箭，他們發行的債券也是烏克蘭史上額度最高的對外商業融資。我是代表尤日內的律師，負責讓這起發行案順利進行。最後，我說服倫敦的摩根大通銀行負責這起籌資案。

那案子從一九九八年開始，我們收到烏克蘭財政部爲尤日內發行的一．〇七五億美元債券，所做的無條件、不可撤銷的烏克蘭政府擔保。這擔保很辛苦，我認爲出資人需要那樣的擔保，因爲尤日內從未在西方市場籌資，一般金主會認爲他們的信用風險很大。事實上，世界銀行的歐洲分支「歐洲復興開發銀行」還因爲風險太高而曾拒絕放款給他們兩次。

不過，烏克蘭的財政部長很樂於提供擔保，那有很好的政治宣示意味，因爲尤日內的前任總裁列昂尼德．庫奇馬是當時烏克蘭的總統。而且，這擔保又不需要財政部負擔任何成本，因爲那擔保沒有債券價值那麼高：烏克蘭沒有投資級的國際債務評級。

我持有這份擔保五年，直到二〇〇三年三月烏克蘭獲得國際投資級的債務評級。我們回財政部，基本上是去告訴他們：「嗨！我們又來了！準備好做交易了！」倫敦的摩根大通銀行和它委託的年利達律師事務所都希望取得政府的重新擔保，因爲已經過了五年。

財政部長的回應基本上是叫我們滾開，因爲當時庫奇馬總統已快卸任，財政部自己也向他國政府借了數十億美元，那份擔保的條款又過於嚴苛。財政部長主導了一切，他認爲自己握有所有的權力。由於政府的錢都是他們向國外借的，他們覺得自己有足夠的權力，反對這項由庫奇馬總統推動的計畫。還記得前面我提過濫用權力的情況？

我們努力想和他們合作，因爲這案子對烏克蘭很有幫助，可以建立外資的商業貸款市場，在烏克蘭爲各種民營經濟成長敞開大門。但任憑我們再怎麼努力，依舊徒勞無功。最後，我們不得不運用標準。

尤日內的管理高層和我，會同財政部長和多位副部長一起開會。我們把五年前財政部簽署的擔保影印了幾份，我問部長：「這擔保有提到『不可撤銷』嗎？」當然有，我接著又問：「請問『不可撤銷』是什麼意思？是指你日後想撤銷就能撤銷嗎？」顯然，那並非不可撤銷的意思，現場每個人開始感到不太自在，因爲我們是以他們自己的標準來質疑他們。

接著我說：「這份擔保有提到『無條件』嗎？」當然有，「請問『無條件』是什麼意思？」我問，「是指你日後想設定條件就能設嗎？」他們暗自咕噥。那字眼當然不是那個意思。

於是我跳到那份擔保書的最後一段，請他們也跟著看那一段，我問：「在這份不可撤銷、無條件的政府擔保書上，是烏克蘭財政部的印章和簽字嗎？」顯然是。

最後，我說：「所以，貴國想向國際投資人貸款數十億美元時，你們爲這些投資人所設的標準是，財政部想打破承諾時，就會自行打破承諾。」我暗示他們，這樣做可能會讓該國未來無法找到許多願意投資的人。

這不是一場開心的會議，有一位副部長非常生氣，指出我們這些美國人現在是在烏克蘭的國土內，我問他那樣說是在威脅我們嗎，他剛剛的激進說法有損他的信譽。後來財政部重新提出擔保，我們完成了交易。

我並不希望和財政部的關係從此交惡（會議最後是陷入那樣的狀態），所以後來我和尤日內商量，決定邀請部長參與我們的籌資巡迴說明會，說明會至少會到倫敦、維也納、法蘭克福等地會見當地的投資人。尤日內告訴部長，他可以見到新的投資人，他向這些投資人證實他已經重新擔保尤日內的籌資案後，將來可以向他們推銷他自己的案子，這顯然對他有利，所以財政部派了另一位副部長和我們一起去開巡迴說明會。

後來，我和那位副部長一起吃了幾頓飯（不是我們單獨共餐，還有別人在場）。那週快結束時，他在大廳和我擦身而過時向我打招呼。那次談判過程自始至終都相當棘手，但是我們達到了目標，最後也做到對雙方都好的境界。

當然，這整個過程中，確定對方是眞的行爲失當非常重要，那表示你最初還是得經歷蒐集資料的流程，找出眞正發生了什麼事。

布萊恩．荷姆斯是某大非處方藥廠的品牌經理，廠長打電話來告訴他，品管人員「又退回一批來自波多黎各的藥品」。布萊恩表示，他在決策前想先了解所有的事實，退回的標準是什麼？

布萊恩發現，非處方藥的一般退回率是三％，但波多黎各工廠採用的品管標準比較嚴格，是採用處方藥的一％退回率。布萊恩說：「這是錯的，對非處方藥來說，一％幾乎不可能達到。」後來又恢復三％的退回率時，工廠就沒問題了。之前是採用錯誤的標準，當我們把問題拆解來看時，錯誤顯而易見，但有多少人會這樣做呢？

尙恩．羅德里格茲接獲通知，「聯邦法規」要求他先還清低利貸款，結果他發現那根本是錯的，但是尙恩和貸款行員對話時不需要展現敵意，他只需要找出負責貸款的行員叫什麼名字，請她提供支援就好了。尙恩仔細研究後，發現那規定並不是眞的，他因此獲得一些補償。

尙恩現在是吉唐克律師事務所的律師，他表示：「當時我並沒有打算開戰，爭論只會產生反效果。我直接解決問題，取得額度，達成目標。」

培養致勝的態度

想想你參與競技運動時的情況，例如棒球、足球、曲棍球、游泳等。在競爭最激烈的時刻，你在想什麼？我在課堂上最常聽到的答案是：獲勝，至少有九五％的人這樣回答。但這答案是錯的，如果你只想著獲勝，你會輸。

這裡有一個更好的問題。你的焦點是什麼？答案應該是球、曲棍球的冰球、肢體的擺動、呼吸。你動作的最微小細節。如果你是體操運動員卻不那麼做，你會在平衡木上摔斷手臂。

競爭性談判也是一樣的道理。別因爲輸贏、昨天發生的事、不公平、裁判的判決、明天可能發生什麼、下一期、罰款、當下情緒等旁鶩而分心。

反之，要執行與鎖定以下的重點：我的目標是什麼、我該用什麼標準、他們需要什麼、我可以找出共同的敵人嗎、我可以培養關係嗎、誰是他們的決策者等。

當然，在談判前，你需要先規劃策略和準備，然後再把焦點放在策略上，冷靜地執行。如果你發現問題，先休息一下，重新檢視策略，做必要的改變，然後再回去談判與執行。這是很強大的流程，對最佳的體育團隊和最佳談判者來說一樣有效。

面對難搞的交涉者時，這個方法也很重要，因爲這世上有許多人會騙人。那些騙子都是難搞的交涉者，他們讓你難以得到公平的流程和結果，所以面對難搞的交涉者時，你的態度很重要。別讓他們影響你，讓你變得情緒化或跟著犯錯，你應該把焦點放在目標上。運用上述的冷靜流程，你比較能應付難搞的交涉者。

在充滿競爭的生活中，有兩種人：合格者、想從合格者身上偷取的人。這表示，很多難搞的交涉者之所以有那樣的舉動，是因爲他們欠缺公平達成目標的技巧，所以才會撒謊、欺騙和盜取。

關鍵是別因此而生氣，或覺得對方是衝著你來的。欠缺技巧的人也需要生活。事實上，研究顯示經濟困頓時，欺騙的人數也會增加。

所以，你只要找出自己的目標，運用談判的技巧，達成目標後就繼續往前走。他們就是那個樣子，你應該降低你對他們可信度的預期，這樣才不會感到失望。如此一來，反而會比較常碰到驚喜。

再次強調，這些工具不是對所有人都行得通。幾年前，資產管理基金公司的常務董事約翰．萊頓爲了一部故障的保濕機，向內曼馬庫斯百貨公司的店長要求折扣。店長拒絕提供折扣。約翰問：「以原價賣瑕疵品給顧客，是貴公司的立場嗎？」

店長拒絕降價，掉頭離開。這種事有時候會發生，這世上什麼人都有，雖然這種情況不太可能出現在現今的環境中。約翰其實可以向百貨公司的高層舉發這位店長的行徑，有些人的確這樣做了，也因此獲得各種好處，或者，他也可以把經歷寫在部落格上。

你運用標準的能力，端看你的創意而定。海琳．拉利奇現在是葛蘭素史克藥廠的創新總監，她和先生強恩一起分享上課的筆記。她覺得，如果他倆都了解這些工具，他們和彼此協商時的效果會更好。

有一天先生對她說：「妳不愛我。」海琳聽了很驚訝，她想知道先生爲什麼會這樣想。他告訴她，因爲她咳得很嚴重，卻不願去看醫生。「他告訴我，因爲我不照顧自己，我沒遵守我們要長期一起過健康生活的協議。」他說：「如果妳先走一步，會丟下我一個人，所以妳不愛我。」

或許這樣講有點誇大，卻是替代嘮叨的不錯方法。海琳後來就乖乖去看醫生了。

05 交換評價不相等的東西

幾年前，一位造紙業的高階主管告訴我，他有一樁價值數百萬美元的生意，遲遲無法成交。這位高階主管叫賴瑞．史迪曼，目前是猶他州的創業家，他說：「我們一直思考那筆交易和顧客，想了解他們究竟想要什麼。後來我們終於知道是什麼了，是四張籃球賽的門票。」觀賞NBA總決賽的門票成了開啓這筆交易的門票。

對客戶來說，他那樣做只是想證明：賣方爲了讓顧客滿意，幾乎什麼事都肯做。所以，賴瑞的公司後來拿到價值數百萬美元的紙張供應合約。

賴瑞發現很少人運用的技巧。對這個技巧有足夠的理解，而且又能持續善加利用的人更少。那技巧就是**交換評價不相等的東西**，每個人對事物的評價通常各不相同，只要你找出東西的評價，就可以交換。過程中，你會得到你認爲很寶貴的東西。交換時，你也可以給出你覺得沒那麼重要的東西。

交換評價不相等的東西，可以讓談判中的東西數量或價值增加，讓每個人都受惠。對方的價格敏感度會下降，你們之間的關係會變好，彼此更加信任，你在對方眼中的價值也會提升——在事業或人生中都是如此。

有人說這個技巧叫「把餅做大」，有人說這叫「雙贏」，也有人說這是「利益型談判」或「合作」，但是這些讓人琅琅上口的說法，都沒抓住你需要先了解才能自信、持續使用這個強大工具的機制，它們都沒教你怎麼做。

「交換評價不相等的東西」則告訴你該做什麼。**首先，你必須先找出他們腦中的想法，接著是找出你腦中的想法，然後找出一方認爲價值不高、但另一方非常重視的東西，最後是交換這兩項東西。**

對方腦中的想法不一定要與交易本身有關，可能來自任何地方。事實上，當你把整個世界都當成潛在的資源基地時，就愈容易找出對方想要什麼。

費城某大公司的執行長說，他爲一個往來二十年的大客戶所做過最重要的事，就是週六晚上去費城機場接那客戶的岳母。這個行動和生意毫無關係，卻永遠影響了後續的每筆交易。

就像本書中提到的許多工具一樣，交換評價不相等的東西，乍看之下似乎有悖常理，但你愈練習，就愈能看出它的效力。

了解「評價不相等」的概念

二〇〇〇年我在倫敦爲泰科國際公司的四十位資深併購主管，開了爲期兩天的談判研討會。當時，泰科是全球最積極併購的公司，平均每天買下一家公司。

其中一位高階主管名叫麥特．羅傑斯，他是泰科的併購長，非常喜歡「交換評價不相等的東西」這個概念。隔週，他說服一家本來想以三百萬英鎊（約六百萬美元）把子公司賣給泰科的英國公司，「付錢」請泰科把子公司買走。

這是怎麼發生的，這家英國公司當時必須在三週內將子公司脫手。麥特詢問這家公司及相關人士後發現，這家子公司（閉路電視的安裝和維修事業）營運虧損很大。事實上，如果母公司不在三週內把子公司脫手，他們將會違反銀行債務的協議。麥特說：「那整個企業至少有三千萬英鎊的價值，但危在旦夕。」

所以泰科提議，如果泰科可以免費取得這家子公司，他們願意在三週內從英國公司接手這家子公司。泰科可以省下三百萬英鎊（公司的成本），英國公司可省下至少二千七百萬英鎊（不失去銀行信貸及倒閉所省下的錢）。麥特承諾，需要做這筆交易的話，泰科會先放下手邊的一切來幫忙。

在最後一刻，英國公司同意支付泰科六萬英鎊的「行政成本」，當然也包含了高級餐廳的餐費。這就是泰科接手別家公司的子公司還能收錢的經過。基本上，泰科等於是以「迅速成交」交換「售價降低」（從三百萬英鎊降至零）。那家英國公司爲了保住整家價值三千萬英鎊的企業，而放棄三百萬英鎊的子公司（保住的淨值是二千七百萬英鎊）。

「像這樣交換東西，從此變成我談判的工具之一。」麥特說，他現在是邁阿密 H Control 有線電視和網路公司的併購長。

這個方法眞的很有效，交換不需要牽涉到很大的東西。我們都很清楚爲心愛的人買一朵花的正面效應，或從旅行中帶回便宜但罕見的紀念品所產生的效應。重點不在那禮物的貨幣價值，而是你展現的尊重、友誼、關愛和你的時間價值。對方在收到禮物後，以更多的關愛回報。這就像大家說的，是無價的。

本書中，我會一再舉出一般人的例子，來說明「交換評價不相等的東西」。例如，你週一負責洗衣，我週二負責採買。你週三帶孩子，我週四帶孩子。本章的目的是給你一個架構，教你如何以更有效、有益的方式來運用這項技巧。

即使是在事業上，你也可能以小東西交換很大的收益（例如拉進大客戶）。我常問主管以下問題：週一，你開著裝滿產品的卡車去客戶那邊，他們付錢買貨。週二，你載著一樣的東西去給同一個客戶，他們付同樣的價格。但是週二你面對同一位採購經理時，你告訴他加勒比海地區有一家經濟實惠的好飯店，是他和太太二度蜜月的好地點，所以你週二運送的東西和週一的東西一樣嗎？

當然不一樣！你提升了客戶週二生活的價值。當然，那提升的幅度很小，但是在競爭激烈的世界裡，微幅差距往往是你致勝所需的東西。

把對方想像成一個有上億個神經突觸的寶庫，有的突觸與生意有關，很多突觸與生意無關。你觸動的突觸愈多，對方對價格愈不敏感，你們的關係會愈好，交易的價值愈高。一些客戶特別喜歡我在大學任教這件事，因爲我可以建議他們和他們的孩子在申請大學時如何改進。

這過程和近年來常看到的「利益型談判」很不一樣。「利益」通常是指對方想獲得某種東西的原因：如果銀行給我較低的購屋利息，我就把帳戶轉到那裡。或者，如果你讓我和你一起用你新買的高畫質電視看球賽，我就帶零食過來。

這很好，你應該盡量找更多這樣的交易，但是「爭取更多」的技巧更廣泛。你交換的「利益」或「需要」可以是任何東西，包括尊重或幫人修電腦等。那可以是與交易有關的、與交易無關的、理性的、非理性的、外顯的、內隱的、長期的、短期的、言語的、非言語的、可大可小。如果我幫你拉一些諮詢業務，或是讓你進我的球場包廂看球，你會把高級車借我。如果銀行給我的購屋利息較低，銀行的年度野餐會上，我可以當廚師，善用我的烹飪技能。如果你讓我用你的高畫質電視看球賽，我可以整個夏天用我的除草機幫你修剪草坪，幫你節省園藝成本。

整個世界都可以充分用來達成協議，不受談判主題的限制，如此一來「爭取更多」的機會也更大。一般人在人生中都會想要很多的東西，你若發現愈多他們需要的東西，能用來交換的東西也愈多。

我的學生常以顧客忠誠度爲由，要求退款、較低利率，或信用卡公司的收費減免。當信用卡公司的客服人員無法達到他們的要求時，他們會問對方可以做到哪些不涉及金錢的事。客服人員通常會提供免費里程，或其他類似現金的優惠，而且價值往往是原來要求的兩倍、三倍，甚至四倍。

公司可以透過優越的人脈或採購系統，爲客戶提供旅遊折扣或辦公用品折扣。這可以幫公司在折扣週期維持產品的售價不變：客戶基本上是從旅行或辦公用品上省錢，得到另類的「折扣」。

當你把焦點放在對方的需求上時，就不會把金錢當成交易中最重要的東西。無形的東西可以取代高價的要求。匹茲堡的電腦網路專家普拉善．德賽想爲家人找住家保母，但另一位單親爸爸開出的保母薪水是普拉善的兩倍，所以他邀那位保母過來聊天。

他發現那位保母是單親媽媽，想爲剛抗癌成功的兒子找當地的醫療服務，當保母是她的第一份工作。普拉善說：「我展現眞誠的關懷，我告訴她，我太太是醫師，我父親有個病理實驗室。我也讓她知道，我們把保母視爲大家庭的一分子。」

他提到家人平常的生活方式和相互扶持的結構，他也提到同類型保母的薪水，以顯示她的薪資不會太低，結果那位保母以另一個家庭開出的一半價碼，接下普拉善家裡的保母工作。

普拉善表示：「撇開薪水，了解她本人是協商的關鍵。以前，我不會想辦法去談成這個交易。」他說，上課學到的工具幫他達成了目標。

找出無形卻有價値的東西

「交換評價不相等的東西」其背後的主要驅動力是無形的東西。也就是說，金錢以外對對方

很重要的東西。例如，在商業交易中，各方的金錢評價通常大同小異，某一方之所以能成交，通常是因爲他們提供了金錢以外的東西，讓對方覺得整體來說更有價值。那東西通常對一方來說只有一點價值，但是對另一方來說剛好可以滿足他的夢想或消除恐懼。

你會在本書稍後看到，交換評價不相等的東西這一招用在孩子身上相當有效。孩子經常在交換東西：我的棒球卡換你的彈珠、我的娃娃換你的絨毛玩偶。雖然這些東西是有形的，但它們蘊含的無形成分是人對特定東西的特殊情感。那種特殊情感通常是無法量化的，但有時候可以。

以餅乾爲例，如果是普通的餅乾，可以賣三美元，但如果是燕麥餅乾，讓你想起祖母自己做的餅乾和肉桂的香味，你可能會爲同樣的餅乾付出五美元，對你來說，無形的價值是二美元。

人類的經濟體制是從交換評價不相等的東西開始的：你有太多肉，我有太多麵包，我們互相交換。金錢是用來標準化的東西，但永遠無法取代特定的無形東西，那些無形的東西或許有它自己的價值。

保險公司的副總裁黛比正在處理八歲女兒潔西卡的問題，她要求女兒八點半要上床睡覺，女兒尖叫要求晚點再睡，她想多看點書。所以，黛比和女兒談好的交換條件是：「九點半就寢」換「上學不能穿露肚襯衫」以及「不能在街上騎腳踏車」。黛比對女兒的服裝禮儀和安全的重視，更勝於就寢時間。她女兒對就寢時間的重視，更勝於服裝禮儀和安全。黛比說：「孩子喜歡參與制訂規則，如果他們可以得到某項東西，他們會願意放棄別的東西。」

青木信子以前是我的學生，如今在美國某大電腦公司任職，管理和日本公司合資成立的事業。剛開始美日雙方都堅持要擁有五一%的股權，但深入了解後，財務經理信子發現，日本公司覺得只要美國公司願意留下日本的員工，他們其實也願意接受四九%的股權。

交換評價不相等的東西在商業上的運用，比我們一般人所想的還要廣泛。法律上的「經營判斷法則」規範了全球大多數的併購案；該法則指出，一家公司董事可以不接受買家開出的最高股價。如果依合理判斷，較低的出價，外加無形資產的價值，可以使長期股東的價值更高，就可以接受較低的出價。

以前，法律要求董事（尤其是上市公司）必須接受最高的出價，論點是董事必須盡量取得公司所能獲得的最高價格。即使是非上市公司，股東也常提告，迫使董事接受最高價格。

但是最近幾年來，法院逐漸了解，公司品牌、員工技能、公司聲譽之類的無形資產可能價值非凡。願意以某種方式保護這些無形資產的買家，有時可以買到公司，而出高價現金的買家反而買不到。

一直以來，大家努力想把無形資產加以量化。幾年前，據估計美國聯合航空公司的品牌價值是：每「客運里程」價值三美分，或是每位乘客每飛三千英里的路程價值是九十美元，這是很大的額外價值。可口可樂的品牌價值高達八四〇億美元。家樂氏的股價中有三分之二歸因於品牌。如果你談判時幫對方節省一小時、一週，或是讓他不需擔心風險，那價值可能是多少？如果你開始用這種方式思考，你面前就會多出許多全新的選項。

別預期對方也會想到這些東西，通常你必須幫他們做，否則他們不會知道如何增添價值。

顯然，在某些情境下提供特定的無形東西是不道德的，例如藥廠送禮給醫師、賄賂或提供好處給政府官員。交換評價不相等的東西不是用來鼓勵非法或不道德的行爲，你需要找出合法的無形東西。由於這世上有許多無形的東西，這點並不難。某大公司的電腦專家因爲週六幫潛在客戶的女兒修電腦，而因此幫公司拉進了這個新客戶。

某大科技公司的網路併購經理爲公司爭取到電纜降價九〇%，因此幫公司省了上億美元。電纜的賣家需要資金支應新的案子，那家科技公司幫他們取得資金，所以能以低價取得他們的額外庫存。

艾瑞克．施瓦茲是嬌生公司的法務副總裁，他說服公司爲糖尿病患者開發一種人工胰島素，他們開發的目的不是爲了財務（經濟效益並不確定）。他們和青少年糖尿病研究基金會的合作，改善了他們和美國食品藥物管理局的關係，贏得正面的宣傳效果，更呼應了公司的信條，這些都遠非財務價值所能比擬。

你可能會覺得我是叫大家「跳脫框架思考」，我並不是這個意思，我是說：「其實這世上並沒有框架。」你只要發揮創意，廣泛思考目標、需要和對方的想法就行了。事實上，你愈廣泛思考非關交易的需要，就可以把餅做得更大，爲交易增添更多的價值。

滿足對方的需求

許多談判者喜歡談「利益」，大家通常很難理解那是什麼意思。那和目標有什麼不同？「目標」是指你希望在流程最後得到什麼。在多數談判中，我只有一個目標，那目標可以滿足我的許多需求，那正是我想達成目標的多種原因。

假設你想加薪，但公司不肯。你眞正的目標應該是過更好的人生，所以或許公司可以和你連署申辦利息較低的房貸，讓你擁有更好的房子。或者，公司可以給你更多的休假。或是以比較便宜的方式，幫你一圓夢想的假期。公司愈清楚你的根本需求，那些需求就愈能獲得滿足。

另一個問題是，「利益」通常有一定的合理性。多數人認爲，雙方可以理性討論他們想要的利益，但實際上這世上充滿了非理性的人。儘管善心人士想讓世界理性運作，但這是不可能的事。人會生氣、崇拜、恐懼。我也希望大家能理性、冷靜一點，但我和你一樣都是活在現實中。

所以，爲了滿足對方的無形需求，把餅做大，你需要知道別人的情感和非理性需求，那可能包括對落單、辦公室在高樓、或對各種害蟲的恐懼。那也可能包括參加職業好手的棒球營、釣魚研討會等夢想。我們問來上談判課的人有什麼夢想和恐懼，結果大家提到的夢想包括：旅行、揚帆出航、開餐廳、跑馬拉松、經營公司等。我們聽到的恐懼包括蛇、群衆、演講、飛行、懼高症等。

如果你知道對方喜歡旅遊，你可以在聊天時拿旅遊來拉近彼此距離，或是提供對方相關的東西。如果你知道你想召募的某個人才有懼高症，你可以為他安排一樓的辦公室，他會因此願意付出其他的東西。

重點是，你愈了解對方，在談判中就會更有說服力。你把餅做大，達成目標，找出選項，交換評價不相等的東西。

以家族企業為例，全球有九成以上的事業是家族經營的。已開發國家中至少有三分之二的國民生產總值及三分之二的就業機會是來自家族企業。在開發中國家，這個比例更高。《華爾街日報》所報導的世界是以上市公司為主，那不是多數人身處的現實。

在多數人生活的世界裡，無形的東西遠比大家所想的還要重要。在許多家族企業的交易中，公司的創辦人與經營者在出售公司時常獅子大開口，要求很誇張的價格。但深入探索後，你可能會發現，他想要的通常是無形的東西。他想要受到尊重，保留品牌名稱，希望自己的肖像永遠掛在公司的大廳裡，為侄女安排在公司暑假實習的機會，或是擔任名譽董事。換句話說，如果可以得到那些無形的東西，他願意接受較低的價格。

如果你沒注意到這些線索，就比較難成交。**在商場上，無論大家怎麼說，金錢對「任一方」來說都不是最重要的東西**。價錢必須合理，但還有更多的東西是必要的。

無形的東西可以銜接起看似無法妥協的立場。蘿絲瑪麗以前是賓大法律系的學生，現在是費城的律師。她把看完的百貨公司服飾型錄拿給五歲的女兒。不久，蘿絲瑪麗想把那本型錄拿回來，她想把那型錄的封面設計套用在最近做的工藝專案上。她請女兒科笛莉雅把型錄還給她，但女兒不肯，還把型錄藏了起來，她說：「媽咪，那是我的雜誌，是妳給我的。」

蘿絲瑪麗並沒有發火或氣惱，而是設法找出女兒之所以想留著那本型錄的無形需求。蘿絲瑪麗問她：「爲什麼妳想要那本雜誌？」女兒答：「我要看裡面的漂亮圖片。」

蘿絲瑪麗說：「媽咪想參考那封面的設計，妳去把那本型錄拿來，把封面給我好不好，妳可以留下裡面所有漂亮的圖片。」

於是女兒小心翼翼地撕下封面，把封面交給媽媽，留下剩下的內頁。後來蘿絲瑪麗也向女兒說明「交換評價不相等的東西」的原則。

她女兒覺得這原則很棒，後續一週向她想得到的每個人（朋友、家人、鄰居）說這個原則，並尋找評價不相等的東西來交換。這是母親教女兒變成更好的協商者並改善母女關係的好例子。如果你想做更好的協商，別隱藏這些談判技巧，你應該告訴對方。

找出對方的需求

如果對方不告訴你他需要什麼，那怎麼辦？不是每個人都那麼坦率，有些人比較害怕，有些人比較沉默，有些人是根本不知道。**你能做的，就是「猜測」。如果你猜對了，通常會得到你需要的資訊，可能因此改善關係和成交機會。如果你猜錯了，對方通常會告訴你，並給你他們需求的相關資訊**。無論你猜對或猜錯，你都因此得到更多。

再次強調，沒有什麼技巧是完美的。重點是，如果你試了，你會更成功，得到更多。

每次參加重要會議時，你應該盡量找出與會者的相關資訊。同樣的道理也適用在面試、工作會議、電話會議上。在會議前先做研究，到處問人。

我告訴學生，去面試以前應該先搞清楚誰是面試官，研究那個人，他寫過什麼、喜歡和討厭什麼、那家公司的相關資訊、那家公司最大的成就和隱憂是什麼。一家公司決定叫你去面試時，它可能覺得你能勝任那份工作，其餘都是無形的：適不適合、動機、忠誠度、對公司的興趣。他們已經在腦中想像你在公司的樣子，想像你是員工時會有什麼反應。

有一個學生去投資銀行參加最後一輪的面試，他研究了那位常務董事，但是當他去面試時，公司因故換了面試官，他被帶到另一位常務董事的辦公室面試，這位學生對他一無所知。

人事部介紹那學生給常務董事時，他稍微看了一下辦公室四周，想找有關連的東西。他看到常務董事身後的檯子上放了一個相框，裡面似乎是他和兩個孩子站在帆船前端的照片。

所以學生問常務董事，那是不是他和孩子的合照，對方說是。之後他們開始聊起航行，那學生其實對航海知道的不多，但他其實不需要知道很多。他問：「你常出航嗎？是去哪裡？是參加比賽，還是純娛樂？航行要怎麼學？」之類的。

於是兩人花了四十分鐘談各種主題，包括航行、其他運動、旅遊、食物等，就是沒提到商業主題。在談了四十分鐘後，那位常務董事錄取了這位學生。他們有做商業討論嗎？

當然有！在討論非商業議題的四十分鐘裡，那位常務董事得知哪些與這個學生有關的商業訊息？他知道這個學生是個很好的傾聽者，充滿好奇心，觀察敏銳，對事情充滿興趣，也很風趣，可能很適合接觸客戶，可以獨立思考，他不介意和他一起加班，善於交際，對銷售有幫助。

當你和潛在雇主已經到了面試的最後一輪時，他們已經確定你可以勝任那份工作，接下來他們想看的不是你的學經歷，而是你的應對技巧，那些無形的東西。

取得對方重視的資訊，對紐約的共同基金經理人麥克．雷斯金恩來說特別重要。他說他家在賓州擁有一塊土地，他母親住在那裡，電信公司在那裡安裝了行動電話的基地台，所以他母親每個月可以收到五百美元。後來電信公司需要永久的土地使用權，提議給他母親八萬美元。開始協商時，他和母親都認爲他們應該得到十二萬美元。

麥克運用談判課程的工具，他說：「我努力思考這對他們來說有多少價值，而不是對我有多少價值。所以我上網研究，思考他們腦中的想法。」包括移開基地台等。做了研究以後，他打電話給電信公司，結果他們願意支付他家七十五萬美元，他說自己不是很貪心，不然最高可以要到一百二十萬美元。

把餅做大，讓雙方都得到更多

你從別人那裡取得的資訊，讓你更能有效地達成目標，滿足需求。切記，你的目的不是要犧牲他人以獲得權力。你擁有更多的權力，不表示對方就擁有較少的權力，而是整個餅變大了，就像新科技的發展一樣。雖然有些工作消失了，整體來說，就業機會和事業發展幾乎都是增加的。

如果你廣泛了解對方的需求或興趣，可以更有效地應付難搞的交涉者。假設你已經想出把餅做大的方法：把原本沒想到的東西也納入交易中，但對方一直要求你一定要降價（如果你是賣方），或堅持你必須支付更高的價格（如果你是買方），他們不想談合作。

於是你說：「你不想談這交易中更大的價值嗎？談對你來說更大的獲利嗎？你不希望我們付你更多錢嗎？如果你不想談，你們公司有其他人——事業開發人員之類的——願意和我談你不想談的更大獲利嗎？」

他們不敢拒談那樣的討論，因為萬一公司的高層得知這件事，他們可能會遭到革職。這談判是你主導的，所以無論對方是不是難搞的交涉者，這些工具都很管用。碰到願意合作的人時，你們可以一起把餅做大。碰到難搞的談判者時，你可以提議讓第三方來看看如何把餅做大。

以前在談判時，對手會對我說類似下面的話：「我想要十萬美元！」我回應：「為什麼不是二十萬？三十萬？」他們回應：「什麼!?」我說：「我們都還不知道交易可以談到什麼程度，你怎麼知道我不會付你更多？我需要先知道交易的內容，當我了解你所有的利益和需求時，我就可以做出提案。」

例如，交易中可能蘊含交叉銷售的機會，所以我們先從需求和無形的東西看起，之後再做出提案。當對方問：「你的提案是什麼？」你應該說：「我不知道，要看交易裡有什麼。」

對方不會知道該怎麼做，你必須先幫他們了解。他們愈了解交換評價不相等的東西、進而把餅做大的流程，你和他們協商起來就愈容易。聰明的客戶甚至會把他們的顧客帶來上我的課程，結果是促成他們談成更好的交易。

我看過把餅做大最成功的例子，是加州奧克蘭市桑迪亞公司的創辦人暨執行長布萊德．歐柏維格的經驗，桑迪亞是生產優質的杯裝水果。布萊德二十年前上過我的課，他已經把「交換評價不相等的東西」提升爲一種藝術。

幾年前，他去找北美二十大西瓜栽種業者中的十個，向他們提議，他計畫成立杯裝水果事業，如果他們願意讓他在店內銷售的西瓜上貼上「桑迪亞」的貼紙，他願意和他們分享部分獲利。這計畫對果農來說毫無成本，所以後來整整兩年，店家都可以看到西瓜上貼了桑迪亞的貼紙。後來，布萊德在果農的支持下開始拜訪店家，推銷比他們所知的杯裝水果品牌更有附加價值的桑迪亞杯裝水果。他說：「一夜間，我們的市占率突然高達三二%。」

他說，他已經把他的商業策略濃縮成他在課堂上學到的一句話：「什麼是對你沒成本，卻是我想要的；什麼是對我沒成本，卻是你想要的？」他又補充，他揭露了許多資訊，公開自己的計畫，做了許多準備。「卓越的談判者靠的不是聰明才智。」他說，「你之所以善於談判，是因爲你看到未來，那是來自充分的準備。」

把事物「串連」起來

在思考這一切時，有一種重要的關鍵記憶輔助是「串連」。你把不見得相關的事情連在一起：這些事可能與交易有關或無關。你可以按議題、時間或別的參數，把它們串連起來。如果你現在幫我做這件事，等一下我會幫你做別件事。

家人何必爲了今年要去哪裡度假而爭吵？除非你今年就要死了，否則明年還有機會。況且以今年來講，不只去哪裡很重要，去到那裡要做什麼、怎麼去、吃什麼、花多少錢等也很重要，這些都可以拿來交換。此外，與交易無關的東西也可以拿來交換。

如果你思考交換的東西時，把範圍放得更廣一點，可以讓關係變得更好。原本看似毫無彈性與棘手的事情，突然間都變得容易了。那表示，如果你一定要買 Corvette 跑車，那你太太也該有自己的喜好。如果先生幫忙把花園整理好，他看足球賽時太太就不會嘮叨。太太負責裝飾客廳，先生負責裝飾車庫。先生和好友打牌，太太可以和姊妹淘出遊。

我們在學校上課時，會做談判會診，讓有談判問題的學生坐在全班面前，逐一和我及其他學生談判，大家會給他意見，讓他知道如何改進談判。有一次，主角是班上兩位訂婚的男女，衍生出各種有趣的談判議題。

首先，男方找到紐約市的工作，他的未婚妻則找到洛杉磯的工作，他們已經爲了要住哪裡、誰要放棄自己好不容易找到的工作吵了好幾個月。所以我們把他們找來，在全班面前協商。女方討厭紐約，男方討厭他自己的出生地洛杉磯。女方在洛杉磯找到的工作，比男方在紐約找到的工作好很多，這時正逢經濟不景氣，洛杉磯的投資銀行工作比在紐約少，男方很難在洛杉磯找到他想要的工作。

全班運用課堂上教的工具，給了他們許多建議。最後，男方說：「只要我能做到以下幾點，我願意放棄工作，搬到洛杉磯，重新找工作：（一）婚禮的一切決策全由我決定；（二）由我挑選度蜜月的地點；（三）未來十年由我決定去哪裡度假。」

當然，他提出的根本問題其實是：「妳願意拿什麼和我換，我才肯放棄工作？」

他的未婚妻想了不到一分鐘就說：「如果我不必工作，我就留在紐約。」

突然間，談判整個變了，顯然她有一個無形的需求，是他們這幾個月爭吵時「從來」沒討論過的。她的未婚夫原本以爲他沒有什麼方法可以讓她留在紐約，但是工作對女方來說，其實沒有對男方來說那麼重要，事情不像他原本所想的那樣。

所以課堂上我們不需要幫他們結束談判，因爲我們已經爲他們重新建立了一個有意義的談判，他們可以私下達成協議。

即使在敵意最深的狀態下，你也可以努力把餅做大，至少有些時候你能如願達成目標。換句話說，你可以爭取更多。如果對方說：「我要破壞你的事業。」你應該回應：「哦，但是我們可以用別種方法賺更多錢嗎？」那樣的回應乍看之下似乎有悖常理，但是眞的很有效。

我跟人合夥在加勒比海地區經營一個小型的貨運航空公司，那家公司有好幾個營運點，包括倉庫、飛機棚、辦公室。

一家名叫艾維波的公司把他們的地勤作業設備（滾帶車、拖車、卡車），堆放在我們的營業區好幾個月了，我們公司的人一再打電話給他們，要求他們移開設備，卻都得不到回應。

八個月後，我叫公司的員工開始使用那些設備，幾個小時內，我就接到他們的老闆阿方索憤怒地來電，說我偷了他們的用具，他要報警。

「你不懂波多黎各的法律！」他在電話那頭怒氣沖沖地說，「我是律師！你不能這樣做！」

「哦，」我平靜地說，「你是律師，那太好了，我也是，你念哪一所法學院？」

他說：「哥倫比亞。」我回應：「恭喜！哥倫比亞是一所好學校。我念哈佛法學院，就在路的另一頭，我們其實是鄰居。」

他說：「我也有MBA學位，所以我也懂商業，你做的事沒有生意人的樣子。」我回應：「太好了，你MBA是念哪裡？」

他說：「華頓商學院。」我說：「我也是。」

我不和他意氣用事，而是持續發掘對方的相關資訊，如此一來我們雙方都能得到更多。他可以繼續把設備免費停放在我們的營業區。後續幾個月，他也把原本在別家公司做的貨物倉儲業務（價值十萬美元）轉給我們，我們成了朋友。

你可能會說我們是運氣好，這種方法不見得每次都有效。當然，這方法不會永遠奏效！重要的是「流程」——從每次交易中努力爭取更多。我敢說，很少人用這種方法爭取更多，大家都忙著防衛、指責或爭執。切記，你只是希望每打九場比賽，能多擊出一支安打。

我認識的主管會告訴他們的對手：「既然我們可以一起獲利，爲何要互相打來打去？」

改變破壞性的態度

這一切都牽涉到態度的改變，這表示你需要多思考上檔效益，而非下檔風險，這和我們看問題的方式很有關係。

以下是思維流程：你生活中一定會碰到一些問題，是你必須花時間處理的。你該做的態度調整是，既然你一定要處理這些問題，你能從中創造哪些機會？你一輩子的時間就只有那麼多，何不好好運用？

找出問題裡潛藏的機會，並不需要花很多時間，你只需要找機會就行了。別覺得處理問題是耽誤你的時間，而是把問題視爲等你確認與運用的機會。

每次你和某方發生問題時，就想：你如何從這個問題中獲利？你有辦法交換無形的東西嗎？如何把餅做大？久而久之，你肯定會逐漸獲得更多。

這流程的確需要你花心思讓對方開心，所以除非是碰到很難交涉的情況，否則你應該放棄凌駕對方的想法。你凌駕對方時，只會讓人想保護自己或傷害你，而不是廣泛尋找機會。

這讓我想起一個笑話，一個傢伙到店裡買了一盞油燈。他回家後摩擦油燈，出現了一個精靈。精靈說：「我可以給你任何想要的東西，但你鄰居得到的東西會是你的兩倍。」

那傢伙心想：「我想要一棟房子，但鄰居會得到兩棟！我想要一百萬美元，但鄰居會得到兩百萬美元。」最後，他想到一個點子。「我知道我想要什麼了，」他對精靈說，「弄瞎我一隻眼睛。」

沒錯，這很變態，但很多人談判時，不就是抱持這種心態嗎？「這對你的傷害比對我還大。」「你的損失會比我多。」與其思考誰會損失比較多（這似乎也是冷戰和許多談判的基礎），為什麼不談談對每個人的「機會」呢？每次有人揚言離場不談判時，我通常會讓大家同意每個人都有權離場，不過我會補充：「話雖如此，我們是不是能在這裡談出更好的結果？」

就像標準和其他的談判工具一樣，在「交換評價不相等的東西」中，表述方式也會影響說服的效果。你應該試著以有助達成目標的方式，來陳述對方的需求。第二章提過的顧問棠恩，父親六十六歲，患有重聽，兩年多來他一直不肯裝助聽器，非常固執。

後來，棠恩某天下午去看他，她大聲地對父親說：「爸，你難道不想聽孩子的聲音嗎？」當天他就裝上助聽器了。棠恩達到了目標：父親裝上助聽器。她父親也滿足了自己的需求：聽見孩子的聲音。

如果你想投入一個你覺得很有前景的專案，有一種說服老闆的好方法，就是對老闆說：「老闆，我有個點子，可以幫部門增加今年的獲利。」我可以跟你保證，你老闆一定會想增加獲利（需求），你也想投入那個增加獲利的專案（目標）。

關於談判，大家常抱持一個有趣的假設：談判時的議題愈多，談判會愈難、愈複雜。**其實，談判的東西愈多，談判愈簡單，因爲你會有更多評價不相等的東西可以交換**。我喜歡盡量把很多的議題和東西拿出來談判。

許多人以爲要讓人透露出自己的需求很難，因爲大家通常小心翼翼，避免透露玄機。但是我發現事實正好相反，當你想了解對方的需求時，你要讓對方知道你想滿足他們的需求，這樣一來，問題不在於讓他們說話，而是讓他們閉嘴。

一位華頓企經班的學生來找我幫忙解決一起持續六年的商業糾紛。一家軟體公司的業主是一對夫妻，他們正在鬧離婚，他持有六〇%的股權，她持有四〇%。

這家公司沒有錢，但是某家上市公司有意併購他們。這家上市公司的股價很好，但沒有產品。兩家公司各自獨立時，都無法長期存活下來，但合併在一起，價值超過三億美元。不過，由於妻子拒絕出售四〇%的持股，使得兩家公司遲遲無法合併。兩家公司都快鬧上法院，她的公司再不合併就會破產。

我去見那個妻子，她沒錢，積蓄快用光了，她先生答應要給她的錢遲遲沒付。我問她想要什麼，她說她需要一些錢維持生活，以及孩子的單獨監護權，她不希望先生得到的比她多（她希望先生比她更痛苦）。

我告訴她，她再也無法挽回過去的美好時光，未來也無法用她想要的方式傷害她先生。我問她，既然孩子不久就要離家念大學了，爲什麼單獨監護權對她來說那麼重要，爲什麼要彼此互相打擊，賠上幾年的生活？我還特別問到，爲什麼一定要讓先生感到痛苦，合併不成，雙方都破產，誰也不好過。

最後，她明白自己的行動並無法幫她達成眞正的目標和需求。她答應離婚及合併。我告訴她，我也必須和她先生談一談。畢竟，雙方都必須同意才有效果。她對此也感到很緊張，但她後來答應讓我和她先生談談。

我去找她先生談時，也是採用同樣的方式。他有他的問題，我們一一解決，最後他終於明白，除非他給妻子足夠的錢，讓她放心地過後半輩子，否則他永遠無法達到人生的目標，也無法滿足自己的需求。而且，不讓母親看自己的孩子也是不合理的要求（他也想取得孩子的單獨監護權），後來他答應了離婚的條件。

他倆都希望，他們公司和那家上市公司合併時，我能代表他們處理合併事宜。我幫他們做了，採用和他們夫妻協商時所用的流程，我和雙方談他們的需求、目標和看法，以及關切的事物等等，後來合併順利進行。

這件事之所以有趣，在於那些問題其實都不是什麼深奧的道理，只不過需要問清楚他們的需求和目標，找出對他們重要的無形東西，把焦點放在效益，別管風險而已。什麼事可以讓他們開心？這裡有一點很有趣的是，在你明白怎麼做之前，這些技巧都是無形的。

本章最後的例子對我來說相當重要，從這裡可以看出這些工具的幫助有多大，即使是在生死關頭也一樣。

二○○一年一月，我心臟病發作兩次，後來住進費城的一家醫院，等候進行動脈血管的繞道手術，但是醫院給我的藥物一直讓我產生不良的反應，所以我想到別的地方動手術。

我到處詢問我能找到的優秀心臟科醫師，結果看到全球繞道手術權威韋恩．伊桑醫師的名字。他曾幫大衛．萊特曼、賴瑞．金、沃爾特．克朗凱等名人動過繞道手術。當然，我無法找上伊桑醫師，他的時間表滿檔，要等好幾個月才有空檔。他又不認識我，我和他也非親非故。更何況我只有他的電子郵件信箱。我們都知道，電子郵件不是良好的說服工具。

我如何透過電子郵件和他建立關係，讓他覺得幫我開刀有足夠的意義？於是我開始在費城醫院的病床上研究伊桑醫師。我搜尋他的相關資料、興趣、時間運用、為人，想辦法尋找關連點。

當時伊桑醫師的主要研究重點是小動脈裡的膽固醇堆積，我有小動脈，所以我開始研究他做的研究，寫一封電子郵件給他。我告訴他，我是誰（現在是教授，以前是新聞工作者），告訴他我的心臟病史，問他能不能幫我開刀。我也提到，他可能太忙無法幫我動刀，我了解等著讓他開刀的名單很長。

我說，即使他無法幫我開刀，我們還是有一點相關，可以請他給我一點意見嗎？我問他幾個我研究時碰到的問題，我想讓他知道，我不是隨便寫一封信給他，而是真的研究過一些他的研究成果，並花了時間和心力去了解。

家人和我也連絡了每一位曾動過心臟手術的紐約朋友，問他們是否認識和伊桑醫師在同一家醫院工作的醫師。我們找到一位心臟科專家：邁可．沃克醫師。他幫我們打電話給伊桑醫師。

簡而言之，最後伊桑醫師縮短一天的假期，提早回紐約市幫我開刀，效果非常好。

我問伊桑醫師，爲什麼他會爲了幫我開刀而縮短假期，以他的身分地位，其實沒有必要爲我這樣做。我在寫這本書時曾去他的辦公室再次與他碰面，我又問了他一次。他表示，我們透過第三方，請到備受推崇的沃克醫師出馬遊說，的確有幫助。不過，他說原因不只於此，他說我是少數幾個問過他研究主題的病人，我和他建立了「人際關係」。

你看！本章介紹的談判工具眞的有效：了解對方是誰、他關切的東西、他的需求和無形事物，然後交換評價不相等的東西。我其實是在爲我的生命談判。

我後來看到一篇報導，提到美國前總統柯林頓也想請伊桑醫師動手術，但柯林頓的幕僚甚至不肯透露這位「貴賓」是誰，所以伊桑醫師建議由別人來操刀。伊桑醫師表示，如果他們先建立人際關係，可能會有不同結果。

伊桑醫師表示，雖然他的醫術日益精進，他還是覺得人際關係其實一樣重要。他說，他曾經因爲窮人努力和他建立關係而爲他們開刀，無論他們是否負擔得起醫療費用。他幫一位來自布魯克林的貧窮婦女開刀後，她捐了五十美元做爲他的研究經費，那筆錢占她收入的比例，比一些五百萬美元的捐款還多。

這對談判來說，代表著什麼意義：**只要你把焦點放在人際關係上，任何產品或服務都不只是一項商品而已。你必須和人交換的是你的經驗、時間、努力和利益，這也讓你的提案因此與衆不**

同。那些無形的東西豐富了他人的生活，促成更好的交易，讓每個人都因此得到更多。

但是何必局限於此呢？本章介紹的談判工具在醫院裡也有別的用途。我發現，即使在紐約長老會醫院這樣卓越的醫院裡，醫療方式也有很大差異。我在手術前需要先住院幾天做檢驗，再次穩定身體的狀況，因爲我是從費城轉診的。所以我讓每位來我病房的護士、護士助理、護理人員知道我平常在教談判，我住院期間可以免費提供大家全天候的諮詢，教大家如何在醫院裡獲得更好的工作、如何獲得加薪，他們有任何需要談判的議題都可以來找我。

結果，護士、護士助理、醫護人員在手術前後都不斷來找我，我也獲得很棒的照顧，大家總是不時地問我需要什麼，我也從原本住在側廳的雙人病房移到貴賓室，裡面有三個面向東河的大窗戶。

交換評價不相等的東西眞的有效。

06

暫停說理，動之以情

麗莎．史黛芬斯是哥倫比亞商學院的學生，她有個五歲的女兒，某個週六早上在廚房裡跌倒了，餐桌銳利的桌角在她的額頭上留下了一道傷口，小女孩歐布蕾慌得開始哭鬧，歐布蕾的爺爺（麗莎的公公）也慌了。

歐布蕾顯然需要去醫院縫幾針，但她拒絕前往，死命地抓著桌子，沒人可以把她的小指頭扳離餐桌。麗莎自己也快慌了，不過她突然冷靜下來，對自己說：「等等，我上過談判課，我應該好好協商這個情況。」

於是麗莎走到女兒旁邊，輕撫她的手臂，麗莎問：「媽咪愛妳嗎？」女兒抽了抽鼻子，平靜下來說：「愛。」

麗莎問：「媽咪會做任何傷害妳的事嗎？」女兒答：「不會。」

麗莎問：「長大以後，是不是有時候得做我們不喜歡做的事？」女兒答：「對。」

麗莎說：「媽咪也縫過針。」她讓女兒看疤痕。「爺爺也有。」麗莎的公公也露出他的傷疤。五分鐘內，她女兒就放開餐桌，自己上車了。

關於這件事，有幾點是我們確定的。首先，歐布蕾拒絕就醫是不理性的反應，看醫生對她有好處，而且必須盡快前往。但是就像每天上演的數百萬種談判個案一樣，她並不想講道理。

這故事所顯示的第二點是，我們必須從「思考對方腦中的想法」開始談判，麗莎想讓歐布蕾就醫，以免傷勢加重，她知道女兒腦中想的是「我受傷了，只有我孤單一個，我需要愛。」

了解這點後，麗莎心想我的目標是什麼？要怎樣說服歐布蕾？所以麗莎問：「媽咪愛妳嗎？」這問題是讓女兒知道，媽媽知道她需要愛。歐布蕾回答問題時，麗莎把女兒拉離了桌子。

接著麗莎想到，女兒可能心想：「好吧，媽咪愛我，但是我現在好痛。」所以麗莎問：「媽咪會做任何傷害妳的事嗎？」歐布蕾意識到媽媽也關心她的痛苦。

這整個過程是漸進的，從母親思考孩子腦中的想法開始，到達成母親的目標。花的時間不長，但一步一步來。最後，在五分鐘內歐布蕾就自己上車了，而不是像一般常見的痛苦模式那樣，在邊踢邊叫之下被硬拖上車。

總之，麗莎給歐布蕾的是連串的「動之以情」，直接處理歐布蕾的恐懼，讓她知道媽媽了解她的想法。在其他情況下，動之以情也可以是道歉、發揮同理心或讓步，也可以是聆聽不滿的人發牢騷。

動之以情有安撫人心的效果，讓人願意聆聽你的想法，讓他們更懂得爲自己的福祉著想。這是從不理性開始，讓對方逐步朝更好的結果移動。

談判中，情感是重要的一環

情感是阻礙談判及談判者的敵人。人的情緒一來，就不再聆聽，變得難以預測，很少專注在目標上，因此傷了自己，達不到目標。電影裡常有慷慨激昂的演講場景，暗示這種方法非常有效。那究竟是不是眞的，要看演講者是否情緒激昂到無法清楚思考而定。

這裡所謂的情感，是指一個人激動到聽不進任何東西，通常是一種自毀的現象，這個人已經無法把焦點放在目標和需要上。相反的，同理心是指把焦點放在別人的情感上，意指慈悲和同情。換句話說，情感的焦點是在你身上，同理心的焦點則是在對方身上。同理心非常有效，情感則否。

眞情流露（愛、悲、喜）當然是生活的一部分，但我們也應該要知道，這些情感雖然眞切，卻會讓人減少聆聽，對談判沒什麼幫助，因爲談判時處理資訊很重要。人的情緒一來時，幾乎都會沉浸在當下，以求安慰或滿足。此時的目標不見得是達到最好的結果，也顧不得長期的效益或大局。情感可能是需要的、重要的，卻無法衍生深思熟慮的結果。事實上，情感常導致人們做出悔不當初的事，包括挑戰身體極限的危險行爲，因爲情緒反應強烈的人往往容易自我傷害。

相反的，本書提到的情感策略是用來促進人際和事業上的關係，本章的預設立場是，冷靜和關懷是可能並存的。

「降低情感的成分讓我了解到，談判不是情緒測試，而是有系統地定義成功方法的機會。」

前高盛副總裁溫柏．艾邁德說。她曾出現在一部談華爾街女性新秀的紀錄片裡。她補充，「爭取更多」的工具在幫女性了解如何冷靜因應問題上特別重要。

以下是談判中會引發情緒的一些行爲：

◎謊言、扭曲、責難、侮辱、錯誤指控。
◎威脅、待人不公、讓對方丟臉、質疑對方。
◎貪婪、自我中心、打破承諾。
◎不回報善意（收禮不答謝）、失約／不出席會議。
◎準備不足、前後不一，個人或專業上失控。
◎期望破滅、高風險。

每場值得嘗試的談判，不管談的是世界和平、兆元交易，或小孩想吃冰淇淋，對雙方來說都是高風險，因爲每場談判都是從情緒談判開始。

人的情緒一來時，就會發生下列的情況：不再把焦點放在目標、利益、需求上，也不再有效溝通，只在意懲罰、報復，以牙還牙。交易因此失敗，目標無法達成，大家的需求都無法獲得滿足。情感會破壞協商，限制創意，導致焦點消失，衍生糟糕的決策，報復經常發生。

一九九〇年開始，談判中的情感日益受到關注。研究人員、老師、醫師開始發現，談判時應該注意對方的情感面，而不是理性面。這些研究結果通常混合了正反意見，不見得都有效。

例如，有一派建議，談判時可以假裝情感，讓對方做你希望他們做的事，例如假裝生氣或同意。這當然是不誠實的做法，是在操弄對方。這技巧的目的是讓對方出現情緒，感到害怕或受寵若驚，而做出他們原本不想做的事，那些事通常對他們不利。

這技巧叫做「策略情感」「假性正面回應」「展現怒氣換得讓步」「隨需的情感表達」「計策情感」「印象管理」「策略發怒」「情感操弄」等，都是「扮黑臉，扮白臉」的翻版，把情況打亂，變得無法預測，目的是要讓對方犯錯，例如透露出對他們不利的資訊。

這就是有些人會在比賽時口出惡言或揮舞挑釁旗幟的原因，目的是讓球員生氣，變得情緒化，讓他們分心，不再專注於目標上（亦即贏得比賽）。

有些人建議用情感技巧來操弄談判，但他們大多沒考慮到這種技巧對關係的長期影響，往往在雙方的關係結束後，操弄者才恍然大悟。信譽和信任會因此大受打擊，如果你發現對方爲了讓你乖乖就範而虛情假意，我建議你盡可能「永遠不要」和他們交涉。

把那些爲了從你身上得到東西而虛情假意的人當成欺騙。以最極端的例子來說，恐怖分子的頭目說服一些追隨者當人肉炸彈，以滿足報復的情感需求。這對誰有利？不是那些受害的旁觀者，也不是自爆的犧牲者。受益的是恐怖分子的頭目，他在個人毫髮無傷下擴大了政治勢力，從同樣情緒化的人那邊獲得額外的資金。

有些人指出，他們偶爾以情感做爲談判工具時，的確有效。問題在於這種方法所衍生的結果有風險，難以預估，也給人不莊重、不值得信任的感覺，會破壞雙方的關係。研究顯示，提出「要不要隨便你」的要求，會增加對方拒絕的可能。對方會認爲那不公平，有時會以拒絕交易來發洩怒氣。當你運用負面情感時，對方接受的機率只有一半。

我們在商業上常看到這種情況。業務經理理查·霍蘭的客戶因價格調漲，揚言要更換別的賣家。然而即使價格調漲後，理查的售價還是比別的業者低。理查說：「對方對你不滿時，他們可能會做某些事出氣。」

所以理查決定更體諒客戶成本上升的問題，他先問客戶，對於漲價，他的公司能提供哪些方面的服務做爲補償。結果這招奏效了，同理心和詢問就是一種動之以情。

我們進一步來看，談判中摻雜情感時，會對談判產生什麼影響。首先，那會打亂情況，你比較無法確定對方會如何反應。當事人情緒一來，結果會變得比較難以預料。

情感會降低一般人處理資訊的能力，讓人比較不會花時間去探索有創意的選項，完全不看事實和情況，不想辦法把餅做大，也因此無法獲得更多。事實上，研究顯示**情緒化的人比較不在意協議是否滿足他們的需求，反而比較在意能不能傷害對方**。

的確有例子證明，正面情緒可以增加創意和達成協議的可能，但是那種談判往往是在一時興起下做的，有衝動的風險。我們都看過一群人原本對他們喜愛的人或事物一頭熱，後來卻突然完全降溫，興趣缺缺。這種不穩定應該會讓你擔心才對。談判時最好平靜下來，穩定進行。或許你可以展現一點熱情，但是要有扎實的判斷。**想達成目標，解決棘手的問題，就要讓情緒降溫。**

至於「扮黑臉，扮白臉」的策略又如何呢？談判課的學生說，這是他們最愛的工具。警察用這招來誘發情感，突破嫌犯心防。他們希望嫌犯犯錯，坦承犯案（違背自己的目標和利益）。沒錯，當你想傷害對方，讓對方犯錯時，憤怒和情感的確有效。除非那是你的目標，否則你還是別用憤怒來當談判工具比較好。

另一個以情感達到目的的問題是，你愈是使用這種工具，它的效果愈差。如果每年提高分貝或大吼一次，那可能有效。如果你每個月都這樣，你會變成大家眼中的「叫囂者」，失去可信度，這道理也可以用在退席抗議上。

偶爾改變語氣沒什麼關係，如果你平常比較安靜，你可以偶爾提高分貝。如果你平常是大嗓門，你可能偶爾會故意放低音量或輕聲細語。但是那樣的技巧是經過深思熟慮和慎重考量的。談判穩定又可以預期時，通常比較有效果。

誘發情感的手段

聽過許多談判的案例後，你可能會以為威脅是一種不錯的方法，但其實**威脅是「效果最差」的協商技巧**。**威脅讓人變得情緒化，讓對方無法看清事情，因而無法做你希望他們做的事**。由於情感讓人對自我傷害比較沒有抵抗力，對方可能不像你所想的那樣在乎你的威脅。

研究顯示，在事實相同的情況下，訴諸威脅者達成協議的機率是不訴諸威脅者的一半。既然如此，爲什麼還有人訴諸威脅？因爲他們缺乏談判經驗或技巧。別人逼你做事時，你會覺得丟臉。在有些文化中，丟臉會讓人訴諸暴力，包括謀殺和自殺。丟臉與自尊及自我價值有關，所以威脅讓人感到丟臉，結果是導致對方反彈。

另一種與威脅有關的談判技巧是「要不要隨便你」，這種技巧很常見，但不太有效，會導致對方心生不滿，減少協議的達成。

以下是有關「要不要隨便你」這個方法的研究。研究人員告訴受試者他會得到十元，但是必須和另一人一起分，對方必須同意兩人一起分錢才行。如果對方拒絕，兩人一塊錢也拿不到。

當受試者給對方一元時（亦即他自己留下九元），對方「回絕」的機率是七五％。這結果看來不合理，畢竟拿到一元不是比完全沒拿到好嗎？但是受試者得到大部分的錢時，會讓對方覺得不公平而意氣用事，做出不利個人目標和利益的事。

另一方面，當兩人各平分五元時，對方接受的機率是九五％。只給對方三元時，有三分之二會回絕。

所以，應付對方時你必須把不理性納入考量。如果對方可能不理性回應，你就應該「動之以情」，你需要調整。

「合作式威脅」就是一個調整的例子。在一般威脅中，你是告訴對方「你不降價，我就去別的地方買！」對方往往會因此而變得情緒化，做出類似下面的回應：「去啊！」儘管降價留住你這個客人，可能對他們來說比較好，但是你對他們施壓，導致他們意氣用事。

另一種表述的方法是：「我眞的很喜歡你們，已經來這裡消費好一段時間了，不過現在有一些競爭者提供我們更多的價値。我們很想和你們繼續往來，該怎麼辦呢？」這段話含有相同的「離開威脅」，但你是在尋求對方的幫忙。你們如何繼續往來？這是以雙方的關係來表述，也因此多了更多的創意解決方案。

你藉由不同的表述方式（基本上你是把問題「交給」對方），減少了情緒，改善了結果。你把情況變成共同的問題，由雙方一起來解決，你更重視對方。

如何控制彼此的情緒

所以，談判時該如何控制情緒？你要考慮兩種人：你和對方。我已經講了一些對方的情緒，待會兒我們會再繼續補充。現在我們來看你的情緒。

如果你很情緒化，這在談判中對任何人都沒有好處。舉例來說，你會希望你的外科醫師冷靜但擁有同理心（對他人有好感），而非冷靜且情緒化。如果你開始出現情緒，就要停止！休息一下，讓自己冷靜下來。如果靜不下來，或許你不適合談判，至少在那當下你並不適合。你應該休息久一點，直到冷靜爲止，或是尋求別人的幫忙。如果你在心情不好、生氣或情緒化時談判，會忘了自己的目標和需求，讓自己變成了議題。

你可以用下面的說法來化解麻煩：「我現在有點情緒化，所以我說的話不見得就是那個意思。」如果對方能理解，這種方式的效果最好。完善的準備可以防止你忘了目標，當你開始感到不滿時，回顧一下你準備的資料，就可以幫你靜下心來。

降低你的預期。如果你開始談判時，就覺得對方很難搞、不公平、粗魯或想騙你，你可能會預期談判將落空，也就不會那麼情緒化。當你對談判時可能發生的事降低預期時，就比較不會失望，可能還會因此感到驚喜。做好心理準備很重要。

你可能會覺得：「嘿，我應該不需要那樣做。」好吧，或許不必，但我們是活在現實世界裡，而不是「該有」的世界裡。如果你運用這些工具，就會逐漸談判得更好，對方會表現得更好，結果也會更好。慢慢地，這世界會變得更好。人類已經以某種方式生存數千年了，別期待人性會在一夜之間改變。

切記下面這句妙語：「復仇這道菜，最好涼了再上。」當周遭的人生氣時，跟著生氣於事無補。別在情緒上跟著對方起舞，我有一位同事說過：「你進瘋人院，不表示你就想讓發瘋的醫師看診。」

你應該對自己說：「他們想讓我分心，忽略目標。」別讓人操弄你，而導致你獲得更少或什麼都得不到。對某人發怒只會破壞目標的達成，這就好像說：「我很氣你，我乾脆殺了自己。」別因爲對方而傷害自己。

有一次我在法院外看到兩位律師和他們的客戶，一位律師對著另一位律師和他的客人猛發飆，另一位律師就只是和客人站在那裡，靜靜地聆聽。

最後，被當成出氣筒的律師看著那位發飆的律師，語帶輕鬆地說：「不錯哦，再接再厲！」一語化解了對方發飆的效力。

也就是說，別認為他們是針對自己。儘管他們罵你渾球，但或許不是指你，而是他們那天過得很不順利，或甚至他們人生整個不順。也許你該做的是憐憫這些人。但重點是，你「可以」掌控自己的情緒。

因應對方的情緒就比較麻煩一點，如何因應充滿情緒的情境和情緒化的人：

◎發現對方的行為有礙其目標或需求的時候。
◎試著去了解對方的情感和知覺印象。
◎找出引發他們情緒的原因，以及他們的需求和目標。
◎想想你的談判技巧是否對情況有益。
◎動之以情：讓步、道歉、發揮同理心。
◎試著營造信任。
◎避免極端用語，因為那只會衍生更多的情緒。
◎運用第三方和他們的支持者來幫你。
◎運用對方的標準。
◎更正錯誤的事實。

有效因應他人情感的第一步，是注意對方變得情緒化的時候，這現象不見得都很明顯。例如，英國人和瑞典人在文化上，不像巴西人和義大利人那樣情感豐富，但這不表示這些國家裡的個人就比較不情緒化或比較情緒化。有些人外表冷靜，但內心激動，反之亦然。

關鍵在於對方的行動是否有礙他個人的利益、需求及目標，你可能看過有些人做過對自己不利的事，你自問：「他們是怎麼搞的？難道看不出來這樣做對他們沒什麼好處嗎？」

他們就是看不出來，因爲他們已經把焦點移開目標和需求，變得情緒化，無法清楚聆聽。

爲了說服他們，你應該從增加他們的聆聽能力開始，你應該讓他們冷靜下來，成爲他們抒發情緒的對象。試著了解他們的情緒，是什麼原因導致他們那樣？你該如何讓他們冷靜？

你曾和朋友、合作夥伴或另一半激動地討論，你愈是叫對方冷靜下來，對方愈生氣。那是因爲叫他冷靜，就等於是在否定他的情緒正當性。當對方覺得自己被否定時，會變得更加情緒化。

所以你應該發揮同理心，試著了解他們鬧情緒的原因，光是告訴對方：「理性一點」或「合理一點」是沒用的。如果他們想理性或講理一點，他們自然會那樣做。他們想要情緒化時，你應該體諒他們，你的體諒會使他們冷靜下來，願意和你談。你愈是聆聽對方，對方會愈冷靜。

你必須找出他們需要如何動之以情，女人常要求男人：「我不需要你解決我的問題，我只希望你聽我說那些問題。」對許多女人來說，獲得聆聽就是一種動之以情。你展現出任何重視她們情感的行爲時，那就是一種動之以情。那可以是恭維、輕觸手臂，或靜靜地聆聽。每個人需要的不一樣，所以你需要先了解對方的想法。

我第一次發現「動之以情」的影響力是約莫二十年前，那時我在哈佛大學談判研習中心。在那裡及談判界的其他地方，大家談的談判策略都是針對「理性者」「理性行爲者」「明智談判者」設計的。然而，我看到身邊都是由非理性主導決策的案例，從孩童到企業到政府都是如此。**學生、專業人士和其他人一直問我，如何應付不理性和情緒化的人。於是我發現，幾乎所有研究都是在處理「世界該有的狀況」，而不是「世界實際的狀況」，所以我開始規劃工具和策略來因應情感。**

不久之後，我在紐約協調一樁上流社會的離婚案，男方花了大把鈔票，聘請了一位男性律師。女方找了一位女性律師，她是無償幫忙，完全免費。他們的資產原本很多，但是在律師費及股市虧損下，逐漸減少。

他們找我去幫忙時，那對怨偶的資產還有四十萬美元，男方基本上已經準備好只要達成離婚協議，那些錢全給女方，因爲離婚的風風雨雨讓他的生意不斷流失。但女方不願接受，她對他充滿怨氣，想鬧上法院，讓他丟臉，讓彼此什麼都得不到。

她顯然是在意氣用事，做出有礙個人利益的舉動，所以我思考我要怎麼做，才能對她動之以情，讓她答應收下那筆錢。

某天，我和她坐下來談，我說：「如果妳接受這份離婚協議，那些錢是他僅剩的資產。」她想了一下，然後說：「你的意思是，如果我接受這份協議，那些錢是那個混蛋僅剩的一切。」我說：「對。」她說：「我接受。」她腦中所想的，就是要讓對方感到痛苦，這對她來說是一種

「動之以情」。

想找出如何動之以情才能說服對方，你需要努力思考他們腦中的想法。他們如何觀看世界？他們的需求和看法是什麼？他們希望聽到事情以什麼方式來表述？他們需要你讓步嗎？如果需要，是什麼樣的讓步？是簡單的道歉？還是徹底的道歉？不需要道歉，那送花好嗎？換句話說，對每個人有效的「動之以情法」各不相同，也因情況而異。

史班塞．羅尼是賓大法學院的學生，他和當牙醫的太太麗莎通電話。麗莎在電話中說她今天壓力很大。史班塞說：「我當時和朋友在一起，沒留心聽她說話，她就生氣了，不但掛我電話，後來也拒接我的電話。」他回家後，什麼也沒說，立刻趨前幫太太做足部按摩。之後才問她今天過得如何，危機就此解除。

唯有讓對方開始聆聽，你才有辦法讓對方回心轉意。他們之前採用過什麼標準，是他們現在可能接受的？在對方情緒化的狀態下，使用標準可能對他們來說是難以接受的。首先，他們必須準備好接受可能的反駁，因此你必須避免使用極端的用語，包括威脅，這些都會讓人更情緒化。

有一種方法是讓他們先談談自己，以抒發或表達情緒。試著猜一猜可能讓他們心煩意亂的事，他們往往會告訴你，你有沒有猜對。提出問題，因爲思考問題可以讓他們不再那麼情緒化，就像本章開篇的那個孩童案例一樣。說出你認爲對方感到痛苦的事，即使你猜錯了，對方在思考你猜的對不對時，那還是有安撫效果。

吉姆．奧圖和妻子安妮為了他很少陪伴她和兩個孩子而爭吵，吉姆有一份全職的工作，同時攻讀學位，他說：「就這麼一次，我決定讓她完全說出她的想法。」他妻子說話時，變得比較冷靜，他自己也是。

顯然，他們都想多陪伴彼此，吉姆說：「於是我檢討目前該盡的義務，想想這些義務如何為我們帶來長期的效益，她變得比過去更體諒。」吉姆目前是芝加哥一家紙品配銷公司的總裁，他們在爭吵完後，開始新的溝通流程。

如今醫師逐漸明白，為了疏失或不盡完美的醫療而向病人道歉，可以避免訴訟。以往，律師和保險公司都把道歉視為坦承失責，其實這不見得是對的，事後發現有誤才可能出事。即使必須負起醫療責任，只要醫學專業人士能發揮同理心，患者或患者的親屬也比較不會想報復。

在沙烏地阿拉伯的利雅德，齊亞．薩列正準備收購一家食品公司。那家公司的業主知道齊亞開出的條件不錯，但他就是不肯出售。齊亞表示：「他擔心失去控制權，所以才會有情緒反應。」解決方法是先和業主談他的恐懼，接著在公司幫他安排一個有工作保障的關鍵位置。第三，給他一個全球擴張的遠景。第四，如果他能幫忙實現那遠景，他們承諾給他額外的報酬。業主發現，多了更多人力以後，他就能完成因缺乏規模與資源，而無法獨自完成的事，於是他同意出售公司。

馬克．羅賓森是南加大商學院的學生，他開車帶妻子去一家珠寶店拿修好的訂婚戒指。那家店是開在洛杉磯治安較差的地區，很難在珠寶店附近找到停車位。馬克看到有人朝一輛停放的汽車走去，便把車子開到那輛車的前面，耐心等候那輛車駛離。

他等了一陣子，感覺好像等了老半天，那輛車終於開走了，馬克開始倒車停進去。他倒車時，另一輛車從後開來，直接停進那個車位，車內是兩個貌似兇狠的傢伙。馬克打算和他們協商，他太太嚇壞了。馬克說：「我太太要我就這樣算了，我則是把焦點放在對方上，或許他沒看見我，也許還有商量的餘地。」

馬克從容地下車，走向那兩位硬漢，他走到駕駛座的窗口，微笑地揮手說：「嗨！」幾秒後，那位駕駛打開車窗問：「什麼事？」

馬克說：「我用熟人的方式和他對話，我說：『你可能沒看到我在一旁耐心等候這個位子，我在這裡等很久了，這個位子可以讓給我嗎？』」他指向妻子，然後說：「我希望不要在太太面前出糗，就看你怎麼決定，但是我先跟你道謝。」

那兩個人互看一眼，然後又回頭看他。顯然，馬克不是在威脅，也沒指責他們什麼。此外，馬克還給他們展現雅量的機會。

「好吧，我們沒關係。」其中一位說，馬克和駕駛握手，駕駛啓動車子，把車開走。意外嗎？馬克其實是對他們動之以情，那些傢伙日後可以告訴朋友，他們如何幫某個傢伙避免在太太面前出糗。馬克後來告訴我：「我太太對這流程的威力相當意外，驚訝了好久。」

如果你對這樣做感到不自在或覺得危險，那就別做。不過，這位學生是以不太有風險的方式陳述他的論點，他善用對方的心理。所以，如果你覺得這工具在某個狀況下不管用，先自問你是否用對了工具。

一位華頓商學院的學生在西費城遭劫，被壓在槍口下，他把皮夾交給搶匪說：「我可能不值得你浪費子彈，那會產生太大的噪音，你是老大。」最後，搶匪把駕照和學生證還他，那些證件對搶匪來說也沒有用，學生說：「我們都知道，每次辦證件，那些混蛋官僚總是很愛找碴。」（共同的敵人）。他為什麼要這樣做？你想想，這搶匪上次聽別人對他說「你是老大」是什麼時候？

在談判中，運用情感的一種方式是拉關係。經歷過同樣情緒的人，通常會有一種惺惺相惜的感覺。無論經歷是負面的（例如戰爭、事故或危險），或是正面的（例如贏得一場大賽），都是如此。雖然這可以做為凝聚共識的基礎，但是使用不當時，卻可能會造成永久的傷痕，就像玩火一樣。

如果你想說服對方卻做不到，該怎麼辦？可以想想第三方。如果對方不信任你，他還信任誰，願意聆聽哪個第三方？對方有能安撫他的朋友、同事或支持者嗎？有什麼第三方是你可以拿來當你們的共同敵人，加以指責的嗎？

如果上述一切都行不通，對方還有其他比較理性的人是你可以說服的嗎？例如，如果你是面對一家公司或一個團隊，而非個人，或許你可以找比較好合作的對象。跨過情緒化的人去找別人，可能導致對方報復，也可能破壞關係。在人際關係的情境下，這方法不可取。在事業的情境下，有時卻是必要的。

如果你在做事業談判時，發現對方非常情緒化，你可以問對方的其他成員，是否同意剛剛說的每句話，包括語調和內容。你的語氣要顯現出你是想了解當時的情況，而不是在質問他們。如果對方的回答有任何遲疑，就告訴他們，你這邊需要休息一下。（若叫對方去休息一下，這說法太衝了。）休息時，希望對方的其他成員可以讓那個情緒化的人冷靜下來，或讓他離開談判。

你也需要注意對方何時運用情感操弄談判，並採取行動來因應，我通常會懷疑那些隨口的讚美。「你是好老師」在我聽來，只是隨口的客套話。「怎麼好法？」我想知道，「你覺得哪方面特別好？」我想知道他們是不是爲了卡位或拿好成績才這麼說的，他們是想利用我嗎，還是眞心感激？

如果你發現對方對你玩「扮黑臉，扮白臉」的伎倆，可以直接問他們：「你們是在對我玩扮黑臉、扮白臉遊戲嗎？」直接點破那不當的行爲。或者，你也可以說：「我發現你們兩個採用的技巧不一樣，一個對我好，一個不是。你們要不要先休息一下，統一陣線？」從這裡也可以看出，爲什麼操弄手法有風險。好的談判者會直接點破，操弄者一經點破，就失去了可信度。

有些人常用截止日期和時間限制來傷害對方的情感。在截止日期逼近時，一般人比較難處理資訊，比較沒興趣把餅做大，也比較沒有創意。如果有人對你設下最後期限，就問他們希望發生那樣負面的結果嗎？比較好的做法是，一開始就了解最後期限是什麼時候，以便管理時間，不需要勉強接受較差的協議。有足夠的時間發揮創意，其實就是有時間爭取更多。

有些談判者建議你先開出極端的需求，先騰出足夠的讓步空間。當你提出極端的需求時，對方幾乎都會回絕。這論點的想法是，當你被回絕時，你可以改提比較恰當的要求，感覺比較合理，可接受。

這其實也是一種操弄伎倆。如果有人對你要這種伎倆，你可以說：「怎麼和你第一次開出來的條件差那麼多？」讓對方因爲想要弄你而感到尷尬。採用這種伎倆只會導致可信度和協議達成的機率雙雙下降。不過，就像之前提的，在點破對方不當的行爲時，別太咄咄逼人。

另外，還有以食物收買人心和送禮的招數：餅乾、小飾品等。到高檔餐廳用餐，這應該可以軟化對方，讓對方覺得感激。在談判之初爲了打破僵局，請吃飯無可厚非。交換東西，也沒關係。但是你必須評估動機，如果對方是眞心的，那沒關係。但是你必須確定，他們事後不會要求你讓步做爲回報。

自問對方的行動是否眞誠。如果你覺得他們是裝出來的，自問如果他們這樣做，你們之間以後會是什麼關係。

難搞的交涉者常用那種操弄技巧。

我有一次去阿肯色州的斯普林代爾，代表我的俄羅斯客戶和食品業巨擘泰森食品談判，我的客戶積欠泰森數百萬美元的貨款。泰森的人並不是用善意來收服我，相反的，他們以帶我參觀工廠爲由，帶我去繞了一圈雞肉加工廠。

行前，我聽到一位高階主管對另一位耳語：「我們要帶他去看屠宰場嗎？」另一位說：「那當然。」

這裡就不詳述參觀屠宰場的細節了。但是之後，他們帶我去屠宰場的會議室吃午餐。你猜的沒錯！那餐是吃炸雞。我故意裝出不在乎的樣子，對他們提供的午餐表示欣喜。我也故意比在場的每個人吃更多的炸雞。

這種操弄伎倆是爲了占談判菜鳥的便宜，但是對熟練的談判者來說就沒輒了。如果談判者相對於另一方有強大的權力時，他們展現無禮、虛情假意、發火，以及其他的糟糕行徑（例如暴力），或許可以僥倖得逞。但是切記，不是每個談判者都那麼好打發。

因應那樣的情感暴力，你可以先用本書的工具：找出他們的需求、運用標準、拉關係、用第三方來影響他們、了解他們的看法等。對方可能沒注意到自己的行爲，或許他們願意聆聽你的說法。又或者，他們善於權謀，根本不在乎。

如果上述一切都沒效，試著讓自己脫離那情境，別淪爲對方攻擊的目標，他們想傷害你，不在乎你會怎樣。操弄伎倆可能衍生不穩定的風險，當被操弄的人發現時（我是說「當」，不是「如果」），他們會知道自己被操弄了，那樣短視近利的策略終究會產生反效果。

即使對方的做法太極端，維持冷靜可讓你有更多的選擇。有時候，運用一點幽默和提問，可以扭轉衆人的態度。

我以前的學生史都華．梅洛伊寄給我下面的故事，他說：「幾年前，我太太有一匹馬跑了，跑進縣裡最討人厭的大老粗家裡，而且是在他開生日派對的時候。我到現場時，他走到院子裡，說我的馬兒損壞了他的卡車，要我賠償。

「不久，他的家人和朋友把我們圍住，他們都喝多了，坦白講我還滿擔心自己的安危，但我想到您教的技巧，冷靜地請他讓我看卡車壞在哪裡，他指著駕駛座那邊的凹痕，那位大老粗是伐木工人，他的卡車上滿是凹痕。」

「於是我開始以不帶偏見或情感的方式提問。」史都華說，「你確定是這個凹痕，不是那個？那其他的凹痕又是怎麼回事？如果那匹馬撞出這個凹痕，怎麼那麼快就生鏽了？我問完，旁邊的人都笑了，他也就不再追究，我們順利把馬牽回家。」他補充：「我經常運用這些工具。」

每個人有自己的風格

令人愉悅的風格有助啓動溝通，不會讓情感變成問題。我們通常喜歡把自己覺得舒服的東西也分享給別人。談判時，思考個人風格的影響和運用很有幫助。

風格之所以重要，是因爲它會影響對方是否願意達成你的目標。你可以想像你這邊有個好人可能和對方某個親切的人產生共鳴。你的團隊中權力最小的人可能是最佳的談判者。他們的風格可能讓對方感到放心、有信心，所以關鍵問題是：「我這邊的哪個人最有可能讓對方達成我的目標？」

研究顯示，談判中權力愈大的人，愈不會注意對方的需求，也就愈難把餅做大。這點很諷刺，公司大多是挑最資深的人去談判，其實有些層級較低的人反而更適合談判。

我和朋友一起在佛羅里達州開了一家醫療服務公司，我們需要籌措數百萬美元資金，那些資金主要是來自東南部那幾州的投資人。我是公司裡最懂得談判的人，但我沒和投資人談判，我們都知道，無論我說什麼，那些潛在投資人都會覺得我是來自紐約的強勢傢伙。

我不喜歡這種刻板印象，但我必須明白這種成見的確存在，況且本書在談的就是現實狀況，不是白日夢。所以我們是派同樣來自東南部幾州的同仁去做實際的協商，他們私底下問我協商的工具和技巧，但我不會出席談判的場合。

我當然很想藉此機會改變投資人對我和紐約客的印象，但談判的重點並不是我，我們的目的是籌資，結果我們達成了。

想改善你的談判技巧，方法之一是先找出你給別人的感覺。你可以找到很多種診斷工具來評估個人風格。但是我愈是使用那些工具，愈覺得它們的幫助不大，你如何把一個人的個性完全濃縮成一個數字或號碼？每個人的風格各不相同，在不同的情境面對不同的人，也會表現得不一樣。

此外，人也可以根據情境的需求而更換風格，無論你有多麼自信過人，碰到有人拿槍指著你時，你也會乖乖就範。

不過，我們還是可以爲個人風格做出結論。我會請學生評估自己和別人在不同情境下的特質，這給我們足夠的資訊，可以建議每個人如何採取不同的行動。

有些人的危機處理比較好，有些人喜歡壓力，有些人討厭壓力，或是一碰到壓力就不知所措。有些人的第一個反應是順應他人，有些人會迴避衝突，有些人則是主動挑起爭端。

我盡量不改變自己的風格，因爲那只是談判的一部分。但是改變可能有幫助，我看過有些人在學習更好的談判技巧之後，改變了自己。例如，變得比較不會大吼大叫、比較不情緒化。這並沒有讓他們變成不同的人，他們只是學會更善用技巧而已。

一位高階主管的自我評估結果顯示，他不合作，愛反抗。當他看到這結果時，站到全班面前，對我大喊：「你說什麼！我很合作！」大家都笑了。他的行爲削弱了他的信念，我希望他把那結果視爲建設性的批評。

個人評估的目的不是要讓你覺得自己很糟，而是要讓你更了解自己，以便成爲更好的談判者。當你知道更多自己的相關資訊，就會更注意流程，可以有效改變自己，達成目標。

有一次我在全球知名大藥廠嬌生公司的總部，讓一百六十人使用風格評估工具，其中一人的結果顯示，他很愛和人針鋒相對，我們把每個人的評估結果附帶名字公布出來，這個人剛好是位居高位的律師。他後來打電話給我，嚴苛地批評我，說我破壞他在公司裡的名譽，說那結果包含了該保密的資訊。

於是我和當初找我去嬌生上課的人連絡，他們本來就允許我公開每個人的名字和評估結果，好讓參與者可以交換心得，幫彼此改善自己。當我提到這位律師的舉動時，他們笑著說：「我們知道他會有那樣的反應。」其中一人說：「現在他被抖出來以後，讓他明白這點是件好事。」當初邀我去上課的人其實想讓那位律師知道，他對公司裡的人都太強勢了。

一名美國婦女在離婚後獲得兩名幼兒的監護權，但是他的巴西籍前夫馬上綁架孩子，把他們帶回巴西。那婦女沒錢、也不知如何訴諸巴西的法律，她想打電話給前夫以解決問題。我請她先評估她自己和對方的談判風格。她覺得自己很順從，對方很強勢。

我建議她不要直接找他談，否則對方會吃定她。我建議她從他的家人著手，她和他的家人很熟。她應該運用以下標準：（一）幼兒應該跟著媽媽；（二）法律應該受到尊重；（三）綁架是不對的。對方的家人也認同這幾點，集體勸他把小孩送回美國。所以，了解個人的「相對」風格，是判斷如何進行困難談判的關鍵工具。

了解企業和個人的風格很重要（前提是企業要有風格）。一九九七年，我到韓國漢城的大宇集團總部，爲第二、三級的主管上談判課程。當時他們是全球首屈一指的公司，集團營收達六百多億美元，製造的東西從汽車、船舶到電器，包羅萬象。

我教的這些大宇集團經理都非常順從，幾乎清一色是一個模樣，他們每次談判時都是居於弱勢。我向大宇的董事長金宇中提到，他和其他人創立與拓展公司時的那種積極幹勁，似乎沒傳給這些他預期將來會領導公司的人。事實上，我教的這些主管說，越南人和巴西人徹底打敗了他們。

金宇中一聽相當震驚，馬上設立一個策略計畫，以加強管理階層的談判技巧，訓練他們變得更有自信，更能有效達成目標。但爲時已晚。大宇集團近乎破產，公司是人經營的，如果人不善於協商，公司就會陷入困境。

即使有文化標準，在談判時也需要了解個人差異。標準是不錯的起點，例如「這些律師像他們公司在外的名聲或那一行那樣的強勢嗎？」但這只是問題，不是答案。你還是必須把焦點放在個人上。以大宇爲例，他們的個人之間鮮少差異，那是很罕見的情況。

我也發現，在美國企業裡男性和女性的風格差異很小。儘管一些暢銷書強調性別的重要差異，但是我們有美國企業男女差異很小的統計數據。企業裡的女性通常比較合作一點，企業裡的男性通常比較會迴避一些。

我也從研究及個人的經驗中發現，愛爭論的人比較少達成協議，除非對方相當順從（通常讓步的人遲早都會感到怨恨）。

公司可以根據成員的風格，有效挑選一支強大的談判團隊。積極、目標導向的人比較善於達成協議，他們會確定交易達成。順從的人通常是比較好的傾聽者，他們比較善於啓動交流，和對方建立關係。妥協者擅長應付緊急情況，迅速決策。合作者善於推動會議的進行，他們會考慮各方的需求。當你看下面的說明時，想想你和對方是屬於低、中或高哪種程度。

常見的談判風格

自信型

你愈積極，就會愈努力犧牲他人來達成自己的目標，你在談判中得到的會「較少」，因爲對方會覺得你不在乎他們，「強硬派」屬於這一類。如果你凡事都會爭，就屬於這一類。你應該退讓一點，重點是達成目標，同時考慮及滿足對方的需求。聆聽對方的想法，肯定他們的價值。

合作型

非常合作的人通常比較有創意，會尋求共同的效益，想辦法把餅做大。他們會尋找評價不相等的東西來交換，解決問題，把每個問題當成潛在的機會看待。但是面對不太確定能不能相信的人時，他們需要循序漸進。

妥協型

妥協者得到較少，他們會勉強接受對方開出的條件，他們通常對速度的重視更勝於品質，他們會尋求折衷之道。忙碌者通常是妥協派，他們挑好第一個合理的選項後，就不再多想，他們會犧牲自己的能力以獲得更多。

這不是叫我們千萬別妥協。當你用過本書的所有談判工具，盡你所能銜接落差，用上可用的無形技巧後，如果還離目標一點點，你可以採取折衷之道，覺得自己已經盡力了。不過，這對優秀的談判者來說都是逼不得已才用的最後一招。

迴避型

積極迴避者通常達不到任何人的目標，他們不參與，只會迴避衝突，所以他們不僅無法得到更多，通常什麼也得不到。當然有些極端情況是我們積極「想要」迴避的，例如別對持槍的瘋子頂嘴。但是在日常生活中，你最好多參與他人的活動，那會讓你得到更多。你可以採漸進式的方式逐步參與，客氣地提出要求。例如別直接要求打折，而是問那家店是否有任何特賣活動。

順從型

順從者通常是很好的聆聽者，但是他們可能爲了達成交易而犧牲自己的目標。應該要把焦點放在公平的標準上，取得承諾，善用第三方。相反的，如果你不太迎合對方，你可能也聆聽得不夠，你需要蒐集更多有效達成協議的基本資訊，如果你不蒐集與他人及情況有關的足夠資訊，將很難達成目標。在做出聲明以前，多問些問題。盡量別打斷別人的話，這點不難改進。

你學習與練習愈多本書的工具，就愈不會出現這些特質的極端，關鍵問題還是最重要：我的目標是什麼？對方是誰？怎樣才能說服對方？你也可以當個討人喜歡又有說服力的人。別讓你的談判風格變成阻礙。

談判的倫理

倫理道德，或者我應該說，缺乏倫理道德，也是一種情感問題。倫理道德就像談判一樣，通常是依情況而定。有些是絕對的，但數量遠比你想的少。

我們先來定義什麼是倫理道德：理當公平對待他人的一套行爲規範。「公平」需要判斷，它顯然包括不刻意傷人，除非在社會正義認定的範圍內。它也包括以大家認爲公平的方式來行動。

倫理道德的定義因文化和人們的觀感而異，儘管法律是倫理標準的指導原則，多數道德問題還不到法律介入的程度。**倫理道德的問題在於，人只要覺得別人不公平，就會出現情緒，處理資訊的能力就會減弱**。所以他們通常不覺得情況比他們原本所想的還要複雜和微妙。在那種情況下，原本很完美的協議常破局。我在本書中主張，在你認爲某件事不合乎倫理道德以前，多問一些問題。

以色列駐哈薩克的經濟領事抱怨哈薩克缺乏倫理道德。他舉例，九〇年代初期，以色列政府取消在一家工廠的五千萬美元投資，因爲當地十幾位督察想收賄，他強調：「我們是不行賄的。」

五千萬美元對哈薩克（前蘇聯的東端）這種新獨立的開發中國家來說，是很龐大的數字。我說：「多告訴我一些督察的事，他們是決策者嗎？他們是在政府部門內負責核准工廠興建的人嗎？」

他說，督察不是政府部門中負責核准工廠興建的人，但是他們隸屬於另一個相關的部會，那是一個可以影響決策的部門。

他們要求六個月收賄六百美元，那只占專案投資金額的〇・〇〇〇一％，但是那位領事表示，這是原則問題。

接著我問，每位督察的月薪是多少，他說十二美元。所以那十二位督察如果收賄六個月，每個月可多拿八美元，等於薪水多了三分之二。最後，我請領事描述一下這些督察的生活型態，究竟是小康、中產階級，還是窮困。他說這些督察和他們的家人幾乎沒有足夠的糧食。

我提醒他，在紐約和其他的城市，公務員有時會去民營企業兼差，擔任「加速者」，幫公司因應官僚體系，讓專案更快獲准。這都有資訊揭露，也是合法的。在想要吸引外資的國家，這種方式特別盛行。

我告訴他：「所以，你知道爲什麼那些督察要求收賄嗎？因爲他們不知道該如何向你們要份工作。」

以色列經濟領事一聽，覺得很尷尬。他說，他和他的政府錯了，那是很容易造成的錯誤。這又回到我們之前提過的「基本歸因謬誤」。我們都以爲別人有一樣的想法流程、經驗和認知架構。

所以這裡沒必要把它當成道德問題，如果能減少反射性的情感，每個人都能受惠。

賄賂通常的定義是，付款給某人（通常是公務員）去做他們領薪水該做的事（勒索是類似的行徑，那是揚言不付錢就傷人）。你可能會說，賄賂就是賄賂，無論金額多小都算賄賂，但是其實不然。如果你請某人吃飯，或送個小飾品，那並不算賄賂。有時候，關鍵在於想法要更有創意，也就是說，**爲各方尋找更好的選項**。

來看看一個比較貼近我們的例子。一位面試官問你，你有沒有拿到別家公司的錄取通知，你其實沒有。但是許多人擔心因此無法錄取，都想說謊回應。別這樣想，首先，對方只是想知道市場對你的評價，如果你可能拿到別家公司的錄取通知，你可以說：「我有其他積極爭取的機會。」那是眞的，不需要說謊。

假設，對方提出更具體的問題。「你去年暑假在摩根士丹利實習時，有獲得全職的工作機會嗎？」如果你沒拿到，你需要在和別家公司面試以前，就先準備好怎麼回答這個問題。對方可能會怎麼想？如果你沒拿到工作機會，可能是因爲你有問題，因爲一般認爲摩根士丹利有不錯的判斷力。

既然對方可能會有那些想法，你需要思考自己的表述方式。你沒拿到摩根士丹利的工作機會是因爲你不夠好嗎？還是有別的原因？例如，那工作不適合你，那你應該談談這家公司的職位爲什麼比較適合你。換句話說，就是以眞實、合乎道德的方式來談。或是暗示對方，這家公司應該有自己的判斷方式，不該參考別家公司的判斷。

我們想做的是改善你的談判情境，逐步把大家移往成本較少、風險較小、道德刺激最少的方向。我們無法一夜之間改變數千年的人性或文化規範。在現實世界裡（你我生活的地方），任何改善都是一種利多。

媽咪愛你嗎？檢討成敗

如今，在十幾年後，麗莎和歐布蕾還是會聊起當年在廚房發生的那次特別經驗（本章的開頭個案）。麗莎說：「我們看到歐布蕾額頭的小疤痕，回想當初縫了十二針，以及我們如何一起處理那件事。」麗莎現在是華盛頓特區某大會計師事務所的資深經理。「我們每天都會運用談判工具來改善生活。」

我怕你還是覺得本章所舉的例子都是例外，讓我們來看看下面的例子：克雷格．席弗曼是來上華頓企經班的高階主管，他在長島當財務顧問。有一天他去當地的診所做例行性的驗血，聽到隔壁房間有一位約五歲的小女孩在使勁地大叫，「彷彿她受虐似的，」克雷格說。她應該也是來驗血的，但她不讓護士在她手臂上扎針。她母親抓住她，不久克雷格的護士也過去抓住她，另一位護士則是負責扎針，那場景還眞像個夢魘。

克雷格想起麗莎和歐布蕾的故事，決定上前幫忙。他過去小女孩的房間，請她母親同意讓他和小女兒說說話，她母親同意了。克雷格對小女孩說：「看看我。」其他人也不解發生了什麼事，小女孩抬頭看他。克雷格溫和地問：「妳覺得妳媽咪愛妳嗎？」小女孩答：「愛。」克雷格問：「妳覺得媽咪會做任何傷害妳的事嗎？」小女孩說：「不會。」

克雷格照著本章開頭的個案那樣問了一遍，內容稍做一些修改，包括「妳想讓身體好起來嗎？」後來，等小女孩平靜一些後，他又說：「除非妳做這個檢驗，否則醫生和媽咪都不能讓妳的身體好起來。」克雷格說，不到兩分鐘，小女孩就平靜下來，準備打針了。

克雷格說：「她母親和護士看我的眼神，就好像我是魔術師一樣。」她們問：「你在哪兒學的？」我很高興他介紹她們看這本書。

07 整理：一套好用的談判工具清單

艾瑞克．霍克是 Google 加州山景市企業總部的律師，他說業務團隊和法律團隊意見不一致：「大家對於我們該提供什麼、承擔多少風險、是否讓步、談判如何進行等，意見分歧。」

這是很多公司常有的問題，法務部門防範風險，業務部門帶進獲利。律師放進嚴苛的條款，以保障智慧財產權及其他的公司資產。業務部門希望盡快成交，以便收款，法律細則等以後再處理。雙方爭論持續，事情拖延更久，有時也引起客戶抱怨。

Google 是世界上最重要的品牌，以解題爲重，所以參與我談判課程的員工是採用解題模式的想法。在某次課堂上的角色互換練習中，艾瑞克決定扮演業務代表，運用本章即將說明的流程，結果他發現，法務和業務之間的根本問題在於：信任不夠、溝通不夠、對標準的看法分歧、聯合準備不多。

艾瑞克說：「我對個人主張的迅速改變相當驚訝。」在那次練習之前，他可以輕易主張律師的論點，但是他很快就發現，自己和扮演他的律師爭論了起來。他說自己因應業務部門及了解他們觀點的能力，在那次練習後大幅增加。他和其他律師現在盡量在一開始就先和業務解釋，爲什麼某些東西是需要的。律師也花更多心思把業務納入整個談判流程中，包括一起造訪客戶。

艾瑞克說：「這不表示你必須讓步更多，但結果通常比較好。」

最好的談判者是解題者，他們尋找有創意、更好的新方法，來解決他們的問題和別人的問題。他們比多數人更常把問題變成機會，那是談判成功的關鍵，因爲除非你找出阻礙談判的問題並加以解決，否則你無法達成目標。

過去二十五年，我規劃了一套全方位的解題模式，全球有數千位學生和客戶都用過了。這套模式可以幫助建構談判，提供一套工具清單，我把它收錄在本章中，大家也可以上我的網站（www.gettingmore.com）下載隨身攜帶的卡片格式，裡面歸納十二種技巧和搭配工具，把所有東西都整理在一起，幫你更快達成生活上的目標。

「爭取更多」模式（我在談判課上稱它爲四象限模式）對爭取更多非常重要，它爲準備談判提供一套條理化的原則，你可以自己使用，也可以和團隊一起使用。高階主管肯尼斯·歐多悟上過我的課，他表示：「四象限模式是我看過最強大的談判工具，適用在各種情況。」

肯尼斯表示，他用那個模式來解決瑞士、以色列、奈及利亞企業之間，在非洲生產和配銷化妝品的談判。「這套模式幫我們爲談判做好準備，提供一套各方都接受的嚴密方案。」

美國精銳部隊（海豹部隊、特種部隊、扁帽……等）也運用這套模式來架構協商談判，包含與部落領袖、外國軍團、其他政府部門、指揮鏈，甚至自己家人。「拯救性命」是最高指揮原則。

首先，左頁是模式的樣子。

「爭取更多」模式（四象限談判模式）

第一象限　問題和目標

1 **目標**：短期目標、長期目標。
2 **問題**：為了達成目標，會遭遇到哪些問題？
3 **當事者**：列出決策人士、對方、第三方。
4 **萬一無法達成協議**：最糟的情況為何？
5 **準備**：時間、相對準備、誰擁有較多資訊？

第二象限　分析情境

6 **需求和無形資產**：理性的、情感的、共同的、有衝突的、評價不相等的需求和利益。
7 **知覺印象**：各方腦中的想法為何？進行角色互換練習。考慮文化、衝突、信任、情感。
8 **溝通**：風格、頻率、方法。
9 **標準**：對方的標準、社會的通則。
10 **重新檢視目標**：調整前九項步驟。

第三象限　選項與降低風險

11 腦力激盪，發想出達成目標及滿足需求的選項。該交換或串連什麼？
12 以**循序漸進**的步驟，降低風險。
13 **第三方**：找出共同敵人、有影響力的人。
14 透過**框架**塑造遠景、規劃要問的問題。
15 必要時，找出**替代方案**。

第四象限　行動

16 **最佳選項或優先要務**：破壞交易的因素、洩漏。
17 談判的**代表**是誰、如何談、對象是誰？
18 **流程**：議程、期限、時間管理。
19 **承諾和誘因**：尤其是對對方來說。
20 **下一步**：各自該做什麼？

這模式所依據的十二項技巧是：

目標至關重要	運用對方的標準
以對方爲主	透明化，遵守倫理道德
動之以情	溝通和表述方式
因時因地制宜	找出眞正的問題
循序漸進爲上策	接納彼此的差異
交換評價不相等的東西	列出清單

這十二項技巧是「爭取更多」模式的基礎要件。在談判中，你不需要每次都用上所有的技巧和整個模式，而是看這些原則，根據那情境中你的目標是什麼及對方是誰，找出以哪一項爲基礎。對於大型談判，你可能需要逐一討論每個步驟。

最好把每個步驟都列出來，好萊塢有句格言是這麼說的：「如果你無法把你的想法寫在我的名片背後，你對於你想說什麼，並沒有清楚的了解。」

我們逐步來看「爭取更多」模式。

步驟一和步驟二就囊括了一半的重點：找出目標，以及阻礙你達成目標的眞正問題。目標是你現在沒有，但談判結束時你想得到的。問題是阻止你達成目標的東西。

你達成目標的第一步可能是：「我想去芝加哥面試。」你的問題或障礙可能是：「班機因大雪而取消。」但是，當你討論過一遍上述模式後，你會發現「眞正的」目標其實不是去芝加哥面試，而是「我想到甲公司上班」。眞正的問題是：「他們需要更多我的資訊才能做決定。」

這樣一來就開啓了各種其他的選項，應該可以讓你找到有創意的方法，因應班機取消的問題。或許可以請對方給你電話口試的機會，或是提供他們更詳細的履歷表，或你今天爲他們準備好的其他資訊。還有別的東西可以向他們證明你是個有創意的解題者嗎？

多年前，我申請到哥倫比亞新聞學院，那是美國最好的新聞學院，也是我長年的目標。隔天，美國大報《新聞日報》錄取我，要我去上班。我打電話給哥倫比亞的招生組主任，問他我該怎麼做。他說：「你這白癡！你念哥倫比亞不就是爲了去《新聞日報》上班嗎？」所以我去《新聞日報》上班了。對招生組的主任來說，我把目標訂錯了。

你可以從分析你的目標開始。如果你不知道自己的目標是什麼，可以從你覺得問題是什麼開始。但是你需要找到每個個案的問題根源，持續自問「爲什麼」，直到你想出所有的答案爲止。

步驟三是找出談判中的重要人物。你「必須」找出決策者，以及對決策者有直接影響的人。如果你把該注意的對象遺漏了，他們可能會因爲你沒有徵詢他們的意見而感到不滿。有什麼潛藏的第三方可能涉及談判嗎？

第四步是幫你找出萬一無法達成協議會發生什麼事。有些人喜歡用「談判協定的最佳替代方案」（簡稱BATNA）來代表。但是這個詞常讓人在沒達成目標的情況下就放棄談判，因爲焦點常放在「最佳」選項。如果你考慮放棄協議，就用「談判協定的最糟替代方案」（簡稱WATNA）這個說法，因爲它代表未達成協議的風險。最好是思考所有可能的替代方案，從最佳到最糟的都思考，以及落實每個方案的可能性，你應該要「講求實際」。

另一個沒多大用處的說法是「議價範圍」，意指買家最多願意付多少和賣家最少願意收多少之間的範圍。優秀的談判者可以改變議價範圍，例如交換評價不相等的東西。他們可以把焦點放在無形的東西上，想出有創意的表述方式，運用本書的一些創意工具來改變情況。多數人以爲議價範圍是固定的，以爲那範圍主要與錢有關。其實不然，那只是起點。

假設買家最多願付三十萬美元買一間房子，賣方不接受三十二萬五千元以下的價格，「最初」的議價範圍就是三十萬至三十二萬五千美元。如果賣方答應部分價格可延付、願意幫忙融資貸款或附贈家具，這範圍就變了。

第五步是準備，這非常重要。如果你沒準備好，就像參加印地安納波里斯五〇〇大賽的業餘賽車手，你會遇上較多的撞車機會。如果對方沒準備好，他們可能太情緒化，比較沒注意他們的目標，比較沒創意。你可能需要幫他們先做好準備，幫他們冷靜下來。

這樣說似乎有悖常理，但「爭取更多」是一種透明的流程，不是爲了操弄對方。你甚至可以給對方一份「爭取更多模式」的內容。如果雙方都知道「交換評價不相等的東西」這個概念，雙方都可以獲得更多。幫對方做好準備可能會花更多的時間，你可能需要修改你的時間表。不過，能不能達成協議，差別往往就在這裡。

這「不」表示你應該讓步太多，但你必須留給對方他們今天和未來都會滿意的東西，否則他們會以某種方式報復。如果你談判的對象是員工，他們可能不會認眞工作或把工作做好。如果談判對象是別家公司或個人，他們可能會想改變條件，或是推翻承諾，或兩者並行。

如果對方是難搞的交涉者，不在意你的需求，你不需要幫他們。在那種情況下，知道他們準備的程度，可以幫你判斷如何準備超越他們及智勝他們。這一切主要是看你願意花多少時間和心力來蒐集與他們及情境有關的資料而定。

以下是一個簡單的例子：你希望搭機獲得折扣，你打電話給航空公司，他們不甩你。你應該要了解，他們整天都在應付這類協商，所以如果你要和那種人協商，你不只需要運氣而已，還需要多準備。

第一象限是爲你要談判的事情奠定基礎，找出基本資訊。不過，「爭取更多」有很大一部分是與第二象限的「分析情境」有關，亦即雙方腦中的想法。

第六步包含廣泛的需求和利益：理性和非理性（或情緒）的需求，長期和短期的需求，共同和矛盾的需求等。你的「目標」是談判結束時你想得到的東西，你的「需求」是你想要那東西的原因。例如：你想和家人共度假期，你的問題是你必須工作，你的需求是讓孩子開心，送他們禮物，陪伴家人，和另一半一起做一頓特別的晚餐。如果你知道家人希望在你不被打擾下，多花點時間和你在一起，他們比較想和你共度美好時光，那麼其他選項就出現了，例如延後幾天度假。你愈了解自己和對方，就能找出愈多需求，就有愈多東西可以交換。

第七和第八步是相關的。「知覺印象」是指對方對世界的看法。運用角色互換的技巧，對方在想什麼，有什麼感覺？他們腦中有什麼想法？第八步是指這如何顯示在你和對方的對話或溝通中。他們是什麼風格？對方的知覺印象會影響你有效溝通的能力嗎？

第九步是談標準。對方明訂了什麼標準？他們還接受哪些其他的標準？

完成第二象限後，先停下來盤點一下，重新審視你的目標（步驟十）。為什麼你覺得對方現在會答應或拒絕你的目標？如果你的分析顯示你的目標不切實際，你可能需要調整目標。

你完成第二象限時，會有一些議題需要處理，你需要找出選項來解決這些議題，然後為一切排列優先順序。接著，我們進入第三象限：選項和降低風險。這個象限讓你可以組織從第一與第二象限獲得的情報。第十一步包含腦力激盪的選項，你可以獨自思考或和同事集思廣益。別讓大家因為不喜歡某個選項就斷然刪除，那會扼殺創意的流程。

研究發現，一些最創新的好點子是從原本看似愚蠢的建議聯想出來的。即使是一知半解的想法，也可能激發別人精采的想法。所以在每個人都想出所有的點子之前，別批評別人的想法。把所有點子都寫在一張紙上、白板、黑板，或顯示在電腦螢幕上，把全部點子都看一遍，無論那些點子是聰明、愚笨，還是矛盾。就像諾貝爾獎得主萊納斯．鮑林說的：「得出好點子的最好方法是先有很多點子。」從你可以連向其他交易或關係的項目開始，關連愈多，那個選項愈強。

二〇〇六年的英國研究〈糟點子為什麼是好點子〉發現，實驗證據顯示，糟點子有助激發創意流程，進而衍生好點子。那研究指出，「糟點子是新的夯點子」，尤其是在科技界，這和許多人的想法正好相反。不同或不理想的想法常受到批評，但它們其實可促成更好的解決方案。

接下來的三個步驟（第十二、十三、十四步）會在挑選最佳選項和訂定方法的優先順序時，幫你改善決策流程。你可以讓你的提案更循序漸進，讓對方覺得風險較小嗎？也就是說，建議連串較小的步驟？哪些第三方對成交來說是重要的，哪些第三方是該迴避的？

你可以用更有說服力的方式，來表述或包裝資訊嗎？能給對方一個遠景嗎？例如「六六計畫」，亦即六個月內獲利增加六％；或「聰明玩樂」，孩子成績好就可以有更多的玩樂時間。

第十五步是第三象限的最後一項，放棄原先協定，尋找替代方案（BATNA）。你很少會用到這一項，若有使用的必要，你應該早在第四步或第十步就察覺了。因此，在前十四步都前功盡棄，要執行第十五步之前，請再回顧你寫下來的事項，回想自己遺忘哪個步驟，或做錯了。第十五步是必要的存在，是最後一道防線。

本書一再提到，在談判中運用權力很危險，把談判視爲獲得凌駕對方的權力，容易導致衝突。如果對方覺得你想掌握凌駕他們的權力，他們可能會出現情緒反應，例如「我不管是否破壞協議，我就是要報復你。」一旦你打出權力牌，雙方關係通常就完了。

我必須一再強調：本書的工具雖然可以給你權力，但你應該斟酌使用，用在有益的地方，以免引發極端的反應。你應該要注意過程中每個人的需求。

第四象限的最後幾步是行動，幫你挑出最佳選項，把那個選項變成各方的承諾。

第十六步是挑選最佳選項，這是對方最可能接受的選項，看起來風險最小，可以幫你達成目標，第三方也支持，又能營造出未來的遠景。

決定如何呈現提案很重要，這是第十七步。這與你的對象很有關係，有些人只要你用電子郵件寫兩三行給他就夠了，有些人需要看整份檔案夾，有些人需要面對面談，有些人要文字檔案。如果對方必須以他不熟悉的格式來檢閱你的提案，那會讓他無法專注在提案上，分心應付不熟悉的格式，很快興趣就降低了。他們可能會以無關提案的理由拒絕提案。

我曾為財產轉讓的環保責任議題，寫了一份一〇九頁的備忘錄，把它提交給律師事務所的合夥人，當時我在那家律師事務所擔任暑期助理。律師評估後認為那份備忘錄太短了，因為我沒引用足夠的參考案例。

那年暑假稍後，我到投資銀行實習，我為兩家公用事業價值八億美元的合併案，交出兩頁的策略備忘錄。常務董事說兩頁太長了，執行長不看超過一頁的東西。你必須了解你的對象是誰，呈現方式攸關說服力，遠比多數人所想的還重要。

接著，你需要了解用來考慮提案的流程，這是第十八步。如果成功的衡量需要設定標準，你一定要設法參與標準的設定。用了錯誤的標準，可能影響目標的達成。

第十九步的重點是承諾，你必須取得對方的承諾，讓對方如前面所述一般做出承諾，否則你只是在浪費時間。一定要花點時間做這件事，你確定每個人都充分承諾了嗎？你怎麼知道？有什麼獎勵和罰則？

許多完美的談判常因爲後續行動不當，而無法得到想要的結果，這就是第二十步存在的目的。下一步是什麼？最後期限是什麼時候？誰會做什麼事？如果沒先談好這些，大家會推卸責任，很多選項都會遭到遺忘。

你在談判前投入愈多（心理上和技巧上），談判時與談判後對你愈有利。事實上，這正是整個模式的重點：在談判前盡可能地準備。我會在第十六章探討談判怎麼進行。

我的客戶和學生都發現「爭取更多」模式似乎格外有效。你用這種模式時，至少可能發生三件事。第一，你會發現你一**開始認定的問題，通常不是眞正的問題**，背後常潛藏著一些根本的問題。當眞正的問題浮現時，你比較能找出解答。

例如，ＳＥＩ金融管理公司的蘭達．庫克原本以爲，問題出在客戶一直要求公司做合約裡沒列的工作，但是以這套模式檢查一遍之後，她發現眞正的問題是：「ＳＥＩ的合約規範太模糊。」那是導致ＳＥＩ和客戶看法分歧的原因，解決之道是擬定更清楚的合約。

第二件很可能發生的事是：你會**發現比原來更多的解題選項**。即使是某個領域的專家，在運用這個模式時，也會找到思考目標、問題和解決之道的新方法。

某大科技公司的技術專案經理不想付較高價格給一家主要供應商，所以公司減少對那家供應商的訂貨量。那位經理運用這個模式做角色轉換後發現，如果他們把這家供應商介紹給公司的其他營運部門，供應商就不會漲價。

那位經理說：「供應商要打進主要科技公司很難。如果我幫他們引薦到別的部門，就可以把交易放大。」那家供應商等於是以現金（維持價格不變）來交換引薦的機會（無形的）：擴大和這家科技巨擘未來生意上的可能性。

第三件可能發生的事是：你會**更清楚所有當事人腦中的想法**，他們的想法有何差異，你又該怎麼做。

一位來上我企經班的女士表示，她無法要求女兒出外太晚時先打電話回家報備。她女兒連討論都不想討論這件事，她覺得女兒很不負責任，於是我們以這個模式探討一遍，由她來扮演女兒，她才發現女兒覺得唯一的問題是母親不合理。現在她知道如何和女兒開始討論了：「妳覺得我哪裡不合理，說來聽聽。」

你也會因此得到許多其他的新點子，包括如何以更好的方式表述、如何獲得承諾、如何循序漸進。整體來說，這模式所促成的新觀點可能相當廣泛。

我把這模式運用在海外重要情境的例子之一，是一九九三年的立陶宛科學部，就在該國剛從蘇聯獨立出來不久。我和一些同事要協助他們的科學部，把一些前蘇聯的科學發明拿到西方國家上市。那次談判中，房間裡有很多人：工業部長、科學部長、數十位科學家和官員。

我們那天排定要開會，開會的目的是讓各方參與者找出有效的解決方案。我們已經訂好問題，我也在早上十點左右講了一遍問題和目標。沒想到該國首席科學家突然站了起來，對我搖著手指說：「我們又不是在學校！」他以帶著濃厚俄羅斯腔的英文責罵，「我們不做這種東西！」

接著房間裡的大夥兒都開始幫腔：「噠，噠。」（對，對。）

這下出問題了，我在部長面前，上百位立陶宛的領導者反對我們的流程，這對我們在該國的所有工作有長期的影響（那是由聯合國贊助的）。至少，我需要說服他們留在房間裡，採用我們的模式協商，讓他們可以從中受惠。

但是房間裡最有威信的人覺得自己受到侮辱，他覺得別人把他當成小學生看待，他需要別人對他動之以情，於是我說：「好吧，這樣說也對。」我可以聽到身後一位聯合國的同事鬆了一口氣。

接著，我需要讓他們持續參與流程夠久，才能明白這個模式的效力。於是我放慢速度，循序漸進。我說：「該休息一下了。你們何不趁著休息時間，和隊友一邊喝咖啡吃糕點，一邊開始做第二象限的情境分析？休息完後，如果你們不喜歡我們規劃的流程，可以離開，不需要再回來了。」

喝咖啡和吃糕點只是一小步，所以大家願意接受。首席科學家怎麼會反對休息呢？況且我要求他們做的只是一小步，不做就有點失禮了。

在近乎八小時之後，當晚六點，我們談到欲罷不能，最後還是清掃人員把我們趕出現場。當天大家想出許多點子，他們花了三年才全部落實。

不過，談判時採用那個模式，只發揮了那模式的一半潛力，另一半好處來自事先做模擬談判。

模擬談判的目的，是複製你和對方實際坐下來談判時的方式。談判前，對方不可能對你說：「我知道你正準備和我談判，何不讓我過去幫你準備？」

既然你無法找對方來排練，「爭取更多」模式是最好的替代方案。找另一個人或團隊，重頭排練一次。那可以讓你知道，實際談判時可能發生什麼事。你會很驚訝地發現，這種方式可以提供你多少資訊。在模擬談判中，問題的「擁有」者（有問題想解決的人）是扮演對方的角色，以便進一步了解如何說服對方。

模擬談判的目的不見得要得出結果（雖然有結果和其他選項是有益的），而是要了解流程是什麼樣子。好的和壞的開場是什麼樣子？應該說什麼，怎麼說？什麼不該說？

例如，某次模擬談判時有人提出建議，對方馬上有人反射性地回應：「甭想！」這樣一來，大家就知道，如果那建議在實際談判中提出，可能會導致談判破局，所以我們確定那建議絕對不在正式談判時提出。

舊金山的律師珍妮佛．摩瑞爾表示，她在雅虎上班時，和一家廣告客戶有一些地方談不攏。她說：「他們希望對雅虎網站上的內容呈現和感覺有更多主導權。」所以她在模擬談判中是扮演客戶的角色，後來她發現真正的問題和網頁內容其實無關，「而是因爲我們從合作之初就缺乏信任。」

客戶擔心雅虎會偷他們的顧客，所以在實際談判時，珍妮佛可以清楚說出客戶的恐懼。客戶以爲她會讀心術，她因此安撫了客戶的恐懼，讓大家可以討論，解決問題。

在做模擬談判時，你需要至少兩人，協商雙方各自的問題，否則很難做腦力激盪（兩邊最多可各擺四人或總共八人，人太多有點難談）。

切記，這是雙方談判，所以雙方都要有特定的人出來協商。雙方除了各有一個發言人以外，每個人都可以發表意見。在實際談判中，這不是理想的狀況。但是在腦力激盪時，重點是得出愈多點子愈好。

你可以和兩個以上的單位做模擬談判，但是在你充分熟悉這個模式以前，先別嘗試，因爲變數太多了。雙方談判或一系列的雙方對談，是最理想的模式。

爲了釐清觀點，在模擬談判時，問題的「擁有」者**必須**扮演「對方」，亦即找出對方可能拿來反駁他的理由。這種角色互換讓人得以站在對方的立場想，眞正了解對方的觀點。

換句話說，問題的「擁有」者就像對方準備談判那樣，在至少一人的協助下，以對方可能採取的談判方式來協商。在此同時，由別人來扮演自己的角色。所以，問題的「擁有」者可以看到自己談判的方式，這就是第一章提到母親罹癌的雪倫．沃克所採取的方式。

通常你會發現問題的「擁有」者在扮演對方時，提出絕佳的觀點，以及正式談判時可以用上的更好論點。一位任職於大型科技企業的經理用了這個方法，成功談下延宕多年的億萬交易，他只不過模擬了三個小時，就得到十一個他從未想過的觀點。

確定每個人都擁有同樣的事實，事先讓每個人了解背景概要。然後，雙方各自帶開（到彼此聽不到對方談話的地方），討論一遍「爭取更多」模式，從「他們各自扮演的角色觀點」來回答各個項目。好好討論一遍所有的項目，並回答所有的問題，這應該需要四十五至九十分鐘。

準備好了以後，雙方回來，開始以他們扮演的角色進行談判。別在一旁旁觀，別在乎理念，你應該專心扮演角色，爲你扮演的那方提出最佳論點。這可以讓你知道，你在正式談判時可能面臨的動態。如此模擬談判至少四十五分鐘，不過你想談好幾個小時也可以。

模擬談判結束後，檢討剛剛發生的情況，和對方一起討論。讓彼此看你們準備時所做的筆記，問彼此哪些論點可行、哪些不可行，哪些見解可以用在正式的談判上？

最後，你需要把這些變成實際談判的計畫，爲問題的「擁有」者，把所有的筆記整理成一份綜合的「爭取更多」模式。現在，你不必花幾分鐘思考對方的看法，你已經擁有好幾人花九十分鐘所想出來的點子，這些點子深入考慮過雙方的需求、使用的標準、可選的方案等等。模擬談判的結果是，你因此準備得更充分。

切記，想解決問題的人並不需要專家，他只是需要清新的觀點，因爲多數談判攸關的是人和流程，而非專業。

我有一次幫一個六人組成的企業談判小組上課，爲他們價值三億元的談判做準備。我們另外找來三十位不參與談判的人，把他們分成六個六人的小組。把每位實際參與談判的組員，各放進每一組中。

接著我們做六個同步談判，每組都有同樣的事實，我們花了一整天談判，結果相當好。談判團隊得到許多觀點和點子，發現許多之前沒想到的議題，準備得更加充分。

這種模擬談判的時間要多長多短都可以，十五分鐘或整週都無所謂。你多花點時間模擬，就能準備得愈充分。一九九三年，在蘇聯解體後不久，我協助新獨立的拉脫維亞總理和二十八位部長籌組一九一八年俄國革命以來的第一個民選政府。

政府官員要求到首都里加以外的一個地方，開爲期三天的會議。我週五早上九點走近會議現場時，遠遠就可以聽到有人針鋒相對的大吼聲。

其中一大爭議是政府補貼。農業部長認爲，大部分的錢應該用來栽種小麥。小麥可製成麵包，餵飽當地人口及出口帶進外匯。

但國防部長認爲，大部分的資金應該用來購買武器，因爲蘇聯解體後，拉脫維亞有點不穩定。國防部長覺得，在缺乏強大國防下，政府可能被推翻。

我告訴大家，這爭論是個「很好的」討論話題，大家在我動之以情後，冷靜下來。接著我說，我有個很好的方式可以處理這件事。不過，我需要每個人（包括國防和農業部長）承諾，讓我負責主導這個流程。

他們並不清楚我想帶他們往哪個方向走，不過既然他們因爲看重我而聘請我一個週末，他們都做了承諾。

我說：「好，我們請農業部長和國防部長在大家面前辯論。」這時響起了歡呼聲。「主題是補貼，還有你們想爭論的其他事情。」

農業部長和國防部長各自大步走到房間前面，準備好好辯論一番。

我說：「流程規則只有一個，你們必須站在對方的立場辯論。」

現場一陣譁然，兩位部長都說：「不行，你不能這樣！我不願意！」其他的部長中，有一半笑成一團，另一半選邊站。

「你們不是說好要讓我主導流程？」我說，「這房間裡不是每個人都做了正式的承諾嗎？」（標準與承諾）

「但是，但是……」國防部長說，「我不能那樣做！」

「你當然可以。」我說，「你們都很清楚彼此的立場，你們只不過是無法感受對方的觀點罷了，你必須去感受，深入感受才能找出論點。」

我保證那樣做絕對值得，並提醒他們，他們之所以找我來，是看中我在流程方面的專業。我告訴他們，我們不必辯論一小時以上，可能時間更短，他們終於勉強答應了。

我請他們各自去準備，其他想協助的部長可以幫他們，提供他們簡單版的模式。我們從五分鐘的開場陳述開始，接著開始談判，我把他們提出的論點寫在活動掛圖上，多位部長也提出論點幫兩位辯論者補充。

一個小時後，我們結束辯論，我一一檢討他們提出的論點。休息後，我說，兩方需要開會，根據辯論時提出的論點想出提案。

於是兩位部長再次走到大家前面，這次是代表他們自己的角色。我請他們根據剛剛辯論的結果，想出合理的協議。正如大家所料，他們規劃出逐步的目標，並提供補貼，以達成各個漸進式的目標。他們同意經常檢查目標的達成進度，設好優先順序。

那兩位部長告訴我及全體部長，那是他們當政府官員多年來，最好的一次解題經驗。不過，就像我在本書中一再強調的，這不是什麼深奧的學問。

這個模式在我的課堂上及課堂後，順利解決了數千個問題（無論是事業或是生活上）。一位哥倫比亞大學商學院的女學生堅持要她的學習團隊用這個模式，幫她解決她和先生對於節育方法的爭論，結果問題解決了。

投資銀行家海蒂．范哈姆有一位潛在客戶拒絕接受銀行業務約定書裡的收費標準，但是海蒂站在客戶的立場思考後，發現問題不是出在費用，而在績效。客戶想確定他們付那些錢是值得的。

她說：「我們把收費方式改成以績效爲基礎的漸進式收費。」此舉讓客戶覺得風險降低了。客戶覺得他們得到的價值增加時，他們給公司的生意跟著增加。她說：「我們能了解他們的眞正原因。」而這一切都歸功於談判前的角色互換練習。

這模式也顯露出個人立場的缺失，海蒂表示：「我們發現，我們承擔的風險沒我之前以爲的多，客戶希望我們能承擔更多的風險。」她補充：「我們找到我們論點裡的漏洞。」有了那些資訊，你可以在談判一開始就具體詢問對方的看法、哪些事困擾他們，以及他們覺得比較重要的議題是什麼。

這模式特別適合用來找出導致問題的整個流程。如果你解決了問題，但不修改導致問題的流程，下個月同樣的糟糕流程還是會為你帶來另一個問題。

如果我的航空公司裡，有一架飛機的無線通訊設備壞了，我知道維修部門會修理，那不是我擔心的問題。我想知道的是：為什麼無線通訊設備會在飛航中故障，我想知道是不是有什麼流程需要修改。如果不改，可能下個月是發生爆胎，下下個月是螺旋槳出問題，再下個月是汽缸有問題，我需要找出導致問題的流程。

這模式可以幫你找出誰是適合的談判者。例如史賽克和信迪思都是高級人工髖關節和其他關節的製造商，他們因為產品品質優良，備受醫師的喜愛。但是醫院的採購部門想買比較便宜的產品，所以改向品質較差的廠商採購，導致這兩家公司的獲利降低。

這兩家公司運用這個模式，發現他們應該請醫師幫他們向醫院的採購部協商。醫師應該強調人工髖關節的機能和耐用性，而非價格。

史賽克的醫療保健部門負責人班．比丘表示：「現在我們會隨時運用這個流程。」

約翰．馬洛塔上過我的課多年後，寫信給我，說他的皮夾被偷了。他請我趕快寄給他一份護貝的「模式檢查卡」，說那是他皮夾裡最有價值的東西。他現在是丹佛市一家醫療器材公司的執行長，他說：「我把那張卡片奉為圭臬，那比我的信用卡還重要。」

08 如何因應文化差異

舊金山一名八歲的中國籍男孩來上學時，手臂流著血，他被送到保健室，保健室的護士說那是虐童案例。她通知當局，說那孩童應該和父母隔離。

後來發現，男孩和雙親才剛從中國偏遠地區移民美國，中國當地治感冒的偏方是刮手臂，釋放邪氣。

這算是虐童案例嗎？不是一般典型的個案。孩子應該和父母隔離嗎？當然不需要。誰應該去和孩子的父母說明？應該傳達什麼訊息？答案是，應該找受到中國社群敬重、又懂中美文化的人，例如住在美國好一段時間的中國籍醫師。他不該對孩子的父母說：「你們的方法很糟糕。」而應該說：「你們在家鄉可以用你們的方法，不過我有其他更好、更有效的建議，孩子也不會哭得那麼厲害。」

這個例子顯示，因應其他文化的人可能出現什麼問題，以及如何改善。

因應其他文化的人（不同的人）是美國成功的一大關鍵要素。大家都知道世界愈來愈小，不同環境中成長的人，接觸彼此的機會愈來愈多。

但許多人還是不知道「差異」的眞正意思，更不知道該如何因應，所以原本完美的協議就破局，大家互相開戰，人際與國際之間的紛爭似乎天天上演。

我們無法有效地因應差異，其實是自古以來近乎所有人類紛爭的根本原因。為了進步，我們首先需要了解「差異」「多元」和「文化」的實際意義。

別誤解了多元的意思

以下哪個差異比較大？（一）公司裡共事的黑人經理和白人經理；（二）田納西州納什維爾市分屬兩個敵對摩托車隊的兩名白人南方少年。那兩名白人少年可能一見面就要對方的命，在那種情況下，他們可能比一黑一白的經理差異還大。換句話說，種族「差異」可能沒有許多人所想的那麼大。

以下哪個差異比較大？（一）特拉維夫的猶太中產階級家庭和開羅的阿拉伯中產階級家庭；（二）特拉維夫的猶太中產階級家庭，和附近殺死以色列總理的猶太極端分子？顯然，前者在情感上的差異，比後面兩個猶太家庭之間的差異還小，所以宗教「差異」或許也不如大家所想的那麼大。

「多元」主要是看大家認爲自己是從哪裡獲得身分（亦即腦中的想法），反而和種族、宗教、語言、飲食、衣著、音樂、性別、國籍、年齡、職業等外部性的關係較小。大家可能會從外部性來認定自己的身分，但如今有愈來愈多人不是這樣看了。

探討多元化的文獻很多，但其中有太多的錯誤。也就是說，一般人的想法與生活方式，無法拿來佐證那些文獻。在談判中想要說服對方時，**雙方所認定的心理關連，比對方的長相或宗教信仰重要得多**。

所謂文化，我指的是個人認爲自己所屬的團體。同公司的生產部門和行銷部門可能有兩種截然不同的文化。紐約人和洛杉磯人、石油和太陽能的支持者、會計師和技師、會員和非會員之間，可能也是一樣的道理。這會影響他們對彼此的看法，以及他們在各種互動中對待彼此的方式。

所以，**你需要先了解對方「認爲」自己是屬於什麼文化**。如果你不了解，就不會知道該從何說服他們。一次和二次大戰之間，歐洲的中產階級說著不同語言（法語、德語、義大利語、西班牙語、英語），但他們之間的共同點，可能比如今住在紐約市同街區的兩個人還多。

美國某大報曾刊出以下的新聞標題：〈美國西裔的遊說勢力仍弱〉，由此可見這問題的存在。首先，它把數千萬名西裔美國人都視爲同一種文化，那其實是錯的。西裔裡有醫師、律師、會計師、技師、說西班牙語的人、說法語的人、民主黨、共和黨，他們來自西班牙、海地、古巴、墨西哥、多明尼加共和國及許多其他國家。新聞標題把他們全當成一個龐大的族群來看待，其實這個龐大的族群並不存在。這種行爲就是導致偏見和歧視的主源。

再者，所謂的西裔遊說勢力，也不可能代表那麼多元的群體，他們的利益可能只有某些日子在某些議題上是一致的。

認爲所有「穆斯林」都是來自同樣的文化，也是錯誤的想法。穆斯林有不同的教派、不同的國籍，他們有時會交戰，例如伊拉克的什葉派和遜尼派經常出現紛爭。有些教派裡的某些人喜歡美國，有些則否。

想從表面（往往是身體上的特徵）找出差異並化解差異，有如蒙眼射飛鏢，有時你可以射中靶心，但那樣做既不精確，也無法有效處理人與人之間的眞正差異。

我把「跨文化差異」定義爲源自談判對象腦中顯著不同的想法，這些差異可能與種族、宗教或性別有關，也可能沒有多大關連。但是那和對方的信念有很大關係，因爲那信念影響了他們、他們的世界觀、他們的希望、夢想和恐懼等。在我們了解對方腦中的想法或認識對方以前，我們無法判斷談判的對象是否眞的和我們不一樣。

我在莫斯科爲許多俄羅斯的主管開講習會時，他們以俄文提出當時面對的問題，然後翻譯成英文。許多參與者不會說英文，其中一位顧問名叫塔蒂亞娜．波利夫托瓦，她提到她的難題是說服孩子做功課。

「我們後來發現鼓勵他把功課做好的誘因和獎勵。」她說，「我們雙方都很高興：父母和快樂的兒子。我們發現他想要什麼，接著把大步驟細分爲小步驟。」

塔蒂亞娜所講的，是一種共通的語言：養兒育女的議題。她處理問題的方式，和許多美國、伊朗、阿根廷、中國或日本的父母一樣。她持有俄羅斯的護照，並不表示她對這些問題的體驗就跟我們有所不同。或許，目前她在生活中感受到最強烈的文化共鳴，是和世界各地「有幼兒的家長」之間的關係。和她談判時，「她是俄羅斯人」這件事，可能還不算思考或辨識她身分的前三種主要方法。這就是你應該自問的問題。

那些學會有效因應人際差異的人，在談判上有極大優勢。他們可以達成較多的協議，建立更好的關係，比較快了解對方，也了解得比較透徹。他們會問更好的問題，在許多方面都比較成功。

另一方面，有些人可能在不認識或沒問對方的情況下，就直呼對方「大哥」或「大姊」或「老大」，這暗示雙方有共同點，但實際上可能沒有。你不能依賴外部因素，你必須實際去找雙方究竟有沒有關連，否則那可能淪爲一種操弄伎倆，就像說「我們是同夥的，所以你要幫個忙」一樣。

擴大你的「文化」定義，可以讓你更有效地因應這個多元的世界。例如賽巴斯汀開派對時，他的鄰居向房東抱怨了兩次。賽巴斯汀說，那派對其實沒有特別吵，所以他直接去找鄰居談。

賽巴斯汀來自阿根廷，他說：「我告訴他，我們來自兩種不同的文化。他是來自工作狂的文化，我說我很尊重那個文化，但我是來自學生文化，那棟建築裡也有很多學生。」他說，學生常在週末辦派對，那位鄰居以前年輕時想必也是如此。

賽巴斯汀（目前在阿布達比的教育部任職）告訴鄰居和房東，學生可以調整自己，但雙方都需要保持那樣的彈性。結果他們訂出一套適合每個人的基本規則，賽巴斯汀表示：「他對國際學生很感興趣，他甚至讓我們在我的公寓裡跳探戈。」

世界上有些地方的人會坦承自己痛恨美國人。是全部三億美國人都討厭嗎？美國人不可能都一樣。事實上有些住在美國的人，不會先以美國人自居，而是先說自己是素食主義者。

許多歷史上的問題，都是因爲不了解眞正的文化差異。外交史上最有名的個案，是一九六〇年蘇聯總理赫魯雪夫在聯合國拿鞋拍桌，威脅西方國家。雖然這件事的實際情況衆說紛紜，不過有幾份研究報告指出，赫魯雪夫在聯合國拿鞋拍桌時，當時他腳上仍穿著兩隻鞋。

這是可能引發核武戰爭的失控領導者，所做出的情緒反應？還是眞正懂得操弄西方心理的人，所施展的冷靜談判技巧？當然，一九六〇年冷戰初期，如果西方國家可以更了解俄羅斯的談判風格，肯定對西方國家有益——無論赫魯雪夫當時有兩隻鞋、還是三隻鞋。

我們很容易就把性別、種族和類似的問題變成職場爭端，導致兩敗俱傷。世界上有許多律師、記者和政府官員知道如何以這種方式把小事鬧大。運用談判工具找出你的目標、找出問題的眞實起因、還原問題的眞相，其實會比較好。

這些問題往往是文化誤解造成的：雙方有不同的知覺與溝通方式，通常需要一個文化的協調者來幫雙方翻譯，例如本章開頭個案中提到的中國醫師。有時雙方各自都需要一位中介者，是他們能信賴的人，幫他們向對方解釋。

文化平均值是個有趣的起點，但是這些平均值並無法爲特定的談判方式提供解答。你還是必須深入談判者的腦袋或心裡，了解他們的想法。你不能在還沒了解對方的想法以前，就認定某個文化特質適用在你的個案上，除非你想錯得離譜。

我偶爾會做一些偏見調查，以下是其中一份調查的結果，這份調查是在九一一恐怖攻擊事件後，找華頓商學院企經班的十七位高階主管做的。

以下的這些說法對嗎？	對	錯
有些族群比較擅長運動	9	8
有些族群有特殊的體味	5	12
有些族群比較擅長舞蹈	4	13
有些文化的人比較擅長談情說愛	4	13
有些文化的人比較不值得信賴	7	10
東正教的猶太人比較不常洗澡	1	16
多數穆斯林支持對美國展開報復	2	15

由此可見，我們對每一題都有意見分歧。顯然，這些高階主管抱持很多的偏見和成見。

接著，我請每一位針對某個刻板印象回答「對」的主管起立，請他們向全班證明，爲什麼他們覺得某個刻板印象是眞的。

我要他們「證明」他們的刻板印象是眞的，我說：「我看的研究報告指出，族群之間並沒有智能或行爲表現上的遺傳差異，你的研究結果怎麼說？」我持續要求他們提出證據，當然，他們往往提不出任何證據。

有一次，我和一些有種族偏見的白人對談，我問他們，白人和黑人之間有什麼文化差異是他們不喜歡的，我說：「還是，那其實是膚色問題？」如果他們說：「其實我們只在意膚色。」那等於是說：「哎呀，我是混蛋。」

他們說：「哦不，是眞的有文化差異。」

我說：「你們喜歡爵士樂？」他們一起點頭說：「很喜歡。」

我說：「爵士樂源自黑人文化。」我傾身向前說，「所以你們有部分黑人血統嗎？」他們激動地回我：「什麼!?」

我說：「抱歉，所以這只是膚色問題吧？」他們無法反駁，咕噥地說那只是一個例子。

「好吧，」我說，「你們喜歡玉米糊嗎？」他們有點不自在地回我：「當然喜歡。」

我說：「玉米糊是奴隸的傳統食物。」我停頓一下，接著問：「所以你也算是黑人嗎？」

我又停頓一下，「還是這只是膚色問題？」我又補充：「在我看來，你們和黑人文化有很多共通點，不是嗎？」

刻板印象的根源

這種刻板印象是來自何處?或許是因爲無知,或許是來自恐懼。當然,人類從存在以來就有刻板印象,在古代,生存和保護有賴家族和部落。同族的人是安全的,陌生人是危險的。陌生人通常被當成「敵人」,只是因爲他們的外表、言語或行爲不同而已。

但是,重要的是他們的心理,那些陌生人在心理上可能沒什麼差異,反倒是有相同血統的人可能截然不同。聖經裡,該隱殺死自己的兄弟亞伯。所以我們需要提出更多問題,才會知道誰是眞的一樣,誰是眞的不同。

大家的刻板印象來自何方?無知、某次糟糕的經驗、還是他人的影響?在談判中,你需要把原因找出來,通常只要提供與個人人性有關的資訊,就能消除刻板印象。你可以從下面這個原則開始做起:沒有所謂的「他們」,只是個人知覺印象的不同罷了,你要的是在衆多不同觀點中達成目標。

消除刻板印象其實只需要站在對方的立場,生活一週、一天或甚至一小時就行了。在職場上,行銷部和生產部的人應該交換工作幾天,或至少做角色互換。主管和員工也應該交換工作幾天,有一些聰明的公司就是這麼做。這減少了不信任和溝通的問題,增加團隊合作和生產力。通常,主要的問題在於,來自某文化的人從未接觸過另一文化的人。

因應差異的原則

可惜的是，對許多美國人來說，了解不同文化並非他們的強項，部分原因在於法律架構。

美國的法律制度大致上運作得不錯，一般來講是公平的，人人都能取用，和他國相比起來比較不腐敗、也比較便宜（相對於所得來說）。法律服務的成本只占國民生產總值的〇．五％，比例上來講也緩緩下滑。在印度，光是法律延誤的成本估計就占國民生產總值的二％。

美國法律制度的問題在於，你不需要和對方有任何關係，只要你們簽約，而對方違約，你就可以提告。只要你付一點費用或按判決金額付費，許多律師都願意幫你出庭。這導致系統變得非常交易化，不太注重關係。

世界上的其他地方通常沒那麼幸運，他們的法律制度比較難以接近，不太公平、腐敗、也很昂貴，所以他們只剩彼此可以依賴，這也大幅改變他們的互動方式。

萬一你被玻利維亞、葉門或蒙古的商業夥伴坑了，財產遭到掏空，法律制度不太可能幫你。那裡沒有失業保險、糧票或福利制度，你和家人可能眞的就這樣餓死。在許多開發中國家，大家只把貪腐視爲一種經商的代價。愛荷華大學國際金融與發展中心指出：「許多開發中國家的法院通常不是用來根除腐敗，而是用來懲罰及消除任何對政府不利的威脅。」

所以，在美國，關係是一個很好的議題，有人寫書、上電視，專談這個議題。

不過在世界的其他地方，關係不單是一個很好的議題而已，通常還攸關生死，所以把焦點放在對方非常重要。

假設一個美國高階主管和一個祕魯高階主管一起在利馬用餐，那應該是一小時的商務午餐。其中有五十五分鐘，祕魯人會問到對方的朋友、家庭和嗜好，美國人心想：「這人是怎麼回事？我是來談生意的。」

祕魯人認爲他是來談生意的嗎？當然是。祕魯人其實是在自問：「我相信這個人嗎？在我把自己和家人的生命都交給對方，又毫無追索權之前，他究竟是誰？」

世界上其他地方的人大多是問這樣的問題，但美國人大多不會問這樣的問題。美國人比較在意懲罰和合約，而不是關係。這有礙美國人和世界其他地方的人談判。有一些研究也證實了這個現象。美國人在業務上常說：「我們直接來談談實質問題吧！」但是如今不同文化的交流日益頻繁，想在這個世界裡達成目標，這樣做是無效的，通常也是傲慢無禮的。

即使在說謊看似普遍的社會中，有些人你不必多想，也知道你不能對他們說謊。這些人是誰呢？與你有關係的人，你的家人、親近的朋友、共事的夥伴，或將來會共事很久的人。

馬拉松石油公司的邁克．芬奇和一家外國供應商之間出了一點狀況，他說：「他們延遲回覆，更換權力層級，也不履行合約條款，提供的資訊一直不夠充分。」

我們做角色互換練習，由邁克扮演對方，他很快就發現眞正的問題，他說：「馬拉松關注的是實質的東西，供應商關注的是關係。馬拉松需要重新評估如何和供應商合作。」

基本上，供應商不夠信任馬拉松，所以才不提供改善多種供油流程的必要資訊。這樣做並無法節省成本。顯然，不夠關注雙方的關係會消耗成本。

馬拉松在墨西哥和亞洲也碰到類似問題。他們想談交易細節，但對方想談關係。在不只一個個案中，美國馬拉松的員工提到那些外國人就只是在「等待」，還問我如何讓對方「產生迫切感」。

馬拉松的人原本以為亞洲人和墨西哥人是在等「更低的價格」，後來才明白他們是在等長期的承諾：人際承諾和企業承諾。

大都會人壽也發現他們的韓國子公司有類似情況。韓國人拒絕接受公司為各種事業流程設計的新平台。美國大都會人壽的經理約翰．饒發現，韓國人比較不在意節省的成本或營運效率。他說：「那與信任有關。韓國人希望他們對事情有發言權，他們想要有一些控制權。」韓國人也希望技術支援是使用韓文，而非英文。

即使是已開發國家，彼此之間也可能有很大的文化議題。美國的巴斯夫經理邁克．蓋拉葛因巴斯夫的德國工廠晚了四小時運送黃色原料，而和人大吵一架，客戶不買就跑了，德國工廠也不願收回色料。

邁克說：「我們不懂他們的文化。」況且這還是發生在他們公司裡。後來發現，美國公司對德國工廠下的訂單，是德國人所謂的「非預測訂單」，這打亂了他們精心規劃的流程。對他們來說，這次又是美國人魯莽行事所幹的好事。

對德國人來說，他們緊急停下計畫，趕著完成這份訂單，雖然晚了四天，他們已經盡了全力，但美國人還是批評他們，所以德方的反應是：「靠！去你的！」德方對美方，看起來是「秩序文化」對「混亂文化」。邁克說：「我們該解決的，不只是一個問題而已，而是整個流程、整個溝通。」

伊戈爾．歐傑瑞里夫以前在紐約大學上過我的談判課，現在是倫敦的新興市場避險基金經理人，他表示：「由於世界迅速變小，幾乎每個談判都是跨文化談判。不同的文化對於公平和相關性有不同標準，記住這點很重要。」他說他發現，在中國，和街頭小販幾乎都要討價還價（但不是全部！），所以他通常不先從價值討論開始。至於在埃及的機場，如果司機覺得你不趕時間，他們幾乎都會收較低的費用（但不是全部！）。「重要的是他們腦中的想法。」

了解差異，從聆聽開始

改善的第一步是和對方有效溝通：了解他們發出的訊號，尤其對方是來自其他文化的時候。如果對方開始發出「關係訊號」，這表示他們有興趣知道，他們能不能相信你。關係訊號包括談論非商業的話題，例如娛樂、體育、美食、音樂等，他們想了解你這個人。

許多人的做法是隨口應付，他們隨便提出幾個問題，不注意聆聽對方的回答，就馬上把話題移到正事上。但是你那樣做時，別人會感受到你其實對他們不感興趣，所以你必須是認真的。

華納蘭茂藥廠的經理克莉絲汀．法納去愛爾蘭的科克郡，商談在當地興建價值二．七五億美元的工廠。當地的規劃委員會最初反應冷淡，後來克莉絲汀想起她在哥大商學院學到的文化差異。「所以我們後來請他們共進晚餐，以了解彼此。」她說，餐後大家都有了共識、同樣的目標和規劃的流程。

接著，你需要「公開承認差異」。如果你不一樣，或大家認定你不一樣，你坦承這點可增加你的可信度和信譽。即使對方告訴你，你應該事先就了解更多才對，你可以道歉，表示你願意從現在開始了解，大家從一開始就會看你是否誠實。

之後，你可以從某處開始，同意對方提議的任何東西，無論那東西有多麼微不足道，例如大家要坐哪裡、點什麼飲料來喝等。直言你喜歡對方的某一點，或其文化上的某一點，談談你觀察到的現象，或在某處讀到與對方文化有關的資訊，問對方那些資訊是不是眞的。如果不是眞的，究竟眞相是什麼？要保持好奇心。

唐娜．法雷以前是安達信公司的顧問，她發現客戶一直把她當成年輕女子看待，對她的能力有些疑慮，有時會直接要求比較年長資深的同事來處理事情。她心想，或許對方想和男性共事。他們無法明講（因爲那不合法），但是對她來說，客戶的要求擺明了他們的確有那個想法。於是她直接處理這個議題，「雖然我不喜歡他們那樣，但我指出他們對年齡和性別的知覺印象。我採取幽默的方式，找出他們的恐懼，加以處理，我們因此變得比較融洽。」

這也帶出了我要談的下一點。儘管乍看之下有悖常理，卻是因應差異時必要的。

◎對方預期你像他們嗎？
◎你應該入境隨俗嗎？

上述兩題的答案都是「否」。和你不同的人並「不會」預期你和他們一樣。他們知道你是不同的，他們「的確」期待你尊重他們，那是微妙但重要的差異。

我去中國時，不吃猴腦。不僅如此，我還有特殊的飲食需求，我不會等到抵達當地才告知對方，不會等他們花很多錢準備盛宴後才讓他們知道，我會事先打電話告訴他們，我有什麼飲食上的需求。他們都很樂意爲我準備我需要吃的東西。畢竟，烹調料理的重點就是要讓我吃得滿意。

有趣的是，「文化疲乏」並非社會學的術語，而是醫學術語。所謂文化疲乏，就是你爲了更像周遭其他文化的人，每天做許多調適，六個月後你已經精疲力竭。文化疲乏是導致駐外人員及其家人無法適應新文化的最大原因。關鍵在於「不要」調適，你可以學一點語言，採用一些當地的習俗，但是你「不需要」像他們一樣，這是本書的一大要點：**差異有它的價值，差異可以增添價值**。

二次大戰結束以來，促成美國國民生產總值成長的最大因素是新科技。新科技主要是創新者發明的，創新者「與衆不同」，他們代表改變，代表嘗試與開創新東西時的不安。

許多人痛恨改變，痛恨差異。企業常宣稱自己熱愛多元性和差異，但是在許多公司裡，主張改變的人往往只能黯然離開。有差異才能增添價值，有差異才有力量。

如果有人無奈地告訴我：「我們彼此不同。」我會拍桌說：「很好！我們可以一起獲利！」同質性的獲利不如異質性。我喜歡說：「我們需要找一些不認同我們的人進來，大家一起賺錢！」

嘗試新東西的混亂流程、意見不一的強度、最佳點子的合成，才能創造價值。通常過程中大家會犯錯，有時情感會受傷，但結果是得到更多。

所以，你應該要「希望」大家都有不同的知覺印象和解決方案，注意討論的「流程」、你們如何設定目標、對彼此有什麼承諾、對於發現彼此的價值有沒有興趣，這樣才能得到更多。

研究也證實了這些結論。有一項研究是探討美國城市的多元性。美國經濟最蓬勃的城市是紐約、洛杉磯和舊金山，這三個城市也是最多元的地方。多元性每增加一〇％，美國本土人口的淨收入就增加一五％。意見的多元化（包容差異）在高科技業特別重要，矽谷就在舊金山的外圍並非偶然，研究顯示，舊金山在美國同規模的地區中，包容了最多的多元性。

想讓多元性充分發揮，環境必須支持差異。在盧安達，多元性導致種族屠殺，因爲差異無法獲得包容。包容的差異愈多，衍生的經濟效益愈大。即使在包容差異的地方，如果無法善用差異，也會付出經濟代價。研究顯示，公司無法善用想法與看法的衝突激盪時，會導致人員流動率高、生產力較低、獲利較少。

研究顯示，在一家兩千人的公司裡，光是無法包容差異而衍生的人員流動成本，每年就讓公司的淨利減少五百萬美元。這還沒算進失去更好點子的機會成本，那是很龐大的經濟損失。

研究顯示，不同知覺印象與經驗的衝突激盪，可以衍生更多的創意。最有創意的人，是有多種廣泛經驗和技能可以運用的人。事實上，多元團隊提出的優質解題方案，是非多元團隊的三倍。但是你要小心，不是做做表面工夫而已。和你不同的人，就是你經常不認同的人。我看過太多團體挑了外表特質可能和他們不一樣的人加入團隊，爲了團隊的「多元化」而沾沾自喜。但是除非他們的「知覺印象」不一樣，否則他們其實是相同的，不會有什麼效益。

以下是從差異發揮威力的例子，也是我這輩子做過最值得的一件事。九〇年代中期到後期，我和同事說服玻利維亞叢林的三千名農民，停止栽種用來萃取古柯鹼的古柯樹，讓他們改種香蕉，把香蕉出口到阿根廷好幾年。後來由於阿根廷披索貶值，獲利不如以往，我們才退出當地事業，不過農民仍持續栽種香蕉。

那項專案的緣起是美國駐玻利維亞的大使唐娜．瑞娜克提議的，當初的目的是爲了協助掃毒運動。她希望查帕雷省叢林區的農民能戒除古柯鹼，我是透過我在當地參與的經濟發展計畫認識她的。

在研究過多種農產品的市場後，我們發現優質的香蕉供不應求。香蕉的售價比農民栽種古柯樹的收入高。在毒品交易中，其實只有加工者和販售者賺到錢，農民的獲利有限。在此同時，政府不停地投擲燃燒彈，燒燬古柯樹栽種區，所以栽種古柯樹對農民來說是危險的事業。

我們先從一百位農民開始說服。第一次見面，是在某個悶熱的一月夜晚（南半球的夏季），我們在叢林裡的小空地開會。除了我電池啓動的電腦外，現場非常昏暗，只能看到人和動物的身形。四處都是叢林的聲音，除了我和口譯員以外，沒人會說英語。那些農民說的是印地安方言奎查語，口譯員負責翻譯英語和奎查語。

農民（男人、女人、兒童）穿著破破爛爛的衣服，很多人看起來營養不良，衣衫襤褸的赤腳小孩掛在雙層簡陋木屋上，那屋子是以大開口替代窗戶。許多孩子的皮膚上因爲沾了泥巴而顯得暗沉。

我刻意穿上三件式的西裝，打了領帶，別上吊帶。

「看看我，」我開口，透過口譯員對大家說，「我和各位的差別再大不過了，我穿得不一樣，講話不一樣，長得也不一樣。」我又說：「我搭機來這裡的機票錢，可能比你們很多人一年的收入還高。」

「但是，」我說，「我覺得我們有一些共通點，我們都希望自己和孩子過得更好，如果我們能合作，就能一起完成一些事。」

我提到，這些農民有土地、廉價的勞力、病變的香蕉樹。我們有資金、技術和市場。我們談到他們的生活、他們如何賺錢、他們對政府的抱怨、他們想要更好的醫療保健。他們之中能讀能寫的人很少，但是他們對教育很感興趣，尤其是孩子的教育。我告訴他們，我需要他們每個人的承諾，承諾他們想做這個種植香蕉的事業。

當晚我們花了好幾個小時，協商一份很長的合約，我以英文輸入，再由翻譯者打成西班牙文。幾乎所有農民都不識字，但是他們並不傻，他們提出很好的問題，希望把一般人能想到的合約條件都列入合約中。那份合約是受紐約州法律的規範。我們尊重彼此，詳細地協商了每個條款。我會投資購買設備、運輸工具、行銷、技術，以及栽種香蕉所需的化肥。農民可獲得保證收購價，他們承諾提供一定的產量，也承諾學習世界頂級的香蕉栽種技術，我們答應帶專人到當地指導種植。

他們有幾星期的收入會比栽種古柯樹少，但是我們會打造出有價值的品牌，長期來說他們的收入會增加。我也告訴他們，根據玻利維亞的法律，合約上許多專業術語容易逃避，但是在紐約法律的規範下，如果大家意見一致，就能達成協議，我說：「所以，當你在合約上簽名，或是在你名字旁邊畫X時，那是永遠的，是一種承諾，你必須履行。」

我們在近黎明破曉時結束，那裡沒有地方可以列印合約，因爲沒電。所以兩位能讀能寫、會講西班牙語的農民開了三百五十公里的車子，載我們回玻利維亞的商業中心聖克魯茲，我們在那裡列印出合約簽字。

後續幾年，我們和玻利維亞人簽的合約通過了時間和距離的考驗，因爲我們公開討論了我們的差異及如何共事。我們來自兩種截然不同的文化，但是我們有相似的目的，我們的協議是以情感締造的。

那是個很好的開始，但我覺得那還不足以形成我想要的長期關係，所以我們經常回到當地，在叢林間穿梭參觀，我想了解他們的習俗和生活方式，後來我們突然想到一個點子。

美國與玻利維亞政府都支持這項專案，他們希望農民開銀行帳戶來存放這些收入。他們認為現金會助長毒品交易，所以有關當局幫農民在市區的地方銀行聖克魯茲銀行開立帳戶。

但是我想提供農民更多的價值。

玻利維亞最好的銀行是聖克魯茲市的花旗銀行，那家銀行裡最好的部門是企業金融部，像賓士那樣的公司都在那裡開戶。那裡的環境高雅安靜，還有厚厚的藍色地毯，可以聽到空調輕輕吹拂的聲音。不過，花旗設有嚴格的財務和企業門檻，農民沒什麼錢可以存在那種地方。

即便如此，我們還是請花旗銀行的企業金融部破例為農民開戶，企業金融部的負責人說：「不行。」對於我們提出這樣的要求，他甚至覺得有點受辱。於是我們動用許多人脈（包括政治人脈），來說服花旗銀行幫農民開戶。這是一樁能見度很高的專案，花旗銀行身為美國一大銀行，我們是請他們為玻利維亞做點事，後來他們同意了。

想像以下的情景：一群衣衫襤褸的農民穿過豪華的企業金融部，其他人則是穿著正式的西裝和套裝。想像這些農民拿到自己的花旗金融卡和存摺，這是他們的第一張銀行卡。想像農民回到叢林裡的棚屋，拿著花旗金融卡對彼此說：「我們和賓士一樣好。」

我們簽約幾年後，遇到一次大型的運輸罷工。穿過查帕雷省（叢林）的道路是該國的主要運輸通道之一，當時只有一輛卡車可以通行：我們的香蕉卡車。

我們請蕉農的領導者到聖克魯茲市最高級的餐廳用餐，裡面都鋪了白桌巾。他們從叢林區搭巴士過來，我們讓他們帶一些美食回家給家人享用。餐廳裡的其他人都以異樣眼神瞟著他們，但他們是和我們一起來的，餐廳不敢造次。

參與我們專案的農民人數迅速穩定地成長，六個月後，來自叢林各地共有三千位農民加入，那項專案在玻利維亞變得衆所皆知。大批古柯樹農民改種香蕉，完全蓋過一些古柯樹農民的抗議。

不過，最大的改變是在香蕉。那項專案以前無法推動，是因爲當地的香蕉樹有病害，長了一種名叫香蕉葉斑病的眞菌，導致蕉葉下垂。香蕉天天承受日曬，在樹上熟成、變黑，無法食用。

在每年的栽種週期裡，有段期間香蕉樹一天需要噴灑殺菌劑好數次，才能殺死眞菌。但是，開飛機從聖克魯茲市每天來回飛好幾趟噴灑藥劑（一趟三百五十公里），成本太高，所以當地的香蕉業一直無法蓬勃發展。

不過，查帕雷省有個小型的軍用機場，如果噴灑農藥的飛機能停在那個機場，把那裡當成基地，化學物品和燃料可以從聖克魯茲市運過來。

那機場是國家航空協會所有，是美國和玻利維亞軍隊一起設立的。二十年來，農民請他們開放機場讓農業專案使用，以便栽種古柯樹以外的作物，但每次都遭到機場方面拒絕。於是我們決定運用本書的談判工具提出主張：**標準**、**表述方式**、**第三方**、**目標**。

我寫信給美國的國務院、司法部和財政部，那三個部門是負責處理非法毒品交易。那封信基本上是問他們，他們的行動是否和他們的目標一致——這是運用他們的標準。

那封信指出，如果機場繼續封閉，就表示美國政府支持非法毒品的交易。如果機場可以開放給農民使用，則可顯示政府是以行動反對非法毒品，不光是言語上說說而已。這次我們也同樣獲得玻利維亞和美國政府的協助，他們幫我們把要求轉達給負責人。

在此同時，美國的行銷顧問愛麗莎．桑德博及玻利維亞的經濟學家安德烈．猶達和我一起在當地合作，對政治人物施壓，讓媒體取得相關資訊，邀請飛行員協會也加入施壓的行列。

後來機場開放了，美國和玻利維亞方面撥款十萬美元，在軍事飛機起降場的旁邊，亦即蕉園的核心地帶，另外興建新的商務飛機跑道。我們從厄瓜多引進栽種香蕉的先進技術，也引進新的冷藏與清洗設備，並在阿根廷發現市場。我們的食品商標「安第斯金」（Andean Gold）變成阿根廷一些超市的常駐品牌。這些香蕉在阿根廷市場的售價很高，可見查帕雷省的印地安人是和世界上最好的蕉農競爭。

這項專案啓動幾個月後，香蕉價格跌了一陣子。我原本確定那個月分我們會虧損，但是當我拿到會計報表時，發現我們仍有盈餘，專案仍在賺錢，我不明白原因何在，所以打了一通電話給負責處理玻利維亞當地財務的人，問他們那個月爲何沒有虧損。

其中一人說：「哦，農民看到價格下跌，他們不希望你賠錢，所以他們決定降價賣給你，直到市場恢復爲止。」

一般人會認爲我和他們毫無共通點，我又不會說他們的語言，不了解他們的習俗，但是我們建立了跨時間、空間與文化的關係，那關係延續至今。

這種事情一定會發生嗎？當然不一定，但是如果你按照流程進行，它發生的機率異常的高。

不同文化下的知覺與溝通方式

顯然，我們和其他文化的人溝通的方式、我們詮釋他們行動的方式、我們對他們的知覺印象所提出的問題，都是關鍵所在。當我們以為別人對世界的看法和我們一樣時，就會衍生各種衝突。

關於這點，最有趣的實驗之一，是與誤解微笑有關，那是在大學校園裡進行的實驗。兩個美國人在走道上擦肩而過，相視而笑，雙方都感覺很好。接著，一個美國人和一個韓國學生擦肩而過，美國人微笑，韓國人面無表情，韓國人心想：「這些美國人真膚淺，只會微笑，連對陌生人也是如此，這對他們來說根本毫無意義。」美國學生則心想：「這些韓國人真不友善。」

一名阿拉伯學生穿著傳統白色長袍走在路上，大家對他微笑表示認可，但他只覺得自己遭到取笑，因為那種情況下的微笑，在某些阿拉伯的文化中有取笑的意思。那個阿拉伯人迅速衝到廁所，檢查自己的外表哪裡有問題。

不過這個研究最有趣的地方，與美國女性及東南亞的男性有關。某天下午女學生下課後，等著搭校外的公車回家。她看到一位來自東南亞的男人帶著兩名幼兒。

這位美國女子覺得很感動，對著那男人微笑。那男人覺得莫名其妙，看著她說：「妳想待會兒見面嗎？妳的價碼是多少？」他以為她是在推銷服務。

如果單純的微笑都能造成這樣的誤解，想想在複雜或情緒化的談判中，大家唇槍舌戰可能產生的誤解。

化解跨文化議題的流程，其實和其他談判問題的流程一樣，不過知覺印象的差異較大，所以通常需要較多的時間。當然，關鍵在於從對方腦中的想法開始，無論那想法看起來有多麼陌生。

你需要循序漸進。跨文化通常需要橫越很長的距離。把談判分成小步驟進行，一步一步來。萬一對方望之卻步，就把步驟再縮小一點。

當你想帶某人橫越很長的距離時，如果不提供畫面，很難做到。他們需要實際看到那個距離，無論是在心中或是在眼裡。缺乏實際的經驗，就很難改變他們的觀感，所以本書才會那麼強調角色轉換。對多數人來說，你必須讓他們身處在那個狀況下。

如果你認爲對方討厭某人，你需要讓對方花時間和那個人在一起。如果他們討厭一種文化，你需要想辦法讓他們得到那文化的正面體驗。提供資料給他們、和他們爭論、增加對他們來說不是那麼重要的效益（例如薪水），其實都沒有意義。你應該給他們一個圖象，激發他們的想像，觸動他們的心弦，讓他們產生共鳴。

不同文化下的標準

超越文化標準通常非常困難，但是藉由第三方、重新表述標準、了解對方的知覺印象，那是可以做到的。卡特・梅菲爾受邀到女友希拉的家裡住幾天，希拉家裡有很多客人。希拉的父親賈斯汀．阿里是波斯人，他打算自己睡沙發，把床位全讓給客人。這是當地的文化傳統，不這樣做會很丟臉。

卡特問了希拉以後，翻閱電視指南，發現一個他很想看的節目。他請希拉告訴父親，卡特眞的很想看那個電視節目，而看節目只能坐在那張沙發上看，不讓他看是很失禮的事——他們找到了另一個標準。卡特說，後來阿里就回去睡他自己的床了。這雖然是小事，卻也是一件大事。卡特現在是德州家族企業的主管，後來娶了希拉。

在第一章中，我提到不少印度女性運用這些談判工具，迴避了媒妁之言的婚姻，下面就是一例。我們姑且稱這名女子爲黛娜，她父母希望她嫁給同教派的人，那是四世紀開始的傳統，即使是今日，印度仍有九成婚姻是媒妁之言。

但是黛娜深愛著另一個教派的人，她父親似乎可以說服，然而某次寒假她和母親提到這件事時，母親相當生氣，她母親說：「這樣以後我們走路都無法抬頭挺胸。」事實上黛娜有一位表親，幾年前拒絕媒妁婚姻，因此被逐出門戶，家人好幾年沒和她說話。

所以在課堂上，黛娜和其他學生做了角色互換練習，以思考該怎麼做。「我想的第一件事是，我必須確認我母親的感受，而不是和她爭論。」黛娜說：「畢竟她是爲了子女好。」這種動之以情的方式可以讓雙方啓動對話。

接著，黛娜先和父親談，她的父親比較願意包容，覺得只要能保有家族的宗教和傳統就好了。她也找一位和非印度人結婚、婚姻美滿的家族朋友談。這些第三方的支持，可以進一步讓她母親冷靜下來，和黛娜做理性的交談（採循序漸進的方式）。

黛娜接著會向父母親介紹男友，不是在正式場合介紹，只是讓他們見見他，讓父母覺得他們受到了諮詢。黛娜決定不讓男友知道第一次見面的重要性，她希望他表現得自然一點。她男友是一位專業人士，黛娜在這方面有不錯的判斷力。她也知道，萬一自己情緒來了，一切就完了，因爲那情況一開始就很棘手。黛娜在課堂上和同學一再地練習與準備。

黛娜回家見母親時，她是在幾週內逐步展開策略，有時和母親單獨說話，有時是和父親交談，她總是很從容，善體人意，結果她說：「我父母後來爲我負擔了婚禮的費用，他們覺得很驕傲。」

「我們學到最重要的是，以有系統的方式運用談判工具的效力。」黛娜說，「聆聽理論是一回事，眞正設身處地站在他人立場思考，那又是另一回事。準備很重要，排除情緒也很重要。」她說，整個練習因爲共同的尊重和價值觀，完全改善了她和母親的關係。

黛娜目前和她先生一起幸福地住在加州，銜接起文化之間的巨大差異。世界各地有六成的婚姻是採媒妁之言，黛娜做了數百萬女性想做、卻因缺乏技巧而無法做到的事，她成功以談判的方式促成了自己的幸福。

我們來看一個更難的例子：一名以色列女子想和一名伊拉克男子結婚。假設那是在七〇或八〇年代，如果他們想住在巴格達，該怎麼辦？我想是不可能的。如果他們想住在耶路撒冷呢？我也覺得不可能。如果他們想住在紐約市，也許可以。紐約比較多元化，比較有包容性。

我們來想想會發生什麼事。這名女子找母親商談，她母親怎麼說？「絕對不行！」女子冷靜地問：「爲什麼不行？」當然，我們都知道那句老話：「那是不可能成功的！」

那「正是」我們想聽到的話，爲什麼？女子的母親給了她什麼？一個大標準！如果你是那名女子，你應該自問，這成功過嗎？答案是：當然有！我姊夫的妹妹就是一例。她來自虔誠的猶太家庭，歷經納粹大屠殺，倖存下來。她先生是伊拉克人，在世界銀行上班。他們住在紐約市多年，養了兩個孩子和五隻狗，幸福得很，他們並不是唯一的例外。事實上，光是在以色列，阿拉伯和猶太人的異國婚姻至少就有好幾百對。

所以在這種關係的情況下，你冷靜地運用標準，以取得部分的進展。假設你母親十分精明，她說：「但是這種婚姻成功的機率近乎於零，我敢打賭，一千對夫妻裡面只有一對成功，甚至數字更低。」你母親這麼說，她又給了你什麼？一個大標準！如果你是那名女子，你可以說：「但是媽，妳不是說妳的孩子最優秀嗎？如果別人能成功，妳的孩子不是也可以嗎？」

當然，這是涉及情感的情境，光這樣做是不夠的。母親需要見見男方，你需要舉出舊約聖經裡也有異族婚姻的實例。換句話說，和非猶太人結婚本身並不違反傳統。事實上，在聖經裡，摩西、撒拉、以實瑪利、所羅門等人，都是和非猶太人結婚，那算是先例。

這個例子顯示，你可以找出對方腦中的想法，開始縮小看似很大的文化差異。

不同文化下的商業慣例

我們來看一個與事業有關的例子，我的學生碰過好幾次這種情況。這例子可說明縮小文化差異所需的循序漸進步驟和角色轉換。

假設妳是一個聰明的商學院女學生，妳拿到美國某大國際顧問公司的東京職缺，那是為期兩年的外派職位，妳去過日本好幾次，也學過日文，日語講得很流利。

妳的職務是負責連繫某家傳統的日本製造公司，那家公司的主管和董事都是男性，非常保守。他們都不想理妳，常直接找你的老闆（男性），不然就是把妳當祕書看待。二〇一〇年世界經濟論壇發表一份報告指出，女性只占日本職場二四％的工作，那份報告總共研究了二十七個主要國家，日本女性占職場的比例是第二低，僅次於印度（只占二三％）。極少女性可以升到企業高層，在日本的職場中，許多女性只做泡茶之類的庶務。

妳的選擇是：在那份工作上原地踏步兩年，回美國後，事業沒多大的進展；或是想辦法解決問題，讓自己充分發揮。如果妳用適當的談判工具，妳大概花六個月，就可以變成一位受到日商敬重的成熟顧問。

我們先來看看男性主導的傳統日商，如何看待這位和他們平起平坐、擔任顧問的年輕外籍女子。我想的字眼是「威脅」，我們進一步來看這個威脅、那是對既有秩序的威脅、對千年歷史的威脅、對社會凝聚力的威脅、對傳統的威脅。對他們來說，那可能暗示著家族的破裂（「萬一所有女人都像這樣怎麼辦？」）。

所以了解他們腦中的想法非常重要，你可能不喜歡這種質問讓一些日本人迴避的樣子，不過我們是來因應現實世界的。

當然，他們的知覺和情感正是我們改變他們的起點，讓他們朝我們的目標邁進。我提過，問題是分析的起點，而非終點。

這裡你需要看的兩個關鍵談判工具是：對方的利益（需求）和可以影響他們的第三方。我們先從列出他們的需求（利益）開始：獲利及吸引優秀的人才、被視為創新、關懷社會、國際化、有競爭力、長期導向、合作的公司。

第三方包括股東、員工、客戶、政府、美國的合作夥伴、大眾、競爭對手、董事會、媒體、同事。

做完這些後，我們可以來看如何重新塑造整個情境。這名年輕女子其實不是威脅，而是代表獲利、未來和競爭力：她是商務界新生代中的菁英。她是美國人，可以因應公司想要國際化的需求。日本可能有愈來愈多的女性管理高層，她們提升了公司的正面形象和業績。

由此可見，我們只要運用對公司的管理高層很重要的事情就行了：業務需求和人力。我們可以證明，他們排擠美國女顧問其實不符合公司的需求。如果公司表示他們的需求也包括維持傳統，我們可以指出，許多日本的傳統企業也朝這個方向改變。傳統並非停滯不前，現代將士取代了傳統武士，汽車取代了馬車。

這名美國女子不適合自己向日本的管理高層主張這個論點，改由美國的男性顧問來幫她主張會是比較好的做法。這名女子也必須在專業上證明自己的能力，但她會逐漸獲得日本管理高層的信賴。他們會覺得她已經從一個年輕的外國女子，變成精明的商業顧問。

美國男性顧問所扮演的角色，是這個情況中的關鍵，他是扮演跨文化中介者的角色：他了解雙邊的文化，又受到雙方的信賴。當兩種文化之間差異太大，無法由雙方自己拉近距離時，跨文化的中介者可以更快拉近雙方的距離。

中介者的任務不是解決問題，他只是協助溝通而已。那流程是讓雙方了解彼此的知覺印象，傳送訊息，促進了解。

切記，這裡的差異不單涉及語言而已。事實上，如果你已經學會對方的語言，可能還對你「不利」，因為對方往往會誤以為你也對他們的文化相當「熟悉」。換句話說，他們比較不會包容你的錯誤。

我以前為了幫聯合國處理一件與古巴貿易有關的案子，而和日本某大藥廠的執行副總裁約好開會，當時我對日本文化及製藥業的文化都不是很熟悉，我不需要英日口譯員，因為那位藥廠的執行副總裁會說流利英語。我需要有人幫我了解文化議題，那反而比較重要。

我找到一位日本製藥業的顧問，他曾在美國待過一段時間，上過華頓商學院的課程。我訓練他當我的中介者，幫我處理會議。

我們一起到了那家藥廠，進了會議室，那時執行副總裁還沒到。我馬上坐上入口旁邊的椅子。在美國，我對面那個面向門的位子是主位，我想把那個位置留給對方，以示尊重。

我才剛坐下來，我的顧問就輕輕把我拉起，帶我坐到對面那個位置，面對門口坐正，他說：「在美國，主人是坐主位，但是在日本，主位是給客人坐的。」

對方進來時，他馬上看到三件事。第一，我坐在正確的位置上。第二，我刻意下工夫，了解哪個位子才是對的。第三，我帶了文化翻譯員隨行，以減少溝通上的誤解。

我並沒有努力想要變得像對方一樣，說他的語言，或讓自己沉浸在對方的習俗中。我只是傳達一個小小的信號，讓他知道我了解文化上的差異，希望能更有效地協商。那場會議進行得很順利。

這種策略適用在各種情況、各種不同的文化場合。我第一次打算去烏克蘭時，有人告訴我，當地的談判標準是：每次談判會議每個人都要喝一瓶伏特加。那可不是你在美國商店裡買的那種伏特加，而是可以拿來點燃打火機的烈酒。我不喝酒，不喝伏特加，更不可能喝那樣的烈酒，但是我需要談判。

於是我帶了一位一百六十公斤重的愛爾蘭投資銀行家，他說沒人喝得贏他（這例子可能讓人覺得帶有偏見，請各位包涵一下，不過這是眞的）。我向烏克蘭的談判對手介紹他時，說他是我的「指定代飲人」，他們都能接受。我這輩子從沒看過兩人喝那麼多伏特加，我們也順利談成協議。我們找到了銜接文化差異的方法。

文化的真實內涵

大家常對於其他文化的構成有所誤解，某人是華人，並不表示他就屬於中華文化。他可能是在美國成長，如果你以為他們是依循中國的習俗傳統，可能對方還會覺得這是一種侮辱。

有一次我寫一篇文章，談到紐約州立大學石溪分校的哈南．賽凡教授，賽凡教授罹患視網膜色素病變，這是一種退化性的眼疾，會逐漸縮小視線範圍，直到全盲為止。賽凡教授是非常優秀的獨立思想家，那時他的眼疾已是末期。但是他依然非常活躍，自己搭火車，隨身攜帶伸縮拐杖。他也是許多學術團體的活躍成員，例如由天才組成的門薩學會。

我問他是否也參與視網膜色素病變患者的社團，他生氣地回應：「他們大部分都不是學者，我和他們唯一的共通點是罹患同一種疾病。」他的回應讓我聽了心頭為之一震。多數旁觀者認為最明顯界定其身分的屬性，他完全不放在眼裡。所以我們真的需要深入探索，才會知道對方認為他們是屬於哪個文化。

以下是一份清單，歸納整理出有效因應不同的人時，應該思考的東西。這份清單把本書的許多工具歸納成一套架構，可以幫任何人在接觸和自己不同的人時，獲得更多的價值。

和不同的人達成協議：

．規劃目標。找出共同目標，引用共同的敵人。

- 想像邏輯的極端情況：持續當前做法的風險。
- 角色轉換。對方是誰？質疑你的假設，找出對方的夢想及恐懼。
- 聆聽訊號：言語、非言語。
- 找出掩蓋相似處的「雜訊」（外貌、言語、風格）。
- 清楚表達與重視眞正的差異。
- 找出標準：對方的規範及合理的規範。
- 指出不當的行爲，找出自己的弱點。
- 堅持以證據佐證所有的論點。
- 任何建議都要循序漸進，只把焦點放在可以掌控的事情上。
- 決定前先徵詢：把對方納入流程，徵詢他們的意見。
- 找出建議可行的模式。
- 堅持找出創意選項。「這是唯一的方法嗎？」
- 尋找潛藏的動機，規劃誘因以改變對方。
- 找到對方的支持者，訴諸他們的價值觀。
- 營造未來的遠景，和對方一起討論。
- 塑造想要改變的新「文化」。

當然，首要之務是找出你的目標。你規劃的行動可以幫你達成目標嗎？你面對的這些人能讓你達成目標嗎？

想像邏輯的極端情況是關鍵，這可讓你們看到，持續目前的做法會發生什麼事。破產？纏訟多年？核武戰爭？有一次我和以色列及約旦商人一起開會，我說：「用下面的方法來解決中東問題如何？殺光對方（男男女女、大人小孩、貓、狗、羊、雞、蛇、魚、蟲、蝶……）的那一邊就贏了。」

他們覺得那方法很可笑，我說：「但那不正是你們必須做的嗎？你們必須殺光全部才行，因爲留下任何活口，你們還是得戰，還是會有人因爲昨天發生的事情而殺人。」他們可以看出這的確是邏輯的極端情況，那無法達成任何人的目標，我希望他們思考更好的選項。

我也希望提案是循序漸進的，一次進度一點點。有什麼小例子可以證明那個解決方案可行？找出來加以應用。

開始籌組聯盟，從想要以新方法做事的人開始拉攏，把愈來愈多人拉進流程中，尋求他人的意見，規劃誘因以改變比較難改變的東西。

我曾爲沙烏地阿拉伯利雅德的高階主管、教育家、政府官員上了爲期兩天的講習會。利雅德是一個非常保守的城市，我們把焦點放在共同的目標上：以談判改善流程和結果。就那方面來說，我們都屬於同樣的文化：我們都受過良好的教育、想做得更好。講習會進行得很順利，我教那四十五人本書提到的工具，他們有很多人穿著阿拉伯的傳統長袍。

第三天結束時，我已經可以自在地說：「不是每個以色列人都是你的敵人，也不是每個阿拉伯人都是你的朋友。有些以色列人會讓你致富，有些阿拉伯人會騙光你的錢財。」

他們都聽懂了，在蘇丹親王大學的教室裡，許多人點著頭。這所大學的名稱由來及捐贈者正是該國的王位繼承人。這群上課的學員裡，包括利雅德市的商會總長、沙烏地阿拉伯一些大企業的總裁、蘇丹親王大學的校長。

想冷靜、有效地因應兩個族群或兩人之間的巨大差異，並創造持久的價值是有可能的，你只要試試看就能做到。

09 如何在職場上爭取更多

有一位以優異成績畢業於哈佛商學院的學生，在加州某家公司找到工作。她進公司三年內，當初面試她進來的三人（執行長、總裁、執行副總）都走了，一個退休，一個遭到革職，一個離職。新來的管理團隊想把她和剩下的老團隊一併解雇。

結果他們發現，她的工作動不得。因爲她一進公司後就發現，未來她可能碰上麻煩，因爲三位雇用她的人都比她年長二十五歲，她知道在她的職業生涯開始平步青雲以前，他們老早就不在公司了。

所以那三年，她爲公司的許多部門幫了不少忙，那些事都與她的工作內容無關，她是利用下班、週末、中午休息的時間幫忙，有時也會想辦法把那些事變成她的份內工作。她在公司裡廣結善緣，所以當新的管理團隊入駐時，公司裡到處都有人爲她聲援：「這名女子不可或缺！不能把她解雇！」她的工作就這樣保住了。

這位經理人基本上等於是和全公司做了三年的談判，大家甚至不知道他們參與了這項談判。你覺得這是一種權謀、耍手段嗎？誰因此受害了嗎？沒有。事實上，公司還因此獲得她三年免費的額外貢獻，也避免因政治角力而失去一位重要的員工。

勞資關係愈來愈難處理，傳統的利益交換是員工貢獻忠誠度、技能和時間，以換取工作的穩定和薪資，工會想把這一切納入規範。不過最近幾年，在許多領域裡，權力平衡的重心顯然已經轉移到雇主那邊。

在此情況下，精明的談判技巧變得十分重要。我告訴那些在面試過程中吃盡苦頭的學生：「這是他們對你最好的時候。」如果面試時就有問題，要特別當心！

市面上充斥著面試建議：該怎麼說、怎麼穿、怎麼問、怎麼準備。問題是，這些建議大多沒針對特定的情況。本書一再強調，沒有一體適用的東西。**有效的談判需要因地制宜，所以面試時最重要的，就是了解對方，以及了解影響對方的人，這樣才能爲特定的情況規劃談判策略。**

這表示你對同一家公司的不同人，可能要採取不同的談判策略。這種方式比較費神，但比較精準有效，目的是讓你自己在公司裡變得更重要。當大家認爲你愈重要，你就愈容易升遷，在景氣反轉時，也比較不容易遭到裁員。

我們就從本章開頭那位哈佛商學院的畢業生談起。首先，她思考自己的目標：在公司發展長期的職業生涯。接著，她想到達成目標的過程中可能遇到的問題：她的導師會比她先離開公司。所以她找出能幫她的第三方：其他部門。她思考他們的需求：包括活動規劃、廣告、行銷建議等。她做好準備，循序漸進，她很注意人脈的維繫。

擴大人脈在任何工作情境中幾乎都是必要的，即使是小公司，也可能充滿政治角力。你能找到愈多人幫你，和他們爲伍，你的立場就愈有利。當情勢開始不妙時，其他人可以充當預警系統。他們會給你資訊，幫你把握公司裡的機會。萬一出問題時，他們也會來搭救。他們會優先處理你的事，在緊要關頭拉你一把。

以下是你進公司後，可能幫你的一些人物類型。有些人可以幫你完成工作，妳應該主動去找他們，和他們一起喝咖啡或吃飯。

◎**公司的老員工**。找已經進公司很久、遭到大家遺忘的人。他們知道一切的細節，和他們聊天，重視他們。每家公司都有一個或好幾個這樣的員工，他們知道公司裡的所有陷阱和政治角力，他們會給你攸關目標達成和自保的資訊。

◎**離職者**。許多離職者看過公司最糟的一面，他們知道公司的原則和底限。你對他們的說法可能要抱持保留態度，不能盡信，因爲他們可能對公司有反感或有隱藏的動機。但是你通常可以從他們那裡聽到直言無隱的故事。如果你想去那家公司找工作，對方離職後仍和公司維持良好的關係，他們或許可以幫你牽線。

◎**資訊管理部門**（ＩＴ）**人員**。許多人似乎很討厭資訊管理部門，你應該學習喜歡這個部門，或至少喜歡那部門裡的一、兩個人，大部分的人在缺乏資訊管理人員的協助下，都無法有效地完成工作。當你的資訊系統出問題時，你會希望有人馬上幫你修好，即使是在週末。

◎**圖書館員**。不是每家公司都有這種人，他們比公司裡的任何人更擅長做研究，他們可以讓你的工作（和你）顯得更好。

◎**清潔人員**。主管大多不注意他們，但是他們知道很多事，聽到很多消息，看到很多東西。

◎**警衛**。當你忘了門禁卡、當你需要讓客戶迅速進入公司、當你把文件遺留在上鎖的辦公室時，有交情的警衛會幫你解決。你應該天天和人打招呼，提供對方一點休假的訊息，聊聊體育資訊。

◎**行政人員，又稱正職人員**。高階主管和經理人來來去去，許多行政人員在公司裡一做就是一輩子，他們可能流傳一些八卦醜聞或美言軼事。把他們納入你的團隊，假期送他們餅乾。

◎**其他職員**。影印室和傳眞室的員工、餐廳員工、差旅部、維修人員等，當你需要完成工作或需要資訊時，這些人都會在截止日期以前幫你。

◎**人力資源部**。人力資源部的人通常只會說「不」，他們的主要任務是保護公司，但他們不是石板。你應該多多和他們交朋友，從比較基層的人員開始，對他們的工作展現興趣，他們會很樂意對你說明他們的工作。人力資源部對於人事議題通常有很大的發言權。

◎**你及你的部門依賴的人**。有什麼供應商、餐廳或印刷業者是你的部門所依賴的嗎？這些人和你愈熟，你就能爲部門爭取更多的好處。你有他們的手機號碼嗎？你從差旅部門學到什麼撇步可以和供應商分享？

我這裡所說的，就是建立你自己的「聯盟」。這需要花時間、努力和心思，但是這比另外找一份工作，或是該升官加薪卻拿不到，還要省時省力。

這些人脈的培養需要循序漸進。你可以問問他們的工作，了解他們的夢想和恐懼，盡量提供他們資訊，給予建議或幫他們一些忙。從其中一、兩位開始著手，你所做的是盡量蒐集那個工作地點的資料。

那家公司有擔心的事情嗎？他們需要某種外語上的協助嗎？需要另一個文化的可靠中介嗎？其他地區缺人或員工休假嗎？你能提供他們需要花昂貴代價才能辛苦取得的資訊嗎？

艾倫．沃許剛進一家公關公司，和兩人共事，沒人知道她的能力。後來一位備受敬重的員工要離職，她說：「沒人想接她的工作，她的工作是召募實習生。」艾倫知道，如果她自願接那份工作，公司會很感激，她也可以因此接觸更多的人，其中一些人會進來公司上班，有助於她鞏固人脈。

追求明確的成果

我在前面提過一個學生的例子，說他上個學期面試失敗十八次，後來運用課程上學到的工具以後，連續獲得十二次最後一輪的面試，他是怎麼做到的？這個學生叫穆賀．崔維迪，首先，他更具體地去尋找每家公司的需求，以及他想應徵的部門。他運用第七章列出的談判準備模式，徹底準備每次的面試。他找出關鍵決策者，蒐集每位面試官的相關資訊。他透過華頓的校友網絡，尋找最近剛從那家公司離職的人，或了解那家公司的人。他打電話給認識的助理，以及在那家公司工作的華頓校友，詢問那家公司未滿足的需求。

他知道他有一份通用的履歷表，那份履歷表對他申請的每家公司來說都只有部分有效。每家公司都有特定的需求：要求不同的技巧、經驗、地點、工作時間和條件。每家公司裡，不同部門也有不同的需求。

他做完研究以後，針對每家公司的不同部門修改履歷表，寄給他覺得需求最大的人：部門主管、團隊領導、人力資源部。他和太太做角色互換練習，請太太幫他錄影。他們一起研究錄下的影片，改變他的面試風格。穆賀能猜出他後來實際面試時遇到的三分之二問題。他每次面試都顯示他如何達到或超越那家公司（或部門）的標準，並努力建立人脈。

他說：「結果很驚人。」有好幾次，第一次面試還沒結束，面試官就請他參與最後一輪的面試。他說，他原本對這個課程的模式有些懷疑（這模型強調，公司之所以達成協議，至少有五〇%是人的因素，「本質」頂多只占一〇%），但是他的經驗證明那套模式真的有效。他最想要的工作是當股市分析師，他後來在所有面試都結束前就挑好了要去的公司。他說他學到的工具可以套用在任何情況，他從此以後持續運用那套工具，已經用了十幾年。

穆賀是針對每個情況，量身打造特定的因應方式，那是他找到理想工作的方法。每年我都會看數百份履歷表，但是「幾乎沒有」一份履歷表提到針對我們公司所做的任何研究。我的學生一再地複製穆賀的經驗。

當高拉夫．特瓦里應徵矽谷某大科技公司的工作時，他知道哪兩個部門對他最有利，也知道原因。他請認識的人寄推薦信給相關的面試官，他也查清楚公司的雇用標準，包括任務宣言。後來他的確被錄取了。他現在是波士頓高原資本合夥事業的負責人。

即使在景氣低迷時，還是有許多方法可以找到工作。張易找不到矽谷創投公司的工作，因爲他沒有在新興公司的工作經驗。但是他得知創投公司對網路電話技術很感興趣，他剛好有那方面的經驗。

他說：「所以我自願提供免費的諮詢。」進了公司以後，你就可以掌握資訊的流通，知道機會在哪裡，自願者通常最後都會變成員工。那家公司運用他在科技和市場分析上的研究結果，來考慮一項投資案。張易讓自己在公司決定投資時派上用場，至少他可以藉此累積經歷。

幾個月後公司開始付他薪水，他後來在家鄉上海找到類似的工作。他說：「即使機會大門關了，你可以再試第二次、第三次。提供對方特定的方案，這需要花點時間，但是很有效。」

如果你無法免費奉獻正職的時間，或許你可以把它當成免費兼差，或週末的工作。關鍵在於堅持到底，持續找出有創意的敲門磚。

世界銀行的投資銀行分支「國際金融公司」（IFC）沒錄取馬克．索洛到開羅工作。馬克被拒後，他問該公司爲什麼自己沒錄取。對方告訴他，一位資深主管認爲他缺乏必要的實務技巧。於是他又寫信過去，把他在華頓的學習經驗，重新塑造成兩年的私募股權和新興市場訓練。

他以委婉的方式寫道：「我知道您的團隊已經針對我的應徵結果做出決定，但我希望如果這個職位或其他職位有空缺時，可以再給我一次機會。」不過他更進一步，而且也是關鍵的一步：

他希望能接受ＩＦＣ的測試，以展現他的實務技巧。換句話說，他堅持不懈，但不強人所難。

幾個月後，另一位應徵者出了問題，ＩＦＣ找馬克來測試，測試結果很優異，超乎其資深主管的預期。馬克因此得到他夢想的工作，成爲開羅的副投資長，他說：「我學到的談判工具改變了我看談判流程的方式。現在我有一套準備架構，讓我可以在不破壞關係下堅定立場。」

職場上有許多情況都很棘手，一不小心就可能破壞關係。許多人不試著去談判，因此獲得較少。運用本書的技巧，你可以用比較沒風險的方式談判。除了找出共同的利益外，你也可以找出**共同的敵人**。如果你可以找出雙方都討厭的東西，就可以強化關係，重新塑造整個情境。

亞歷山大．羅山可在製藥業擔任臨床資訊經理，他想讓自己的年度考績從「中等」變成「優等」。他才剛獲得公司年度的臨床創新獎，那是表彰其價值的大獎。但那個獎項是在考績評估完後才公布的，所以沒列入考績。

在決策完後，很難讓人更改決策。在本例中，亞歷山大認爲老闆只會對他說：「我們會把獎項納入明年的考績。」所以他重新塑造情境：他問老闆，爲什麼年度考績要在收到所有資料以前就交出去，這樣對任何人來說似乎都不公平，包括老闆自己。他們部門裡只有兩人得過臨床創新獎，如果老闆早點知道這件事，他的考績應該可以更好。亞歷山大讓老闆了解，系統這樣設計對他們兩個都不利。所以老闆後來修改了考績評估，結果亞歷山大的年薪多了一萬三千五百美元。

另一個在職場上獲得更多的方式，就是**降低風險**。漢威（Honeywell）向美國空軍提議，在亞利桑納州的路克空軍基地興建價值一千四百萬美元的太陽能專案，但美國空軍的能源經理不想投入，空軍經理告訴漢威公司的蘭吉．博帕爾，說她以前和能源服務公司的合作經驗不好，蘭吉馬上說：「如果我是你，我也會有同樣的感覺。」這話確認了對方的印象，動之以情，讓對方更有興趣聆聽。

蘭吉接著引用證據，說明他的提案和她過去的經驗有何不同。他提議以循序漸進的方式開始：總價一千四百萬美元的專案先只做價值二十萬美元的再生能源部分，這可降低風險。蘭吉表示，漢威的資深員工會參與專案，以示對此專案的重視。空軍經理同意了，這項測試很成功，現在整個計畫已經完成，關鍵在於仔細的計畫，運用多重的工具，敏銳注意對方的反應。

光是**詢問對方的恐懼**，通常你就可以獲得說服對方所需的資訊。班．休斯住的地方離律師考試複習課程的地點很遠，他想在家自修。自修課程比較昂貴，他的律師事務所也反對他選自修課程。有人告訴他，有些助理之前就是選自修過程，才沒考上律師。

但是班決定讓律師事務所覺得風險沒那麼大，無論他們的想法是否有事實根據。所以他告訴事務所的老闆，他已經在事務所實習了兩個暑假，「你們已經對我很熟悉，難道不覺得我自己念也可以嗎？」他也提到，事務所對員工的彈性要求（標準）。後來事務所答應他自習，也同意幫他多付六百美元的費用。

現在大家已經知道，關鍵的談判技術之一就是提出問題：找出對方腦中的印象和想法，了解情況。

戴克．拉馬克覺得，即使景氣不好，他的價値應該比新雇主開出的年薪八萬五千美元還高。這種要求需要當面提出，所以戴克親自去了一趟奧勒岡州的波特蘭市，和公司的老闆面對面懇談。他說：「我不是先從薪水談起，我是從他公司的遠景開始談，我問他，他覺得我能幫他完成哪部分的遠景。」

執行長回答時，更清楚明白戴克很適合那個職務，他在執行長心中的價値開始提升。後來執行長問到戴克心裡認定的薪資範圍時，戴克說：「我問他，他想的標準是什麼。」執行長說，他願意支付讓戴克和妻子維持他們生活方式所需的薪資。

這是很好的標準，戴克說那需要十二萬美元，執行長答應了。

戴克接著又問，如果他「爲公司帶來很大的影響」，能否獲得公司的配股。執行長很喜歡聽到有人這樣說話，所以他們後來談定從三％至五％開始，績效好的話，兩、三年內再調升。所以戴克因爲詢問更多的資訊，用那些資訊來增加他在執行長眼中的價値，讓年薪增加了四一％，還多了配股。雖然他後來離開那家公司，轉往私募股權公司發展，他和執行長還是保持連繫，也繼續保留那家公司的持股。

我還有一個學生是巴西的律師，他到美國深造一年回國後，希望他的律師事務所能把他升爲資深律師。不過當時適逢巴西的經濟危機，薪資和職務都凍結不變。他找事務所的資深合夥人共進午餐，他先問對方的孩子情況，以及事務所的前景。他說：「合夥人談了很多公司的事和他的期許。」每次合夥人提到期許時，他就點頭，說他會努力做到。午餐結束時，他已經順利升爲資深律師。

克里斯多佛．達姆是醫師，他努力想成爲一家醫療產品公司的行銷顧問。他說：「專案領導人不認識我，也不知道我有哪些技巧。他覺得我是醫師，不是行銷顧問。」

克里斯多佛沒有先說服專案領導人，而是先發問。他問那位領導人有什麼目標及需要什麼技巧，請他描述他的問題、遠景和標準。克里斯多佛說：「我們一直聊到最後，才確定我的資格符合他的說法。」他的參與從四小時增加爲六天，多了更多的可能性。現在他是醫師暨行銷顧問。

他是靠下面的方式辦到的：（一）找出對方的需求；（二）發現對方衡量事情的方式；（三）讓自己的技巧明確符合對方的需求。

關於薪酬，在要求特定的東西之前，**知道對方正在想什麼**特別重要，否則你只會談出對你不利的結果。紐約市的銀行家保羅．卡瓦納在評估薪資期間和老闆談話，老闆問他：「你預期什麼？」保羅說這是個「有趣」的問題，在知道薪資和紅利的設定標準以前，他無法明確地回答。於是他的老闆先爲他說明標準。

保羅問：「您覺得以我的績效來說，我在這個級距上，大約可以到哪個水準？」令他驚訝的是，老闆說的數字是他心裡想的兩倍。爲了確定老闆覺得他回答問題了，保羅提出比老闆還要高一點的數字，老闆覺得他應該堅持自己的開價。我通常把這種做法視爲動之以情，而不是要手段。保羅並沒有太過分，他只是試著讓老闆覺得好過一些。最有趣的是，保羅說他沒爲這次討論先做充分的準備。他只是提出問題，就能獲得時間和資訊，幫他超越自己的目標。

閒聊通常很重要，即使在工作場合也是如此。威爾．陳想調到投資銀行的另一個部門工作，他提出轉調申請三次，每次都被否決。所以他和紐約市的人力資源經理約好做「資訊蒐集面談」，他想先和她建立個人關係。見面時，他問對方最愛吃什麼，對方回答越南菜，威爾知道所有最好的越南餐館、網站、食譜和廚師。他找到了關連，後來順利轉調到他想去的部門。

面試時如何爭取更多

有些書籍專門談面試，所以在這裡就不重複了，但是我想針對「爭取更多」的觀點提出一些建議。

首先，有人問你問題時，你應該**馬上簡潔地回應**，或是**讓對方知道你需要什麼資訊才能回答**。一般人通常都不喜歡別人無法回應他們的問題，你不覺得嗎？含糊其詞、避重就輕是糟糕政客的伎倆，那傳達出來的訊息是：「我有事想隱瞞。」第二，除非是文化特例（大多是美國以外的地區），否則你應該要**正眼看著對方**，**但別緊盯著看**。微笑和其他的禮儀會讓人覺得你有社交技巧。把焦點放在對方身上，大家都想和自己喜歡及信任的人共事。他們會從細節中解讀弦外之音，如果你提早到，可以給人積極的感覺。如果你遲到，以後上班該不會也遲到吧？工作該不會也遲交吧？

請求職者舉例證明他們的可靠性，比起問他們最好或最差的經歷，更能看出他是個什麼樣的人。「最好」和「最差」通常是偷懶的問法。他們的個性何時受到考驗？如果你是雇主，你會想知道求職者的個性，他們是否曾排除萬難支援別人？

如果你是求職者，你要知道公司如何留住、訓練和拔擢人才。公司對工作的理念是什麼？你在研究這家公司時，應該已經蒐集了一些經過深思的問題。當你花了很多時間研究公司，可以顯示你很積極，自動自發。你不需要準備五十個問題，只要三到五個問題就夠了。你應該針對公司的具體需求修改履歷表，所以你的履歷表要談及那些需求，以及你滿足那些需求的技巧。

善用公司的標準

標準是組織的規範，有些人會要政治手腕以迴避標準，就像社會裡有人會違法一樣。但是標準永遠都在，你應該隨時注意標準。

組織的標準是一大保障（法律和組織的規範），以防不公平的對待。閱讀所有相關的人事手冊，記下組織政策上不公平的實例，指出這些不公平的實例時要保持冷靜：別讓自己變成議題。

某大顧問公司錄取了一位學生，並爲他第二年的MBA課程補助三萬五千美元的學費，但他實際的學費是五萬一千三百八十美元，公司不願重新協商金額。學生做了一些研究，發現公司的補助款是以另一家學費較低的商學院爲上限。

於是學生開始研究公司的標準，發現公司的標準裡提到「補助第二年的學費」，但沒說「第二年的費用是以學費較低的學校爲基礎」。此外，其他顧問公司的學費補助，也是依學生就讀的學校而異。

結果：學生額外拿到一萬六千三百八十美元的補助，學生說：「把問題表述爲公平性的問題，而不是薪酬問題，幫助很大。」這是在職場上善用重設標準的好例子。

重設標準是關鍵，你通常需要引導對方逐步朝你希望他們去的方向發展。唐．科代羅想進巴西某大私募股權公司，但他沒有那方面的經驗，許多有經驗的求職者都搶著申請那份工作。

不過唐知道，對公司來說，眞正的重點不在於經驗，而是技巧。經驗只是技巧的一項指標，最佳指標當然是技巧本身。所以唐問召募人才的合夥人，公司欠缺哪方面的人才。「人事相關的議題，」合夥人答，「團隊組成、創業能力、合適性。」

唐只需要這些資訊就夠了，他提到多年來他在幾個非金融事業培養出來的技巧：籌組團隊、因應創業環境、想辦法克服組織裡的差異。「接著，我提到我沒有金融或私募股權方面的經驗。」他說，「我讓他自己去思考我的背景和產業的相關性。」雖然面試流程還沒結束以前，唐就接受了聖保羅的管理顧問工作，不過那家私募股權公司把他從原本面試中無足輕重的位置提升爲主要的角逐者。

希曼徐．巴胡古納從商學院畢業後找到一份工作，但公司拒絕幫他支付遷居亞洲的搬遷費用。公司有爲美國的新進員工提供那樣的補助，所以他問公司：爲什麼公司肯補助新進員工一萬美元，讓那個人從費城搬到九十分鐘外的紐約，卻不補助他搬遷大半個地球。他後來獲得了補助。他補充，他不是和人事部協商，而是請比較重視他的所屬部門幫他提出申請要求。

羅斯威爾．奧斯本花兩個小時做產業研究，發現微軟給相同經驗的人的薪資比 eBay 給他的薪資多出二萬五千美元，他讓 eBay 知道這件事，因此多得到一萬美元的簽約獎金，他說：「等於我研究一小時賺五千美元。」不過一個月後他的部門解散了。他表示，他按 eBay 的要求承諾做滿一年，因此回絕了別的工作機會，他正式上班以前，公司應該早就知道組織會重組。

羅斯威爾因此拿到七萬美元的遣散費，那也是運用標準和準備才得到的。他決定用那些錢創業，開設電子商務公司。他說：「你持續準備和練習，當你需要時，可以隨時運用。」

下面還有一個例子，有點棘手。某大公司的經理因景氣不好和公司預算有限，而無法順利升職。但是他看到雇用指南中指出，他的職位應該比現在高兩級。他客氣地讓老闆看那份指南，並補充提到，高一點的頭銜可讓客戶更加信賴。他運用標準、第三方和利益，如願獲得升官加薪。

萬一你提出要求後，老闆不太高興怎麼辦，你可以客氣地問他爲什麼，說你只是希望公司能遵照自訂的標準而已，公司難道不想要堅持不懈的員工嗎？

我教學生別接受模稜兩可的回應。雪凡．林柏是黎巴嫩油氣公司的顧問，老闆告訴他，他可以拿到「斟情分紅」。但是在雪凡看來，「酌情」發放的紅利要不是很少、就是沒有。

所以他問雇主，他對公司的價值如何計算，有任何標準嗎？接著他開始列舉他目前爲止爲公司帶來的價值，包括在科威特以有利條件簽訂的合約。所以公司後來承諾給他三萬美元的獎金。

當你習慣運用標準後，它們會持續幫你把工作做得更好。約翰．莫雷諾說服福陸公司讓他的公司提頓（喬治亞州的一家工業建設公司）使用福陸的高速電纜線，因此幫公司省了一萬二千美元。

福陸公司的技術人員一開始基於安全考量，不讓提頓共用福陸的高速電纜線。所以約翰連絡福陸內部他認識的人，問福陸是否也和別家公司共用高速電纜線，答案是「有」！那要如何保護安全呢？另一家公司裝了路由器和防火牆。約翰把這些資訊帶回給福陸的技術人員，並表示提頓也願意這樣做。他也提到，福陸和提頓才剛達成策略協議。

約翰說：「福陸公司的技術人員得知他們也讓別家包商共用連線時，就不能再說『公司不准』了。」約翰對此非常滿意，不過那是因為他堅持到底，達成目標。後來他被升為部門主管。

本書中一再提到，**表述方式的關鍵在於重新塑造情境，你把公司的說法拿來，請他們以不同的方式來看，這通常比較容易讓他們達成你的目標**。

珠蒂．雪兒在十二月四日答應到富達投資公司上班，這時間比當年公司發放獎金的截止日期晚了十三天。在年底前拿到簽約獎金，可以幫珠蒂省下一萬美元以上的稅金。她打電話給人事部的決策者，把問題癥結歸諸於經濟不景氣（共同的敵人）：她說她加入富達的決定之所以拖延，是因為另一半找工作不順利，接著她補充，她答應的時間離截止日不到兩週，仍然很接近，能不能請他們破例一次（標準）？

結果珠蒂當年就拿到支票，她先和人事部的人打好關係，幫人事部塑造一個情境，讓他們去說服自己的公司。

亞當．凱恩運用重新塑造的方法，讓他的公司艾瑞克森退休社區公司答應價值五千萬美元的專案。艾瑞克森專門開發和經營高級的退休社區，在十九州共有三萬個居民。亞當是公司的資深副總裁，他想切入低收入的市場。公司對這個新市場不感興趣，所以亞當連繫剛接任新部門「新產品部」的高階主管。

亞當說：「他們認爲新產品是指保健產品。」但是他把「低收入住宅」重新塑造成「新產品」。新產品部的主管正在找重要的產品，他也支持這個點子，後來公司就同意了。

如果你擅長運用談判工具，在別人眼中看似毫無轉圜餘地的情況下，你還是可以找到協商的空間。

幾年前，一位以前的學生想在麥肯錫裡換部門，但他不想再經歷當初申請工作時，那種費時又緊張的審查流程。麥肯錫說那是公司的標準政策，所以他搬出麥肯錫的另一項標準：「單一公司」政策，亦即公司在世界各地都採用同樣標準。

他問到，如果麥肯錫是一家單一公司，員工轉換部門爲何需要經過正式的審查流程？原始召募標準不是每個地方都一樣嗎？麥肯錫大可堅持立場，但是聰明的公司知道，違反自訂的標準，很快就會開始失去優秀的人才。那位員工後來成功轉換部門，這表示你可以運用對方的標準來達成自己的目標，即使對方是強大的全球公司。

喬許．佛奇曼需要搬兩次家，一次是夏天搬到父母家，一次是搬到他工作的城市，但是新公司不願幫他支付兩次搬家成本。他想知道：如果兩次的搬家成本比一般只搬一次的成本低，公司會不會接受？這其實不就是預算問題嗎？喬許找到比較便宜的搬家公司，公司幫他付了兩次搬家費用。這就是把標準從「只搬一次」重新塑造成「以預算上限爲準」。

安德斯．畢約克重新加入老東家，但公司給他的薪水和比較資淺的員工差不多。他問新老闆，他的經驗和責任是不是比資淺的人多，老闆回答：「對。」他問：「所以我應該拿一樣的薪水嗎？」結果他的薪水多了一五％。安德斯現在是紐約一家私募股權公司的董事，他運用**表述方式**、**標準**和**提出問題**等方法達成協商。語氣很重要，這是人際關係的情境，他提出要求時的態度相當尊重。

我可以一直舉例下去，我只要搜尋我們的資料庫，就可以看到數百個例子，這些方法也適用在你身上。我們再來看一個。公司告訴艾倫．凱斯卓，他的簽約獎金因景氣不好而削減，艾倫找來公司的文宣，上面寫「我們提供有競爭力的薪資」，他把這份文宣帶去見人事經理，也帶了產業的薪資標準一起去，以證明公司給他的薪資即使在景氣不好時已經偏低，結果他因此多拿到五千美元。

運用標準時，記得要**詢問先例**。你應該把「你們以前曾這樣做嗎？」和「你們曾破例嗎？」納爲日常用語。

找出評價不相等的東西來交換

我們討論過無形的東西，以下教你如何找出對你來說成本不高、但對方重視的東西來交換，以達成職場上的目標。

克里斯多弗．凱利是一家氣候服務公司的主管，他只能給新進員工和原工作一樣的薪水，對方無法接受。克里斯多弗說：「我努力了解他的長期目標，我想找出他那份工作之所以做得不開心的原因。」

克里斯多弗發現這個人以後想去念ＭＢＡ學位。克里斯多弗告訴他，公司可以幫他支付學費。他又問對方還對什麼感興趣，「職稱加上『經理』兩字對他很有價值，這對我們來說不是問題。」所以對方後來就答應以原薪資接下那份工作了。

你看到這些工具的實例，會覺得很簡單，但是你其實需要有系統及確實地經歷那套流程。

維卡斯．邦薩爾是紐約某大金融服務公司的經理，他想讓自己的下屬更認眞工作。威脅通常只會破壞動機，他發現員工早已因爲景氣不好的減薪和裁員而士氣低落。所以他請員工約翰說明他的擔憂，以及對職業生涯的希望。維卡斯說：「我耐心聆聽，努力了解他的需求。接著我做總結，以確定我聽得沒錯。」

維卡斯得知約翰的妻子夏天就要生產了，如果工作時間上能給他多一點彈性，他會非常感激。所以維卡斯列出他希望約翰完成的五件工作，同時讓他夏天可以彈性上班，包括在家工作。

維卡斯說：「他聽了非常興奮。」約翰興沖沖地離開，工作效能大大提升。維卡斯補充，那效能提升至今。

吸引和留住員工的創意選項其實很多，只受雙方想像力的局限。前面幾頁提到的提頓工業建設公司經理約翰．莫雷諾，他和克里斯多弗．凱利一樣也想找進一位員工，但是公司無法提供那個人比原工作更高的薪水。他知道那個人和妻子及三名子女住在小公寓裡，約翰說：「他的妻子想要有一棟自己的房子。」他們擁有一塊地，但是不夠錢蓋房子。「我說公司可以幫他打地基。」結果呢？對方就答應接下工作了。

無論你是求職者、雇主或經理，你都可以詢問對方是否有一些需求，剛好是公司覺得成本不高的無形事物。醫療保健會員或旅遊的折扣、搬家費用、用公司信貸評級的低利貸款、彈性工時等等，這些都是縮小薪資差距及其他談判條件的好方法。

艾拉汶．伊曼內尼需要一名人力，同公司的法規遵循部有一個未使用的名額。但法規遵循部主管是新來的，他不想放棄那個名額，艾拉汶做了角色轉換練習後表示：「他認爲少一個名額會降低他在公司裡的地位。」

於是艾拉汶檢視他能拿來交換的東西，包括共用一個行政助理，給法規遵循部主管一個專屬辦公室。他也發現法規遵循部主管討厭查帳，他去法規遵循部主管的辦公室找他（讓對方覺得自己比較重要），評估多種無形的交換條件。對方希望有人幫忙查帳，所以艾拉汶幫他查帳，對方終於給出名額。艾拉汶說：「角色轉換讓談判變得更容易。」

艾拉汶是某大金融服務公司的資深副總裁，他比那位法規遵循部主管資深，大可直接逼對方交出名額，但他發現交換評價不相等的東西可以維繫關係。艾拉汶表示：「從他的角度來看事情，讓我更能有效地談判。」

做那樣的交換，必須是有建設性的。湯姆．格里爾想把員工布萊恩從某個客戶那邊，調到負責另一個客戶的團隊裡，布萊恩具備第二個團隊所需的特定技巧。但是布萊恩的同事抱怨，這種人力調派方式不公平。

湯姆是某大會計公司的媒體娛樂部合夥人，他沒反駁對方，他說：「我提議以另一位更有經驗的助理來遞補布萊恩的位置。」這做法達到了大家的目標。

職場上這類日常談判經常發生，如果不好好處理，會讓工作變得很麻煩，這裡列出的工具可幫你解除麻煩。

蘇珊．皮洛羅說她獲准去上MBA企經班，但是老闆對她得到的「特殊待遇」很反感，說她利用下班時間去上課「太誇張」，雖然那是公司允許的。不過蘇珊知道，重點不是這樣做對不對，她深入思考老闆真正的想法——老闆覺得他自己的工作量太多。

所以蘇珊沒有反駁，而是暗示老闆她可以幫點忙。她問老闆可以幫他分擔哪些任務，她願意用個人的時間來做。她保持冷靜溫和，減少老闆的反感。蘇珊說：「在任何談判中，停下來，站在對方的立場，從對方的觀點思考，真的很重要。」她現在是費城一家藥廠的資深經理。

善用第三方的力量

和第三方聯盟在職場上特別重要，組織重視數量的力量，因爲組織是數字組成的，組織代表成員的聯盟。如果你沒有足夠的（一）權勢；（二）說服力；（三）可信度；（四）和決策者的關係；（五）和情境維持情感距離，那麼第三方可以幫你。基本上，這是結盟的技巧。

艾瑞克．拉默斯想拜見信賴資源公司的財務長，向他推銷一個案子。但他從來沒和財務長說過話，財務長通常不和他不認識的人見面，冒昧寄信給他似乎也沒用。

不過艾瑞克認識公司的會計主任，會計主任認識財務長。艾瑞克親自去拜訪會計主任，展現他的動機和論點。艾瑞克也幫會計主任想好一句話，可以一語道盡他的提案：「流動性選擇」，那是公司的一大需求。那句話充滿了說服力，所以後來財務長邀艾瑞克、會計主任和公司的財務副總一起來開會。

拉姆．維塔運用第三方幫他蒐集資訊。他預期到銀行上班後就能拿到綠卡，那可降低美國簽證政策改變時對他的風險。但是人事長告訴他，公司的「標準政策」是一年的試用期，拉姆說：「他們不願妥協。」所以拉姆去找公司裡最在乎他的人來幫忙。

他去找雇用他的部門副總裁，副總裁知道有些例子是從雇用日開始申辦綠卡，所以副總裁讓申辦流程馬上啓動。拉姆說：「我以前覺得這些談判成功的故事都是童話般的結局，但我後來發現，如果你刻意運用這些工具，深入思考流程，其實它們很實用。」拉姆後來加入高盛，現在是副總裁。他說，最重要的是，**確保各方都能從過程中得到東西**。

所以，第一個選擇（拉姆的簽證例子中沒有這個選擇）是提供東西給對方，以進一步培養關係，而不是繞過對方。根據他們腦中的想法塑造提案是一種方法。

我的迦納學生歐弗族．泰特．庫優力耶想和公司的執行長談工作條件，但執行長沒時間，歐弗族還得知，執行長的想法是「要不要隨便你」。於是歐弗族打電話給執行長的執行助理。他見過那位助理。他問那助理，執行長有沒有需要完成的專案，對方說有。

歐弗族寫信給執行長，說他想進那家公司上班，但是對工作條件有一些問題。他打算回迦納過聖誕假期，爲了能和執行長親自討論，他願意幫執行長做一些專案（他也列出那些專案的名稱）。這封信讓執行長打電話來跟他說，先回家度假，之後再見面沒關係。歐弗族後來幫執行長完成專案後回學校繼續念書，在喬治城拿到法律學位。歐弗族說：「我還是可以去他們公司上班，他來這裡時，還是會打電話給我。」他運用了利益和第三方，也對執行長坦言。

步步爲營，漸進爭取

本章與本書中談到的多數談判都是漸進的，不是一次要求全部。這對大家來說是最難學的技巧。對方通常不願冒太大的風險，因此在每次談判中，你可以想辦法把流程分解成步驟，那不見得會花較久的時間，但如果不這樣做，結果通常是完全無法達成協議。

卡米拉．趙在華納家庭娛樂公司實習一個暑假，畢業後獲得那家公司的全職工作機會。這時她覺得自己比較想在華納的媒體娛樂部門，走財務與策略路線。但是她知道，她必須先獲得老闆傑夫的同意，才能在公司裡換部門。

不過光是向傑夫要求換部門，會顯得忘恩負義。傑夫在數百位求職者中把大好的機會給了她，她那樣要求，可能會破壞他們的關係以及她的職業生涯。

卡米拉說：「我站在傑夫的立場思考後，知道自己想馬上轉調部門的目標不切實際，所以我把焦點放在小步驟上：先在公司裡打好人脈。」

卡米拉問傑夫，她能不能偶爾做一些財務和策略方面的工作，因爲那是她長期的興趣。傑夫說，只要卡米拉把目前的工作做好，他對她長期的興趣沒什麼意見。學習關鍵領域的額外技能對公司來說總是有利無害。

卡米拉說：「你不見得每次都能馬上獲得你想要的東西。」她現在是一家電子新聞網路公司的副總裁：「但是你應該可以規劃一條幫你抵達終點的路徑。」卡米拉朝目標邁進，並滿足老闆當前的需求。成功有很大的程度是看你如何表述議題。

循序漸進也是指**你提出問題，了解當時的情況，而不是自己扛下整個問題**。莎拉．路易斯念賓大法學院時在紐約市一家知名的律師事務所打工，每週工作二十小時，但是公司兩位合夥人派給她的工作遠超過那個時數。

莎拉決定把問題提出來。她很聰明，沒把這件事塑造成自己的問題。她讓兩位合夥人看他們各自指派給她的工作量和種類細節，請他們決定她該做哪些，因爲她一週只有二十個小時可以完成工作。

莎拉說：「兩位合夥人討論後，重新分配我的時間。」她現在是紐約的企業法務人員。她開始協商時幾乎毫無控制力或權力，但是她可以逐步提出問題，重新取得她對個人工作和生活的掌控。她沒說工作多到令她吃不消，也沒說那是問題，就只是就事論事地陳述事實。

遭解雇時的談判要點

如果你遭到裁員，那也是你談判的機會。許多人一聽到被裁的消息，就發脾氣或出現情緒反應，不清楚思考。他們常亂了陣腳或祭出威脅。不過，多數地區的法令都對雇主有利，雇主通常有資源可以對抗你。如果你從容地談判，雇主通常願意給你更多的東西。他們可以給你很多對他們來說成本不大的事物。

首先，問對方，你能不能自己辭職。找出眞實及考慮周到的辭職理由。第二，要求保密協議，如果將來外界來求證資料時，限制他們透露資訊的程度。例如，「他以生涯規劃爲由，於三月二十三日辭職。公司的隱私政策規定我們無法透露其他的資訊。」如果你不這麼做，前雇主可能會向潛在雇主透露「你不適合重新雇用」。

第三，有些企業願意讓你成爲無償顧問一段時間，甚至會讓你保有辦公室、電話或幫你把電話轉接到你要的地方。請公司讓你使用公司的轉職就業服務，有些公司會出錢幫你找求職幫手，為你寫推薦信，展延醫療保險。有時你還可以免費或以便宜價格取得你的筆記型電腦或其他配備。

多數公司和產業都有標準的資遣條件，例如每年年資可換一週休假，有時提供的更多，你應該去查詢，例如在你無過失下裁撤整個部門的情況。閱讀員工手冊以了解細節，瀏覽網路，先別馬上簽下任何東西，除非那條件顯然很好。告訴公司你需要一、兩天整理思緒。如果他們是以某個理由把你開除，要求他們提出確切的證據，強烈抗議。通常對方需要提出明顯的證據，如果你記錄下你的善舉（如前述），他們很難證明你失職。

如果你符合特殊的類別，就提出來，即使沒有律師幫你，你也可以因此得到更多。例如年過四十的女性、受保護的族群或性別等。別爭吵，只要提出事實，問對方能提供什麼，說你願意簽署無訟協議。再次強調，你要冷靜，但態度堅定，你會因此得到更多。

除非公司很大方，否則我都會建議遭到開除的員工去找就業諮詢律師。即使你找了就業諮詢律師，你還是得試著自己談判，以維繫關係。不過如果對方特別難搞，你需要提出你擁有的具體權利。找公司裡面或外面認識主管又能幫你說好話的第三方，那可大幅改變雇主大方的程度。只有最麻木不仁的雇主才會容忍凌亂的過程。

對方愈過分，你應該愈高興。如果他們做了不合法或不當的事情，你可能因此要求更多錢。只要把那些事情記下來，找第三方諮詢就好了。保持冷靜，那不是世界末日，最後你會獲得更多。

以上建議也適用在雇主身上，你愈尊重員工，對他們愈公平，即使你開除他們，他們也比較不會報復，造成不必要的麻煩。

敏銳察覺情境中的訊號

注意潛在雇主發送的訊號很重要，例如一家公司安排羅拉．比齊到紐約面試，碰巧那時間她必須在學校做簡報。羅拉不想影響成績，所以她讓雇主了解時間相衝的問題。爲她安排面試的人不願幫她，但羅拉的面試者答應更改時間。

當初幫她安排面試的人認爲，羅拉的成績受到影響無所謂，應該以公司的方便爲重。顯然那不是整家公司的立場，但是在接受那種公司的工作以前，你應該先問清楚。羅拉現在是紐約一家信用卡公司的高階主管。

即使你在公司的地位很基層，沒什麼權力或影響力，還是可以用這些工具來改善職業生涯。艾瑞克．戴布里奇和公司一些資深員工一起開會，他沒提出自己的看法，而是指出事實和標準，然後問大家的想法。他們開始明白矛盾所在，支持他的看法。「即使你是房間裡最資淺的人，好的談判技巧可以用近乎不著痕跡的方式幫你達成目標。」艾瑞克現在是芝加哥避險基金的分析師。

我的學生運用工具從錯誤中學習，最終達到目標。史蒂芬．培傳克醫師在紐約大學上過我的課，他向一家醫院申請麻醉科主任的工作，他在沒深入研究醫院執行長的目標下就和對方見面。

史蒂芬說他會改善病人護理，把焦點放在卓越的表現上。但是執行長對削減成本和物流比較感興趣。史蒂芬說：「我以爲卓越的病人護理是共識，但執行長想要的是裁員的財務決定。」他沒得到那份工作。

他爲下一份工作面試時，研究委員會的十名成員每人面試他三十分鐘，一個接一個。史蒂芬說：「我問每位面試官，下一位面試官是什麼樣子。我刻意站在面試官的立場思考，判斷什麼論點能說服他們我適合這份工作，我問他們每個人，我要如何展現自己，才能從其他合格的競爭者之中脫穎而出，他們都回答我了。」結果他得到那份工作。

如果你運用這些流程，就會增加你錄取、保住工作、改善工作或找到更好員工的機率。這個流程最棒的地方在於，它一點也不難，它會提供你創造更好的職場時最重要的東西：一套結構化的流程，讓你更可靠、自信地爭取更多。

10 如何在商場上爭取更多

我有一個ＭＢＡ學生到布魯明岱爾百貨買一雙鞋，百貨公司裡有兩雙鞋擺得很近，看起來也很像，一雙售價一百三十美元，另一雙是二百五十美元，那雙貴很多的鞋子顯然做工比較精細。

學生對店員說：「這兩雙鞋看起來很像，雖然比較貴的那雙做得比較好。」店員說：「您說的對。」

學生說：「我猜貴的那雙應該不好賣，多數人大概都買比較便宜的那雙吧。」店員說：「您說的沒錯。」

學生問，那雙貴的鞋子會不會因爲賣得比較不好而停產，因爲那雙鞋也占了販售熱銷產品的空間。店員聽出了他的意思，告訴他：「我們幾乎不打折。」

學生聽到「幾乎不」三字，知道那表示偶爾還是有打折。學生說：「我買不起那雙比較貴的鞋子，但是我想，能不能以你還有獲利的價格買一雙，幫你銷貨。」「銷」這個字眼顯示學生了解店員的觀點。

學生接著說，她知道百貨公司的商品定價通常比成本高出一○○％（她做了研究），她在想，能不能以一百五十美元買那雙鞋。後來她以一百六十美元成交，省下九十美元（三六％）。

從電話公司到十億元的交易，全世界在買賣方面一直都有問題，感覺這世界愈來愈難應付，難搞的交涉者、隱藏的決策者、背信毀約、僵化的政策等，愈來愈多。

有數千人在市場上運用本書的技巧和工具，得到了驚人效果，例如在本來不打折的店裡獲得折扣優惠、數百萬分鐘的免費通話時間、以看似不可能的條件買賣商品或公司。本章的目的是幫你把看似不可能的事變成可能。

我要求學生做的第一個作業，就是去店家要求折扣。無論是披薩折扣，還是蒂芬妮項鍊的折扣，我的目的是希望學生能爭取更多。他們發現，只要用對方法，各種東西都能商談，即使是在非常高檔的地方。在多數情況下，你只需要準備妥當、敢問就行了。

大家一聽到我這麼說，最常問的是：「這不是在耍手段嗎？」你這麼做等於是拿了別人的血汗錢。對此，我的回應就像本書之前說的：「不見得。」如果你是從商店獲得折扣，誰獲利較多？你會更喜歡那家店，可能會再度光臨，給那家店更多的生意。如果你因爲善待店員而獲得折扣，店員可能心情大好，因爲許多購物者都對他們不友善，你的態度可能讓他們更有動力。

在前述布魯明岱爾百貨的例子中，誰獲益較多？不太清楚，對不對？他們交換了評價不相等的東西。布魯明岱爾百貨賺了錢，回收投資，騰出貨架空間，放置更熱賣的產品。耍手段會傷人，但是你爲了達成目標並不需要傷害別人。

一般的談判建議大多是要你一招打天下，不管是賣屋、買車，還是出售公司。但是你現在已經知道，談判需要因地制宜，視特定情況的人和流程而定。儘管有些工具比較常用，你還是必須把焦點放在特定情境、牽涉到的人，以及你的目標上。

所以，買車、尋求會計服務或買機票等，並沒有單一種方法或十種方法。方法有千百種，端看你的目標、對象、你選的流程而定。

善用標準和表述方式

我們先從「標準」談起，這是買賣東西時最常用的工具，原因在於市場上的談判大多（非全部）與價格及政策有關。標準不是你唯一需要的東西，但你必須熟悉這項工具才能有效談判，這包括把情況塑造成對方可接受的標準。

我們先從簡單的消費議題談起。多數人都會要求折扣，有時他們會如願得到，我們要看的不是那種情況。我要說明的是，當對方拒絕提供折扣時，有些人依舊成功要到折扣的情況，而且還一再要到。我的學生不會因爲遭到拒絕而氣餒或慌了陣腳。他們只會持續使用本書的談判技巧，直到達成目標爲止。

洛杉磯人才中介公司的助理肯尼斯．雷耶斯打電話給威訊無線公司好幾次，請他們修改帳單地址，但是他們一直沒改，使得他的帳單持續寄錯地方，還收他滯納金。肯尼斯沒發火，他打電話到客服部，是一位名叫妮可的客服人員接的。

肯尼斯問：「威訊有優越的客服標準嗎？」妮可回答：「當然有。」肯尼斯問：「爲了更改帳單地址，打了四次電話，這符合威訊的標準嗎？」妮可說：「不是。」妮可當場就幫他把地址改了，並取消滯納金。肯尼斯問：「我是老客戶，可以因爲這些麻煩而得到一些補償嗎？」這樣一問，就獲得兩個月的免費手機通話服務，價值一百二十美元，像這樣的好處可以積少成多。

這項談判的關鍵在於（就像我在第四章談標準時提到的），「絕對不要」讓自己變成議題。即使對方是混蛋，並不表示你也要當混蛋。況且那不是妮可的錯，爲什麼要怪她？另外大家也可以注意到，肯尼斯是以**提問**的方式帶出重點。

你可能會說，那有什麼了不起，不過就是得到一百二十美元罷了。但是你可以試試每天做一次這樣的談判，或一週一次。

要求破例也算是一種「運用標準」。馬克．佩瑞買了一支手機，十三個月後，就在保固期過一個月後，手機故障了。他問店員，AT&T是否曾在保固方面破例，店員把他拉到一旁，偷偷告訴他：「有。」馬克（現在是新加坡的大宗物資交易員）因此以半價買到新款的手機，省下一百美元。

店員爲何把他拉到一邊？因爲她不想讓所有人都知道。所以，當你要求對方破例時，別在很多人面前要求，因爲那只會增加對方的成本，讓他們更難爲你破例。（如果你希望對方符合他們自訂的標準，做法剛好相反，你會希望周遭有愈多人愈好，以突顯出對方做法的不公平和不一致。）

運用標準的一大重點是表述的方式：問對方一個問題，把標準放在那個問題裡。紐約的銀行經理安德魯．多爾蒂去買新的床套組，他希望得到更多折扣。「恢復硬體」公司的折扣是一五％，他問店長潘小姐的薪資是不是佣金制，對方說不是。他又問她，賣出任何東西有沒有銷售獎金，對方說「特殊銷售」才有。他問，昂貴的床套組算是特殊銷售嗎？結果他因此獲得四〇％的折扣，省下一千八百美元。

查爾斯．陳去電訊公司 T-Mobile 辦手機方案續約，他的家庭號方案有五個使用者，店員告訴他，更新家庭號方案只能送三支免費的手機。查爾斯研究該公司的標準，發現每位新客戶都可以獲得一支免費的手機。

於是他問店員：「T-Mobile 比較偏袒新客戶嗎？我們這些老客戶不是花比較多錢使用你們的服務嗎？」該公司的目的當然不是為了虧待老客戶，所以查爾斯（現在在台灣一家跨國顧問公司上班）續約一年，換得五支免費手機。

這是個大問題：公司給新客戶的條件通常比給老客戶的好。身為顧客，你應該把焦點放在雙方的關係上。T-Mobile 也提出同樣的要求，要求查爾斯續約一年，以證明他的關係有價值，那樣做並沒有錯。

HBO提供新顧客「半年月繳六美元」的優惠方案，紐澤西的供應鏈經理克里斯．希巴已經是HBO的顧客，他問客服人員能不能也給他同樣的費率優惠。他指出，HBO對他的推銷成本是零，對新顧客的推銷成本比較貴，結果客服人員提供他更好的優惠：「免費」試看半年。

為什麼對方會這麼做？因為克里斯提到自己是忠實顧客，又不貪心。許多消費者因為對公司的某件事或某個人不滿，而把氣出在碰巧接到電話的客服人員身上，客服人員整天都在應付這種電話。在可能充滿敵意的情況下展現善意——即使是運用標準時——是爭取更多的關鍵。

西雅圖金融服務公司的顧客分析專家伊格．瑟克拿時鐘去店裡鑲刻，那是要送人的結婚賀禮，他打算婚禮當天去取貨。但是他到店裡才發現，師傅在鑲刻過程中弄破了時鐘的玻璃。店家表示，等他們向保險公司拿到理賠金，他們願意更換整個時鐘。

但是伊格現在就需要那個時鐘，他知道現在發脾氣也沒用，所以他冷靜地對店家說，他需要在三十分鐘內趕去參加婚禮，那時鐘是他要帶去送人的禮物。他也提到，店內的其他時鐘有類似的玻璃，店家難道不能拆別的時鐘來修他那個鐘嗎？整個過程他都很冷靜客氣，伊格說：「店員謝謝我不像別的客人那樣對她大吼大叫。我知道只要我一直都很客氣，她就會盡全力幫我。」那位店員馬上拆下另一個時鐘，更換玻璃，伊格順利去參加婚禮。

不讓自己變成議題時，你就能拿公司的服務標準來質問公司。但是切記，「要用問的」，問句比直述句更有效力。

康卡斯特公司在費城顧問亞歷山大．寇斯塔比爾的公寓裡，裝了錯誤的有線電視和網路設備。他打電話到公司問客服人員，康卡斯特有沒有服務標準，對方說沒有。亞歷山大問：「貴公司要我如何恢復對你們的信心？」結果呢？他第一年的月費從一百二十七美元降為六十七美元，再加上連線裝置可享四十五美元的折扣，總共省了七百六十五美元。這是你應該常做的事。

亞歷山大還做了另一件事，那是關鍵所在。他找了**適當的人談判**，他想找一個親切的對象。

當你面對大公司時，他們的規模對你來說是有利的。如果客服人員對你的態度不好，你可以重撥電話，找一個比較親切的對象。

你是在耍手段嗎？當然不是，你只是在電話上應付一家大企業，你找人來支持你的論點，那有什麼錯？況且你把事情解決後，會對公司更滿意，更有可能再次光顧。

肯尼士．齊格勒運用交易對象的標準，幫他的電腦公司每年省下十萬美元。他研究供應商的標語：「隨時隨地提供可靠又實惠的溝通，以豐富生活。」他讓供應商看競爭對手的價格，說他們開出的價格並不「實惠」（標語裡的關鍵字）。

接著，他把問題丟給那家公司，他說：「想辦法讓你們的價格變得實惠，同時滿足我們的需求。」結果對方修改了服務，他們想辦法以每年少收十萬美元的價格提供類似的服務。肯尼士說：「只要一有機會，我就會運用標準。」現在他是公司的營運長。

以創意方式表述（或重新表述）事情的能力，在多數談判中都是一大優勢，這不是一朝一夕就學得來的，需要練習和準備。紐約律師米蘭達．所羅門和先生賴瑞加入紐約健身與網球俱樂部，每人每月的「標準費率」是一二四美元，所以兩人每個月要繳二四八美元，每年約繳三千美元。

米蘭達做了一些研究，發現健身俱樂部給企業的費率通常是個人費率的一半，所以她向客服人員提到，儘管她和先生不算企業，但他們也是在企業上班。這就是一種重新表述的方式。企業方案的目的是希望從同一家公司拉進許多顧客，米蘭達提到，他們夫妻倆也可以轉介朋友，達到同樣的效果，結果她這麼說，幫她一年省下一千五百美元的費用。

德凡．葛瑞分的未婚妻莎拉請他去買送伴娘的禮物，他買了幾件禮物，店家開價九七五美元。他說：「我問店家，他們曾給大額訂單折扣嗎？」對方說有，所以德凡指出，買十個總價九七五元的商品和買一個單價九七五元的商品其實沒什麼差別，都是一筆消費，不是嗎？對方一聽覺得有理，德凡（在芝加哥白襪隊的數位媒體部工作）因此獲得二〇％折扣。

某大職業球隊拒絕出售贊助權給傑夫．貝達的公司，他們說傑夫的公司出價太低。傑夫說，如果球隊是出售所有的權利，那說法一點也沒錯。他說：「但是我們只想買部分的權利，我們的出價比業界標準好。」他提出資料佐證，順利買下贊助權，那就是重新表述的價值。

喬希．波特無法獲得康卡斯特有線電視的促銷折扣費率，因爲他已經是訂戶。他問康卡斯特的客服人員，還有沒有別的折扣優惠。在這之前，他聽出客服人員好像感冒了，他祝他早日康復。客服人員說他可以要求「續訂費率」，喬希照著她的建議提出要求，因此獲得折扣費率（他現在是東京私募基金的負責人）。如果你和對方做朋友，他們會幫你想辦法達成目標。

消費者對產品或服務的了解通常比賣家少，你應該要勇敢詢問賣家，以前他們曾爲其他顧客做過什麼，他們通常都會告訴你，讓你受惠。

賈瑞．韋納問斯普林特電信公司，顧客收訊有問題時，他們會怎麼做，他因此獲得一年免費的簡訊服務（六千則），省下二百美元。賈瑞說：「後來我也幫我媽和我妹要到同樣的優惠。」

他目前在費城附近當基金經理人，「家人應該要有一樣的服務。」（表述方式）

李嫣問費城一家珠寶店的店員，是否有權幫沒有折扣的商品打折，店員回答有，結果李嫣馬上獲得一五％的折扣。一般人大多不會主動問，但隨口問這些問題，一整年下來可以省下不少錢。

許多人都知道要要求折扣：優惠券、季節性特賣、貴賓優惠、年齡優惠（年幼和年長優惠）等，但那只是皮毛而已。其實折扣的形式很多，包羅萬象，例如給某地住戶的折扣、殘障折扣、吸菸和非吸菸折扣、滯留旅客折扣、專業團體折扣，甚至店員也可以給喜歡的顧客「親友」折扣。

航空公司有婚喪喜慶折扣、學生折扣、教師折扣、現役與退役軍警及眷屬折扣、會議折扣等等。**買東西不先問有沒有折扣的人都會浪費錢，連億萬富翁都說他們會要求折扣，你也應該要求，多發揮想像力。**

就像其他的談判一樣，讓對方愈了解你的提案細節，你可以因此獲得更多。

醫療器材公司美敦力的行銷副總傑森．魏德曼聘請舊金山音樂學校的樂團，到他的婚禮上演奏一小時，樂團的經紀人瑪西雅想加倍收費（兩小時），包含交通時間，因為婚禮是在金門大橋的另一側提布隆舉行。

傑森說：「我問她，如果是在舊金山表演，表演者一般會加收車馬費嗎？」瑪西雅說不會，但是她補充，婚禮是在不同的地方舉行。於是傑森為瑪西雅說明交通有多便利：「樂團可以搭渡輪過去，婚禮小組會去渡輪站接他們，那不難吧？」事實上提布隆雖然在舊金山的外側，但是它離音樂學校的距離，比舊金山市某些地方離學校的距離還近，結果經紀人就沒加收車馬費了。

你應該一直提問題，直到你找到眞正的決策者爲止：亦即能幫你達成目標的人。費城的研究人員麥克斯．普利路斯基需要把會議的門票從週五改爲週六，但是售票處指出他們有「不退款及不換票」的規定。麥克斯心想：這裡誰是眞正的決策者？不是售票處，他們只是代售門票而已，眞正的決策者是那場會議的主辦單位。於是他打電話給主辦單位，逐步說明細節，後來售票處說：「沒問題。」

證據是談判中運用標準的關鍵，無論是提出書面證明或描述細節都可以。你應該要求對方出示他們聲稱的東西，提供證明。

蘿拉．普洛斯皮瑞提在費城的道格拉斯美妝店買了許多商品，但是她從來沒拿過朋友拿的試用品，或許是因爲店員不知道她是忠實客戶。她覺得店家不太可能有電腦紀錄證明她買過東西，所以她帶了去年扣帳卡的帳單到店裡。

蘿拉說：「結果我得到一份大禮。」蘿拉目前在家鄉羅馬的佳利律師事務所擔任律師。她說，幾年後，她還是留著那個裝滿樣品的「亮綠色化妝包」。她說關鍵在於結合關係和證據，當然也要有決心和對方談判。

個人關係的連結

除了運用標準以外，還要盡量拉關係，這樣買家才會付你更多，賣家才會收你較少。關係是一種精神付出，在充滿煩惱的世界裡可以替代金錢。

魯本．穆諾茲希望向赫茲公司租車時能獲得折扣，櫃檯人員喬凡娜說現在沒有促銷或折扣方案。魯本剛好身邊帶了兩歲的女兒，他注意到喬凡娜有孕在身，先問她有沒有孩子，她說她有兩個兒子，這一胎想生女兒。他們聊了一下，魯本提到養女兒的事情。

喬凡娜問他：「你有參加什麼專業團體嗎？」魯本說：「有，美國律師協會，但是我沒帶會員證。」喬凡娜說太可惜了，因為沒證件，她無法提供律師協會的折扣給他。他們又聊了一下，魯本問她，沒帶證件，電腦可以輸入折扣嗎？「她沒回應，但是在電腦裡輸入一些東西。」過了一會兒，魯本租車兩天的費用就獲得三〇％的折扣，喬凡娜自己推翻了公司的政策。

高盛副總裁卡洛斯．瓦茲葵斯直接把名片遞給店長珍，說他是 Xbox 的忠實愛用者，希望能獲得一〇％的折扣，結果他得到四〇％的折扣，他說：「這就是拉關係。」

找幾個你喜歡購物、吃東西或常去的地方，盡量去認識那裡的人，打開話匣子和人交流其實不太花時間。根據我的經驗，店員如果認識你，會很樂意花點心思幫你。

華金．加西亞是蘋蜂連鎖餐廳的常客，所以他籌辦生日派對時，打電話給餐廳的女店長，說他想在餐廳裡辦派對，請她給個折扣。店長告訴他，大型派對沒有折扣。於是他打電話給餐廳的行銷長，他提到他經常到店裡用餐，很想辦那場派對，而且一般餐廳通常會幫大型派對打折。行銷長後來爲開胃菜和甜點提供五折的優惠。華金運用關係，找出決策者，努力不懈，終於達到他的目標。他目前在智利經營家族事業。

每次丹尼爾．胡去酒鋪買酒，爲不滿一箱的酒要求折扣時，他說：「店家每次都一口回絕我。」有一次丹尼爾請店長喬治及侍酒師潔西卡出來，向他們請教對幾種酒的看法，以及他們的買酒理念，結果他們帶他逛了店裡一圈，開心地和他分享知識。他們說，很少人會問他們這些。

丹尼爾說，雖然他們兩位都不記得他，但他經常來店裡買酒，他提了幾支他買過的酒，他們都覺得那些酒很不錯。丹尼爾請他們提供建議，他們給了他一些資訊。丹尼爾說他通常一次只買六瓶，但常來買。結果，他們給他一箱的折扣一〇%。丹尼爾現在是北京的債券專業人士，他說分享資訊和建立關係是他每天都會運用的談判工具。

安妮．辛德雷問賓州大學裡 Au Bon Pain 餐廳的店員名字。店員說，學生從來不問她名字，她覺得自己好像在長春藤盟校裡服務的僕人，安妮因此以一美元價格買到三美元的飲料，安妮目前是迪士尼公司的財務分析師。

你或許會問：「如果每個人都這樣做，那怎麼辦？」不會大家都這樣做，況且我也說過，如果每個人都對彼此好一點，我們的世界會變得更好，你難道不希望看到這樣的世界嗎？

你如何和人建立關係？**提問**和**注意訊號**。施齊爾．蘇瑞希望他送修的筆記型電腦可以隔天免費送返，但是客服人員說辦不到。施齊爾問客服人員是哪裡人，對方說：「新德里。」他說：「我也是。」於是他們開始聊起新德里。他又問：「公司曾經提供隔日免費運送的服務嗎？」對方回答：「一般不會。」這句話是多數人忽視的訊號，這表示有時候公司的確會提供免費的隔日運送服務。

施齊爾問客服人員，能不能把他歸爲免費運送的類別，結果對方答應了，而且還給他一百美元的維修折扣。施齊爾如今在華府特區的科墨律師事務所擔任律師。

如果你先做好準備，比較容易和人建立關係。亞歷山大．吉尼克的妻子希望分娩時能有陪產員在身旁，亞歷山大研究這類人力資訊，發現收費介於五百至八百美元之間。他看上其中一位陪產員，但是對方開價八百美元。他沒先和她講價錢，而是先問她一些問題，以示尊重及欣賞她的背景和專業。

亞歷山大說：「我發現相互信任和尊重很重要，她顯然也對我的能力印象深刻。」後來陪產員只收他五百美元。亞歷山大現在是波士頓的投資專業人士。

你對周遭的人注意到多少？我指的是那些平常影響你得到的資源及體驗的人。

利塔．賀曼表示：「我在賓州的書店買書時希望獲得折扣，但是沒標示折扣的書是不打折的。我注意到店員，他看起來似乎很孤單疲倦，所以我開始和他聊天，問他能不能幫我打折，結果他拿起我要買的書，以低於二手書的價格賣給我。」利塔現在是哥倫比亞大學法學院的學者。

有時候有人會問我，這樣做公平嗎？我的看法是，書店因此得到一位開心的顧客和更有活力的員工。如果有十億人都這樣對話呢？那對整個社會不是有正面的效益嗎？

弗朗斯瓦．哈爾想用AT&T的長途電話服務，AT&T是固定費率，他說：「我沒用過AT&T的服務。」他來自法國，講英語時帶著法國腔，他問客服人員：「你去過法國嗎？」對方回答去過，還說他很愛法國，他們因此聊了起來，結果弗朗斯瓦的年費省了好幾百美元。

弗朗斯瓦表示：「我沒什麼優勢，只是數百萬顧客中的一位，但是我拉起關係，這就值很多錢。」弗朗斯瓦目前是巴西摩托羅拉的產品管理長。

有時候，關係不見得要與你有關，也可以是**你認識的人**或**你隸屬的組織**。史蒂芬妮．萊拉斯去年到J. Crew買一件套裝，她希望能獲得一五％的學生優惠，但是折扣時間早就過了。

史蒂芬妮對店員提到，華頓商界女性社團最近和J. Crew合辦一項活動，她剛好是那社團的成員。店員對華頓商界女性社團很感興趣，她們因此聊了起來。史蒂芬妮後來問店員能不能重新考慮她的請求，結果她真的得到了折扣，她說：「人際協商可以發揮影響力，關係很重要，態度也很重要。」

這招不見得每次都管用，有些店家不管你是不是常客都不願協商，但是多方嘗試可以比完全不試更常獲得折扣。

史黛希．布雷納是以非言語的方式建立關係，她在時髦的鞋店Steve Madden買了一雙一百三十美元的鞋子，希望獲得折扣。她穿著該品牌的鞋走進店內，和店員聊店中展示的幾雙鞋，結果她獲得店內每樣東西都可以打七五折的優惠。史黛希所做的，是以一舉一動肯定店裡的每個人。

史黛希說：「這很誇張，我從來沒料到我可以每件商品都獲得七五折的優惠。」她現在是舊金山的醫師。

現在大家應該可以明顯看出，**結合幾項工具的效果，通常比依賴單一工具的效果更好，也是必要的。運用人際關係和標準，是在對方對你產生好感後，給予對方具體的理由來答應你的要求。**

麗貝卡．科斯基從 J. Crew 網站買了一件瑜伽短褲，她希望能用一張過期的八折優惠券。她告訴客服人員珊蒂，她想買那件短褲來練瑜伽減肥，她問珊蒂有沒有練過瑜伽。

珊蒂說她沒練過，但是她說她減了一百公斤。麗貝卡當時是醫學院的學生，一聽覺得珊蒂很了不起，她們聊了幾分鐘珊蒂的減肥方式：水中有氧運動、踩腳踏車、醫療輔助。麗貝卡問珊蒂的職業生涯有什麼目標，珊蒂說她想讀小兒科醫學，所以麗貝卡給了她一些建議。

接著，麗貝卡說她有一張八折的折扣券過期了，但她知道 J. Crew 的目的是提供卓越的顧客服務，珊蒂當然很清楚這點，珊蒂甚至還幫她減免了運費。麗貝卡說：「和人建立關係，分享一點自己的資訊，多了解對方，可以產生極大效果，珊蒂甚至提供我沒要求的東西。」麗貝卡現在是西雅圖的小兒科醫師。

善用交換和串連

麗貝卡和珊蒂協商時，至少做了另外三件重要的事。她交換資訊，提供職業生涯的建議，讓這次協商和其他協商產生關連。換句話說，她提供有價值的東西給珊蒂（包括內隱和外顯的）。

之前我們看過這項工具的效力：運用無形的東西，讓你的談判和其他不見得與交易有關的需求與利益產生關連。這樣做可以把餅做大，讓雙方更有可能達成協議，尤其是在金錢不對等的情況下。以下是在市場上可以運用的一些方法。

每次你買東西時，別只是把它當成單一筆交易來看待。顧客重複光臨時，消費會積少成多。你是分次購買多項產品，你可以用那種方式來表述。

艾娜．修伊從費城的麗思相機專賣店買了Nikon的數位相機，艾娜表示：「雖然麗思保證，相機一定比照費城的最低價出售，但是我在別處找不到更低的價格。」找不到更低的價格，就拿不到折扣。

艾娜告訴店長查德，她想學攝影，等她更了解攝影後，會買更多的攝影裝備，她問店長能不能幫個忙。結果查德免費送她一套二百美元的攝影課程，以及兩年的國際保固（一般標準是一年的美國保固）。艾娜不單是獲得她想要的折扣而已，還得到免費的東西。

即使你只買兩項東西，也應該要求量販折扣。狄恩．克里希納是我法學院的學生，他去百思買買兩部平面電視時，把它塑造成「量販折扣」的情境。首先，他先找到負責那部門的決策者買斯丁，接著狄恩問他是怎麼當上部門負責人的。

狄恩說：「他對自己的碩士學位很自豪。我們聊了幾分鐘以後，我問他能提供什麼誘因，讓我今天一口氣買兩部電視。」賈斯丁說他可以用員工折扣額外幫他打九折，狄恩現在是愛荷華州的稅務律師。

前面提到那個成功和T-Mobile交涉的查爾斯．陳，後來去蒂芬妮幫未婚妻愛麗莎買訂婚戒指。他請店員針對其中幾款戒指給他一些意見，他也告訴店員，他希望這次消費後，將來常帶太太來消費。他向店員要了名片，說他很高興這裡有認識的店員。結果店員爲他買的七七〇美元戒指打了七%的折扣。

如果你願意長期惠顧，公司會給你折扣以示回饋，你應該多利用這個方式。

維卡斯．邦薩爾希望讓三歲的女兒凡妮去小小健身房上課，他進門後問店內助理：「我該和誰談報名折扣？」助理請他和店長約瑟夫談。維卡斯希望獲得折扣，但是他也知道，除非他爲約瑟夫做點什麼，否則只爲他女兒一人要求折扣並不公平。他該爲約瑟夫做什麼呢？後來他發現，約瑟夫的課程還沒額滿，只招生六〇%。維卡斯說，他會幫他宣傳，讓他們那棟公寓大樓裡另外三個有小孩的家庭也知道開課消息，結果他獲得一五%的折扣和兩堂免費的課程（價值四十美元）。

你必須想辦法了解對方腦中的想法，才能爲對方塑造長期效益的遠景。幾年前，馬克．麥考特想買四又三分之一的八度音階紫檀木木琴，那木琴的定價是三千二百美元。

店長丹只願意給他一點點折扣，馬克想讓店長知道他會常來購買。他研究後發現，批發價約一千六百美元，所以他的出價比那個價格稍高一點，但是他也表示，他願意多付二百美元，折抵將來購買的東西。結果店長以一千六百美元賣給他那部木琴，等於是零售價打五折。

誰受益最多？這很難說。馬克買了木琴以後又買了豎笛課程，也幫孩子買了一套鼓，還有吉他的背帶和吉他弦，以及其他樂器。他的兒子學了木琴，在州際高中比賽中成爲首席打擊樂手，後來進亞利桑納大學也成爲鼓號樂隊的隊長。八年後，馬克說：「我們還留著那部木琴。」馬克現在是甲骨文公司的區域副總裁。

只要依循這套流程，你會經常意外發現，你可以得到更多。史戴凡．杜福爾向新飯店的業務經理詢問，在那裡租場地爲華頓的社團辦活動，價格是多少。對方報價超過一千美元，史戴凡接著問，如果他幫飯店在校園內宣傳，有沒有什麼優惠，對方說：免費。

這些工具也適用在事業上。上一章提到的伊格．瑟克（婚禮時鐘的例子）請原料供應商延後漲價半年，幫公司省了六十萬美元。他答應那半年會提高訂貨量，所以供應商才答應延緩漲價。供應商的業務人員之所以會答應，是因爲他的紅利獎金是看銷量及價格而定，當時又適逢獎金評估期，伊格表示：「我會注意影響對方行爲的因素。」

如果你是供應商，你可以用批發價來留住客戶。賴瑞．鮑斯基的客戶打算把生意轉給另一家價格較低的競爭對手，賴瑞連繫公司裡其他也和那家客戶有往來的部門，協商出一套可媲美競爭對手價格的全套方案，賴瑞是把它當成更大的交易來看待。

一位客戶向舊金山「光臨軟體」公司的派崔克．亥能抱怨產品定價太高，派崔克深入研究後發現，雙方以前的關係出過問題，例如產品效能未達到承諾的水準。派崔克說：「眞正的問題不在價格，而是信任。」他處理了信任議題後客戶就不再抱怨了，業績也跟著提升。派崔克現在是醫療保險顧問。

在事業方面，人們對工作保障與職業生涯的關注，通常更勝於對升遷或獎金的關注。丹．史崔曼是艾達電信科技公司的經理，他爲了一筆生意相當苦惱。他銷售三種產品，但客戶只想買其中的兩種，覺得第三種產品沒什麼價值。丹想賣整套產品（連同價格昂貴許多的第三種產品），他覺得長期來說客戶會因爲購買整套產品而受惠。

在思考談判時，丹做了角色對調，站在客戶的立場思考，他發現客戶其實很喜歡第三種產品，但是客戶擔心買了產品以後，公司裡其他人用了那產品會因此受惠而贏過自己。

丹說：「所以我們告訴他，我們會向他公司的資訊長建議，由他來負責這項專案。我們也向他保證，只有專案成功時，那專案才歸他所有，萬一專案失敗，我們會負起全責。」後來客戶買了那套產品，結果相當成功。丹找出了眞正的問題以及創意的解決方案。他目前是舊金山一家能源研究和管理公司的資深業務開發長。

了解知覺和風險

如果你可以讓對方覺得風險沒那麼高，通常可以談成更好的交易。吉恩．尹想聘請一家投資銀行幫他收購一家公司，銀行要求他先付一大筆不退款的訂金，以降低風險。

吉恩提醒投資銀行，他的集團曾和他們合作完成兩件案子，雙方「已經是朋友」，所以和一般案子不同，銀行後來簽了不必先付訂金的合約，吉恩表示：「我們同時運用了關係和標準。」他現在是紐約高盛私募股權部的董事。

讓對方覺得風險沒那麼高，可抵數百萬美元的價值，這些工具也適用在事業上。

在談判中每次面對風險的知覺時，你應該馬上想到「循序漸進」。循序漸進可以降低對方認定的風險程度，這表示你可以把交易過程分成若干個試用期。

汽車買賣的談判原則

買賣汽車的協商不見得一定要拖拖拉拉，有很多資源可以運用。你們大多已經知道怎麼做了，不過談判情境中有些事需要注意。

首先，不先上網查經銷商的成本和汽車價值的人可能會浪費錢，無論是交易新車或二手車，這都是必要的準備。就連我的助理都知道要查「車輛識別碼」，以了解二手車的歷史。上網搜尋

「買新車」或「買二手車」，可以看到很多很好的建議。

金融服務資深副總艾拉汶·伊曼內尼也擅長個人談判（優秀的談判者面對任何議題都是流程專家），他住在里奇蒙市，想買特定的二手Lexus車款，他說：「這種車在里奇蒙市只有一輛。」開價二四、五〇〇美元，「比我的預算高出二千美元。」

所以艾拉汶深入研究，他上carmax.com，發現那款汽車在亞特蘭大只賣二一、二〇〇美元，便宜了三千三百美元。他查專業購車網站「凱莉藍皮書」，發現價值是二萬三千美元。他把這些資料都傳真給里奇蒙的經銷商，結果呢？他根本不需要親自說明，經銷商就在電話上開價二一、九〇〇美元。幾小時的研究幫他省了二千六百美元。

艾拉汶的研究也發現，只要加付一千五百美元，車廠會提供三年十萬英里的保固，經銷商的保固成本約只有一半，所以他說他願意付經銷商開的二一、九〇〇美元，但是那價格要包含延伸的保固期。這樣一來，經銷商的開價可以媲美carmax.com的二一、二〇〇美元，等於是以七百美元提供保固。經銷商同意了，艾拉汶說：「一點也不麻煩。」

買新車時，先找出賣給現有車主的促銷優惠（所謂的「親友價」）以及即將推出的優惠。經銷商有時會透露這些資訊，尤其是在你和他們建立關係，或讓他們相信你可能介紹朋友來買的時候。

請經銷商說明發票上每筆明細的意思，並逐一檢查。例如，「經銷商準備」可能只需要兩小時，不需要幾百美元。運費和證件費通常會灌水，展示車通常很糟。你要假設對方可能說謊，仔細檢查每張單據。租賃利率通常也會灌水，租賃和「零息貸款」通常會用較高的底價計算。網路上能找到的資料多得驚人，你應該事先讀過，以免事後後悔。

無論你用什麼標準，還是要以人爲重。和對方建立關係，努力放大談判的範圍。如果業務人員讓你感到不自在，就別和他交易，改找別人交易。每次有人想加賣你東西時，要求對方給你批發價，之後要記得檢查。小心別耍手段，例如藉由批評賣家的車子來壓低價格，這種伎倆只會貶抑賣方，讓對方產生防衛心態，改用「標準」是比較好的方法。

以上的方法也適合經銷商拿來面對買家。揭露資訊及運用公平的標準有助於獲得信任。如果對方的開價太離譜，可以客氣地請他們證明價格的合理性。

拉斐爾．洛西羅從榮恩二手汽車行買了一輛沒擔保的車子。一個月內，那輛車需要花七百美元修變速器。拉斐爾回去找榮恩，說他家裡預算真的很緊，他請榮恩負擔一半的修理費。

拉斐爾說：「我問榮恩，如果車子出售以前就有隱藏的瑕疵，他們是否曾爲沒擔保的車子負擔部分的修理費？」榮恩回答：「通常不會。」這個回答就是一個訊號，那表示「在某些情況下，他們偶爾會幫忙負擔部分的修理費」。

拉斐爾告訴榮恩，他是賓大法學院的校友，那個月要帶八十位新生認識校園，他很樂意告訴他們，榮恩如何以半價幫他解決二手車的問題。拉斐爾（現在是紐約的律師）總共用了四種不同的談判工具：**建立關係**、**保持冷靜**、**不爭論誰對誰錯**、**不要求太多**，結果他得到了他要求的三百五十美元。

這是另一個人際關係戰勝合約條款的例子。這裡舉的兩個例子顯示，本書的工具如何把棘手的交易變成比較簡單的交易。

你的檢查清單也應該包含下列資源：

◎租車公司、銀行、貸款公司也賣二手車。拍賣通常是由專業人士主導，因爲現場就需要現金和技師。

◎美國高速公路安全管理局有一支免付費電話，可以打去查汽車瑕疵或召回資訊。商業改進局和州檢察長通常會列出經銷商有哪些尚未解決的糾紛。你可以運用那些資訊要求額外的保固。

◎除非你是汽車技師，沒請汽車專家檢查以前就買二手車是愚蠢的。

一發現你不喜歡的東西，就「停下來」，休息一下，之後再重新開始，沒人逼你一定要在今天做這件事，你應該掌控流程，才能得到更多。最好能請一位轉業的汽車業務員，或離開經銷商的業務員來當你的買車「顧問」，找這種人可能不容易，到處打聽看看，你終究會得到回報。

有關信用卡的談判原則

每年消費者因爲不知道如何有效談判，而多付了數十億額外的信用卡利息，以下是你可以運用的方式，每個月都做，直到你滿意為止，把它當成兼職工作一樣，你因此省下的錢可能和兼差賺的一樣多。

◎要求他們給你最好的利率，問他們何時給顧客最好的利率？如果你永遠準時付款，可以拿到那利率嗎？

◎把焦點放在信用卡公司重視的東西上。肯尼斯．雷耶斯告訴花旗銀行的客服專員：「我是你們銀行十幾年的忠實顧客。」這通電話只講了五分鐘，幫他把信用卡利息從二二％降為一五％（一年約省五百美元）。美國運通強調「世界級的服務」和「誠信」。Discover 信用卡提供「消費者和企業最有利的金融服務關係」，你可以運用這些標準來要求他們。

◎建立人際關係。克萊奧．薩葛林問花旗銀行的瑪希是哪裡人，瑪希回答南達科他州。克萊奧最近才去過當地，他們聊起那個地方，結果瑪希提供他六個月的零利率優惠。就某種意義來說，瑪希是以這項優惠來感謝克萊奧，謝謝他把她當人看。

◎問他們是否提供同類客戶較低的利率。如果對方不願給你較低利率，你可以先掛電話，待會兒再打，找別人談。

◎請他幫你接信用卡公司的留卡部。紐約公共利益律師約翰．樊就是這樣對美國銀行說的，他說：「你能幫我個忙，讓我繼續和你們往來嗎？」他提到別家銀行給他較低的利率，美國銀行馬上幫他調降利率三％，幫他一年省下幾百美元。

◎仔細閱讀你的信用卡合約內容，確定銀行遵守他們自己的標準。閱讀「公平信用收費法案」和「公平信用報告法案」，這些都可以上網找到。運用這些內容做爲談判基礎，當你碰到麻煩時，幾乎每家信用卡公司都會幫你調降費用。

◎熟悉「針對信用卡公司提出申訴的方法」（或「針對信用報告機構提出申訴的方法」）。把這些字眼或類似的字眼輸入搜尋引擎中。貨幣監理局和聯邦儲備局也會處理消費者針對發卡銀行所提出的申訴。

在談判一開始，你可能不知道哪個工具的效果最好：究竟是堅持到底，還是循序漸進，或是建立關係，還是引用標準。你可以多方嘗試，把你向各單位（例如美國各地的商業改進局、消費局、聯邦貿易委員會、英國的金融公評人服務部）提出的申訴副本寄給信用卡公司。

當然，這些做法都應該循序漸進。每寄出一封信，就看對方是否願意協商。在提出申訴以前，先引用他們的標準來要求他們。一開始需要花點心力去蒐集資訊和電話號碼，整理檔案，但是你做了以後，你就變成準備完善的談判者，最後會得到更多（金錢和滿意度上）。

對於在信用卡公司及催繳機構工作的人來說，以下是給你們的意見：如果你對消費者公平，不讓不講理的員工接聽電話，就不會接到很多申訴，會有更多人準時付帳，或許連國會都比較不會對你們施壓，本書的工具對你們來說也很有效。

房地產買賣的談判

買賣房子通常是一般人做過最大的交易，也是多數人痛恨的協商，買方和賣方都怕受騙上當。只要用對談判工具，這種情況就不會發生了。

潘米拉塡完房貸申請時，房貸公司的人告訴她，利率鎖定期是六十天。但是她的申請獲准時，鎖定期卻只有三十天。

潘米拉在巴黎的美國國務院擔任資深顧問，她表示：「我在出問題以前，就已經記下所有的電話內容、通話人員和電話號碼。」接著她查出那家銀行的使命宣言，那裡面列了各種標準，包括客服的重要。當她打了多次電話，房貸部門的主管都不回電時，她記下打電話的日期、時間、留言等。她持續記錄銀行的惡形惡狀，同時不斷地往銀行高層提出申訴。幾天後，她就要回了額外三十天的鎖定期。

「一定要這樣大費周章，才能獲得對方的承諾嗎？」很遺憾，有時候你的確需要這樣做。記得隨身攜帶筆和筆記本。如果你擔心對方不守承諾，或自己受害太深，就記下細節。一開始你可能會覺得很多餘，但是等你需要用到時，會發現一切辛苦都是值得的。

全國各地房地產仲介索取的佣金是介於一%至六%之間，和仲介協商就有機會省下數千美元。多數人認爲超過四%的佣金太多了，很多人覺得超過二%就太多了。你難道不希望自己留著那些錢嗎？一間房子的價格如果是三十萬美元，少二%的佣金，就可以省下六千美元，那可不是小數目！

21世紀不動產公司表示願意以三%的佣金幫陳傑賣房子，陳傑上網研究，發現 ziprealty.com 只收二%的佣金。陳傑在費城附近當股票分析師，他比較想透過21世紀賣房子，因爲他們是本地仲介商，比較好找人。但是21世紀必須降低佣金比例，他才肯讓他們幫他賣房子。結果對方眞的把佣金比例調降爲二．五%，讓他賣五十萬美元的房子省下二千五百美元。談判時間是五分鐘，他運用的談判工具是「標準」。

如果你擔心佣金付得少，仲介不會努力幫你賣房子，你可以發揮創意，提供一些誘因。假設你和仲介看過類似的案子後，認爲你的房子應該可以賣到四十萬美元，你可以開出下面的條件：房子賣價四十萬美元的部分，你付他二%的佣金，超過四十萬美元的部分，你可以付他二〇%。如果他幫你以四十五萬美元賣出房子，前面四十萬美元的佣金是八千，額外多出的五萬美元，他可以抽佣一萬。這樣一來，佣金總額是一萬八千美元，他的佣金等於是總價的四%。

你覺得多付這些錢不好嗎？如果你那樣想，你「必須」擺脫那樣的心態。你在四十萬美元之外又淨賺了四萬美元，那是意外之財。你要想的是**達成目標**，而不是要贏過別人。

你也可以採取其他創意的選擇，一種是固定費用，另一種是按時計費（一般是時薪七十五美元至一百五十美元之間），外加一個上限。這兩種方式都需要績效標準，仲介必須把房子賣出去才行。

你結交的人脈愈多，愈有可能達成目標。試著和對方見面，聊聊天，了解他們有沒有無形的需求。介紹你的孩子認識他們的孩子，這也很重要，因為萬一買賣出了問題，這些人際關係可以當緩衝，防止交易破局。

我談判課的一位學生去舊金山找房子，那地方擠滿了看屋者，等到屋主有空和他談時，他不是馬上談價錢，而是先問屋主為什麼要賣房子、要搬去哪裡等。聊了約二十分鐘後，賣家把其他的看房者都請了出去，以低於最高出價者的價格把房子賣給他。

為什麼？因為他們建立了互信關係，很多人買賣東西時喜歡要伎倆，有些人不履行承諾。這個例子中，賣方覺得這個買家花心思認識他，房子應該可以成交。

通常仲介不會讓你接近另一方，因為他們擔心你會繞過他們去協商以節省佣金。仲介不願讓你和對方接觸時，你可以問他是不是擔心佣金的問題。你可以表示，你願意簽不規避協議，保證成交時付他佣金。

即使仲介拒絕讓你和對方談，你還是可以持續問仲介與對方有關的問題。你了解的愈多，就愈有可能出現關係，即使是透過第三者亦然。切記，成敗之差相當微小。

美國有很多州要求賣方充分揭露資訊，要是揭露不全，會受到嚴厲的懲罰。仔細看過揭露的內容後，你要堅持讓驗屋師檢查房子。如果賣方拒絕，你就要提高警覺了！你可以質問對方，在不檢查物件下叫你如何放心支付那麼多錢。驗屋前的開價都應該根據驗屋結果再做調整。如果驗屋師發現大問題，你可以要求對方降價。

我買房子時就發生過這種事，驗屋師發現很多沒揭露的問題，仲介說：「太慘了，價格不能改。」我說：「那你要怎麼對下個買主交代？」仲介說她不會更改揭露的內容，我說，她現在已經確定房子有那些瑕疵了，如果不把那些瑕疵列入揭露資訊中，她會因此丟了執照。

這是遇上難搞交涉者的情境，但是我們運用標準和未來遠景來處理。我沒直接威脅仲介，我說我們願意當場買下房子，何必重新再談？結果我們在房市蓬勃時，以低於開價一九％的價格買下那房子。

如果你是賣家，這表示你不該隱瞞實情。一開始就要揭露壞消息，如果買家覺得沒問題，房子就能順利成交，尤其是在對方相信你的情況下。把房子的優缺點一併提出來，建議他們如何修改缺點，例如給他們一些當地值得信賴的包商的連絡方式，這可以增加你的可信度。

家族事業的談判原則

談買賣的章節裡，如果不談家族事業，就不算完整。全球有八成以上的員工爲家族企業效勞，美國《財星》五百大企業裡，也有三分之一（約一百七十家）是家族所擁有。家族事業貢獻了六五％以上的美國國民生產總值，在國際上占國民生產總值的比例更高。

這是相當驚人的數字，商學院和經濟學家都不太關注家族事業的相關買賣動態，所以很多事業的領導者都不善於因應多數的企業。這些家族事業也不太會應付相關的動態。

我曾爲家族事業的交易「提供諮詢」，我自己也是家族事業的「合夥人」，課堂上我會談家族事業的個案，也寫過家族事業的個案，所以我親身體驗過家族事業的動態，也有研究那動態的經驗。以下是這類事業（其實就是世界上的多數事業）談判時的關注重點。

家族事業的一些特徵：

◎自豪、情感、強烈的自尊
◎大家為了老問題而戰
◎很多人覺得受到低估，不受重視
◎中央化的決策
◎組織結構可能沒反映實際的權力或影響力
◎資產因個人數十年的努力而高估
◎比較不受股東的影響
◎個人財務可能掩蓋了公司財務
◎不太容易開除員工
◎無形資產非常重要
◎比較不依賴外部專家
◎公司「文化」是關鍵
◎能力不見得是工作的關鍵

顯然，情感（亦即阻礙有效談判的敵人）在家族事業裡比較普遍。家族事業裡的人常把每件事都看成是衝著自己來的。他們覺得自己受到低估，爲過去的事爭鬥，不按邏輯做決策，做很多不利交易的事，比較難達成目標，他們的目標通常不是只爲了金錢。

面對家族事業時，應該要特別注意，是不是情感在驅動決策，注意是不是必須提供無形資產，是不是應該動之以情。你要自問，自尊可能對價格產生多大的影響。

無論你是在南美買手工雕像，還是在芝加哥買整家公司都是如此。無論你是向亞特蘭大的三兄弟推銷你的想法，還是在非洲想要出售某人的咖啡園也是如此。情緒化的人比較不會聆聽資訊，比較容易分神，偏離目標。

本書的工具可以幫主管有效因應那樣的議題。就像跨文化的談判一樣，先從找出與重視對方的知覺印象開始。

邁克．法雷曾是安達信會計師事務所的投資銀行合夥人，當時他幫客戶收購一家成衣公司時遇上困難，邁克表示：「成衣公司老闆的預期完全不切實際。」

不過，邁克和他的團隊漸漸抽絲剝繭，了解原因，邁克說：「老闆對這家公司充滿了感情。」邁克現在是邁阿密一家房地產收購公司的董事，「我們站在他的立場思考後，發現了答案。」他們發現那家成衣企業的老闆希望能繼續留在公司三年，並獲得多種額外的補貼。他希望獲得公司〇．五％的股權（價值二百萬美元），也想用公司的專機，尤其是每年搭公司專機去度八週的假期，他也希望員工都能繼續留下來。邁克答應了這些無形的要求，因此得以四千二百萬美元的現金及許多股票，買下這家價值超過四億美元的公司。

另一位買家想買一家私人企業時，碰上的情感衝突更加棘手。那家私人企業有兩位業主，一位想賣公司，另一位不想賣，買家問那人爲什麼不想賣，那人回答：「我想死在自己的辦公桌前。」這是買家必須事先準備的深奧議題。爲了讓交易成交，買家爲這位「堅守崗位的創辦人」創造了一個有意義的角色，因此能以較低的價格買下公司。買方表示：「情感比金錢或其他的一切更重要。」

最後一個重點是，無論是崇高議題或閒聊，幾乎都對談判很有效，這會讓你在人生的無數談判中顯得更有人性，也會讓你得到更多。

喬希．艾洛依週日去一家熟食店，他想點週二特餐：特大號的火雞三明治配薯條和一杯飲料，半價。熟食店說他們無法半價提供，但他還是照點，付全價，沒抱怨。喬希問做三明治的師傅：「費城人隊打得如何？」於是他們開始聊起棒球，喬希在小費罐裡放進一美元的小費。他們一邊聊，師傅做的三明治和薯條愈來愈大，最後服務人員只收他週二特餐的價格，還給了他很多的食物。喬希說：「關鍵在於培養關係。」喬希現在是律師。對別人來說，那不過是熟食店裡的對話，但是對喬希來說，那是讓他「獲得更多」的談判。

11 人際之間的談判

在我的談判課上有一位經理，希望把母親送去養老院，她覺得那樣比較安全，母親可以獲得比較好的醫療照護，身邊也有較多人陪伴。她母親雖然認同她的看法，卻拒絕前往，她母親一再說：「我還沒準備好。」

她母親說她不想和自己的東西分開，那些都是她一生珍愛的東西。後來女兒說出母親的恐懼：「一旦把東西扔了，也等於是把生活扔了，接著只是在等死罷了。」她母親一聽就哭了，坦承她的確是那樣想的。

女兒建議她把東西都帶去，他們可以在那附近找到儲物空間。等她母親準備好以後，她可以幫她整理那些東西，留下她想要的，捐出或丟棄剩下的，她母親後來終於答應去住養老院。

市場上有價值數十億美元的產業，專門幫人修補關係，例如心理醫師、婚姻諮商、調解員、商業顧問、家庭顧問等。不過根據我課堂上的經驗，多數關係的問題顯然不需要專業人士的協助。無論是事業關係或人際關係，這些關係之所以會出問題，都是因爲欠缺了解，才會溝通不良，這些問題通常是可以迅速輕易化解的。

缺乏適當的技巧和治療，小傷可能惡化成需要專業醫療的大病，關係也是如此。在問題惡化以前，修補關係的方法比較直接，就是對對方動之以情，問更多的問題，先聆聽，思考對方的情緒和感受。

當然，有時候我們還是需要專業人士。不過許多用了本書工具的人，都大幅改善了他們的關係，也拯救了友誼、婚姻和交易，同時發現更好的方式來吸引及留住他們關心的人。

前例中應該強調的是，母親出現情緒反應，女兒直接處理那些情緒感受。她了解母親的知覺印象，以表述的方式對母親動之以情。

本章會更深入探討有效改善關係的工具。當你運用這些工具來解決關係的問題時，可以為自己和夥伴爭取更多。

第六章提過，關係裡有很大一部分是情感，但是維繫良好的關係不只需要ＥＱ而已，還需要本書前半段所列舉的多種工具：標準、交換評價不相等的東西、解題、循序漸進等。所以我們這裡不只鎖定單一策略，而是運用多種策略與工具來改善關係。

首先，你應該很清楚，你真的需要培養或維繫關係。

商業上，有很多人假裝要和你建立關係，但實際上他們只想利用你的知識或關係，來追求個人的成就。

這就是所謂的「騙局」，他們假裝是你的朋友來騙取你的信任，然後開始予取予求。前面提過，在商業上當一個人欠缺公平達成目標的技巧或經驗時，就比較可能撒謊、欺騙和耍手段。所以討論關係時，前提必須是你應該努力和值得信賴的人培養關係。面對無法信賴的人時，你還是可以和他做生意，但是你需要放慢速度，循序漸進，獲得對方的承諾。

在關係中，我們會向信賴的人透露想法、客戶，有時連銀行帳號也會透露。在你透露資訊之前，首要的基本原則是：**面對愈不確定的信任關係，你透露的資訊愈少**。

第二項基本原則是：**最糟可能發生什麼情況**？**你已經做好自我保護了嗎**？我最喜歡的一種說法是：「就連多疑者都有眞正的敵人。」即使是工作看似最穩固的人，無論他們的資格再好，也有可能因爲謊言、影射或政治角力而失足飲恨。

在如今的組織裡，忠誠度大不如前。公司裁員的理由千百種，即使組織宣稱他們支持「共治」和「道德倫理」，也不見得會在日常營運中落實這些理念。

多數公司都宣稱他們支持多元化。前面提過，資料顯示，有多元想法的組織比較有創意，獲利也比較好，但只要試試在組織裡做與眾不同的事，就有可能會被當成異端。一項研究發現，管理高層會挑選觀點跟自己類似的人擔任公司的新董事，「由此可見想法的一致」。另一項研究顯示，組織的多元化承諾往往不實際，實際上大家重視的是一致，差異會導致分裂。

我對商業關係的建議是：把一切記錄下來。這聽起來像有被害妄想症，但是我看過太多的例子，很多人在商業關係賭上自己的事業前途和家庭安全，結果變成政治或他人追求一己私利的犧牲者。記下重要會議的內容，你做了什麼，對方做了與說了什麼，把它當成對未來保障的投資，每天花五或十分鐘寫下你爲公司做了哪些有意義的事，當別人做的事與你有關時，也記下他們行動的細節。

美國前總統雷根針對核武軍備限制講過一句名言，那句話也適用在各種事業關係上：「要信任，但也要查證。」別單憑信任交易，你要自問這對他們有什麼好處，自問你們彼此各放棄了什麼，自問你是否讓自己處在容易受傷害的情況裡。

我的目的是幫你做好「在眞實世界中、而不是在理想世界中」談判的準備。

在關係中動之以情

最強的關係基礎是以情感做爲吸引，包括個人默契、信任、共同需求、社會關係、共同經驗、共同敵人。這些特質愈強，我們對彼此的承諾愈多。

我們可以輕易看出威脅對情感的破壞，威脅是以某種方式傷害某人的警訊。就像某位研究者說的，威脅對於關係的培養「有百害無一利」。然而，大家還是常訴諸威脅，尤其在商業上，威脅讓人漸行漸遠，而不是拉攏關係。威脅讓人心生恐懼，想要報復。

在關係中讓人凝聚在一起的最強方法是動之以情。不動之以情，關係難以長存。

動之以情是讓對方感覺更好，例如發揮同理心、道歉、讓步。它可包含各種無形的東西，例如尊重、顧及對方的顏面、聲明對方的價值。

動之以情幾乎都可以爲不理性的需求提供解決方案，那是日常生活的一部分，幾乎每個人都會緊張、不滿、恐慌、憤怒、沮喪、哀傷或失望，我們都會事後批判自己。在維繫關係上，你的任務是幫對方化解情緒。

對方對你說出過分或傷害你的話時，你需要原諒對方。他們說那些話不是有意的，他們之所以那樣對你，只是因爲你是他們周遭唯一的人，他們需要發洩。如果是這種情況，你必須保持冷靜，給予他們所需的東西。動之以情必須針對個人需求量身打造，可能是無聲的，也可能是以話語打動。

面對別人不理性的話語或情緒，你「必須」照單全收，從那裡開始著手，因爲需要你動之以情的人，通常不太能聽進別人的話，他們只會打開一小個窗口，接收一點點東西：那些和他們的情緒能產生共鳴的訊息。你必須小心，別再進一步惹毛他們。一旦用錯字眼，他們可能就完全封閉起來，關係就此打壞，因爲你沒滿足他們的情緒需求。

前面提過，戴克．拉馬克靠談判讓薪水增加四一%，他在家裡也會運用談判技巧。他打算從費城遷居加州，出售費城的房子，他的妻子愛蜜利爲了房價可能損失數萬美元而驚慌不已。此外，離開朋友和熟悉的環境也讓她感到不滿。

戴克認爲他太太「不需要」解決問題或冷靜下來的建議，她只是需要有人對她動之以情，給她安慰。所以戴克問太太感覺如何，戴克回憶：「整整有一小時的時間，我一句話也沒說。」都讓他太太說，就這樣延續了六小時，主要都是聆聽她太太抒發情緒。漸漸地，他太太冷靜了下來，這時他們終於可以開始討論加州的新生活，戴克開始爲她描述一個正面的遠景，之後可以繼續討論。

重視對方也是一種動之以情，重視對方的方式有很多種，我們通常沒有技巧或意願去了解如何重視對方。如果你想爭取更多，就應該在這方面下工夫。

亞瓊·馬丹是印度某個大會的主席，他想說服一位知名印度板球明星來演講，亞瓊說那位名人很自大，要求他們提供頭等艙的機票和豪華食宿，但是亞瓊的組織只負擔得起經濟艙的機票，所以他和團隊成員思考還有什麼方法可以表現出對那位名人的重視。他們做角色轉換練習，發現那位名人最在意的是地位和宣傳。

所以，他們雖然還是提供經濟艙的機票，但是他們向他保證，會安排他接受三大電視網的專訪，爲他的演講製作小冊子，爲他的到訪製作播客（podcast）訪問，讓他和「熱情的印度板球球迷共餐」。他們也提到一些印度的知名企業家會出席。

後來板球名人答應參加會議，搭經濟艙，住普通的飯店，亞瓊說：「一如我們規劃的那樣。」亞瓊現在是加州的財務經理。

動之以情也可以減少對方的恐懼，恐懼可能讓人不知所措，無法清楚思考。協商融洽的關係及鞏固關係的一大重點，是減少對方的恐懼。爲此，你需要先知道對方的恐懼是什麼。

史考特·懷德在達拉斯的波士頓顧問公司擔任顧問，他向太太勞拉提議，一起去祕魯的印加古道。他太太研究後發現，當地無法洗澡，也沒有小屋可住，她說：「甭想。」但是史考特知道那不是眞正阻礙她前往的原因，因爲勞拉以前也冒險出遊過，或許還有更深層的因素。他試著從勞拉的角度去思考，「妳是擔心在安第斯山落單嗎？」她坦承：「沒錯。」

所以史考特為小屋、淋浴和火車規劃好應變計畫，他提供太太很多資訊，讓她知道旅程會是什麼樣子，以及旅客如何在當地享受假期。他向她保證，那九天絕對不會離開她身邊，後來她太太答應去了。他確認並處理太太的恐懼，從而降低她的恐懼。史考特說：「我們玩得很愉快。」史考特以角色轉換來了解妻子的知覺印象，接著提供細節，讓她覺得旅行其實沒那麼危險。

即使對方的恐懼看似可笑，對他們來說卻很真實。你應該逐步引導對方從恐懼邁向心安。

史蒂夫．修庫席是紐約家族房地產事業的負責人，他想送一隻狗給女兒布里姬，但妻子擔心女兒的安全，也覺得狗不衛生。史蒂夫告訴妻子黛柏拉，很多情況下她的說法的確沒錯。這是一種動之以情的方式。接著史蒂夫問她，如果他們可以幫女兒找到一隻比較小又乾淨的狗，就可以趁機教女兒責任感。

史蒂夫帶黛柏拉到朋友家，他們的朋友向一位備受肯定的飼主買了可卡獵犬，黛柏拉也覺得那隻狗很美。史蒂夫說：「我只是需要找出她的恐懼來源，這樣才能讓她放心。」此外，他也採取循序漸進的方式，讓妻子親眼看到細節。他們家後來養了一隻可卡獵犬，名叫班吉。

紐約的律師馬克．西爾弗斯和妻子史蒂芬妮計畫去歐洲共度夢幻假期，他的妻子堅持要在義大利搭火車，她不希望在當地開車。他說：「她擔心我在義大利開車。」但是她在美國卻不怕，為什麼？因為美國有比較多的速限，汽車是自動排檔，車子也比較大。這些因素讓她覺得在義大利開車比較危險。

馬克指出，在義大利開車和在美國開車的差異不大，但是史蒂芬妮不相信，因為她的恐懼是不理智的。爲了說服她，最有效的方法是直接處理她的恐懼。馬克說，我們可以租一輛比較大的汽車，爲車子投保金額較高的安全險，帶著GPS導航系統，晚上不開車，攜帶地圖。「而且我會載妳去Prada買皮包和鞋子。」

他妻子說：「Prada，眞的嗎？」馬克說：「當然是眞的。」他妻子說：「好吧，只要我們租中型車，開車經過托斯卡尼，我就答應。」我要強調的重點是什麼？你應該持續注意對方腦中的想法，處理他們擔心的議題。本例中，馬克也和妻子交換了評價不相等的東西：Prada和托斯卡尼。

戀人想找的是「無條件的愛」，但那不表示你就不能提出有建設性的批評，而是表示無論對方發生什麼事，都想得到你的關愛和支持。對方會希望即使自己有缺點，你還是很愛他（她）、重視他（她）。這和傳統比較有破壞性的方式截然不同，以往大家是以「不給情感支持」來要脅對方。

動之以情也包括「顧及顏面」的概念，這通常與亞洲文化有關，不過運用範圍很廣。其實顧及顏面就是幫對方維持尊嚴，避免他們在在意的人面前丟臉。

拉露卡．班尼亞寄了一張扣帳卡給祖母，讓祖母可以從她的帳戶領錢，購買藥品。祖母雖然付不起醫藥費，卻不願使用那張卡。拉露卡表示：「我發現她是因爲面子問題，不好意思使用。」所以拉露卡改變表述的方式。

拉露卡問：「妳不是養育我七年嗎？我住院時不都是妳在照顧我嗎？如果我生病了，妳不會堅持要幫我嗎？」拉露卡說，她想送祖母禮物，以感謝她多年的付出，再加上健康又是世界上最重要的事，能不能請她收下卡片？這種表述方式讓祖母接受孫女的資助，又能保有尊嚴。

你應該壓抑取笑對方知覺印象的衝動。如果你不正視對方的恐懼和感覺，他們會生氣，對你產生怨恨。

艾倫．凱斯勒的未婚妻是素食主義者，她希望婚禮上不提供肉食，以宣揚自己的主張。艾倫說：「我的朋友都愛吃肉，如果我們逼他們吃素，他們會覺得很不盡興。」

艾倫說：「我提議婚禮上供應自由放養、以人道方式宰殺的牛肉，這樣我們的婚禮就不會支持大型屠宰場。」他也告訴她，如果婚禮上不供應肉類，賓客可能在婚禮後直接衝去速食店大快朵頤。他認爲，速食店使用的牛肉是以最不人道的方式宰殺的，後來他的未婚妻終於同意在婚禮上提供「以人道方式宰殺的牛肉」。

艾倫坦言：「這種情況通常無法達成協議，她對自己的理念相當堅持。」他學到什麼呢？無論她抱持什麼觀點，都要給予肯定。他說：「我這輩子都會這樣對她。」他對這件事雖然沒有她那麼在意，但是他滿足了她的需求，又不需要改變自己的個性。

在關係中循序漸進

動之以情通常只是改變對方知覺印象的第一步，許多人常想一次就改變對方的立場，我們在書中一再提到，那樣做通常進展太快了。首先，你應該確認對方的感覺。接著，是一步步引導他們朝你要的方向邁進。

亞君．索瑪斯哈拉不希望妻子拉娜從AT＆T離職。拉娜像許多主管一樣，對大公司常見的官僚體制感到失望。亞君覺得拉娜應該繼續在AT＆T工作，他有許多不錯的理由，例如：那家公司有彈性的工作時間、培訓、公司配車、產假福利、公司也承諾幫她調到倫敦工作，亞君接下來剛好也要去倫敦上班。

不過亞君知道，如果他一口氣舉出這些理由，拉娜會覺得他不體諒她。所以他先告訴拉娜，沒錯，許多大公司內部都有討厭的官僚（這是肯定她的看法）。

接著，亞君告訴拉娜，她還是可以在AT＆T裡有優異的表現，因爲公司提供很好的培訓和機會，而且他們搬到倫敦後，有兩份薪水可以過更好的生活。在此同時，拉娜可以依自己的規劃來決定自己的未來。亞君用這種方式向她說明時，她了解了亞君話語中的智慧，認同他的觀點。最後，拉娜找到一個方法在倫敦的AT＆T發揮創意，變成快樂又有生產力的資深主管。

以循序漸進的方式尋找解決方案，在各種談判中都很重要，不過在關係的談判中更加重要。提議的步驟太大時，對許多人來說像是一種威脅。岡琳說她和父母的關係不太融洽：「我每次回家，我們都會吵起來。家裡眞的很冷，我討厭冬天回家。」

不過她上完談判課後，站在父母的立場思考，發現她抱怨房子時，傷了父母的心。她也從和父母的交談中了解到當地的暖氣很貴。

最後她意識到，尊重父母是很重要的情感表現，那樣才符合傳統的中國文化價值觀。所以她後來不再抱怨家裡太冷，而是稱讚他們很節儉。接著岡琳建議他們，只在她睡覺及讀書的房間裡放暖氣，她父母也同意了，這樣一來皆大歡喜，這是步驟較小的漸進方法。

當議題攸關根深柢固的信念時，說服對方更應該循序漸進。在卡拉巴羅一家裡，他們關切的議題是孩子的信仰。菲爾不是很虔誠的教徒，賈姬則是相當虔誠，菲爾一開始先提出一個明智的建議：「首先，無論我們做什麼，都不會爲此破壞家庭的和諧，對吧？」換句話說，他的意思是把焦點放在主要的目標上。

接著，他們夫妻同意一些討論的基本原則：（一）在這種討論中，口氣非常重要；（二）我們不打算一次就解決每個議題；（三）沒有人可以每次都得到自己想要的；（四）「我是對的，你是錯的」這種觀念對雙方關係無益；（五）無論自己抱持什麼信念，都要尊重對方的信念；（六）雙方關係開始緊張時，就停下來休息一下，待會兒再談。

賈姬希望孩子有正式的宗教信仰（她的信仰），但菲爾不希望孩子那樣。菲爾想知道，孩子最終能不能自己決定要信什麼。賈姬說可以，但是她希望孩子信上帝，於是他們達成第一項協議：（一）不上主日學，因爲那是強迫接受一種宗教；（二）賈姬會教導孩子宗教的觀念，不只一個宗教，而是好幾種宗教。

他們那一週就只談到這些，不過那畢竟已是個開始，他們的關係還是像以前一樣融洽。菲爾也注意到他可以交換評價不相等的東西，菲爾說：「如果我深信某件事，但賈姬不認同，我們可以交換什麼？如果我得到我想要的，我可以給她什麼是她深信的？」菲爾現在是紐約的律師，他說談判工具在他處理民事和刑事案件時，也是「不可或缺的」工具，他補充：「生活其實是許多的取捨，如果你什麼都想要，關係就不可能長久。」

在關係中找共同敵人

關係的目的是強化雙方的連結，動之以情讓人聆聽彼此的想法，重視對方可讓人正面回應。在現有關係和新關係中，最快凝聚雙方共識的有效方法，就是塑造共同的敵人。

共同敵人讓雙方一致把槍口對準第三方（敵人），那個敵人可以是個人、團體、東西或想法。因爲討厭某人或某事而結合的團體會覺得彼此更親近。

許多人一見面就是抱怨天氣，有些人在談判中會開玩笑抱怨「律師」或「官僚」，有些人抱怨塞車或「誤解」，這些都是想找出共同敵人，以拉近雙方的關係。

當然，共同敵人也是煽動者最喜歡的工具，希特勒就是以這種方法，把猶太人塑造成德國人的公敵，因此造成大屠殺。各種形式的偏執，無論是按種族、社會階級、國籍、政治、年齡、宗教或文化來分，也都是想要塑造共同的敵人。

有些商場上的共同敵人是合理的，例如損失的利潤、損失的時間、人才的流失、機會無法把握等。在個人生活中，合理的共同敵人則包括浪費天分、孤獨、身體不好。

要判斷在關係裡所採用的「共同敵人」是否恰當，避免淪爲煽動，你可以問：「共同敵人」

的組成是完全一致的嗎？如果是多元的，那就不是合理的公敵。例如，以宗教做為公敵顯然有失公平，因為宗教是個人組成的，個人相當多元，不可能都一樣。「美國人」也是一樣的道理，雖然美國政壇經常使用這個詞。普遍指控醫師、律師、會計師和其他的群體也是明顯的偏見。

相反的，「母親反對酒駕協會」則是反對一個相當一致的行為：酒後駕車。老闆可能是員工的公敵，至少在某些行動上是如此。鐵血教練賀柏．布魯克斯刻意讓自己成為一九八〇年美國奧運曲棍球隊的公敵，讓球隊成員因此凝聚起來，贏得金牌。球員在事後接受採訪時，以欽佩的口吻提到他的過分批評及苦心，讓他們像家人一樣結合在一起，贏得冠軍。

有效溝通在於說服力，所以出發點應該是：怎樣能說服對方達成我的目標？

華頓商學院的學生集體參訪倫敦時，貝萊德投資公司沒和學生約好碰面的時間。負責帶團的弗洛朗．莫伊茲打了好幾通電話到貝萊德，對方都沒回電。最後他在一位合夥人的電話中留言，表示華頓已經和幾家貝萊德的競爭對手約好見面的時間。莫伊茲又說，貝萊德花很多錢在校園徵才上，想召募華頓的學生。

莫伊茲表示：「我真的希望貝萊德能和華頓的學生見面，我們如何確定你們真的想和我們見面？」結果他馬上接到回電，對方承諾會和他們見面。莫伊茲（如今是保健顧問公司的合夥人）並未怪罪貝萊德，而是把焦點放在共同的問題上：他們的共同敵人是「貝萊德缺席」這件事。

薇薇安．馮和賓大法學院《憲法期刊》的其他幾位編輯，在刊物編輯方面出現明顯的意見分歧。他們之間有幾封唐突的信件往返，關係有點緊繃。所以薇薇安建議大家見面開會，她把問題歸結到電子郵件欠缺情感交流上，大家聽了似乎都鬆了一口氣，爭議也在十五分鐘內解決。薇薇安說：「找出共同敵人可以幫我們把情緒擱在一邊，一起合作。」她現在是洛杉磯的律師。

在關係中交換評價不相等的東西

融洽的關係多多少少都需要交換條件，當一方逼迫另一方接受時，關係幾乎都會受損。交換評價不相等的東西是化解日常潛在糾紛的方法。

湯米．劉在足球季的週日，想和朋友一起在費城看足球賽。他的妻子曉玲週日想找湯米一起去紐約市探望父母。他們想了一下自己真正的興趣後（湯米：看球賽；妻子：見父母），發現他們和父母在哪裡見面其實不是大問題，所以他們交換條件。

「我們幫她父母買週末來費城的車票。」湯米說（他是管理家族的投資事業），「碰到巨人隊沒球賽時，我們就去紐約。」他們夫妻倆想要一起解決問題的態度，是化解問題的關鍵，所以他們各自得到想要的東西。

如果當事者努力尋找可以交換的東西，很多關係議題都有簡單的解決方法。

微軟的產品經理羅利．康威希望妻子皮雅過年時和他一起去印度，但是皮雅不肯去。她說：「只要我們能順道在羅馬過聖誕節，見見我朋友，我就去。」這條件並不難，所以他們交換了評價不相等的東西。

下面的例子就比較難了。亞歷山大・羅山可想爲他的收藏增添四個高級的玩具兵，價格是六百美元，他的妻子問：「你瘋了嗎？」所以亞歷山大開始找東西以換取妻子的許可，「下次我負責去超市採買日用品，這樣好不好？」不夠好，「Spa 禮券呢？」亞歷山大又問，還是不夠。

所以亞歷山大提議：（一）未來兩週都由他負責上超市採購；（二）讓妻子自選一趟旅行；（三）接送女兒參加課後活動一個月。這下他妻子答應了！事實上**光是努力找交換的東西**，就足以緩和兩人的緊張關係（或許亞歷山大可以從第九章提到的一萬三千五百美元加薪，提撥一部分出來買玩具兵）。

交換評價不相等的東西，是在對方已經開始聆聽你的說法時，你所採用的方法。也就是說，是在你完成必要的動之以情之後。

一家亞洲資料庫廠商爲金融資訊開出的定價是三九九九美元，不二價，也不提供免費試用。艾圖・庫馬想用他們的資料庫做華頓的報告，他提到自己是學生，資源有限，但那家公司還是拒絕了。

艾圖注意到那家公司想進入美國市場，他表示願意幫他們在華頓宣傳，也向他的老東家推薦（老東家是用競爭對手的商品）。艾圖（現在是矽谷一家公司的業務開發副總裁）也指出，他只是想爲一份專案看一小部分的資料庫而已，後來資料庫公司改變心意，答應他的要求。

馬修・迪爾馬哈尼原本約好和女友一起吃晚餐，後來哥兒們突然邀他晚上一起出遊。

他不斷地向女友道歉，問她能不能改時間，女友似乎不大高興。他問她，這是因爲他們在一起的時間不夠多嗎？女友說，她不相信他會很快再約時間跟她共進晚餐，馬修說：「我馬上掏出手機，重新訂位，以示我的承諾。」他覺得他當場打手機訂位挽救了他們的關係，他現在是紐約一家投資公司的董事。

當然，在處理那種敏感的議題以前，準備妥當特別重要。如果你沒準備，可以向對方說：「我還沒準備好談這件事，在我們出現意見分歧以前，我可以先整理一下思緒嗎？等我準備好之後，我們再一起好好討論。」

美國運通的資深經理欣蒂週六晚上想邀朋友去參加派對，但朋友不想去，欣蒂從朋友的立場思考議題，她記得朋友討厭週末落單，所以她告訴朋友，只要她願意參加週六的派對，他們週五晚上可以一起做她想做的事，她朋友很快就答應了。「角色轉換是我最喜歡的談判工具。那是把焦點放在共同利益上、避免爭吵的最好方法。」這方法幫欣蒂找出可交換的東西。

家人有時會因爲工作或就學而分隔兩地，時間久了，那種分隔免不了會造成紛爭，但是那種家庭眞正需要的，通常不光是面對面而已，而是相聚的美好時光。例如，啓斯．安東尼辛的學校離家有兩小時的車程，他每天通勤上下學，非常疲累。

他問另一半能不能在學校附近租房子，每週住那裡三天，他可以更改時間表，讓自己另外那四天（週四到週日）都住在家裡，這樣一來另一半也可以和他享有更多的美好時光，對方答應了這樣的安排。啓斯現在是紐約的顧問。

麗貝卡．史威茲希望男友徹底打掃他們的公寓，但男友不願意，每次她說：「這地方髒死了。」男友就回她：「哎喲，沒那麼糟。」

後來麗貝卡想到她可以交換評價不相等的東西，她說：「如果你帶朋友來打掃公寓，我願意幫你們煮一頓這幾個月以來吃過最豐盛的晚餐。」她現在是醫療保險公司的副總裁。她男友只要這樣的激勵就夠了，她因此有了一間乾淨的公寓，男友則和朋友在家裡享用了一頓豐盛的晚餐。

在關係中交換評價不相等的東西，以克雷格．特倫的例子最有創意。克雷格有一個兩歲的女兒卡洛琳。當地的保母費是一小時十五美元，但是當地的保母素質不太好，所以克雷格和妻子安娜斯塔西雅及其他有幼兒的朋友討論，輪流當保母照顧彼此的孩子，讓每對夫妻晚上可以偶爾出門一下。

他們因此省下很多錢，孩子獲得比較好的照顧，又可以幫小孩找現成的玩伴，夫妻感情更加融洽。克雷格表示：「如果你有問題，就找面臨同樣狀況的人，一起解決問題。」他現在是海軍軍官。

有些人已經把鄰居當成支持團體，但是這種人還不夠多，還沒辦法做到系統化的守望相助。那就好像在職場上擴充人脈一樣，或許你們可以幫彼此購物、跑腿辦事，或輪流搭彼此的車子上班。時間相當寶貴，你應該隨時想辦法好好利用時間。

設法了解對方的想法

在關係中，你愈了解對方，就愈有可能說服對方。大家常這樣說，但是眞正落實的人很少。當你了解對方時，會更知道如何滿足對方的需求。

喬登．薩魯斯基愛上巴黎的年輕女子朱蒂絲，他覺得朱蒂絲是他的眞命天女，但朱蒂絲不是那麼確定。朱蒂絲是虔誠的教徒，喬登不是。他說：「我想說服她，我很適合她。」所以他盡量閱讀與了解她的宗教價値觀。

他說：「我接觸她周遭的人，以進一步了解她重視的事。」他也讓朱蒂絲知道他在做這些事，他想讓她知道，他有多積極了解她，多想滿足她的需求。但是方法使用不當的話，這樣做可能會讓人產生反感。公開做，再加上明確表示善意，比較可能讓人覺得充滿魅力。

朱蒂絲後來終於不再猶豫，飛到美國看他，兩人相處了一陣子，後來因諸多原因，兩人沒再繼續交往，但喬登（現在是倫敦的律師）清楚顯示他如何克服阻礙關係的障礙：把對方的需求視爲自己的需求。

吉安尼娜．查內里的母親希望她研究所畢業後回祕魯，吉安尼娜說：「我覺得她是希望我回去，以便掌控我的生活，她覺得我不夠愛她。」

所以吉安尼娜（現在是舊金山的行銷長）站在母親的立場思考。她母親獨自一人住在祕魯，母親眞正想要的是什麼？她眞的希望女兒住在祕魯嗎？或許吧。還是母親只是希望能在女兒身邊。所以吉安尼娜問母親這點，結果發現是後者：母親想拉近兩人的距離，不是真的希望她一定要回去。於是吉安尼娜提議另一個方案：她在美國租了一間兩房公寓，她母親每年可以過來和她一起住半年。

重點是：別以爲你知道對方的想法，你應該多問一些問題，對方的回應可能讓你相當意外。約翰．埃克曼找到紐約的工作時，他的妻子對他說：「我不要搬去紐約。」她說她就是不喜歡那個城市，不管約翰怎麼說，她都不肯搬，她想知道：「爲什麼你不能找其他地方的工作？」

約翰找朋友尼克做角色互換練習，他扮演妻子的角色，尼克扮演約翰。過程中，約翰發現了妻子的眞正感受，「她希望住有院子的房子，不喜歡昂貴的生活費和無禮的人，也不喜歡紐約離她家鄉南卡羅來納州那麼遠。」

所以，約翰和尼克針對她擔心的問題，想出解決方案。其一是住在城市外圍的社區，還有草坪的房子，約翰願意每天通勤上班。他也答應，除非遇上工作的緊急狀況，否則週末不進市區。他承諾每年至少去南卡羅來納州度假一次。約翰（現在是醫療設備公司的總裁）說：「我和太太分享幾個解決方案後，她終於答應了。」

有太多的關係都是因爲一方問的問題不夠，抱持錯誤的看法，才會導致關係受損，發生爭執。

爲說話語氣及彼此應對的方式設下基本規則很重要。每個人偶爾都會感受到壓力，當我們感到不滿時，對周遭的人發洩是很自然的事，但是這樣做可能會傷害你最大的支持者和你的關係。

所以你們應該討論一下流程：最好別在氣頭上討論，先休息一下。

就像本書提到的許多工具一樣，如果你必須幫助對方，別感到意外，尤其是在充滿情緒的狀況下，他們可能無法幫助自己做到。

卡琳在加州ViaSat衛星通訊公司擔任資深差旅經理，她有一個七歲女兒，女兒早上無法自己迅速換好衣服，經常錯過上學的巴士，或差點錯過。任憑卡琳怎麼威脅和處罰女兒都沒用，所以她做了角色對調，站在女兒的立場思考，結果發現女兒早上需要幫忙，她做事不夠條理化，無法準時出門。

於是卡琳為女兒買了一個新時鐘，晚上她們母女倆會先把隔天要用的衣服和東西準備好（這也讓母女有更多的相處時間），最後她女兒覺得更能掌控自己的生活。卡琳表示：「我們減少情緒因素，找出眞正的議題。」卡琳還向女兒解釋，媽媽每天也需要趕時間上班，賺錢爲家人買所有好玩的東西，後來她女兒就學會自己預做準備了。

在關係中運用標準

儘管標準最適合用來對付難搞的交涉者，用在關係上也很有效，不過使用時要小心，因爲對方可能會覺得你咄咄逼人。

我以前有一個學生工作相當辛苦，她希望先生多負擔一些養兒育女的責任，但是先生拒絕和她角色對調。所以她舉了一些她先生敬重的男人為例，說他們都非常照顧孩子，她問：「你覺得大家會看不起他們嗎？」

基本上，妻子是運用先生尊敬的第三方所設下的標準。她先生明白了她的論點，同意多照顧孩子。重點是這一切都是以關愛、合作的語氣談成的。

雙方先認同使用的標準很重要，第一個標準無效時，不表示其他的標準也無效。朱莉亞希望記者在當地的報紙上為她的舞蹈表演寫一篇報導，以獲得免費的宣傳，但是記者不能做這樣的偏袒報導。

不過，記者可以報導正當的議題，在報導中提到故事的來源。所以朱莉亞問那位記者朋友，能不能寫近期演出的幾場舞蹈表演，對方說可以。進一步討論後，朱莉亞發現她的確有一個正當的故事可寫：非營利的藝術組織在費城很難找到價格合理的演出場地，她的舞團就是一例。記者同意寫這篇文章，並在文中提到朱莉亞表演的日期和地點。

朱莉亞表示：「由此可見表述方式有多重要。」她目前在紐約一家金融媒體公司工作，「那篇報導是談正當的新聞議題，但依舊達到了我想替表演宣傳的目的。」不需要朋友改變立場。

前面我們看過傑森．魏德曼為了婚禮，而和樂團協商到舊金山對岸表演的價格，在那之前他必須和母親瑪莉．喬協商。他母親希望他和未婚妻科琳在密西根州多安排幾家婚禮禮品認購店，以方便親友認購禮品。密西根離傑森和科琳所住的舊金山約二千英里，但是瑪莉和一些婚禮賓客是住在密西根。婚禮前常會發生這類爭執，可能把準備婚禮的過程搞得烏煙瘴氣。

於是，傑森運用標準向母親提出自己的論點，他問：「為了方便一些賓客，我們去遙遠的商店裡登記我們不喜歡的商品，這樣合理嗎？」他母親說不合理。傑森又問，到遙遠的商店退貨和換貨，對他和未婚妻來說是不是很不方便。他母親說，對，可能不方便。他又問，有哪位賓客不能上網認購禮品嗎？他母親也無法舉出例子。

最後傑森說，密西根當地的馬歇爾百貨是梅西百貨所擁有，梅西百貨是他們指定的禮物認購商店之一，傑森和科琳住的美西地區也有梅西百貨。他母親後來同意了。

傑森在協商的過程中發現，禮品認購店的選擇其實並不是重點所在，他說：「我媽只是想多參與婚禮的細節，她只是以禮品認購店來表達她的無奈。」所以傑森問母親想不想多參與一些婚禮細節，他母親一口就答應了，結果婚禮後續的規劃都很順利。

我已經可以想見一些讀者說：「但是，萬一她大聲嚷嚷怎麼辦？」「萬一她說：『我是你媽，你應該尊重我的想法……』怎麼辦？」

切記，這本書裡都是工具，你可以挑選適合你談判對象的工具。如果你母親大聲嚷嚷，你可以對她動之以情，和他談談共同的敵人：「媽，這是我們和婚禮業之間的對抗。」我之所以轉述這些故事，不是要你記住這些細節。重點在於，很多人把適當的工具運用在適當的時點，因此獲得了難得的成效。

坦白講，你不可能每次都成功。再次強調，本書的訴求是「爭取更多」，而不是「爭取一切」。運用本書的工具和模式時，你會獲得更多，提升生活品質。

在關係情境中運用標準時，語氣非常重要，因為「運用標準」通常是指用對方的標準來逼對方。冷漠或甚至中立的語氣都可能導致關係緊張。

避險基金合夥人謝里夫．艾塔打算和男性朋友一起去吃飯，他女友覺得他的朋友有「道德疑慮」，叫他別去，但是女友並沒有具體證據。

謝里夫並沒有為此動怒，而是提出一些標準問題，以溫和的口吻問她：「對不熟的人這樣下斷語好嗎？」這句話讓女友開始思考，接著他又以溫和的口吻問道：「妳不相信我的判斷力嗎？」他女友答應他往好處想，不懷疑他的朋友，謝里夫就在毫無爭論下出外用餐了。

謝里夫思考如何表述情境，讓女友因此了解到自己的想法並不公平。謝里夫的語調也顯現出他是真的在乎她，減少了交談中的情緒成分。

許多人常因為有人為了工作或生活上的一件事，威脅破壞整個關係而感到相當緊張。這時如果你能指出：「嘿，我們已經不知道是多少年的朋友了，你真的想為了一天的不如意就拋棄一切嗎？」這樣說有助於彼此客觀看待事情。

在關係中確立目標

目標是談判的主要重點，在關係中尤其困難，因為多數的關係都是靠情感維繫的，多數的情感都會蒙蔽目標。「你的行為能達成目標嗎？」這說法常指出目標和關係之間的基本衝突，如果某一方特別情緒化，往往會使問題變得更糟。

在關係裡要達成協議，不只需要注意目標，也需要發揮「同理心」：注意對方的情感和知覺印象。

德凡．葛瑞分的妻子莎拉（他們在上一章的例子之後結婚了）想養一隻狗，她連狗都選好了，但是德凡覺得這時候不適合養狗，因爲他太太正在準備博士考試，德凡的工作繁重，無法幫忙照顧狗，這是個充滿情緒的狀況。

德凡決定不直接告訴太太現在不適合養狗，因爲那只會引發更多情緒。他告訴太太，養狗這主意不錯，他問她養狗之後的情況會是怎麼樣。

誰負責遛狗？誰和狗玩耍？誰來訓練狗？誰負責餵狗？我們都去上班、上學時，誰來照顧狗？如果我們現在沒時間養狗，這樣對狗公平嗎？如果我們的目的是養一隻訓練有素、細心照顧的狗，關愛牠及陪伴牠，我們的行爲能達成目標嗎？

當德凡問這些問題時，他的妻子變得不太高興，於是他說：「我們先休息一下，待會兒再談好嗎？」他想給太太時間吸收這些資訊，冷靜下來。提議休息也是一種動之以情。

當他們又開始談起狗時，德凡再次重申他眞的想養狗。至於他太太挑好的那隻狗，那眞的是世上唯一能讓她開心的狗嗎？他們不能在準備好養狗時，再一起挑選一隻嗎？她確定他們無法找到更好的狗了嗎？

德凡最後提議，他們八個月後再養狗，等她考試完過生日的時候。他太太得知養狗的確定日期後，同意暫時先不養狗。

這談判用到了**對方腦中的知覺印象**、**動之以情**、**循序漸進**、**標準**、**承諾**、**提問**，最後總算達到德凡的目標，他的妻子也很開心，可以養狗了，只是不是現在。

這是在耍手段嗎？有人因此受害了嗎？我們其實可以想像，如果他們養了狗，無法充分照顧狗，他太太一定會因此備感壓力，這樣做其實是幫她迴避壓力。在我看來，**耍手段是在說服對方的過程中傷害對方，有效的談判則是讓對方做對自己有利的事**。耍手段和談判都是讓人做他們原本不想做的事，但是任何形式的說服都是那樣，差別在於你做這件事是不是爲了正當的理由，以及這樣做對對方的影響。

你在說服對方時，必須小心別傷了朋友。紐約的律師勞拉．巴加瑞拉想說服朋友，學期最後一天上完課時，和她一起去聽搖滾演唱會。她的朋友說她需要準備考試，勞拉提醒朋友，上學期最後一天他們也是累到無法念書。

所以朋友和她去聽演唱會了，朋友後來考試也考得不錯（一如勞拉所料），但是萬一她的朋友真的需要念書怎麼辦？或是需要做別的事情，無法配合你的計畫呢？萬一朋友因爲你的說服而把某件事搞砸了，那可能會破壞你們的關係。這是你應該考慮的事，也是第二章尼爾．塞西要求免費啤酒後所做的反省。

羅倫．哈里米住在賓州大學附近，一位朋友來訪，他讓朋友借住在他公寓的一個房間。朋友想在東方約二十個街區外的「費城市中心」租公寓，因爲這樣可以靠近餐廳、公園、商店，「體驗美國的眞實生活」。

羅倫跟朋友說，二十個街區其實已經離市中心很近，所以這裡應該就算是市中心了。羅倫也說，兩人合租公寓可以幫朋友省錢，省下的錢可以到美國各地旅遊。羅倫對朋友說：「我們已經是十年的朋友，我都是爲你做最好的設想。」他現在是紐約的律師。

基本上，羅倫透過表述的方式讓朋友知道，有另一種方法可以更快幫他達成目標。羅倫也引用他們長年的友誼來增加他說法的可信度，他的朋友後來同意了。

下面是一個商業上的例子。某大科技公司的業務經理向客戶詢問明年的預算，但客戶不想讓他知道，那是私密檔案。隱私總是會牽涉到許多情緒：擔心別人濫用重要的東西。業務經理請客戶說明公司的目標，以便他和團隊提供更具體的建議，幫客戶提升投資報酬率。業務經理表示，他的目的是幫助客戶，他也提到他們之間的業務往來已經很久了。業務經理接著提到，如果客戶不讓他知道預算多少，他要如何達成目標。他這樣一說，客戶就讓他看預算了。提到雙方的業務往來關係是一種動之以情，讓客戶更能把焦點放在目標上。

關係中的細節問題

讓人知道他的行動無法達成目標的一個方法，是讓他想像自己在那個情境中的樣子。大部分的人都無法實際「看清」那個情況。如果他們心胸夠開放，或是有足夠的耐心，讓人爲他們說明那情況，那是非常強大的說服工具，尤其用在關係上特別有效。

梅麗莎・菲斯特的母親堅持要請一位攝影師來拍梅麗莎的婚禮。婚禮是她父母出錢的，但是梅麗莎不希望有攝影師來拍攝。所以她讓母親知道室內攝影是什麼樣子：又熱又亮的閃光燈、鏡頭對著大家的臉、拍攝反客爲主、畫質通常不如靜態攝影。

況且她母親說的「捕捉每一刻」，其實和攝影類型比較無關，而是和攝影師的眼光比較有關。除非有五、六部攝影機同時在拍，否則也不可能捕捉到每一刻。後來她母親同意改找一位優秀的靜態攝影師。梅麗莎說：「那些照片美極了。」她現在是芝加哥線上行銷公司 LinkShare 的客服副總裁。

所謂細節，是指你必須細看談判的各面向，把它分解，幫對方一一檢視。奇雅尼娜・查內里的室友不願做她份內該做的公寓雜務，奇雅尼娜不指責她，而是爲她說明整個流程。

奇雅尼娜問她：「我們不是說好要分擔雜務嗎？」室友回答：「對。」「妳做了妳那部分了嗎？」對方回應：「我沒時間。」

「妳知道我也很忙嗎？」「知道。」「我做了我那部分了嗎？」「做了。」

奇雅尼娜問：「妳覺得如果我不再做我該做的事，那會變成怎樣？」

室友回應：「那不公平。」她問：「妳覺得妳沒做妳那部分不公平嗎？」室友答：「也許吧。」

後來室友答應做好她份內該做的雜務，或是雇別人來做。在過程中，奇雅尼娜一直保持冷靜和尊重。她說：「關鍵在於讓對方用他們約束別人的原則來約束自己。」

你需要檢討細節，但別讓自己情緒失控，變成議題。你愈質疑對方的說法，會記下愈多對方的惡行，但如果你在乎彼此的關係，就愈需要小心對待對方。

黛娜懷孕了，當她和先生及母親討論買家具，或是將來和孩子一起觀賞的電視節目時，她母親會說：「我當初沒買，妳也長得很好，我把妳帶得不錯！」黛娜為新生兒買一些創新的學習玩具時，她母親說：「妳也長得很好，我不是糟糕的母親。」

黛娜想了一下這些話，她以充滿同理心的口吻對母親說：「我批評過妳養育我的方式嗎？」她母親說：「沒有。」黛娜問：「每次我做得和妳不一樣，妳都要嚷嚷嗎？」她母親說：「我不會那樣，我只是在開玩笑，妳不能開個玩笑嗎？」

黛娜如今是紐約亞君護膚公司的負責人，她只是試探性地詢問細節，她母親可以因此發現自己干涉太多，對女兒不公平。黛娜說她和母親因此了解以後如何調適。

探究細節特別適合用來處理涉及金錢的爭議。一般家庭動不動就常說：「我們買不起。」你真的算過數字，思考過可能性了嗎？

琳恩．凱索是亞特蘭大一家顧問公司的經理，她先生說他們沒錢度假。琳恩做出一張試算表，證明他們可以去度假。卡洛斯．法斯克的妻子說他們有錢去非洲度假並搭渡輪，卡洛斯做了一張試算表，證明他們負擔不起。這兩個例子都顯示試算表的說服力。他說：「細節說明一切。」那是改變表述方式的關鍵，如果另一半說：我們負擔不起度假、裝修、買車或會員資格，你可以問對方「負擔不起」是什麼意思，是指多少錢？或許有比較便宜的替代方案是可行的。

有一位MBA畢業生要求提高薪資，因爲她負擔不起紐約的生活費。對方拒絕後，她做了一張試算表列出她的所有費用，包括學生貸款，提交給召募經理。結果對方提供她額外的簽約獎金、獎金預付款，以及一些其他的資金。那是職場上的關係，學生必須表現得相當謙虛委婉。

談關係的最佳環境

很多人問我，談判該在哪裡進行，他們主要是想知道如何凌駕對方，這是一種不當的想法，因爲讓人感到不自在會破壞關係和協議，好的談判者一定會指出這種不良的行爲。

比較好的方式是運用地點，讓雙方都感覺更好，以促進協議的達成。談判愈像關係的一部分，對方愈有可能也把它當成關係來看待。例如，你可能不會隔著辦公桌和心愛的人談論敏感的話題，你可能也不會想帶同事去浪漫的餐廳談預算。

親自談判通常對關係來說是最好的做法。議題愈難或摻雜愈多的感情，愈需要親自談判。**我每次看到學生透過電子郵件要求我在公事或私事上破例時，總是相當訝異。要求別人破例，是請對方特別開恩，所以直接接觸，讓人產生同理心是非常重要的。**

喬治．奇力想參與朋友的事業時，意識到這點。朋友對他做重大財務決定的能力有些質疑，因爲他缺乏經驗。喬治刻意找朋友面對面來談這件事，他提出論點時，可以看到對方對他說的每句話所產生的反應，包括點頭或不確定之類的非言語暗示。

親自見面時，喬治更知道如何在交談中調整自己的回應方式。結果，朋友發現喬治比她原本所想的還要深思熟慮，她看到喬治不同於平常的一面，因此同意讓喬治加入事業。當然，一開始是慢慢來。喬治目前是杜克大學醫院的住院醫師，他打算運用整合的經驗從事醫療管理。

除非你想傷害對方或破壞關係，否則應該讓對方盡可能感到自在。人一感到不自在，就容易情緒不穩，情緒不穩對談判並沒有好處。

現在我們來談談心理狀態。防止自己情緒失控，是維持長期穩定關係所必要的。你愈常發飆，別人會覺得你愈不可靠，包括那些愛你的人也是這麼想。同情和熱情浪漫固然可愛，但長期來說，大家想要的是安全的避風港，不是狂風暴雨，無論那當下多令人興奮。

潔希卡．泰特目前在費城附近一家網路公司上班，以前她在華頓就讀時，和一齣戲劇的製作人合作出了問題。她對於製作人一再打斷她的話非常生氣，把怒氣展現出來，對方也跟著發飆，兩人關係因此惡化。

潔希卡知道自己有談判技巧，問題需要靠她來解決。她告訴對方，她生氣是因爲不滿他一直打斷她的話。她說她應該想出更有建設性的方式來解決問題，而不是發火。他們因此可以坐下來討論比較好的相處方式。

緊繃的情境會影響整個關係。隨和、幽默、分享和關懷（這些都是良好關係的要件）可以營造更好的人際互動環境。安娜．拉森覺得家事都是她在做，烹飪也有六成是她負責。她希望先生

（彼得）能多分擔一些烹飪的責任。她沒抱怨，而是善用他們的親近關係。

她說：「我已經吃膩我煮的東西了，換你來煮好不好？你想煮什麼都行，我可以幫忙。」她說她可以幫他找食譜，一起討論。她想起以前彼得做過的一些美味佳餚，建議他們這樣試一週（循序漸進）。如果這週的時間太緊，或許可以下週再試沒關係，而且他也不必每晚都煮，只要煮幾天就好了。

安娜說：「他答應那星期都由他來煮，第一餐美味極了。」她說，談判前先站在先生的立場思考是關鍵，彼得顯然也希望能公平一點，但是他不希望別人一直對他嘮叨這些。面對你想培養關係的人時，這是個很好的建議，很少人喜歡受到高壓逼迫，除非對方喜歡高壓，否則低調提醒是比較好的方式。九年後，安娜在明尼亞波利市當顧問，她說：「他還是會煮，我們和朋友提起這件事，他們也這麼做。」

關係中的第三方

就像所有談判一樣，運用第三方也有幫助。不過你不能把它當成耍手段，否則可能會破壞關係。如果你想徵詢別人的意見，一定要坦白告訴對方，只要告訴對方那是你蒐集資訊的流程就行了。

IBM的財務經理柏納黛特·費尼肯想在感恩節那天參加紐約市的路跑比賽，但是她母親派特希望大家感恩節那天都待在她家。柏納黛特先問姊夫的看法，他完全支持她，他也不想整天都待在家裡吃吃喝喝。

柏納黛特把姊夫的意見告訴母親，說她想知道家人對她早上去參加路跑的看法，以確定全家人都贊同。這種方式比較不會讓她母親覺得受到冒犯。

結果她一問之下發現，柏納黛特的父親湯姆想去打高爾夫球，妹妹凱瑟琳當天早上家裡也有事情需要處理。孫子克雷格和傑克則是很樂意陪伴柏納黛特的媽媽（他們的外婆）。晚餐可以等大家都忙完各自的活動後，晚一點再開動。

柏納黛特因此得以在不惹惱母親的情況下達成自己的目標，那也是她第一次做到。她母親覺得這是很大的進步，柏納黛特說：「建立聯盟、運用表述方式、找出利益、做好準備是關鍵。」大家常問我，這些工具如何用在充滿情緒的家庭狀況中，以上就是一個很好的例子。

關係中的利益往來

交易關係中沒有明顯的長期因素，可以想見這種關係比由情感或共同利益組成的關係還要薄弱。顯然，我們應該讓交易變得更大，關係維繫更久，才能增添價值。不過許多事業上的關係都是屬於交易性質，所以我們應該來看看如何從這些關係中獲得更多。

一般來說，交易關係很講究公平，是不太熟悉彼此的雙方所做的協議，通常是指市場上的買賣。這也包括一方不想顯露出偏袒某方（例如政府或某大企業是買家的時候），或金錢是唯一考量（例如商品銷售、融資交易）的情境。

有些文化的情境比較有交易的氣氛。以法律而非關係來約束大家的社會，通常比較偏向交易。

對關係的情感愈疏離，投入就愈少。情感（包括信任）是比合約更強大的工具，所以我在依賴結構性因素（例如合約或其他誘因）時都很小心，這樣它們才有足夠的力量維繫關係。順利的時候，一切都沒事。一旦時機不好，就會有人想違約。前面提過，**人際關係，即使是在交易裡，也是最佳策略，無論是和你的直接關係，或是和第三方的關係**。

沃特．林是費城的急診室醫師，急診室裡的情況都很像交易，醫務人員以效率爲重，因爲他們遇到的狀況通常攸關人命。林醫師說，一位不需要急診的老病患「一直堅持要分享他的人生故事」。過了幾小時後，醫護人員想把他趕出急診室，病人開始反抗。

林醫師知道員工對此感到無奈，產生情緒。他建議他們先別理會那位病患，先去做他們的工作，這裡由他來處理。接著他站在這位病患的立場思考，他發現病患只是想換一個新的一般醫師，但半年都預約不到。林醫師在病患面前打電話給一位醫師，幫他約好兩週後看診。

病患三十分鐘內就離開急診室了，林醫師說：「他一直向我道謝。」他說醫護人員和病患都無法自己解決那個問題，而林醫師比較冷靜，他闡明雙方的需求，迅速找出解決方案，把焦點放在關係上。

關係中的糾紛調解

你會經常發現，你生活中的重要人物無法解決他們自己的問題，但是如果一次不只一個人無法解決他們之間的問題（工作上或生活上），那該怎麼辦？在那種情況下，你必須介入他們之間，扮演調解者，幫忙解決問題。

例如，兩個其他部門爲了誰該負責你的專案而爭執不下，或是家人爲了度假計畫而爭吵。所以，我覺得我應該在這裡列出一些有助調解的重要工具。調解者絕對不能偏袒任何一邊（這和許多人所想的相反），你不是法官或裁判，萬一有一方認爲你偏袒另一方，你就失去了可信度，他們會指控你不公平。

調解者是無權決定任何事情的引導者，如果你的目標是幫別人達成協議，即使你覺得其中一方是對的，你也不該主張那一方的立場。你可以提出問題，詢問標準，但不能選邊站。

身爲調解者，你其實是兩邊的知己。如果雙方都信任你，他們會對你吐露祕密。除非對你透露資訊的人希望你告訴對方，否則你不該和對方分享資訊。得知這些額外的資訊可以幫你找出問題的根本原因。或許雙方仍然對多年前發生的事情無法釋懷。

爲了獲得雙方的信任，你必須和雙方各自見面，可能不只一次。你需要引導他們了解解決問題的模式，詢問他們的利益和標準，碰到難解情境時就先休息。如果你協調得當，大家會開始把你當成解題者。

塔蒂亞娜．圖西是美國藥廠的經理，現居希臘，她的父母曾鬧離婚，她說：「他們一直重複二十五年前發生的事。他們都很生氣，也很固執。」她和他們分別談話，了解兩人的看法，接著她請他們各自想像對方的看法。「他們都希望獲得對方的尊重和了解。」後來他們又開始對話了，最後終於拯救了他們的婚姻。

可能的話，最好安排雙方短暫見面（先設好基本規則），然後再分別和雙方見面。你可以丟銅板決定見面順序，這樣一來他們就可以私下對你透露他們的看法。平常最好隔離雙方，時間長短視關係的狀態而定，關係愈糟，分隔時間愈長。

雙方在一起時，一發現有問題的徵兆，就把他們分開。討論他們的不同看法，如果達成協議比較好，可以運用談判工具引導他們達成協議。由於你會變成雙方關係的核心，你「必須」一直待到雙方達成協議、他們可以自己因應彼此之後才走。你需要讓他們逐漸不再依賴你。

如果協調不順利，或是你覺得其中一方不公平，千萬別偏袒任何一方！那會破壞你的聲譽。如果雙方不遵守你規劃的流程，你可以退出或揚言退出。你是流程的維護者，所以一定要清楚設定你的做法、標準等，你周遭的人會因此感謝你。

當關係結束之時

任何探討關係的章節都該談到談判無效的情況，至少要談那種沒第三方就無法談判的情況。

我的學生有個女性朋友常遭男友毒打，男方一再保證會去接受情侶懇談治療。這不是受害者能談判的議題，暴力凌虐在多數國家都是違法的，這種事情常導致受傷，甚至死亡。學生應該催促她的朋友趕快搬離，尋求專業的協助，家庭醫師及網站是不錯的起點。

那個朋友也應該給她男友一次機會去看醫生，萬一再遭到虐待，就別再給機會了。在男方依據雙方協議的標準改正之前，女方都不該搬回去。如果這樣行不通，受虐者需要立刻找第三方幫忙。網路上有許多第三方的網站可以提供協助。

我遇過一些曾經在關係中受虐的學生，後來我連絡他們時，他們都不希望自己的名字出現在書裡，畢竟那些情境都太令人傷感悲痛了。不過，以下我列出一些他們提供的一般原則。

- 無論是在家裡，或是在職場上，都和問題的起因保持距離，距離可以讓你的思慮更清晰。
- 找專業、不情緒化的第三方提供一些觀點。
- 研究你面對的問題。
- 重視對方，減少情緒。
- 動之以情，例如陪伴有酒癮的人戒酒。
- 運用標準找出什麼是公平的，尤其是在職場上。
- 準備，寫下你要和對方或第三方討論的問題和議題。
- 每次你覺得情緒上來時，就先休息一下。

你永遠無法彌補以前的事，想讓對方痛苦只會導致他們反擊。如果對方想讓你感到痛苦，第三方應該負責向他們解釋這點。我有一位學生（現在是新加坡的高階主管）和她有暴力傾向的先生辦離婚，她先生想保留大部分的資產。她先生有一位朋友的看法比較公平，她請那位朋友來幫他們居中協調，那位朋友能控制住她的先生。

冷靜、有條理的方法可以得出比較好的解決方案，即使是棘手的分手情境。

傑夫．富爾曼現在是洛杉磯康卡斯特公司的事業與法律事務執行董事，他在法學院就讀時，想和女友從戀人變成一般朋友的關係。他說最好的方法是坦白讓她知道自己的感覺，同時重視對方，「如果對方開始出現情緒反應，就讓她發洩。」就像課堂上教的一樣，「重視對方的感受，同時告訴對方你的極限。」

如今，傑夫也常用同樣的工具找尋人才。至於前面提到的那名女子，他們到現在還是朋友。

關係中的信任

任何關係的基礎都是「信任」，如果你向對方說謊，可能會破壞整個關係。這也表示如果你坦承壞消息，可以改善關係。許多人覺得這不合常理，但事實上，大家都知道世界並不完美，大家痛恨的是隱瞞事實或受到欺騙。

葛蕾思．金是紐約投資銀行的副總裁，她和大學最要好的朋友約好一起去旅行，後來她想更改日期。那旅行已經規劃了六個月，她很坦白地對朋友說。「我說她是我全世界最好的朋友，我眞的很想和她去旅行，但我後來發現那時間實在沒辦法成行。」

大家可以注意到，葛蕾思在透露壞消息時，同時也表現出對朋友的重視。她也承諾在不久的將來一定會再安排一次旅行。她問朋友還有什麼選擇可以讓大家皆大歡喜。她的朋友說，其他團員也對日期有疑慮，所以他們決定更改日期。

葛蕾思是在旅行前五個月就先協商更改日期，要是她等到旅行前一週才講，問題會嚴重許多。不過，若當初她一發現問題能先講會更好，「一有問題，馬上提出疑慮，是這件事給我的啓示。」葛蕾思說，「我從一開始就知道那日期有問題，如果我當初馬上提出來，就可避免這整個情況了。」

這是個很好的建議，如果有疑慮，就要馬上處理。悶著不講，尤其是在關係裡，只會讓情況惡化，問題不會自己消失。

本章最後是兩個棘手的家庭談判，需要用到好幾項工具及敏銳關注他人的感覺。萬一運用不當，下面列舉的成功談判很可能變調。他們是先從找出各方可能用來做困難決定而不損及關係的「流程」開始，這流程必須對各方都很公平，清楚又簡單，必須在事情因細節和爭執而變得模糊不清以前就先訂好。

塔瑪拉．卡拉吉克是紐約市的律師，她原本答應參加每年在歐洲舉行的家族聚會，但是她現在想取消。她已經承諾她會出席，全家族的人都會到，但是工作令她精疲力竭，還有很多工作等著她完成。她擔心，任何理由（包括工作）都會讓人覺得她把家庭擺在第二位。

塔瑪拉做的第一件事，是找家族中最有可能支持她的人，這個人是她的大姊。她大姊已經好幾次沒參加家族聚會了，對這個議題最有經驗，大姊提醒她一句父親奉守的座右銘：「工作優先。」塔瑪拉差點忘了這句話，好一個標準！

接下來還有誰最有可能發揮同理心？塔瑪拉的母親。塔瑪拉打電話給母親，說她想出席聚會，但身心俱疲，不知如何是好。塔瑪拉說，她母親大可回她：「來吧，我們會讓妳覺得好過一點。」但是她去現場對任何人來說都毫無樂趣可言，她會有時差，備感壓力，還得接聽工作相關的電話，疲累不堪，脾氣暴躁。

塔瑪拉問母親，在那種情況下是否眞的值得去一趟歐洲和大家相聚。塔瑪拉承諾，大家相聚時，她會打電話過去問候，甚至安排電話會議，讓大家一起聊聊。在此同時，塔瑪拉也表示她很遺憾自己無法出席。塔瑪拉的母親認同她的想法，說她應該待在家裡，有時間就打電話過去給大家，下次找機會再去歐洲就好了。

接著，塔瑪拉打電話給每一位會參加家族聚會的人，做同樣的協商。大家覺得塔瑪拉特地打電話來說明，讓他們覺得自己受到尊重。每通電話只需要花幾分鐘，她對每個人採用不同的談判工具：用標準來說服父親，用同理心來說服母親，和大姊結盟。

她的家人開始傳簡訊給她：「妳做得沒錯。」她因此保住了關係。塔瑪拉現在是在巴黎工作，她說她當初應該提早協商才對，而不是拖到聚會前一週才說。她可以更循序漸進，準備得更周到。不過，她顯然都用對了工具，她用的流程是最佳談判者的典範。

夫妻常為了新生兒而吃盡苦頭，父母精疲力竭，爭執不斷。華頓商學院的學生畢須瑪．塔卡有一個八個月大的孩子，孩子每兩小時會醒來一次，他太太為了照顧孩子而累得人仰馬翻，畢須瑪希望平日睡在客房裡，上課才有精神，他太太對此感到相當不滿。

她說：「我太太不希望家裡只有她一個人睡眠不足。」這顯然是情緒用事，覺得有人同病相憐比較好。

首先，畢須瑪告訴太太，他知道「她照顧孩子很辛苦，絕對有權利要求他一起睡在同一個房間裡。」這是一種動之以情，如此才能說服太太聆聽他的說法。

接著，他提到他們夫妻的關係很好，「我問她如何讓我們的生活恢復理智。」他提議，與其兩人都累得半死，至少他們可以暫時試試兩人都不那麼累的方法。畢須瑪說，如果他晚上在客房裡睡得好，下班回家就比較不會那麼累，他可以幫忙照顧孩子幾個小時，讓她休息一下（去補眠或放鬆），他太太同意了。

你可能會說：「這招太明顯了。」但是，這世上有數百萬人就是為了這些事而爭吵，對他們來說，道理並不是那麼顯而易見。重點是，幾乎所有關係都可能因為欠缺情感或缺乏技巧而出問題，或因為條理化地運用談判工具而成功。

切記，你生活中的每種關係，除了家庭關係以外，都是從交易開始的。你愈是注意這些關係（即使是在交易的情況），愈有可能把一些關係變成長期關係，你也會因此得到更多。看了上述提醒後，現在看看你四周，如果時間和精力許可的話，開始和周邊的人多聊聊，凝視他們的眼睛，這輩子肯定會有回報的，你會因此得到更多。

12 親子之間的談判

有一位建築師的女兒每天都錯過上學的巴士，父親每天都得送她上學，去學校要花十五分鐘，回程又花十五分鐘，一天要半小時，一週要花兩個半小時。無論父親做什麼，都沒辦法讓她早點起床，穿好衣服，準時出門。

我們在課堂上處理這個問題，做了小小的談判演練，由父親扮演女兒，了解爲什麼她每天都會錯過巴士。父親發現：「爲了多點時間和爸爸在一起。」

於是我們想出一個對策。首先，他對女兒說：「我每天送妳上學，一週要花兩個半小時，因爲那樣，我週六需要加班，以彌補賺錢養家的時間，才有錢買食物、付房貸、買我們需要的各種東西。妳難道不希望我週六多陪陪妳，而不是在工作嗎？我們可以規劃，一起在週六做點什麼。但是妳每天要搭巴士上學，幫我們節省時間，我們才能做到。」

建築師和女兒對話時，用了兩項談判工具：**交換評價不相等的東西**，以及給女兒**決策權**。

這樣做很好，不過建築師覺得還不夠，所以他又**聯合第三方**一起行動。他打電話給女兒好友的媽媽，他們就住在附近。他請那位好友每天上學時，順道過來接女兒一起去搭巴士。他覺得女兒不會讓好友站在門口枯等，害好友也錯過巴士。

後來，女兒再也沒有錯過巴士了。

小孩子通常比大人更善於談判，原因在於小孩子往往會憑本能做出本書所主張的方法。孩子會察言觀色，了解大人的目的是什麼（大人腦中在想什麼），然後透過談判，觸動大人感興趣的話題。他們會使用以下的字眼：「再多一點點」（對你來說沒有很多——這其實是在交換評價不相等的東西）、「媽咪，我愛妳」（動之以情）、「我會聽話」（滿足你的需求）。小孩不只專注於自己的目標，也專注於對方的目標。

所以，若想和孩子更有效地談判，你應該以孩子的方式思考，試著了解他們的感受，了解他們的觀點。

己所不欲，勿施於孩子

有關與孩子談判的方式，有太多的建議和一般看法都不太實用，往往無法達到父母的目標：讓孩子變成有禮貌、體貼、理智的成人。有些建議是把焦點放在家長想要什麼，而不是孩子腦中的想法。有些建議是想把孩子塑造成父母想要的那樣，但孩子一眼就能看穿這種伎倆。

我們若把焦點放在孩子的言語和知覺印象上，結果會比較有效，家長和孩子談判時也比較不會感到無奈。不過，這主要是看你因應孩子的「態度」而定。切記，談判的方式決定了談判的結果。

如果你希望孩子聽話，達成你的目標，你對待孩子的方式會是最大的決定因素。你對孩子做的一切都是談判的一部分，你如何對待他們、你說什麼和做什麼，都會影響他們對你的信任或不信任。

本章的觀察和建議是取自心理學，以及我數十年來對大人和小孩言行舉止的觀察，例子主要是來自上萬名學生把這些工具運用在各年齡層的紀錄。

我在本章中收錄了可行的做法及其原因，也收錄了不可行的做法及其原因。發現矛盾現象時，我則以觀察的行為為主。

如果你想做得更好，需要多練習，多問多聽。孩子是隨時都在練習，隨時都準備好和你談判。你若想有效和孩子談判，不只得了解怎麼做，更要多多實踐。你需要運用這些工具，從中學習，然後再運用。切記，「概念知識」和「運作知識」截然不同，了解是一件好事，但落實才是關鍵。

和孩子談判不是什麼特殊的技巧，除了下面提到的某些「文化」差異之外，其實和小孩談判，跟和成人談判很像。和小孩談判的工具包括：重視他們、聆聽他們、做角色互換、溝通清楚、以目標為重、不要情緒化。所以你可以改變孩子的行為，就像改變成人的行為那樣。同樣的，循序漸進是最好的方式。面對孩子時，能交換的東西很多。

撇開文化的議題不談，其實每個孩子各不相同。本書之所以把親子談判另外列為一章，不是因為以不同方式對待孩子是一種「正確的」刻板印象，而是因為這是大家的刻板印象。事實上，談「如何和孩子談判」就像談「如何和日本人談判」一樣愚蠢，日本有上億人，孩子也有上億種不同的類型。

同理，若主張對男孩與對女孩談判的方式不同，其實也不正確。要看你面對的個人而定。文化平均值可以讓你知道，你可以問哪些一般性的問題，但你還是必須從個人著手，因爲每個人都是不同的。

了解孩子腦中的想法

所以，你需要做的第一件事，是先了解孩子腦中的想法，這比任何事都重要。他們在想什麼？感覺如何？

爲什麼懂得如何和孩子談判很重要？以下是許多人忽略的事：親子之間有全世界無人能及的特殊關係。就最深層的意義來說，他們基本上就是你的一部分，就算是收養的孩子也一樣，因爲父母需要越過重重障礙才能收養孩子。

這表示，孩子可以說是世界上和你最親近的人，他們幾乎是唯一會無條件愛你的人。在這個危險又疏離的世界裡，孩子可能是你最大的支柱。父母有機會養育他們這輩子最大的支持者，這機會幾乎是無人能及的。

難以和孩子談判的父母，很容易就錯失這個可能永遠延續下去的關係。所以，把親子關係處理好是一個很特別的機會，可惜許多人卻白白浪費了這個大好機會。本章的目的就是要減少你錯失這個機會的機率，即使你已經犯了錯，幾乎都還有轉圜的餘地。

我們先來談面對孩子的三大「文化」差異。

首先，至少在孩子長大離家以前，他們都很清楚自己的主導權力比成人少。在十五歲之前，孩子幾乎都比較小，沒大人那麼高大強壯。在他們離家以前，他們擁有的錢也比較少。他們的吃穿住，以及一切具體的東西，都需要靠父母，這讓他們覺得缺乏安全感。所以，如果你讓孩子覺得他們有較多的權力和安全感，他們會願意為此放棄很多東西。

當然，多數父母不是這樣想的。許多父母會要脅孩子，使孩子覺得缺乏安全感。長期來說要脅是無效的，甚至中、短期也是無效的，只會讓孩子想辦法迴避。

第二，孩子比大人更常訴諸哭鬧和發脾氣，因為他們的溝通技巧比較不純熟。但是他們不會一直採用那種方式。大人哭鬧和情緒化通常效果有限，但小孩知道，哭鬧通常可以幫他們獲得想要的東西，因為許多家長不忍看孩子哭泣。小孩也會因為需求無法獲得滿足，或無法讓人了解他們的想法而無奈哭泣。

不過，聰明的家長會知道，哭泣對孩子來說是替代方案，因為哭鬧也是很耗神的事，並不開心。那是一種失望的表現，明顯表達不滿。所以關鍵在於讓孩子有更多機會使用比較好的方案，給他們更多的權力、更多掌控感，動之以情，讓他們的需求獲得滿足，了解他們想說什麼。

第三，孩子在生活中就是一心想追求更多。孩子的想法主要分兩類：他們喜歡和不喜歡的東西。他們常爲了想多得到一些喜歡的東西而談判：多點冰淇淋、多看電視、多點玩具、多點時間和爸媽在一起、多和朋友在一起。爲了獲得這些東西，孩子通常願意拿別的東西來交換。別把這個方法當成賄賂，你是在教孩子一輩子受用的技巧。

二〇〇二年，我兒子亞歷山大出生，在這之前我就懂得很多這方面的理論。兒子出生後，我有機會天天練習，我兒子因此變得很擅長協商。

在他四歲時，有一次我請他幫我做一件事，他不想做。我說：「爸爸上週不是買冰淇淋給你嗎？」他點頭說對，我說：「既然爸爸上週買冰淇淋給你，你現在幫爸爸做點事不行嗎？」結果呢？他做了我叫他做的事。我把目前的談判和過去的談判連在一起，暗中也連上了未來的談判。

一週後，我兒子叫我買冰淇淋給他吃，我不肯，我說他那天吃太多甜食了，他馬上回我：「我上週不是幫爸爸做事了嗎？」我不得不說他反應很快。我給了他一些冰淇淋，不過我們也商量了他能吃多少。

我們來看一些讓孩子乖乖就範、同時又能滿足他們需求的一些機制。

確立你的教養目標

首先，你需要定義你的「目標」。許多家長只想到短期目標：做功課、別尖叫、整理房間。你應該思考你對孩子的行爲能否達成你長期的目標：讓他們長大後成爲負責、成功、有愛心的成人。以下的工具可幫你做到這點。

當你深入探究時，往往會發現你無法讓孩子達到你的目標，因爲還有更深層的東西在運作。加拿大成衣經銷商科瑪的業務員琳達．考夫曼表示，她總得經常和讀小學的孩子談做功課這件事。於是我們在課堂上做角色互換練習，由她來扮演兒子。

她發現：「問題不在功課，而是我沒花時間和他一起規劃我們都同意的方式。」她說，眞正的問題在於信任。她後來與兒子約定，放學後兒子先做功課，做完功課就可以上網。他們訂下一段測試期。她說：「我兒子想保留上網的權力，我們證明我們可以謹守對彼此的承諾。我明白了我們應該一起解決問題。」

假設你知道你的目標爲何，你最需要了解的是「孩子腦中的想法」，否則你不知道該從何開始。這表示你需要提問，別自己認定任何事。

避險基金經理人法蘭茲．保羅有個四歲兒子亨利，亨利吃飯時變得很挑食，常造成干擾。法蘭茲思考亨利腦中的想法，發現自己最近因爲工作忙碌，飯前不再陪亨利玩耍，每次法蘭茲下班一進門，全家就開動吃晚餐。後來，法蘭茲又開始在飯前陪亨利玩，亨利就恢復正常了。

所以，解決孩子鬧脾氣的方法，應該是提問。如果孩子說：「你很過分！」你應該回他：「爲什麼？」或「說來聽聽。」如果孩子說：「羅伯偷我的玩具！」你的回應應該是：「爲什麼？」或「告訴我是怎麼一回事。」如果孩子說：「我現在就想吃餅乾！」你應該問：「爲什麼要吃餅乾？」或「爲什麼是現在？」

你當然可以自己猜測，但是自己猜不如直接問孩子來得好。

我看過一些給父母的建議是「當孩子說他想吃餅乾時，問他要不要改吃香蕉。」什麼!?你的孩子知道餅乾和香蕉不一樣，若他們想吃香蕉，會直接向你要香蕉！改問：「爲什麼你想吃餅乾？」比較好，或是「爲什麼快吃晚餐了，你還想吃餅乾？」或「快吃晚餐了，只吃半片餅乾好不好？」

或是把一般建議改成：「你可以吃餅乾，但是餅乾對你不好，改吃香蕉解解甜癮好不好？」這樣問很不一樣，因爲這當中蘊含了尊重的意味。

拉胡．桑迪的三歲侄子堅持要在父母的房間裡吃飯，拉胡沒直接否決他，而是請侄子「帶我去他想吃飯的地方」。於是，侄子帶叔叔去房間角落放凳子的地方，侄子坐上那張凳子。

拉胡說：「我發現他是想要像大人一樣吃飯，而不是坐在兒童座椅上。房間並不是重點，所以我把凳子搬到飯廳，讓他坐在上面吃飯，他吃得很開心。」他的侄子只是想當「大人」，希望被當成大人看待。「從他的觀點來看事情，問題就解決了。」拉胡現在是紐約避險基金的策略長。

行銷創業家西薩．葛魯龍的九歲兒子史戴凡不睡自己的床，西薩問他爲什麼，才了解根本的原因：兒子覺得他的床是「嬰兒床」。於是西薩告訴兒子，只要他肯睡，他可以帶他去買大男孩睡的床。西薩說：「在權力不平衡下，會讓人想要施展個人的權力，單方面決定結果。但是那樣的效果往往很短暫，因爲根本原因沒有明確表達、理解和處理。」

換句話說，你不僅需要了解孩子的看法，也要肯定他們。巴斯夫的業務員比爾．泰勒說，他高三的兒子想在畢業後念音樂學校，比爾說：「我希望他去念畢業後可以自力更生的領域。」如果孩子是念教育、商業或科學，他願意付學費，但他不希望孩子念音樂。

於是我們做了角色互換練習，由比爾來扮演兒子的角色，他說：「我發現老爸不信任兒子的判斷力，兒子認為老爸是老古板。」

比爾和同學利用這個練習想出了一個提案：兒子去州立大學拿一般學位，也去上特殊的音樂學院。比爾說：「我需要肯定與重視他。」

關鍵在於「誠實地和孩子溝通他們腦中的想法」，別想欺騙他們。他們沒辦法像你這樣充分表達自己的想法，但別因此就以為他們沒注意到細節，他們可能比你還敏銳。你應該像孩子觀察你那樣，仔細觀察孩子，甚至比他們更仔細。什麼事情會讓他激動？什麼事情會讓他平靜下來？他喜歡什麼？討厭什麼？他們不同的心情意味著什麼？

溝通之前，先聆聽

接著，「聆聽他們的說法」。研究顯示，有許多家長雖然自認為很用心傾聽，其實都做得不好。試想，如果你對成人那樣，成人會有什麼反應。假設當孩子對你說話時，你繼續做你的事，不給回應，甚至不轉頭看他，那感覺是一種侮辱。

更重要的是，你這樣做等於是訓練孩子也用同樣的方式對待你。如果你納悶孩子為何不聽你說話，想想你自己是否眞的聽過他們說話。你說，強尼只是個孩子，其實他是個小大人，而且他是有記憶的。孩子也會長大，他們不會忘記年幼時你是怎麼對待他們的。

這表示如果你希望孩子停下來聽你說話，你也必須這樣對待他們。除非當他們打電話給你時，你剛好在處理很重要的事，否則你應該「停下來」聽他們說。聆聽所有的細節，這個指導原則非常重要，孩子在他們能清楚表達這項原則以前，就已經學習怎麼運用了。

幾年前，英國威爾斯有一項研究指出，近七五％的青少年表示，獲得家長的聆聽和了解是親子和諧的關鍵，但只有四一％的家長這麼認為。孩子即使年紀還很小，當他們覺得自己獲得父母的聆聽和了解時，會變得更有自信、更能獨立思考，從而培養社交和決策的能力。

你可能需要發揮創意。前面提過史蒂夫．修庫席送女兒黛柏拉一隻可卡獵犬，他女兒還有一個問題：不願意自己睡覺，她希望爸爸或媽媽在她的床邊待到她睡著了才離開。她不肯說原因，所以史蒂夫安排了一場木偶戲，讓女兒透過木偶講話，木偶說黛柏拉怕黑，開夜燈還不夠。

於是他們讓她把房間的燈都開著睡覺，黛柏拉就睡了。她覺得父母在她熟睡後再把燈關掉沒關係。

如果你竭盡所能地聆聽孩子，但是你叫他們時，他們還是不理你，或是不聽你的話，那該怎麼辦？「好言」提醒他們，你為他們做了什麼。這方法一定都有效嗎？當然不是。但是你每次運用書中的工具，成功的機率就會提升。

給孩子決策權

另一個相關的做法是「徵詢」孩子的意見，盡可能讓他們參與你的決策。這種方式解決了他們內心主要的不安：沒有權力的不安感。這樣做可以鼓勵他們更信任你，讓他們覺得受到接納與關愛。例如，你可以問：「下次我們怎麼做會比較好？」

如果你希望孩子刷牙，把五支牙刷和五條牙膏放在床邊，比直接告訴他必須刷牙來得有效。告訴孩子，他「有權」選擇，有權決定哪個是他的。和他一起討論每種牙刷和牙膏的優缺點：顏色、味道、外型等。這可能比你吼著要他去刷牙還費時間，但是效果好多了。

其實，你這樣做是在訓練孩子做決策，以及和你合作，這種做法也可以套用到各種狀況。請孩子幫你挑選餐廳，這樣做往往可以滿足他們想要更多掌控權的欲望。

約翰．穆瑞每次叫三歲女兒凱莉刷牙時，都得僵持很久。後來他讓女兒挑選牙膏，刷完牙後他答應讀她想聽的故事給她聽。約翰說：「這效果就好像按開關一樣，她馬上答應刷牙。我給她一些掌控權，她覺得自己有權力，願意達成我的目標。」他們不必放棄什麼，而是各自貢獻了一些東西。

我認為叫「小孩子閉嘴乖乖聽話」是在傳達一種很糟糕的訊息，這是在貶抑孩子，等於是在說孩子的觀點不重要。這會導致他們不願聆聽，想辦法反抗。

研究顯示，自己做較多決定的孩子比較自動自發、有創意、健康、聰明、更有自信。

如果當你在看最愛看的電視節目時有人走進來，不問你一聲就把電視關掉，你做何感想？你應該會很生氣，但有很多父母就是這樣對待孩子的。父母常以為孩子的想法或需求不重要，直接搬出權力來打壓孩子，最後孩子會因此而恨你。

研究發現，無論是哪個年齡層的人，有力不從心的感覺時，通常比較可能出現身心方面的問題。有機會做自己覺得有意義的選擇，會讓人覺得比較幸福，也比較能應付壓力。這種人在談判時比較冷靜有效。兒童也是如此。

提供資訊也會讓對方覺得比較有權力。例如在孩子即將接受手術時，可以先帶他們參觀醫院，了解醫院是什麼樣子。讓孩子表達想法，充分回答孩子的問題，家長該問的是：「我能讓孩子掌控什麼？」你愈常這麼做，愈容易和他們談判。

艾倫．史威澤是資訊科技業的主管，他帶兒子布蘭登去迪士尼玩。在回家前一晚，兒子堅持要玩父親剛買給他的新火車。艾倫希望他把玩具收進行李中。艾倫問：「你想帶火車回家嗎？如果你不把它收進行李，我們怎麼把它帶回家？」布蘭登獲得決策權後，就讓父親把火車收進行李了。

在家裡獲得權力的孩子，在進入青春期獲得更多的權力後，比較不會不理會家長。**許多家長遭遇到青春期兒女的問題，其實是因為以前的談判技巧不當所致**。研究顯示，孩子十三歲時，來自高壓掌控家庭的孩子，通常已經準備好要擺脫父母，同儕變得比家人更重要，這其實是可以避免的。

安德魯．詹森在主日學校教一班十歲的孩子，他說：「他們才十歲，都很好動，有些孩子在家裡比較沒人管教，所以來上課時比較難管。」

安德魯回想自己十歲時上主日學的情況，他記得自己當初是怎麼回應嚴格的老師：反抗她的規定。所以他決定上課不要那麼正式，給予孩子更多的誘因，詢問他們想要如何上課。他以寓教於樂的方式灌輸孩子尊重他人的觀念，孩子表現乖巧時，就先給小小的獎勵，之後再請他們吃披薩。

安德魯說：「孩子開始帶書來上課，不再調皮搗蛋，很多人會主動回答問題。」他學會思考哪些東西可以讓學生產生興趣、哪些東西有礙學習，以及學生可能有哪些不同的知覺印象。他了解到，他必須願意嘗試新的東西，永遠以目標爲重。安德魯現在是工業供應公司的財務經理，他說：「這個技巧可以用在任何人身上！」

就連兩歲大的孩子也適用。約翰．瓦洛維克的兩歲兒子不願早點就寢，約翰說：「我發現兒子想控制自己的時間。」所以他們聊了一下，一起決定該怎麼做。例如，他們決定把兒子的午覺時間從三小時縮減爲一小時，他說：「讓孩子參與決策，這招很有效。」

跟孩子交換評價不相等的東西

讓孩子交換評價不相等的東西，他們願意交換的程度會令你相當驚訝。布萊恩．麥德維特是某大網路公司的零售部門主管，他希望五歲的兒子湯馬斯在早上起床時和他說話，他覺得這是一種值得養成的好習慣。於是他告訴兒子，早上和他聊十五分鐘，可以多畫畫十五分鐘，湯馬斯聽了以後馬上開始和他聊天。

也許有些人會覺得這是一種賄賂。我不覺得，賄賂是指付錢給人做下面的事：（一）應該免費做的事；（二）對別人不公平的事，例如賄賂政府官員以左右決策。本書所說的交換，對每個人都是公平的，是對雙方都很合理的協議。

小孩子很愛交換東西。菲利普．懷特是聖安東尼奧某家網路公司的主管，他的三歲兒子伊森不肯離開浴缸，他想一直待在浴缸裡玩玩具。菲利普急著要去處理別的事，他說：「我發揮同理心，先肯定我兒子有權繼續待在浴缸裡。我告訴他，如果現在就離開浴缸，明天可以在浴缸裡泡有顏色的水。」他兒子同意了，馬上離開浴缸。即使是三歲小孩也願意協商。

金秀珍是南韓三星電子的資深律師，她的五歲女兒沒辦法準時上學。她知道女兒敏瑞喜歡綁辮子，秀珍說：「我提議，如果她每天提早一小時就寢，提早三十分鐘起床，我每天早上都幫她綁辮子。」

大家可以注意到這些談判有多簡單，只要你掌握到關鍵，孩子都很願意和你協商。

艾莉珊卓拉．勒凡的朋友帶兩歲半的孩子席德妮到她家。回家時，孩子不想走，她希望艾莉珊卓拉繼續讀《艾洛思》給她聽。她母親感覺得出來孩子快發脾氣了，於是艾莉珊卓拉運用談判工具，她說：「我答應她今天再多念兩頁。」換句話說，她是以循序漸進的方式說服小孩，「下次我會把整本書再念一遍。」

席德妮一聽，安靜了下來，她了解循序漸進的意思。

這對席德妮來說也是個很好的學習，她學會延遲享樂。艾莉珊卓拉後來自己也有三個孩子，現在住在費城。她說，同樣的工具用在自己的孩子身上也一樣有效。所以學習和孩子談判的技巧，並不需要有自己的小孩。

清晨五點半，布萊恩．墨菲起床，下樓做運動，三歲女兒艾芙琳也起了個大早來看他。她說：「爸爸，你可以陪我嗎？」她希望爸爸睡在她房間的地板上，誰能拒絕這樣的要求呢？布萊恩不希望女兒覺得爸爸比較愛運動，比較不想陪她。在此同時，布萊恩也知道他真的需要運動，這是他唯一能運動的時間。

他想了一下艾芙琳真正喜歡的事，其一是「小人偶」玩具。他們不准艾芙琳和小人偶一起睡覺。布萊恩問她，爸爸在做運動時，可不可以請小人偶陪她在床上。艾芙琳答應了，問題就此解決。布萊恩後來開了一家投資公司，二〇一〇年秋季代表共和黨競選馬里蘭州的州長，他用在女兒身上的工具，用在政治上一樣有效：**定義價值對每個人的意義，然後交換評價不相等的東西**。

賈桂琳．史德迪逢在紐約經營翻譯事業，有一天她幫朋友照顧三歲的兒子亞歷山大。亞歷山大想在她剛換絲綢椅套的沙發上玩小汽車，但她希望孩子在地板上玩。她沒命令他那樣做，而是告訴他在地板上玩比較好，地面比較平，而且可以擺六輛車，沙發上只能擺一、兩輛。「我們在地板上玩賽車，我可以教他怎麼玩。我們比了三次賽車，他贏了兩次。」

賈桂琳說：「告訴孩子在沙發上玩會弄壞椅套，對他來說並沒有意義，他不會在意椅套。但是他的確會想讓車子跑快一點，硬的平面可以讓車子跑得更快，很容易說服他改在地板上玩。」

這表示你應該以孩子的需求來表述。

普薇・邱薩尼是印度孟買一家律師事務所的創辦人暨經營合夥人，她希望十幾歲的女兒蕾妮去學打字，普薇說：「她討厭打字。」同儕壓力讓這個問題變得更複雜，因爲蕾妮有兩個朋友的父母都認爲打字是沒用的技能，因爲用兩隻手指在黑莓機上輸入也行得通。

於是普薇把焦點放在女兒的需求上，普薇說：「她想當記者，我拿相關的研究給她看，證明會盲打可以加快速度。」她也告訴女兒，打字技巧好，使用即時通訊軟體時會更有效率。普薇說她了解同儕的壓力，不過這是爲了女兒將來的職業生涯著想。她說女兒可以自己選擇一週的哪幾天去上課。

普薇說：「角色互換讓我更注意她的感受。把焦點放在她的興趣上，讓她覺得我是爲了她著想。指出第三方的研究，讓我比較不是站在與她敵對的立場。循序漸進（偶爾去上課）比較容易開始。讓她選擇哪天上課，比較容易說服她。」普薇說，後來蕾妮上了打字課，成了作家。

由此可見，你通常需要使用好幾項工具，才能成功達成協議。只要你聆聽孩子的說法，重視他們，其實你先用什麼工具並不重要，多練習就會發現你最愛的工具。

瑪麗・葛洛斯是華頓的就業服務顧問，她的四歲女兒艾莉諾每次碰到媽媽出差時，就會開始哭鬧。瑪麗回憶：「我思考她的興趣和需要。」瑪麗對女兒說的一句話可能多數成人不會說出口，但是當你透過孩子的眼光看世界時，那句話意義重大。瑪麗對女兒說：「媽咪不是每次都會回來嗎？」她想舒緩女兒的恐懼。

接著她問，媽咪不在時，女兒可以做哪些她喜歡做的事？她們開始列出一份清單。最後，瑪麗承諾會帶「驚喜」回來給女兒。瑪麗說：「我終於可以在女兒給我大大的擁抱和親吻後離開，她不再哭著拉住我的外套不放。我肯定並確認了她的感受。」從旅程中帶回「驚喜」並沒有錯，畢竟很多夫妻出差不是都會爲另一半帶禮物嗎？對小孩有雙重標準並不公平。

給孩子獎勵

劉英不希望六歲兒子小景看太多電視節目，而且他也想鼓勵兒子多彈鋼琴、多做數學。首先，劉英先做準備，列出兒子的興趣，例如看電視、玩樂高、去動物園。

接著他告訴兒子，只要拿看電視的時間來練琴和讀書，就可以玩樂高、去動物園。他們訂了一套點數系統，每次他少看電視，就可以得到點數。每次他做數學或練琴，就可以得到點數，父子倆一起追蹤進度。小景每次得到點數，就覺得自己受到重視，對自己的感覺更好，又可以和父親共度美好時光。

劉英目前在紐澤西的麥肯錫擔任顧問，他也用標準和兒子協商。他指出，兒子有個同學和表妹每天只能看三十分鐘的電視，他兒子每天則看好幾小時的電視，他們三人都想讀哈佛大學。所以劉英問兒子，他覺得他們三人當中誰能上哈佛、爲什麼。小景告訴父親，最認眞的人就能上哈佛，於是那變成他的目標。這流程眞的有效。

有些家長反對以看電視的時間交換做功課的時間，但是我覺得這樣做並沒有錯。孩子反正都會看電視，家長應該善用這機會換取東西。到最後，孩子會逐漸喜歡上別人鼓勵他們做的活動，接下來你就不需要再爲了叫他們做那件事而交換東西了。

有些專家宣稱，獎懲制度會逐漸降低動機。根據在「現實世界」裡的經驗，我並不認同。獎懲制度符合以下幾點時，還是很有效：（一）孩子參與決定獎懲的結果；（二）流程對各方來說都很公平；（三）創造適當的誘因。記錄也是個好主意：塡寫豐富的試算表、日誌——這是親子可以分享的東西，他們可以討論如何持續進步。

茱莉．漢尼格告訴我，她總是無法要求孩子切實做好家事，她說：「他們有時候讓我以爲，他們已經答應要做了，但是最後都沒做。」

所以茱莉和孩子開會討論，她想知道家人是否同意盡力幫助彼此，大家都說是，所以他們一起想出一套獎勵制度（每週零用錢）。家事都有時間表，附帶一些彈性，不做家事會受到懲罰。他們也設計一張表，上面可以打星號記錄績效。最後，全家同意每個月開會，茱莉說：「效果比我想的還好。」

現在大家應該很清楚，**孩子達成你目標的意願，與你對待他們的方式息息相關。尊重孩子可以訓練他們也尊重你**。這不表示你必須同意他們做的每件事，而是指當你回絕他們時，需要提出理由，就像你對待成人時一樣。

而且你的做法不能破壞孩子的安全感。對孩子來說，最好的安全感是來自父母的關愛。我發現有許多父母不關愛孩子，甚至會以某種方式要脅孩子，因此破壞了孩子的安全感和自信，這點讓我相當驚訝。

親子之間的信任非常重要，一旦你失去或破壞了信任，其他一切都會受影響。這表示如果你和孩子之間有問題，你需要坐下來，彼此「溝通」。談談信任，以及孩子心頭上所想的其他事。

當孩子還小時，信任是靠面對面的接觸培養起來的：一起做東西（美勞、剪貼、玩樂高積木）、分享東西（遊戲、體育、教育節目、閱讀，在公路上數水塔或不同州的車牌）。這一切都會影響孩子和你談判多項議題時的態度，一切都息息相關。

有些家長和孩子共進晚餐時，全家會一起談談今天發生在自己身上的好事和壞事。在我家，每個人也必須提出自己感興趣的三件事，當孩子以這種方式溝通並獲得聆聽時，信任會逐漸累積。所以當我希望孩子爲我做重要的事情時，他通常比較願意往好處想，這是影響整個親子關係的背景。

當你和孩子一起做事時，孩子通常比較不會要求太多。孩子不想待在安親班時，你可以先請老師和孩子一起做一件事，請他們在你回來接他時，把成品拿給你看。你可以在中間打電話過去詢問他們的進度。

當你問大家最喜歡從摯愛的人身上獲得什麼時，最常聽到的答案是「無條件的愛」。這不表示對方不能批評你，而是即使你有缺點或犯錯，對方依舊愛你。

當你在情感上傷了孩子時，孩子腦中通常會想：「媽咪不愛我了」或「爸爸不愛我了」。孩子覺得你不想再關愛他們。如果你那樣做，就別期望他們會以愛來回報你。

責備成人時，會使人封閉起來，不再聆聽。責備孩子的結果更明顯，因爲孩子有不安全感，孩子依賴你。每次問題和我有關時，我第一個念頭都是想，一定是我的錯。畢竟，我對自己有最大的控制權。如果我兒子打破東西，我第一個想法是：我怎麼沒把他訓練得更好。

這不表示你得整天讚美孩子，孩子偵測伎倆的能力可能比成人強。研究顯示，具體的讚美比較好，稱讚他「你很乖」的效果沒有「你鋼琴彈得很棒」來得好。

切記，你在世上活得比較久，有較多的經驗和技巧。教導孩子、把孩子教到會爲止，是你的職責。如果你不接受這個建議，就無法達成目標。我們有數千份的期刊和二十年的研究可以佐證這一點。

所以，你應該告訴孩子：「我是眞心眞意地愛你，但是你整天向我要冰淇淋，我還是會說不，原因是……」孩子需要確定你的愛是無條件的。如果他們還是不了解，你可以說：「我來這世上比你久，見過比較多的東西，我發現……」連四歲的孩子都聽得懂那個道理。你說話的時候可以摸著他們的手臂。有多少人在批評孩子之前，會先讓孩子知道他們實際上是關愛孩子的？這樣做可以產生很大的差別。

對孩子進行表述

設定優先要務也很重要，別爲小事煩心。安全、健康、法律、道德、禮儀是不容妥協的，至於其他的一切，我們可以逐步學習，搭配責任。對孩子展現幽默感是很好的方式。萬一兒子把麵粉灑了一地，你可以說：「哦哦，你想在地板上烤蛋糕嗎？」接著說：「我們需要把它清掃乾淨。」

接著我們一起打掃。大人也會掉東西，孩子已經知道自己錯了，就別再連帶批評他的人格或自我價值。那樣批評並不公平，他們也知道這點，你那樣做只是教他們不公平罷了。

爲他們塑造一個印象，「你需要刷牙，不然我們很快又要去看牙醫，沒人喜歡看牙醫！」成人也是用這種方式來說服自己。

你對孩子和他人的「表述方式」，是影響他們反應的關鍵。帶他們了解過程，讓他們一起解決問題，「爲他們提供細節」。財務經理瑪麗安．沃納的七歲女兒艾美騎腳踏車時不想戴護膝和護肘，因爲她覺得戴那些東西很不「酷」。「於是我們細數她身上的多處傷痕，我請她挑出其中最酷的。她做了一個鬼臉，乖乖戴上護具。」

西北大學的電機系主任大衛．魯齊需要和十一歲的雙胞胎兒子協商，他希望他們少玩電動玩具，大衛的目標是把玩電動玩具的時間減半。

首先，大衛找妻子瑪拉商量。每個家長都知道，孩子常在父母之間挑撥，以便從中得利。大衛和太太先講好，確定他倆是同一陣線，他們也會一起談判。

接著，大衛確定談判的場合，他不希望孩子談到一半，跑去做別的事。所以他是趁著在賓州收費公路上行駛的四十分鐘，談這件事。

他需要讓孩子知道，電動玩具只是他們生活的一部分，玩太多電動玩具等於剝奪了他們喜歡的其他活動。所以大衛叫兒子列出他們喜歡的活動。他們舉出很多活動，他太太幫他們一一寫下來，電動玩具只是那一長串清單上的一項。

接著媽媽提到科學家的研究結果：玩太多電動玩具對小孩不利，均衡的玩樂比較好。這兩個十一歲的孩子（科林和馬克斯）當然都上過科學課，他們常拿他們在學校學到的東西來「教育」爸媽。他們家很重視科學家的權威研究。

科林不是傻瓜，他聽得出來這談判的目的，開始變得不太高興，大衛早就準備好怎麼應付了。他從研究情緒的課程上學到，很多談判是不理性的，需要動之以情，所以大衛問科林爲什麼生氣。

科林說他喜歡電動玩具，「幾乎沒什麼玩到」。大衛沒和兒子爭辯這點，爭論對錯並不重要。他和太太都說，把電動玩具的時間減半其實很公平，其他的時間可以用來做他們認爲有趣的事。結果大家皆大歡喜，小孩多了責任感，也參與了家庭決策。

與孩子談判時，如何循序漸進

家長需要習慣放慢速度，循序漸進。問孩子他們的夢想和恐懼是什麼，對孩子動之以情。

在第六章一開始，我們看到母親說服女兒去醫院縫針。循序漸進、動之以情很有效。小孩的想法是「漸進」的，當他們要求吃一些餅乾時，你不給，他們會說一片就好。爲什麼你不這麼做呢?當他們要求餅乾時，你可以說：「一片好不好?」或「現在先吃半片，待會兒再吃半片。」

邁克．強森的三歲女兒小安在足球場上蜷著身子哭泣，不想溝通。這是她第一次參加足球賽。這其實沒什麼，但多數家長碰到這種情況都不知所措。邁克告訴女兒，她不需要做任何事，爸爸愛她，爸爸會一直在她身邊，藉此讓孩子開始溝通。

小安後來透露，她害怕所有的家長都看著她，看到她犯錯。邁克說，沒關係，他們可以去另一個球場，那裡沒有家長，「我們可以自己玩」。小安喜歡他的建議，他們到別處玩了一下子，小安變得比較有信心。最後，她願意回來加入其他的孩子，踢完比賽的最後幾分鐘。小安甚至還射門得了一分，邁克說：「她玩得很開心，現在很有信心了。」邁克在費城郊區一家私募股權公司擔任經理。

鮑伯．伊凡斯是金融服務業的高階主管，他的四歲兒子邁可不願意上游泳課，兒子說：「我比較想騎腳踏車。」鮑伯發現兒子可能是怕水。他告訴兒子，怕水沒關係，他以前小時候也怕水。

於是鮑伯和太太先讓孩子經常泡澡，接著帶兒子和他的朋友去泳池比較淺的那端，他們可以站著玩水，「就像在浴缸裡一樣」。後來他們幫他裝上泳圈，讓他嘗試到水比較深的地方去游。接著鮑伯帶兒子和他的朋友去上游泳課，上完課後大家一起去吃披薩。過程循序漸進，處理孩子的恐懼，最後達到家長的目標。同儕和披薩當然也有幫助，這流程讓邁可愛上了水，後來還參加加州馬林郡的游泳錦標賽。

李育聰需要幫女兒轉學到離家和他公司比較近的學校，女兒很難過，不願意轉學。他鼓勵女兒談談她擔心什麼，她說她會想念朋友，也害怕陌生的環境。

於是李育聰給女兒許多時間適應新學校，他們去拜訪新學校的老師，老師都很親切。他也指導女兒寫信向現在的朋友道別，讓大家交換電話號碼，保持連絡，並爲她的朋友安排玩伴日。下次他們再次造訪新學校時，女兒又更有興趣了，終於同意轉學。

李育聰表示：「談判技巧在每種情境中都很實用，重視孩子關切的議題，循序漸進，幫孩子尋找可行的解決之道。」

小孩很擅長觀察大人，但是他們比較不會站在大人的立場思考。讓孩子了解大人必須處理的事情很重要，如果你可以讓孩子跟你一起玩，不妨和他們一起做「角色互換」，小孩喜歡玩角色扮演的遊戲，這通常不是問題。

紐約律師威廉．宋的五歲女兒蘇菲雅常愛哭鬧，不理會父母的勸說。威廉覺得這可能是因爲她嫉妒爸媽比較關注弟弟：二十二個月大的約書亞。於是，威廉和女兒做了三十分鐘的角色轉換，父親扮演女兒，女兒扮演父親。

在角色互換中，蘇菲雅擁有權力，她想讓爸爸注意她，和她一起做事。威廉則故意哭鬧回應，不太理她。

蘇菲雅很快就看出父親扮演的自己實在不討喜，也了解到那種行爲給人的無奈。這種方法幫他們找出困擾她的根本原因：她覺得自己沒得到父母的足夠關注，所以他們一起訂了一些對每個人都有益的準則。

資訊公司的創辦人邁克．沃透和五歲兒子利姆也有類似的問題。最近幾個月利姆愈來愈反叛，常把父親的要求當成耳邊風，父子的互動常演變成大吼大叫。

於是，邁克找利姆來玩角色扮演遊戲，由兒子扮演他，他來扮演兒子。我發現多數孩子都很喜歡這種遊戲，邁克扮演兒子時說：「我不聽話時，你爲什麼要對我生氣？」這讓利姆思考，爲什麼他應該多聽爸爸的話，孩子頓時豁然開朗。

邁克也需要孩子的承諾。他問利姆，以後如果他們有人不願聽對方講話時，該怎麼做。邁克把自己也納入情境中，他告訴利姆：「或許爸爸也應該多聽你講。」利姆說，他們應該常提醒彼此這件事。後來，他們的確都做到了。邁克說，那次的角色互換經驗也幫助兒子懂得思考，尤其是科學的學習方面。

給孩子額外的責任，是和孩子融洽相處的關鍵，其實那是所有人類行爲的基石，只不過在孩子身上更明顯，因爲他們通常對自己欠缺權力的感覺比較深刻。光是讓孩子「扮演」家長，這個簡單的遊戲就可以授權孩子像大人一樣思考幾分鐘（擁有權力），孩子通常會記住這種角色互換時所產生的心得。

站在孩子的立場思考，也是家長了解孩子行爲心理的好方法。孩子講不聽嗎？你想過他們可能那天心情不好嗎？大人偶爾也會心情不好，不是嗎？什麼！你覺得孩子都不會有壓力嗎？他們想吃薯條，或打一、兩個小時的電動玩具又如何？大人不是也有紓壓的方法嗎？辛苦工作一天後，看電視或喝一杯之類的？哪種情況比較糟？

孩子也需要紓壓，你應該敏銳觀察他們的需求。如果不這麼做，他們之後可能會做出你更不樂見的事，吸菸、喝酒、吸毒等。有時我兒子看電視只是想「放輕鬆」，或許他那時不想做功課，覺得壓力大。只要我們可以討論他打算何時做功課，以及爲什麼他現在想看電視，這都無所謂。或許孩子只是想獨處一下罷了。

孩子做的一切並不都是衝著你來，也不是爲了惹你生氣，他們只是想過自己的生活。家長往往事後才發現，問題其實出在「自己」，而不是孩子。

以幽默感對待孩子相當有效，花點時間陪他們一起看有趣的卡通。每次我出差，都會幫兒子帶一頂有趣的帽子回來，我買了很多帽子。有一天他笑著告訴我，別再買帽子了。於是我換成幫他買T恤，有時還會畫一些好玩的圖畫給他，就好像我前面提到的閒聊功能一樣，這讓他在我們討論或協商某件事時，抱持著更好的心態。

與孩子談判時，如何運用標準

我們來看一些比較麻煩的情況。有些孩子哭鬧，不願合作，很難交涉，就像成人一樣難搞。你可以對他們運用「標準」，但是需要小心使用，要有技巧，因爲這涉及關係。

海軍司令布萊恩．蓋瑞森覺得三歲的兒子康納愛發脾氣，很不可取，所以他等兒子靜下來才和他說話。等兒子準備好，這本身就是一種動之以情的表現。布萊恩問兒子，又哭又叫，在地上打滾，是好事嗎？這是提出「要來硬的，還是順我意」的問題。他兒子勉強承認那是不對的，連三歲小孩都知道這點。

所以布萊恩問兒子，下次再發生這種情況，他們該怎麼做。「諮詢」是另一種動之以情的表現，布萊恩建議兒子可能需要「暫停一下」，給自己一點時間冷靜下來。他們決定，兒子回房間三分鐘足以讓他冷靜下來，這是兒子參與的決策。在宣布暫停之前，康納會先收到警告。這招的確奏效了，康納發現他不能再使用替代方案：發脾氣操弄情境。布萊恩說：「他後來變得乖巧多了。」

布萊恩說：「即使才三歲，我兒子也知道他的行爲會產生什麼後果。我們之前想跟他說道理，不知怎的卻讓他以爲他可以發脾氣操弄情境。這次我們設定標準，一貫落實，重新定義我們的日常談判。」

你最好是在事件發生前就先和孩子訂好流程，但這不見得適用於每個情況。每次發生父母或小孩不喜歡的狀況時，就應該討論，以防下次再發生。這可以改善流程，不只解決問題而已。找出孩子發脾氣的眞正原因很重要。

紐約的金融從業人員查爾斯．加拉格就是這樣對他的三歲女兒妮可拉。有一次女兒在朋友家鬧得特別厲害，爸媽和女兒等冷靜下來後，一起討論發生了什麼事。女兒答應乖乖聽話，稍後再和父母私底下談她的問題。

有一天，查爾斯在下課時接到太太打來的電話，太太說女兒又在她娘家發脾氣了，能不能在電話中和她談一下？查爾斯說：「我說我們已經講好哭鬧要如何處理了，她那樣哭鬧違反了家裡的規矩。」

查爾斯沒有明顯威脅女兒，而是告訴她哭鬧對她來說沒有好處。他告訴女兒：「妳喜歡去別人家玩，如果妳在別人家哭鬧，別人下次就不希望妳去了。」「她聽完我說的之後，馬上主動向媽媽說對不起，說她下次會乖乖的。」

讓孩子知道自己的行爲無法達到他們的目標，是一種很強大的工具，可以用來阻止爭論。艾瑞克．史耐德某晚打電話回家，發現太太和七歲的女兒在鬧彆扭。母女倆之前協議，女兒只要在晚飯前回家做功課，放學後可以和朋友玩。

艾瑞克說：「但是等我女兒該做功課時，她卻說那協議不公平。我打電話回家時，她們兩人正好在爲這件事爭執。」艾瑞克請太太把電話轉接給女兒。

艾瑞克說：「我問她怎麼了，她說她想繼續在外面玩，我問她什麼時候做功課，她說等一下看電視時再做。」艾瑞克和太太不准孩子邊看電視邊做功課。他問女兒，什麼時候功課做得比較快？是開著電視，還是關著電視？女兒說：「關著。」

他女兒馬上明白，如果先把功課做完，就有更多的時間看電視。艾瑞克接著又問，如果爸媽對她承諾會做某件事，事後又毀約，她覺得這樣可以嗎？女兒說：「不行。」艾瑞克就此停止談判，他覺得談到這裡就夠了，剩下的可以當面處理。母女倆的爭論就此結束，女兒做了功課，也有了更強烈的責任感。

家長和孩子談判時，應該要沉得住氣，不該發脾氣。發脾氣只是鼓勵孩子也以同樣方式回應而已。家長對孩子大吼大叫，對雙方都沒好處。

切記，情緒只會引發更多的情緒。情緒愈多，聆聽愈少，愈無法達到你的目標和利益。大叫除了在危險情況中引人注意以外，幾乎毫無效用。你要讓自己冷靜下來，才能教出冷靜的孩子。

如果他們在房裡扔食物，你可以說：「有意思。」接著補充說，如果東西扔到牆上，會留下汙痕，「房間需要重漆，買玩具和度假的錢就變少了。如果我們浪費可以吃的東西，額外買食物又要多花錢，我需要更努力工作，在家陪你的時間又更少了。」

這種方式可以訓練孩子了解行動和結果的關連。如果你眞的生氣了，你爲了自己發脾氣或對孩子無禮，而向孩子道歉，這也是一種動之以情。但是你要了解，你是爲自己的不當言行道歉，而那些行爲本來就不該發生。你可以試著發揮同理心：把焦點放在孩子的感覺，以及他們如何處理感覺上。你沒掌控好自己的情緒，對每個人來說都沒好處。

醫藥業主管派翠克．蓋勒葛發現，念大學的兒子在未經他同意下，刷他的信用卡消費多項娛樂，共花了他一五六美元。他們之前已經講好，信用卡只能用來買書和應急。派翠克冷靜地打電話給兒子，說他「想幫忙，但他們必須互相尊重。」

他兒子坦言自己違反了約定，他問兒子打算如何還錢，兒子表示願意分兩次還款，未來謹守當初的約定。「指出孩子的不當行爲，但是要冷靜，他們會更尊重你，也學會如何處理爭執。我想讓他知道，我可以在不批評他的情況下，處理他的問題。」他說，後來一切都順利解決了。

很多孩子喜歡列清單，就像大人一樣，那在混亂的世界裡代表著一種秩序。一起列清單解決問題，是不錯的親子活動，可以改善親子關係，增加責任感。

艾比蓋兒．安德魯斯是我朋友十一歲的女兒，她和媽媽海瑟爲了家務爭吵，最後她們達成協議。艾比蓋兒覺得，只要媽媽能謹守承諾，她很樂意謹守本分。

於是艾比蓋兒用電腦打「合約」，並列印出來，還做了封面，裡面列了條款。她先簽名，把合約放在桌上，讓媽媽簽名。

許多家長覺得他們很難讓孩子遵守承諾，其實很多孩子也覺得家長很難遵守承諾，所以清楚說出承諾是關鍵，這包括討論萬一有人不信守承諾時，會發生什麼事。

艾比蓋兒所做的，就是列出自訂的標準，規範他們對待彼此的方式。你和孩子也可以這麼做。我們通常很難否決自訂的標準，所以關鍵在於親子一起規劃標準，要求彼此擔負責任。

你也可以讓孩子自己發現事情的後果，而不是逼他們做某事，或要求他們別做某事。如果我兒子想熬夜，有時候我們會讓他熬夜。我們會先警告他，隔天會很累，接著我們會準時叫他起床，讓他自己承擔疲累的後果。

他的成長不會因爲一天沒睡飽而受阻，但他會因此獲得不錯的人生教訓：行動都是有後果的。他試了幾次以後就學乖了。許多孩子喜歡熬夜，但現在只要我們說時間很晚了，他會記得要是不早點睡，隔天會是什麼樣子，這比吼著他去睡覺好多了。

關於親子談判的討論還是有個限度，我們也可以改用「標準」或「交換」等工具，不過方法是一樣的：灌輸孩子更多的責任感。

我相信你可以想出很多爲孩子帶來正面意義的東西，把自己想像成學校的校長，校內有一個孩子，或兩個，或三個，看你有幾個孩子都可以。

你甚至可以更進一步，讓孩子來主導，看孩子能「教你什麼」。孩子通常比父母更懂電腦，他們透過手機擁有整個社交網路。對許多成人來說這是難以理解的事。改善親子關係的一個好方法，是請孩子教你他們懂的東西。這不是爲了監督他們（你也不該那樣表達），而是爲了和他們分享。

這樣一來，當孩子進入青春期，自然轉向同儕尋求支持和建議時，他們也會把你納入同儕之中，所有談判看起來都會變得更容易。光是請孩子幫你，就是重視他們，而他們也會以同樣的方式回報。

如果你沒辦法和孩子談判，第三方通常可以幫你，例如祖父母、叔伯舅姨、兄弟姊妹，甚至他們的朋友及朋友的父母都可以。親子關係可能緊繃，你可能需要調解者來幫忙解決，家長常忘了有這個管道。

何不和孩子分享這一章的內容呢？你們可以幫彼此化解家庭紛爭，給彼此建議。孩子不見得會認同本章的所有內容，但即便如此，也可以得出不錯的見解。所有意見都有助培養親子關係，促進談判。

強恩．羅傑斯的四歲兒子派翠克和兩歲兒子安德魯常爭吵，強恩叫他們兩個坐下來，問他們爲什麼不能當好朋友，「我告訴他們，他們應該負責監督自己，大男孩不會對我告彼此的狀。」強恩告訴他們，他們應該互相關心。從此以後，他們一起玩遊戲，關注彼此，八年後的現在，他們還是如此。強恩現在是紐約花旗銀行的執行董事。

懂得談判，就不需動用體罰

這一章若是沒談到對孩子動粗的問題，就不算完整，動粗包括身體上和情感上的。就某方面來說，那其實是霸凌，不是嗎？家長占著體型和資源上的優勢，打壓無法保護自己的孩子，孩子則是以極端的行徑回應。

我們好好來看這件事，你聽過「這孩子很恐怖」這個說法嗎？如果那是眞的，你應該改說「那孩子是恐怖分子」比較貼切。當你對孩子動粗時，你就是在打壓孩子，導致他們訴諸極端的行爲。高壓只是教孩子「強權即是公理」罷了。

很多研究顯示，打孩子會導致孩子更暴力，更有可能產生行爲問題。一項研究指出，被媽媽打的孩子，在幼稚園裡打其他孩子的機率會加倍。另一項研究顯示，男孩受到體罰和未來對女友暴力相向之間有關係。

研究顯示，體罰孩子可能降低他的智商多達五分，孩子被打以後可能容易分心，在學校比較無法專心，可能出現憂鬱症狀，語言發展遲緩。一般對體罰的認知，基本上是錯誤的。

你可能會說，小時候你爸媽也是這樣對你的，但是既然多數人依舊對此難以釋懷，爲什麼不停止這種虐待的循環呢？即使在孩子比較能接受打罵的文化裡，我們眞的想教孩子這些東西嗎？抑或這只是不懂得運用其他工具的父母才會有的行徑？

在美國，仍有一半以上的父母經常打孩子，九〇%以上的家長至少一年會打一次四歲以下的孩子。既然打孩子有負面影響（包括欠缺信任），又有其他更好的方法，這數據之高還是令人訝異。有些人把打孩子比喻成抽菸：眞的很糟糕，但還是很多人做。

光是讓孩子聽你的話還不夠，你需要讓孩子積極參與他們的教養，工具就在這裡。

但是想要成功，你需要天天運用工具，做好準備。當你的工具使用得當時，你的孩子會把這些工具傳給他們的孩子，更好的教養方式會開始傳承下去。

13 出差旅行的談判

來上過我課程的一位企業主管，有一次帶太太去聖地牙哥一家很高級的飯店度週末。星期六早上，他被太太的尖叫聲驚醒，只見他們房間浴室的地板上爬滿了螞蟻。與其打電話給櫃檯管理人員或根本不知道是誰的人抱怨，我的這位學生決定要來試試他在課堂上所學到的談判技巧。

他下樓找到了經理，問道：「你們是不是聖地牙哥最好的旅館？」

那位經理當然回答：「是。」

「你們是不是以自己高品質的服務自豪？」

經理當然還是回答：「是。」

「那你們的服務是不是也包括了浴室裡的螞蟻？」

這位企業主管說，他這輩子沒見過如此迅速的房間升等，而且飯店還招待他們一頓晚餐和一瓶香檳。這裡的關鍵就是運用刻意、組織清晰的談判，來得到你想要的東西，而非不假思索地貿然行動。

已經有人寫過、說過許多有關旅遊議題的談判技巧了。絕大多數這類的狀況都與價格有關。有了「爭取更多」的工具，價格這件事絕對能讓一個人學習如何做出更好的談判。不過在這方面需要協商的東西還不少：單單以住宿來說，就有太晚退房、升等、沒有空房、特別照料、更好的住宿地點、更多服務，以及針對帳單或住宿設施的爭執。

在開始針對旅遊規劃進行談判前，有幾件事你必須知道。首先，幾乎所有旅行社的業務人員都很習慣客人的討價還價，所以如果你對攤在眼前的商品照單全收，那就好比在夜市買東西完全不殺價一樣：你很有可能會多付冤枉錢。

第二，會哭鬧的孩子眞的有糖吃。但你不一定要做個「奧客」。只不過，如果你什麼都不說，你就什麼都拿不到。正如本章中的故事所顯示，**堅持，絕對能讓你爭取到更多**。就算對方說了一次、兩次，甚至是五次的「不行」，你都不應該有所動搖。

事實上，大吼大叫或是當個奧客，都不會讓你爭取到更多東西。航空公司和旅館業者都會在電腦上註記客人的行徑，而且這個紀錄永遠都會存在。長期來看，你得到的好處並不會比較多。當你愈是重視對方，對方也會愈重視你，而你就可以因此得到更多。

旅遊業的各種相關從業人員其實都有提供優惠給客戶的決定權，就看他們對你這個人的感覺如何。如果他們喜歡你，他們就會給你更多好東西。

當然，眞的也有些旅遊業的人好像永遠心情都很差，而且根本不願意給你特別的待遇。這也就是爲什麼，除了要能建立關係和共同利益之外，你還得知道如何找出人們的服務標準，並且好好運用這一點。他們公司的政策是什麼？什麼樣的狀況算是例外？把他們公司白紙黑字寫下來的政策帶在身邊，讓他們知道他們應該有怎樣的態度才對。

不過，永遠別讓自己成為議題。如果他們的態度很差，你就可以利用這一點來爭取更多東西！

跟大部分的協商談判一樣，你需要使用一些工具來得到你想要的東西。先跟對方聊聊天——培養關係——在使用標準時這是很重要的。當你引用對方的服務標準時，別讓他氣到完全不願意幫你做任何事。而且，在你利用標準得到你想要的東西之後，你可能得關心一下對方的需求是什麼，好讓事情圓滿收尾。好好練習這些工具，事前做準備，事後跟自己檢討一下結果。慢慢地，你就會愈做愈好了。

正因為旅遊業的服務標準非常重要，表述的方式也就非常重要。「這樣的服務是不是也包括浴室裡的螞蟻？」這就是在表述對方的標準。「你們的目的是不是要讓客人開心？」也是表述，把標準嵌在問題裡。最好的標準問題就是**強調出之前答應的，和之後眞正做到的兩者之間的差異**。這樣做可以給對方一個機會為你提供合理的解決方式，或是對方甘冒風險，做個不講理的人，例如你有可能去向第三人投訴。

記住，沒有一體適用的萬用方法。這裡談的是情境協商：問問自己，你的目標是什麼、對象是誰、你要怎麼做才能說服他們。每一次的協商都是不同的，就算是同一天在同一家航空公司，你也還是會遇到不同的人。這是協商旅遊行程規劃最棒的地方：對方有很多人可以讓你選擇。如果這一個對你不好，你就再找另一個。記得要找能做決定的人，別浪費時間在沒辦法幫你或不願意幫你的人身上。

跟航空公司談標準

你也知道，跟幾年前比起來，現在的限制比較多，也比較嚴格，特別是在二〇〇一年九月十一日的恐怖攻擊之後。不過，還是有成千上萬的機會可以供你談判。

亞將．麥登的父親錯過了從倫敦飛往美國的班機，他不想支付二百美元的費用，但維珍航空的兩位經理都說，唯一的例外只有需要住院治療的病人。

「就在我和兩個鐵石心腸的經理談過之後，」亞將說，他找了第三個人。「我先向她問好，然後我跟她聊到我最近去了一趟馬爾地夫，那裡的天氣眞是好。結果剛好她正在規劃她的蜜月旅行，而馬爾地夫是其中的選項之一。於是我花了十分鐘向她建議一些蜜月旅行的好地點。」

然後亞將接著說，他的父親、母親、兄弟姊妹，以及他們的小孩，向來都搭乘維珍航空的飛機。「我們從來沒想過要換搭其他航空公司。」他這麼說。然後他告訴這位小姐，他父親錯過了班機的事。「我爸年紀很大了，而且身體也不太好。」亞將說，「妳可以幫個忙嗎？」

這位客服代表答應要爲他向倫敦辦公室提出申請。「年紀很大而且身體不好」，這幾乎等同於要住院的人了，不是嗎？再加上亞將是常客，這些都是很好的表述方式。最後亞將的狀況成爲例外，而且他還交到了一個維珍航空的朋友。「關鍵就是堅持。」亞將說，「絕對不能放棄，而且你得花點時間去認識對方。」

亞將在這裡所使用的是另外一項很重要的工具：以細節增加可信度。**你能提供對方愈多的細**

節，你的問題看起來就會愈眞實，這樣一來他們就會更願意幫你。我的許多學生都說他們曾經打電話給航空公司的業務人員買機票，這些業務員會報價給你、幫你用你的姓名訂位，或是幫你扣抵一些費用，但是隔天他們卻發現根本找不到訂位紀錄，而且價格也提高了，或者是之前可以扣抵的費用現在又不行了。我問他們：「跟你們接洽的是誰？」我的學生說：「我不知道。」這聽起來實在不是很有說服力。如果情況剛好相反，當你打電話回去發現沒人承認之前談好的事時，你這樣說：「好，我想想看，昨天和我接洽的人是蒂娜．托爾莎，時間大概是中午十二點三分。蒂娜說我不需要訂位代碼，因爲訂位紀錄是用我的姓名登記的。她還問了我的名字怎麼拼，而且問了兩次，好確定她不會輸入錯誤。」

這樣聽起來是不是有說服力多了？一切巧妙都在細節之中。菲利普．康任職於賓州一家醫療器材公司，他希望長途巴士公司能給他一次折價優惠，因爲上次他搭乘這家公司的巴士時，由於車子機械故障，導致他無法準時赴約。但是，長途巴士售票處的收銀員和櫃檯經理的態度都不是很友善。於是，菲利普從他的口袋裡掏出一疊從以前到現在所有的乘車票根，在他們面前像撲克牌一樣展開來。「我搭乘你們的巴士已經有好一陣子了。」他這麼說。結果，因爲他有證據證明自己是個重要的長期顧客，因此獲得了免費搭乘到紐約的招待。

菲利普所提供的證據是實體的證據，無論使用哪一種語言的人都能了解。不不不，你不必帶著沉甸甸的一大包登機證到機場櫃檯去，但是你應該好好思考一下所謂的細節。多觀察、多傾聽、發揮你的創意。你可以聊聊你最近聽到或看到有關這家航空公司的新聞，或是戴一頂上面有這家公司標誌的帽子。

愛莎．翰瑞原本要搭乘從底特律飛華盛頓特區的班機，卻因爲飛機機械故障而取消了。西北航空提供她在底特律一晚的旅館房間和餐券。到了第二天，航班又因爲天候不佳而取消，使得她又必須在底特律多待一晚。西北航空的政策是，若航班是因天候因素而取消，就不提供乘客免費的食宿招待。

正當班機宣布取消時，登機門前還有許多本來要搭這班飛機的乘客，於是愛莎，這位來自華盛頓特區的律師，便開始四處詢問周遭的乘客，看看他們之中是否也有原本要搭昨天那班飛機的人。有些人說是，於是愛莎問他們，航空公司提供了幾個晚上的食宿給他們。其中有些人說兩晚。有了這樣的資訊做後盾，愛莎再去找西北航空的地勤人員，結果航空公司多給了她一個晚上的旅館住宿和餐券。

我們經常看到有人因爲旅行中的種種混亂狀況而受害。有太多人只會消極地坐在旁邊等。你一定要主動出擊才行。阿里．貝賀巴哈尼因爲美國航空班機延誤，錯過了轉機班機，但美國航空拒絕提供他一晚旅館住宿。登機門的地勤人員告訴他，班機會延遲降落是因爲天候因素。

阿里問：「所以天氣是唯一的原因？機組人員沒有遲到嗎？還是有什麼機械故障的問題？如果班機延誤是因爲其他原因，美國航空是不是就願意支付我的旅館費用？」他得到的答案是肯定的。所以他去向航空公司確認——結果機組人員的確遲到了，也因此才會造成班機的延誤。結果呢？阿里這位華盛頓特區的醫療事業投資人，獲得了免費的旅館住宿。「你一定要多問問題。」阿里說。

唐妮雅在塡寫租車表單時，不經意聽到聖地牙哥租車公司分店負責人正在對一位老客戶說明，他們公司向來非常重視對顧客的服務。唐妮雅已經排隊排了大概半小時了，所以輪到她時，她很禮貌地跟櫃檯的服務人員說她等了很久。結果她被升等到最高級的車。

說到標準，航空公司和其他旅遊服務業都有各種打折和補助的方式：（一）兒童；（二）青少年；（三）伙伴企業的客戶；（四）公司行號；（五）年長者；（六）出發地或目的地；（七）人數；（八）團體；（九）生日；（十）特殊情況。撥個電話給旅行社、航空公司、旅館或租車公司，向他們索取所有種類的折扣說明，一直看到最後，你會發現有些旅館會提供一個所謂「因故落單旅客」的折價費率。霍根是一家穀物公司的副總裁，他曾經因爲航班遭到取消而得到旅館的折扣，一晚的房價從原本的一九五美元變成五十九美元。他只是去詢問看看而已。你也可以去找出旅館在不同季節的各種優惠價格。

在住房率較低時，他們通常會降低收費。這時候也可能會有特別的觀光客促銷方案，或是兩人同行一人免費之類的優惠。除了折價之外，通常也會有一些額外的服務，例如溫泉療程或潛水課程。旅館還另外提供了哪些促銷方案呢？房間是不是可以升級？你也可以詢問他們，常客是不是有什麼特別的優惠方案。

有些經理人會爲來參加研討會的團體，向不提供任何優惠折扣的旅館爭取額外的招待，例如打高爾夫球、飲料折價、參加帆船駕駛課程等。他們都說，這其中最困難的就是確認這個團體想要的是哪一類的招待，只要知道了，他們都能和旅館協商。**記得要詢問對方的公司政策——這應該成爲你本能的一部分，而「什麼樣的狀況下可以有例外？」應該成爲你最常發問的問題**。你擁有說服他人的力量，如果你不好好利用，那就只能乖乖任人宰割。在美國，航空公司不能強迫你在跑道上等待超過三小時。去讀一讀最新的航空規定，我就有這麼做，而且有幾位美國航空的乘客就憑著這個規定，在我們大家在跑道上等了兩個半小時之後，要求美國航空把我們送回登機門。二〇〇九年，聯合航空因爲一首在 YouTube 上播放的抱怨歌曲，導致股價狂跌了一・八億美元。在那之後，聯航應該已經做出一些改善了。

與交涉對象連結

客戶服務部門的人通常在上班時間都不會太愉快，所以讓他們愉快一點，讓他們因爲你所說的話而露出微笑，如此一來他們會因爲對你的感謝，而提供你一些特別待遇當做回報。試著從他們的角度來看事情。奈森・史萊克希望辛辛那提韋斯汀飯店能讓他的套房升級，「但櫃檯的服務人員說已經沒有空房了。」他說，「而且她看起來心情很不好的樣子。」

於是奈森做了優秀談判者該做的事。他說：「我才剛結束一趟長途飛行。」奈森說：「妳呢？今天過得好嗎？」她說：「我才剛處理完一個混蛋客人。」奈森很同情地說：「哦，妳眞是太辛苦了。」接著他問這位服務人員，這家飯店是不是有很多常客，因爲他自己就是常客。她查了查電腦，知道他說的是眞的。然後奈森說他眞的很喜歡這家飯店，並且詢問他們之前是不是曾經提供目前沒有使用的空房給常客。

「結果她幫我升級到一間邊間的套房，完全不需要額外收費。」奈森這位新加坡JP摩根公司的投資部門主管說。「而且她還在電腦裡註記，以後如果有空房時，都要比照辦理。」

這種事通常都很簡單。約翰·鄧肯森想要得到洛杉磯Thrifty租車公司一星期的免費升級，接待他的服務人員年紀很輕，他說：「所以我問她是哪裡人、在洛杉磯住多久了，還有她喜不喜歡洛杉磯、在哪裡上學。結果她問我想不想升級。」

約翰說他想租一輛敞篷車，但是他的預算不夠。沒問題。他完全沒多花一毛錢就租到了敞篷車。「只要態度友善，問他們一些問題，結果會比你預期得還要好。」約翰說。他現在是在紐約執業的律師。

關鍵就是你要眞誠。對方分辨得出眞誠與虛僞的差異。如果你做不到這一點，那就別嘗試。如果可以的話，找一家旅行代辦公司幫你處理。態度是關鍵。在事前跟你自己聊聊，你想得到你想要的東西嗎？

再次重申，旅遊相關從業人員其實都有一定的決定權，而且會通融他們喜歡的客人。郭黛娜希望能從美國西南航空飛芝加哥的候補名單中得到機位，而且不需支付任何額外費用。所以她十分同情地對登機門的地勤人員說，在這種惡劣天候下處理航班問題，壓力一定很大。然後她提到如果她搭不上這班飛機，就會錯過朋友在家舉辦的生日晚會。

「在交談的過程中，我說我能理解他們有公司的規定要遵守，但他們也有一定的權力能視不同狀況來做調整。」黛娜說。她點出了地勤人員的權力，同時也向對方展現出，她知道這類事情一般的處理方式。最後她沒多花一毛錢就順利搭上了這班飛機。

我的學生跟一般人最大的不同是，他們知道要先替對方著想。這樣做不是要付出更多，而是得到更多的一種方式。大部分人一碰到狀況時，會跑去找服務人員訴說自己的問題，但比較好的方式是談談對方的問題何在。如此一來他們會覺得你是一個值得他們協助的人。

安妮．馬汀妮芝在巴貝多的南風海灘度假村，她想換一間房，或是可以免費住房，因爲她的房間鄰近一間很吵的迪斯可舞廳。當時是凌晨兩點，只有一位櫃檯經理在値班。稍早前，安妮的朋友來詢問過，櫃檯說已經沒有空房了。

安妮親自到櫃檯來找値班經理塔迪亞。安妮跟她提到舞廳的音樂很大聲，而且這聲音一定也吵到塔迪亞了。安妮強調，這並非塔迪亞的錯。然後她很技巧性地切入正題，說到旅館給顧客的簡介中有寫，「顧客的滿意」是非常重要的。「所以通常你們都怎麼處理這樣的問題？是幫客人換房間，還是提供補償呢？」安妮非常甜美地問道。

安妮對這位經理說，她知道飯店經理不能去報警，但是如果塔迪亞希望的話，她願意打電話向警察投訴隔壁舞廳的噪音問題。安妮讓這件事變成一個一般性的問題，而且她全程都以一種願意幫忙的口吻來說話。安妮甚至表示，如果塔迪亞能幫她解決這個問題，她會寫一封感謝函給塔迪亞的上司。

於是塔迪亞幫安妮這位來自費城的勞工法律師換了房間，而且是換到閣樓，不加收額外費用。至於原本住在安妮房間附近的朋友，稍早也是請同一位經理處理同樣的問題。她的這位朋友一劈頭就是大吼大叫，責怪經理不好、旅館不好，要求換房。但是他什麼也沒得到。這種狀況太常見了。運用本書所介紹的工具的人，能達到目標，而沒有運用這些工具的人，就什麼也沒有。

當你愈是能從他人的角度來看事情，對方就愈能感受到，其實你很努力要從他們的角度來看事情，你不是個不講理的客人。而在這個所有人都認爲客服人員一定得幫忙解決所有問題的工作環境中，他們會更加感謝你。當你打電話到航空公司時，客服人員有公司規定的流程要遵守，其中包括向你詢問日期、行程、時間、旅客人數、艙等之類的資訊。如果你打斷他們，或是表現得很不耐煩，就會讓他們開始對你不友善。他們的電腦要求他們以特定的順序輸入特定的資訊，如果你可以問他們：「你希望我按照什麼順序提供你要的訊息？」他們就會知道你想讓他們的工作更輕鬆一點。這一類的小事往往非常重要。

大部分人都不會想到要寄感謝函給服務人員的人事單位。但是對業務員或客服人員來說，感謝函的意義非常重大。這是你對服務人員一種出其不意、很好的感謝方式——而且完全不求回報。對旅遊業者來說，這種小恩惠是非常重要的，特別是在公司裁員以及經濟不景氣的時候。對航空公司的工作人員來說，一封客人的感謝函，可能會決定一個人是被停職還是保住飯碗，或者是被轉任爲兼職或全職的差別。

趙大衛錯過了前往哥倫比亞卡塔赫納的班機，因爲他所搭乘的大陸航空因機械故障而延遲了。那是感恩節的週末，還有另外十位乘客也跟他是一樣的狀況。當輪到大衛與地勤人員交涉時，他十分平靜且體諒地跟她說，如果她能幫忙解決這個問題，事後他一定會幫她寫很好的客戶評語，而且是用信件的方式。

大衛得在波哥大留宿一晚，結果不但旅館免費、晚餐免費、早餐免費，還有飛波哥大和卡塔赫納的機位。現在他是在台灣工作的顧問。你有多少次爲了更少的福利還苦求不得呢？

還記得艾麗莎．賴達這位學生嗎？她只是因爲以非常友善的態度對待一位地勤人員，就得到了更好的座位和免費的餐點。我在課堂上提到這件事之後，許多學生也試著這麼做，結果你猜怎麼著？這眞的有用！艾麗莎也給了她阿姨一些建議，當時她阿姨花了二千美元買了不能退費的聯合航空預購機票，但之後沒多久她就失業了。艾麗莎要她阿姨立刻打電話給票務人員，告訴對方自己最近被裁員了，並且順帶提到包括航空公司的員工在內，有很多人都深受失業之苦。結果這位票務人員向聯合航空提出申請，把艾麗莎阿姨的二千美元全數以現金退還。

當你愈是用積極的態度來處理問題，就愈能得到他人的幫助。我有一位學生和她的朋友一起買了加勒比海郵輪之旅沒多久，就發現之後每個人的價格又降了一二〇美元。大部分人都會直嚷嚷這實在太不公平了，但她沒有。就在她發現旅行社的客服人員沒辦法處理她的問題之後，她要求跟對方的經理說話。「經理一天到晚都在處理一些難搞的問題，」這位學生說，「所以我不要成為其中的一個。」她用一種正面的態度來面對這件事。「我對降價這件事感到非常驚訝。」她跟經理說。接著她詢問經理，對那些比較早買這個郵輪行程的人，他們是不是有提供其他的折扣或補救方法。

這位經理對這位學生處理這件事的態度非常感動，結果這位學生和她的朋友得到了價值三百五十美元的船上消費額度——這比她所要求的金額還多了幾乎五〇%。

即便當你在使用標準這個工具時，建立關係——或是未來可能的關係——也是非常重要的。理察．阿德溫米在波多黎各維切克島的度假村預訂了房間，但是現在他希望能把入住日期延後四天，而他之前是以春假的折扣價預訂的。一位沒好氣的經理告訴他，任何日期上的更動都會使他預付的費用被沒收，而且之後他也訂不到房間了。大部分人聽到對方這麼說，一定都會非常不高興，但理察反而從中看到了機會。

理察並沒有對這位經理的傲慢無禮直接做出回應，他反而是先恭喜這位經理的升職。「我四年前見到你的時候，你還只是訂房人員。」理察這位製藥公司顧問如此提醒對方。接著他提到二〇〇四年時，他在這家旅館主持了他最好朋友的婚禮，而且理察還建議他弟弟和弟媳可以到這家飯店來度蜜月。

最後，理察特別提到，他看到飯店的網站上說，他們會提供「賓至如歸」的服務。現在，理察問：「這就是你們對待老朋友的方式嗎？」這裡有哪一個問題提到理察要更改入住日期的事嗎？「無論是就專業問題或私人關係，我都是以一個家人的角度來跟這位經理說話。」理察說。

他也補充，在過程中提到飯店標準也是很必要的做法，可以有加強的效果。

最佳的談判高手都很冷靜，但他們會專注在自己的目標上。他們會用條理清晰的方式，並做好萬全的準備來進行談判。

如果有交易往來的狀況，就找機會跟對方建立關係。肯恩．艾迪斯還是ＭＢＡ學生時，參加了一次 Club Med 旅遊行程，也因此和該公司員工李察變成朋友，他一直維繫著兩人的友誼。兩年後，肯恩想和朋友一起去 Club Med 最受歡迎的度假地點，紐約長島西罕布夏的特闊伊絲俱樂部。

但該公司預約小組的人員不只一次告訴肯恩：（一）特闊伊絲俱樂部的預約已滿；（二）這個行程不提供任何折扣優惠。所以，這時已經成為紐約一家貿易公司副總裁的肯恩，就打了通電話給李察。於是李察幫肯恩：（一）取得預約；（二）拿到折扣價。結果最後不但幫肯恩省下了一、三二〇美元，還讓他度過一次愉快的假期。

在一年結束前的倒數第二天，約翰．柏克還差二百英里的里程數，才能達到獲得美國航空免費機票的標準。在這個時間點要找到便宜機票來完成剩下的里程數，是件很困難的事，而美國航空公司的客服人員告訴他，公司對這個標準非常嚴格，如果你沒有達到要求的里程數，就拿不到免費機票。

約翰決定要從不同的角度來表述這件事。他先問到一位美國航空客服部經理的姓名和電話，這樣他可以打電話過去，討論要怎麼處理這件事，包括可能再訂一張機票。然後他打了電話給這位經理，（很真誠地）向對方表示，自己是一位在美國航空累積了二十萬英里飛行里程數的客人。他問她，是不是能本著美國航空高品質的客戶服務標準，幫他一個忙。

「我是這麼忠實的顧客，我們有必要在一年的最後一天爲了剩下的區區二百英里而爭執嗎？」約翰，現在是一位能源公司私人資產部門的副總裁，如此說道。他完全正中目標。於是這位經理取消了補足二百英里里程數的要求。「表述眞的非常重要。」他說。

利用表述，改變想法

希臘的國家航空公司奧林匹克航空，無預警地取消一班從克里特島飛雅典的航班，而這是賈許和安·摩里斯的蜜月旅行。之後當賈許和安決定要搭乘另一家航空公司的飛機時，奧林匹克航空竟然拒絕退費給他們。賈許問航空公司的人員說：「你們公司的這種行爲是不是希臘人招待客人的方式？」他立刻就獲得了全額退費。他所用的就是表述和標準這兩種工具。

當你愈來愈熟練，只要一句話就能終結談判，而且結果對你有利。拉揚·阿敏希望更改他的聯航航班，但他不想支付額外的費用。他試了忠誠顧客和標準這兩個工具都沒用。他想換航班的其中一個原因是，原來航班的起飛時間在兩小時之內改了四次。他一共收到航空公司四封簡訊通知起飛時間更改。

於是他去找客服經理，跟對方說：「爲什麼聯航可以更改起飛時間四次都不必賠償我，而我只要求改航班一次就得付錢呢？」太厲害了！聯航的人員非常佩服拉揚的表述方式，結果他得以免費更換航班。拉揚掌握了非常明顯實在的資訊，並利用這一點做出表述。一個很好的練習方式是，試著去**找出矛盾之處**，然後好好利用它們。

有時候，一家公司的標準可能先天就存在著矛盾。舉例來說，西南航空非常重視客戶服務並引以爲傲，但他們又規定更改航班必須支付一百美元的費用。依莉莎白．賴德曼在要求不支付任何費用改搭早一班飛機時，發現了這個矛盾點。當然，她從一開始就要求見當時值班的經理——可以做決定的人——而出來見她的是湯瑪斯。

依莉莎白提到，天氣開始變壞了，她原本要搭的那班飛機有可能會因此取消。她問湯瑪斯是不是有這個可能性？他承認的確是有可能。「那麼，如果你讓我搭早一班飛機，反正飛機上還有很多空位，等一下你就可以少處理一個搭不上飛機的客人了。」他聽懂她話中的邏輯，而且也覺得眞是如此。好啦，在紐約從事醫療工作的依莉莎白巧妙地找到了平衡點，將重點變成對航空公司有好處，而且也維持了公司的標準，藉此更改了她要搭乘的航班。而她在事前就已經先想好了。

麥海文．葛帕蘭在艾維斯租車公司的標語「我們盡力而爲」和公司要求延遲還車必須罰款的政策之間，找到了矛盾點。他看到艾維斯櫃檯上「有車」的標示亮著。他想知道過去艾維斯是否曾因爲公司裡還有其他車可以出租，所以取消超過兩小時還車的罰款。同時他也提到，到機場的路上交通非常壅塞，公司過去有沒有因爲這個原因而取消延遲還車的罰款呢？

兩個問題的答案都是：有。所以他們取消了他的罰款。艾維斯租車的確做到了他們的標語：

「盡力而爲」。「在那之後，這個方法我還用了好幾次。」麥海文這位波士頓的顧問說。

亞莉珊卓．瑪蒂努被告知，她必須支付一百美元的罰款以及四十美元的機票費用，才能更改她從堪薩斯艾碧林到費城的航班。她這張票之前已經辦理過延長一年的使用期限了。於是她打電話到航空公司，要求找更改航班這類事宜的負責人。再一次，找可以做決定的人。她的表述方式是，之前航空公司願意幫她延長一年的使用期限，證明她是個非常好的顧客。這位負責人聽了，不會在心裡想：「我們已經幫過她一次了。」反而是覺得：「這眞的是位好客人。」負責人回答：「但公司的政策就是要支付這樣的費用。」「那你們公司的長期顧客是不是可以有什麼例外呢？」亞莉珊卓問道。有的，這位負責人說，公司的確曾經有過一些例外。結果：她不必支付額外的費用就能更改航班。

「表述是個很棒的方式，但你在用的時候要很小心。」現在是羅馬尼亞一家美國律師事務所律師的亞莉珊卓說。「有些客服人員一發現我這麼說的用意是什麼時，態度就會變得很有攻擊性。」關鍵是盡快讓對方知道你的重點。如果他們生氣了，就問他們你說的話有哪裡不對。告訴他們你的想法。他們能怪你嗎，你只是想省點錢而已。

在你所面對的對象疲憊不堪時，利用表述的方式來改變他們看事情的想法就格外重要了。航空公司的服務人員每週要面對上千位客人，而且大部分客人對他們的態度都很惡劣。所以，這就是個很好的理由了，如果你的態度很和善，就能從這些對你抱持質疑態度的人身上獲得好處。表現出你與其他人不同。其中一個方式就是友善地對待他們，另外一個方式則是提供細節給他們。

你要做的就是，改變他們對你這個人的看法。

金敏在過去一年之內並不常搭乘美國航空的飛機，所以美國航空寄了一封信給她，說明如果她不支付二五八美元，她的黃金會員資格就會遭到取消。金敏自問：「航空公司的人是怎麼看我的？」他們一定覺得她不是個很忠實的顧客。於是金敏撥了航空公司的電話，跟一位客服人員說：「我最近不常搭乘貴公司的飛機，是因為我現在正在商學院念書。」她解釋，「不過我很快就又會開始飛了，因為我的工作有這個需求。」現在，她扭轉了航空公司的人對她的看法，但是這樣還不夠，她希望能進一步說服他們。「我告訴她我很愛德州，所以畢業後我會搬到德州去。」金敏說，「當然啦，美國航空的總部就在德州。」就這樣，她又變回過去那個忠實的顧客了。然後她問，美國航空過去是不是有特別通融，延長黃金會員資格幾個月的特例。

就這樣，金敏不必支付任何費用就保住了她的黃金會員資格。但是要小心，她所提供的資訊都已經記錄在電腦裡了。如果金敏接下來這一年沒有經常搭乘美國航空的飛機，她的黃金會員資格就會被取消，而且她還得從零開始累積她的里程數。航空公司一定會進行查核，但這對金敏來說不是問題。身為波士頓一家顧問公司的計畫主任，她的確需要經常飛來飛去。

表述還包括描繪未來可能的願景。邁阿密規定二十五歲以下的駕駛人租車時每日需支付二十五美元的費用，但伊曼．洛古伊不想支付這筆錢。他打電話給訂車服務人員：「我這一生可能會因為出差的關係，花費五萬至十萬美元在租車上面。我們可不可以把這筆錢當做是彼此的投資呢？」非常好的表述！櫃檯的訂車人員為他減免了十五美元。如果伊曼．洛古伊這位矽谷的律師能親自到租車櫃檯做這件事，我猜他應該可以獲得二十五美元的全額減免。找出一個方法讓談判這件事變成大事，親自到現場會讓對方願意幫你做更多。

做好準備

你可以爲自己做一件很有幫助的事，那就是開始列出各家航空公司以及其他旅遊服務業者的標準。隨身攜帶著這張清單，它可以幫助你進行表述。舉例來說，根據聯邦法，如果你因爲飛行太過顚簸而受傷，航空公司必須支付你二百美元，但很多人只拿到五十美元。

要找到這些資訊並不困難，只要打電話給客服，告訴他們你想知道航空公司的旅客規定有哪些。理論上大家都知道應該要這麼做，但很少人會眞的花時間去做。投資幾個小時的時間在上面吧，這樣做會省下你許多、許多時間、金錢和口舌之爭。找出航空公司的標準和政府的法規，例如美國交通部所訂立的那些規則。

麥可．馬寇夫是紐約的一位顧問，他希望不必支付更改航班的費用。「我們沒辦法減免更改航班的費用。」茱亞妮塔這位和麥可對話的航空公司客服人員說。「你們可以減免的。」麥可說，「如果我在買機票的當天就說要改的話。」這樣的資訊會讓你非常有說服力！而且你只要投資一點點時間就可以了。

尼可拉斯．麥克在舊金山國際機場，他對於讓他的相機通過機場的X光安全檢查這件事非常擔心。機場的安檢人員說他「一定」得這麼做，因為相機底片是受到交通安全部門規範第八〇〇條規定必須受檢的物品之一。「那位安檢人員指著旁邊一塊標示牌跟我說，X光機不會對底片造成傷害。」尼可拉斯這位來自香港的律師說。那麼，他應該就此退讓嗎？不！「我告訴他，交通安全部門的網站說，旅客可以要求安檢人員進行人工檢查，芝加哥和費城的機場人員都很尊重我的這個要求。」尼克說。

其實當時這位安檢人員在尼克還在說話時，就一邊動手要把他的相機送進X光機裡了。「請你別動。」尼克說。而安檢人員也這麼做了。你感到害怕嗎？一個民主國家最基本的責任不就是要讓國民知道他們的基本權利嗎？尼克的底片是無價的。

我的學生有沒有好好運用這些工具，其實是看得出來的。他們通常得花更多力氣才能達到目的，不然就是根本達不到目的。我有個學生有一次想訂機票，對方告訴他這個價格絕對不會再變動，但到了隔天，他眞的要付錢時卻被告知要多付二十五美元。他覺得這實在太不公平了。最後他找來了經理，他問他們公司到底尊不尊重對客人的承諾。最後，他把多付的二十五美元討回來了。「但是我花的那一個小時値得嗎？」嗯，可能不太値得。但是他其實根本不需要多花那一個小時的時間。問題就在於他沒有記下當初告訴他價格不會再有變動的人是誰。他沒有記住地點，也沒有記住任何相關的細節，所以他得花更多力氣才能拿回自己多付的錢。這就是沒把事情做對的代價。有時候你甚至根本不會成功。但如果你做對了，你至少總有一次會成功的。

與旅館人員談判

愛芙瑞·沙菲爾德是喜達屋酒店集團的「常客會員」。加入這個常客會員計畫的其中一項優惠是，只要你有哪一次的住宿經驗是不好的，你就能得到五百點，這些點數可以用來折抵飯店房間、機票等費用。而這一次的狀況是，愛芙瑞對飯店經理說，她在浴缸裡發現別人的頭髮，而且她有把頭髮保留下來給飯店的人看，如果他們想看的話。此外，在櫃檯登記入住時，雖然她是白金會員，卻沒有得到應該享有的房間升等。加上另外一些不盡如當初會員權益所說的地方。「我花了四百美元來住這裡，」她向經理這麼說，「我大可花二百美元去住別的飯店，但是喜達屋的服務那麼好，而且我每次都住得很愉快。」這裡面一句威脅的話都沒有。

結果這位經理給了愛芙瑞兩萬點，等同於一趟美國國內的來回機票。愛芙瑞事後覺得，其實她可以再做得更好一點。「我可以問候一下她那天過得好不好，」愛芙瑞說，「又或者我可以說我會寫封感謝函，告訴她上司，她的服務做得非常好。」換句話說，每次的談判，就算是成功的談判，都爲下一次的談判提供了很好的學習經驗。

與生活中的其他事一樣，你愈常光顧一家店，他們就會給你愈多東西。**你不該威脅店家說，除非他們願意給你什麼和什麼，否則你以後都不會再來光顧**。這樣做就像每次跟另一半吵架，你就威脅要離婚一樣。時間久了，他們就不再相信你了。反過來，你應該要說的是，你對彼此的關係投資了多少。賈桂琳·史德迪凡每次外出都只住希爾頓飯店。這次她想去夏威夷，也打算住在希爾頓飯店，但是這段時間剛好是飯店的無優惠期，也就是說會員不得使用點數來折抵住房費，雖然賈姬的點數已足夠折抵三個禮拜的住房費。「我一共要住十四個晚上，但只想用點數折抵兩晚的費用。」賈姬說，「訂房人員還是可以拿到另外十二晚的住宿業績。」賈姬告訴訂房人員說，她這次到夏威夷是要慶祝自己從商學院畢業，她用功念書了好幾年才完成學業。

這位訂房人員想了想之後，決定給她六個晚上的免費住宿。賈姬在這裡使用了好幾種談判工具：她讓這些工具獲得更大的發揮空間。她不但分享了細節，同時也與這位旅館櫃檯人員建立起長期的關係。她更照顧到這位訂房人員的業績。「此外，我還被升級到阿囉哈套房呢。」賈姬補充說道。

就算你目前沒有和任何一家旅館建立起關係，但旅館一般都很歡迎你這麼做。對他們來說，客戶的忠誠度是最重要的。薩門．艾爾安薩里替他叔叔在費城的喜來登飯店預訂了十天的住宿，但是到了要出發前，他叔叔卻生病了。可是房間是透過網路預訂的，飯店經理馬克先生跟薩門說，無論他叔叔住不住，他們都要收費。網路訂房是不能退費的，從無例外。於是薩門詢問經理，能不能把這次的預約移到他畢業的那一週，他會請他的家人和朋友都住在喜來登。這個做法顯示了忠誠度，而且也為飯店帶來了更多生意。薩門用評價不相等的東西做交換，而馬克先生同意了。薩門現在在卡達，是家法律事務所的律師。這次的談判全靠他自己提出條件，但通常這就是你在談判時得做的事。

每一位旅客都有自己的「辛酸史」。而「爭取更多」的工具與眾不同之處在於，你很清楚自己在進行一場談判。這會讓事情更明確、更集中，而且更成功，因爲你很容易就可以從上一次的談判中複製經驗到下一次的談判。我有一位學生希望能住進他工作的上海汽車工業集團旁的旅館，地點在維吉尼亞州的麥可林。但旅行社說這家旅館已經全滿，甚至連電話都不願意幫他打。旅館的訂房部也告訴他，客房已經全滿。

於是這位學生自己打電話去旅館。他向櫃檯人員表示他在上海汽車工業集團工作，而有許多上海汽車工業集團的訪客都會住在這家旅館。他指出，許多旅館都會爲了可能的突發狀況而預留一些房間。「你們可以給我一間預留的房間嗎？」他問。堅持、標準以及連結，讓他成功地住進這家旅館。「有時候『沒有』不代表眞的『沒有』。」她說。

湯瑪斯．圭爾想取消在 Fairmont Copley Plaza 飯店的訂房，但不想支付取消的費用。訂房部的人員告訴他，因爲他是在入住前不到二十四小時內取消訂房，所以必須支付取消費。當時的時間是週日下午四點。「我是在二十四小時前打來取消，」湯瑪斯說，「因爲我本來是打算明天下午六點才要去登記入住。」

這位訂房人員告訴他，旅館的政策是設定下午三點鐘爲旅客入住時間。「下午三點應該是最早的可能入住時間吧？」湯瑪斯問，「但是有多少客人眞的是在規定的入住時間準時抵達的呢？這個規定難道不會讓很多好客人誤解嗎？」他在說話的過程中一直很有禮貌。於是他不必支付取消費用。這是個非常好的重新表述範例。

這一類的重新表述通常都會成功。阿圖爾．庫馬希望能晚一點退房（晚間七點），並且不需支付舊金山喜達屋皇宮飯店所規定的晚退房費用。你可以想像，七點比一般規定的退房時間，下午兩點，還要多了好幾個小時。阿圖爾是喜達屋飯店的常客，但很顯然光是這一點還不夠。

於是阿圖爾詢問旅館是否已經客滿，結果沒有。換句話說，他們並不需要他的房間。他指出他是在前一天晚上十一點半才登記入住的，所以就算他晚上七點才退房，他待在飯店的時間也不到二十個小時——也就是不到一個整天。他又問飯店的清潔人員，在晚上是不是還會打掃房間，答案是肯定的。「所以這樣另外一個比較晚入住的客人就可以住我的房間了。」他說。此外他還補充，萬一到時候飯店眞的需要他的房間，他可以在下午五點就準備好退房離開。

飯店接受了這個條件！阿圖爾重新表述了當時的狀況，強調出其中的關係，利用了「這麼做其實飯店並不會有任何損失」的事實，而且他也表示如果屆時情況有變化，自己願意配合。他的整個態度顯示出自己願意幫忙而且非常平靜。當你需要晚退房時，你可以詢問他們客房清潔最晚可以到什麼時候。對那些沒有安排夜班清掃人員的旅館來說，一般最晚的客房清潔時間是下午五點。你可以要求他們最後再來清掃你的房間，或至少晚一點再來打掃。如果你是常客，而且你有很好的理由，通常不會有什麼問題。你還可以問他們：「你們什麼時候需要把我的房間給下一位客人？」我知道，你一定會問：「如果大家都這樣做，那怎麼辦？」首先，大家不會都這樣做。第二，這對旅館來說是個很高等級的狀況，因爲處理好這個問題可以讓他們的客戶服務更升級。旅館最好要能滿足客人的需求，不是每個客人都需要晚退房的。

傑生．康敏斯到馬里蘭的萊辛頓公園參加鐵人三項競賽，到了當地才發現旅館都客滿了。於是他挑了其中一家旅館，開始跟櫃檯的服務人員聊天。

他問對方是從哪兒來的？在當地住了多久時間？他告訴對方，自己是來參加鐵人三項競賽的，但是他沒想到飯店竟然會全部客滿。他告訴她，自己是軍人，也因此才會開始對鐵人三項競賽感興趣。這位櫃檯小姐告訴他附近有個海軍基地。她打了個電話給自己在那邊的熟人，幫傑生找到了一個晚上十五美元的房間。傑生曾是西點軍校的指導員，現在則是一位陸軍中校。

與執法人員談判

當然，並非所有旅遊案例都有客戶服務的成分在內。舉例來說，警察就是。或者更明確一點，美國紐約甘迺迪機場的海關人員。瑪莎．拉薩瑞法在入境時遭到一位資深海關人員的搜查，結果搜出了她沒有申報的物品——足以讓她繳交二千五百美元的罰鍰，以及面對可能的刑責。

「當時房間裡還有四個實習生在場，」瑪莎說，「很明顯地，這位海關人員想拿我開刀，當成上課的案例。」瑪莎首先做的第一件事就是道歉。就在這位海關人員康納利嚴詞責問她時，「我一直謝謝她這麼盡忠職守。」瑪莎說，「而且還教我了解法規，使我不至於在未來犯下更大的錯。」同時瑪莎也坦承她沒有好的理由不申報，「只不過當時排隊的人好多。」她跟康納利說，「我猜我這樣做眞的是很蠢，再次感謝妳有把我抓出來。」瑪莎不斷表示她明白海關人員有絕對的權力可以起訴她。

最後，瑪莎只被罰了三十三美元。「妳是第一個了解我的職責所在的人。」海關人員康納利這麼跟她說。瑪莎所運用的談判工具包括了：（一）知道自己正處於一個需要談判的狀況中；（二）保持冷靜；（三）把注意力集中在對方身上；（四）認知到有第三方在場；（五）態度坦白直接；（六）動之以情，例如道歉和認同對方的工作價值。

結果瑪莎在不需要支付高額罰金及面對可能刑罰的狀況下平安回家了。這價值可高了。瑪莎現在是ＫＧＬ投顧管理股份有限公司的副總裁暨管理部門負責人。

再來看看瑪莎碰過的另一個狀況。她似乎很懂得如何應付官僚體系。大部分官方執法人員的薪水都太低，有時候工時太長，因此經常都很不開心，而且不受他人喜愛。如果你陷入了必須和他們談判的狀況，記住這一點是非常有用的。

瑪莎有一次需要在三天內拿到簽證才能趕去法國，而按照規定，申請簽證需要十四天的時間。因爲有太多人打電話到大使館去，所以很難直接和簽證官通上話，至於接電話的祕書，態度「不是很友善」。但瑪莎還是保持好聲好氣；她向祕書道歉，在她這麼忙的時候還來麻煩她。不多久，她就被轉接到簽證官的分機。這裡再次證明了，**肯定對方的職權是非常有效的談判工具**。

簽證官調出她的申請文件，「在過程中我隨時跟簽證官柯林閒聊幾句。」瑪莎說，「我讓他覺得很好玩，而且也對我所造成的不便向他道歉。」從開始通話算起，十二分鐘之後他就核准了她的簽證，而且在三天內就可以領取。

好啦，你一定覺得瑪莎這個人很任意妄爲。但是，她難道不是讓這位簽證官感到很開心嗎？

她的確有做到這一點，而她也如願去了法國。根據我的猜測，有很多沒有使用這些工具的人是去不了的。此外，瑪莎做了一件大部分人都忽略的事：她從頭到尾都把焦點集中在對方身上。畢竟，是這些人才能給你你所想要的東西。

建立踏實的連結

就算你是對的，讓對方覺得自己很重要、很受尊重，仍然是件非常重要的事。許多人會覺得這樣做很麻煩，尤其是那些覺得自己已經很重要、很成功，而且很有錢的人。但是，這個世界上的大部分人都不屬於這個分類，而我們所處的這個社會，無論是好是壞，所有人都必須依靠其他人才能生活——無論他們喜不喜歡。

所以，在你出聲叫眼前這個笨蛋「笨蛋」時，你最好確定你不會需要他幫你什麼忙！就像我認識的某個人曾說：「在你平安過河之前，千萬別嘲笑鱷魚。」

費茲．奧茲魯特克在波士頓還車時，被要求付四百七十美元，因為歸還地不是原本的租借地。身為常客，他從來不曾因為如此而被收取費用。此外，租車公司的網站上也說他可以在波士頓還車，無需支付額外費用。「櫃檯人員拒絕我的請求，」費茲說，「而且態度非常惡劣。」

你對這個狀況的第一個反應是什麼？義憤填膺嗎？你不需要有這樣的感覺，因為櫃檯人員不是可以做決定的人，別浪費時間在他身上。所以，費茲請他找經理來。「當經理出來時，我立刻表示我知道他是可以做決定的人。」費茲告訴經理，他們公司網站上的資訊是錯誤的，建議經理當場上網檢查。經理照著做了。「與其由我寫信到你們公司總部去通報這件事，我想由你來寫會比較好，」費茲這位無線電訊公司的副總裁說，「因爲修正網頁的錯誤可以讓你受到公司的褒揚。」接著費茲跟這位經理說，這整件事實在讓人壓力很大。這位經理向他道謝，並且「把我的帳單打了五折」，此外他也不需支付額外的四百七十美元。費茲說，關鍵是幫助他人解決問題，而不是責備他們。

如果對方的心情不太好，你可以幫他們一點忙。阿耶．碧諸額看到赫茲租車的一位服務人員因爲前一個客人而非常不高興。他什麼也沒說便默默地站起來退回等待的地方，給她一點時間讓她調整一下心情。經理看到了他的舉動，非常感謝他這麼做。大家對待旅遊服務業的從業人員的態度通常都很急切。給他們一個喘息的機會吧。

當她調整好，可以接待他時，阿耶跟她說了聲「嗨」，態度非常輕鬆愉快。他說他希望能從經濟型的車款升級，而且也希望自己能幫她一點忙。「我一直都很滿意赫茲的服務。」他說，「我可不可以塡一份你放在這裡的客戶意見表？」

阿耶這位紐約的副總裁，不只升了一級，而是連升三級，租到了一輛休旅車。是他操弄了這整個狀況嗎？他是如何讓那位服務人員感覺比較好一些？是因爲他給了她一些時間來調整心情嗎？還是讓她將他視爲未來的忠實顧客看待？

你會說：「我可不是住在這樣的世界裡！」是的，你是住在這樣的世界裡。只不過現在你還沒有清楚地看見這一點，而當你開始運用這些工具之後，你就會發現。有句俗話說：「愈努力的人會愈幸運。」你愈常使用這些工具，大家就會對你愈好，而且你也會愈容易達到你的目的。

現在你應該很清楚，不同的人適用不同的談判方式。當一項工具在某個人身上沒有發揮效果，不代表這同一件事情、同一個單位，用在不同的人身上也一樣沒用。潔西卡．魏斯錯過了五點零五分從紐約開往費城的火車，原因是售票機故障了。她買的五點十七分車票是七十九美元，但五點零五分的車票只要六十美元。售票人員幫她換了票，但卻不願意退她差額。潔西卡說：「美國國鐵的經營策略難道就是要客人爲了它的失誤而付錢嗎？」這位售票員的回答是：「甜心，妳可以花時間在這裡跟我吵，但我勸妳還是趕快上車吧。」潔西卡說，當時她本來想就算了，這個世界本來就不公平。但不就是日常生活中這許多小小的侮辱加在一起，摧毀了我們美好的生活嗎？於是她撥了電話到美國國鐵，接她電話的人是佛洛伊德。她向他說明了事情的經過。佛洛伊德不太想退錢給她，潔西卡這位紐約的律師再次說了這句話：「美國國鐵的經營策略難道就是要客人爲了它的失誤而付錢嗎？」佛洛伊德說：「不，絕對不是。」佛洛伊德寄了一張二十美元的購票券給她。這就是運用標準和堅持的重要。

費歐娜．考克斯每次都會問旅遊業服務人員他們是從哪兒來的，而且她也總是會跟他們保持長久的關係。有一次，她找到去紐西蘭最便宜的機票價格是一千九百美元，而這同樣也是旅行社的票務人員跟她說的價錢。於是費歐娜問這位票務人員是哪裡人。紐西蘭。結果這位票務人員額外多花了一些時間再幫費歐娜詢價，最後找到了一千五百美元的機票。「我現在每次都一定會這麼做。」費歐娜這位佛羅里達國際銀行的財務經理說。

麥克．萊斯克寧搭乘包租車從曼哈頓中城區前往紐沃克機場，他得支付六十五美元的車費外加過路費。他告訴司機，自己常常叫車到機場。「如果能直接向司機叫車比較好。」麥克說。司機告訴麥克，如果他直接打電話向司機叫車，就可省下百分之三十或二十美元的派車費。於是麥克那一趟只花了五十美元外加過路費，而且他拿到司機的名片。

麥克學到要避開中間人這件事。這是數以千計的生意人都知道的事：直接跟賣主接洽，如此得到的服務或商品都會更好。

這裡有兩個非常好的表述範例，一個是跟美國國鐵有關，另一個則是跟艾維士租車有關。它們可以讓你更了解眞正的專家是如何在每天的生活中不費吹灰之力地運用這些工具。第一位是艾爾．哲吉拉，他爲一些私募股權基金公司的老闆經營公司。他買了一張從紐約到費城的車票。因爲他很早就到車站了，所以他想試試看能不能搭上早一班的東北快線。但是東北快線的票都賣光了。售票員是這樣跟他、還有排在他前面的十個人這麼說的。

於是艾爾去找列車長，然後問他：「票都賣光了是什麼意思呢？」他得到的解釋是，這代表每個位子都有人付錢買了。「但有時候有人就算買了票卻沒有來搭車，不是嗎？」艾爾問。是的，列車長回答，幾乎每班車都會有位子空出來。「那麼如果有人沒來搭車，我可不可以坐他們的位子？」艾爾問。結果他上了車，而且還省了三十美元。他的同事在賓州車站多等了一個小時才搭上下一班列車。標準、表述，請對方說明。

另一個範例是一位學生在新墨西哥的阿爾布開克租了一輛艾維士的車子，打算在春假的一週裡使用。當他開了一百英里之後，才發現他付的金額比他所租的車要高一個等級。但他並沒有往回開，而是開滿租用的一週，在還車時要求艾維士退費給他。他被拒絕了。服務人員告訴他，合約上有寫，顧客在把車開離停車場之前，就付清他簽名領取的車子的費用。然後她把合約轉過來給他看這個條款以及他的簽名。你以爲事情就這樣結束了嗎？再想想吧。這裡有場談判要進行。

你也知道，大部分租車公司的合約都是很小、很淡的灰色字體印在淺粉紅色的紙張上，非常不好讀。所以這位學生說：「讀這份合約不是我的責任。」「爲什麼不是？」這位艾維士的服務人員問。「你看這合約，」這位學生說，「你根本很難看清楚裡面寫什麼。如果我有責任要讀這份合約的話，那你們公司的標語就不應該是『我們盡力而爲』，應該要改成『你們盡力而爲』了吧。」結果他拿到了退費。

旅行前，先做好功課

顯而易見地，你在旅行前愈花心思做規劃，發生不愉快的狀況就會愈少。旅行的花費不便宜，你應該要享受假期中的每一分鐘才是。

傑夫．史丹利博士的目標是，用他的話來說：「解決全家人對暑假夢幻假期的衝突意見。」

這全家人指的是他住在維吉尼亞州的年邁父母、住在加州的姊姊全家，以及他自己的家人。傑夫的父母覺得出門旅行太累、他弟弟在時間上剛好和一趟學校的旅行撞期，而他姊姊覺得不回家看爸媽心裡會很內疚。

所以傑夫先不急著做決定，他自問：「現在究竟是什麼狀況？」首先，大家是不是都有度假的心情呢？第二，兄弟姊妹中只有一個人需要回家看爸媽。第三，目前爲止還沒有人做出任何規劃。第四，藉由多方視訊通話來解決這件事，只會把情況弄得更糟。於是傑夫分別找大家談，希望能釐清各自的希望、期待以及擔憂。在蒐集完所有資訊之後，他提議把假期延後到聖誕節。「我們有六個月的時間可以一起來安排。」他跟每個人說，「我們先找出一個大家都沒問題的日期，而且在這段時間內每個人都有任務要完成。」傑夫要在暑假回家看父母，他的弟弟要存夠一千五百美元來幫大家買機票。「關鍵就是把中間的過程給處理好。」他說。

從這裡我們可以學到什麼？首先，只需要一個人居中協調就夠了：而且是最冷靜的那個人。第二，一定要分別從不同人身上蒐集到可以幫助解決事情的資訊。第三，負責居中協調的人應該要蒐集各方贊成與反對的意見，最後提出更好的解決方案。

賈斯汀．巴格戴帝是華盛頓特區的律師，他藉由發展出一套規劃方式，大大改善了家人的假期聚會。他的未婚妻凱特想回波士頓與父母共度聖誕節。賈斯汀自己希望回密西根與父母共度聖誕節。所以賈斯汀立刻將這場談判的層級升高。他問凱特，她在波士頓的父母比較希望和他們一起度過哪個節日，感恩節還是聖誕節？答案是：感恩節。問題解決。

他可以不斷將問題的層級擴大，直到找出解決方法爲止。除了聖誕節和感恩節之外，還有新年、生日、暑假、復活節——數都數不完。這就是懂得談判的人會做的事。

讓飛機回頭——經典再現

我的學生在課堂上聽聞其他人的成功案例之後，相同的狀況就會一再重複發生。這裡要提到的這個屢試不爽的技巧並非只能用一次，如果你眞的把它學起來了，那麼以後你就可以一再複製成功的經驗。所以我要用另外一個故事來爲本章做結，故事主角讓已經準備要起飛的飛機回到登機門，讓她得以登機。這次的狀況與工作有關。

一位年輕的嬌生公司主管被安排要對董事會成員簡報一個爲期六個月的案子。這將是他人生中最重要的一場會議，但是他所搭乘的第一班飛機延遲，導致他就快要趕不上到會議地點的轉接航班了。下一班飛機要再等六個小時，這樣一來他一定會錯過董事會，而他的事業前景就會大受影響。

這位年輕的主管發現大家都走光，只剩他一個人了。登機門口的地勤人員爲他感到很難過，所以她讓他一路狂奔，試試看能不能趕得上飛機。但是當他們來到停機坪盡頭時，飛機已經離開了。飛機停在大約二十碼之外，機師正在做起飛前的最後檢查。地勤人員用盡一切努力想讓機師把飛機開回來，她拚命揮手打信號，但根本沒用。

然後，這位年輕主管記起了在我課堂上學到的工具。爲什麼被槍斃的人都要套上眼罩呢？因爲當你注視這些人的眼睛時，你會很難動手對他們開槍。當你想在交通繁忙的道路上讓別人讓你，你只有和其他駕駛人有眼神接觸才有可能做到。於是，這位學生拿起他的公事包，走到停機坪的邊緣，抬頭看著機師，然後伸出他的雙臂展開成大字型，做出一個「來射我吧」的姿勢，等著被人看見。

結果機師把飛機開回來了。

這整個過程只花了一分鐘的時間，而且也沒有做什麼太麻煩的事，但是這個舉動卻對這位年輕主管的人生發揮了重大、正面的影響。

這位年輕主管做了一場談判，無庸置疑，而且是一場商業的談判、旅行的談判。完全沒有說一句話，但是這場談判非常明確、架構清楚，而且使用了談判的工具。沒有學過的人根本無法察覺到這些工具。

無論你是在日常生活、外出旅行、在機場、公路、旅館大廳或其他國家，如果你懂得運用這些工具，你就能得到更多。

14 日常生活，無處不是談判

外頭下著傾盆大雨，而查克．麥寇爾忘了帶雨傘。他的辦公室就在四個街區之外，而且他在三十分鐘後有一個重要的會議要開。

他發現一個跟他從同一班火車下車的人，這個人上班的大樓離他辦公室只有一條街。他並不認識她，但是他之前曾經在火車上看過她。「嗨。」他開口說，「我工作的地方跟妳只差一條街，而我忘了帶雨傘。我能不能請妳喝杯咖啡、吃個貝果，請妳陪我走到我的辦公室大樓？我知道這會讓妳繞遠路。」她望著他。「我是查克。」他繼續往下說。他抬頭看了看天空，「雨很大。改天如果有機會我一定會回報妳。」

他們在她的大傘下一起走，他幫自己和她都買了咖啡和貝果。等抵達目的地後，她跟查克說，她覺得這樣做的感覺真好。現在他們兩個人都交了一個火車上的新朋友。「我學到很重要的一件事是，無論在人生或工作中，坦白說出自己想要什麼，是成功的關鍵。」查克說。他現在是亞斯托利亞電力公司的執行長，該公司是紐約市最大的電力供應商。

在這個看似充滿了各種麻煩與威脅的世界裡，我們還是繼續生活著。從我們每天睜開眼到上床睡覺的這段時間，我們會做出各種微不足道的互動。加在一起，這些互動有可能會變成令人沮喪，或是令人歡欣、有主導權的生活。使用本書所提供的工具，你就能更即時地透過數百萬種不同的方式來看清這個世界。

這包括與他人進行各式各樣的對話、在路上開車（沒錯，這裡也有談判發生）、跟把你攔下來的交通警察說話、你忘了帶健身房會員證但又想進去運動、在餐廳得到更好的服務、讓你的家人準時、跟欺負你小孩的隔壁鄰居爸媽做出有效溝通、在發生車禍後還能不失你的冷靜風範。這一章會告訴你，一般人要如何掌握日常的各種狀況，才能在短期與長期中，完全主掌自己的生活和健康。這一章安排了個人的談判工具，以及針對特定對象（公寓、乾洗店）的談判工具。每一種談判都會使用到一種以上的工具。

走下火車的那一刻，查克就決定要進行談判。然後他用了不等值的東西來做交易（用貝果來交換不被雨淋），他點出共同的敵人（大雨），他把談判的內容拉到未來（改天如果有機會我一定會回報妳），他專注在人身上（我是查克），他降低了可能的危險（我在妳附近工作）。而且他還交到了一個新朋友。

對方腦中的想法

就讓我們從乾洗店開始吧。這不是什麼大不了的對象，但卻會搞得許多人人仰馬翻，所以才會有許多我的學生寫信來分享他們與乾洗店之間發生的問題！這也是你會在日常生活中遇到、非常有代表性的小型家庭式商店。首先你得認知到，大部分乾洗店的人都受到客人惡劣的對待。至少在美國，許多乾洗店都是外國人開的，而且他們的英文都不太好。所以你應該要更尊重乾洗店。他們很重視自己在做的工作。

許多乾洗店都會認爲：「如果我什麼都說『好』，很快就會關門大吉了。」他們碰過太多客人謊稱衣服被洗壞，但事實上這件衣服早在送來前就已經壞了。還有些客人會說這件有汙漬的衣服要價三百美元。

但是乾洗店也有他們的標準，這是你可以運用的地方。而且你也可以提到成爲常客或是介紹生意這類的話題。

讓我們從簡單的開始。洛胡．寇塔是一家大型網路公司的策略分析經理，他正在找新的乾洗店。他告訴可能的乾洗店，他每週都有衣服要乾洗。他還說他可以推薦鄰居朋友或同事把衣服送過來乾洗。乾洗店會不會提供折扣給這樣的客人呢？會的，他們告訴他，打九折。這似乎是一般業界給新客戶的標準折扣。但許多人根本沒有開口問。想想看，打九折後你可以省下一筆錢，只要開口問就有了，而且這些錢還不必扣稅呢！

賈斯汀．貝爾從乾洗店把襯衫拿回來時，發現上面有塊油汙毀了這件襯衫。這是拿去乾洗之前沒有的汙漬。「這不是我們的問題。」對方告訴他。看來這是標準的回答方式。賈斯汀聽了並沒有勃然大怒，他告訴乾洗店老闆松永：「我很確定襯衫送來時並沒有這塊汙漬，但我們何必爲這件事爭執呢？可以請你免費再幫我清乾淨嗎？」好的。他保住了老闆的面子。乾洗店老闆當然知道他惹麻煩了。

但是這件襯衫洗完後還是有汙漬。「松永，」賈斯汀說，「我已經在你們店裡洗衣服兩年了，而且我也推薦了朋友來你們這裡。你們店裡的規定是要怎麼保證讓客人滿意呢？」松永說，他們會盡一切努力來讓客人滿意。「那你們之前有沒有賠償過弄壞的衣服呢？」

「有，只要確定是我們的錯。」「好，」賈斯汀說，「我想當個滿意的客人，而且你們的確是出了錯。」這時候，松永提出要賠他五十美元。「還是讓我免費乾洗衣服會比較好？」賈斯汀說。所以松永最後給了賈斯汀價值一百美元的免費乾洗額度。

賈斯汀在芝加哥的波士頓顧問集團工作，他從頭到尾沒有大聲說話、沒有表現出傲慢的態度，他只是持續尋找解決的方法，而且也沒有責怪任何人。注意：這則案例也可以應用於相機店、修鞋店、服飾店、美容沙龍等對象。

一個人可以要求到什麼地步呢？你想要求到什麼地步？薩巴斯汀要去參加一場重要的面試，他需要那件送去乾洗的襯衫，但是乾洗店還沒洗好。他指著印在牆上的標語：「我們愛我們的顧客。」他知道，憤怒不能解決任何問題。於是薩巴斯汀仔仔細細地向乾洗店說明他這次的面試有多重要，而他已經沒有時間再去洗燙另外一件襯衫，也沒錢再去買一件新襯衫。「你這裡有沒有哪件襯衫是我可以穿的？」他問。

乾洗店老闆完全沒有猶豫，走到衣架旁，用眼睛打量薩巴斯汀的身材，然後從衣架上挑了一件別人的乾淨白襯衫給他。薩巴斯汀拿去試穿，感覺到乾淨襯衫那細緻的清爽感。他調了調領帶的角度，穿上他的西裝外套，然後去參加面試。

薩巴斯汀把問題交給乾洗店去解決。但是在這之前，他先提供了足夠的細節，好讓對方感覺到這個問題是值得去處理的。他讓對方有切身的感受。你能給對方愈多畫面，效果就會愈好。但有些人沒辦法做到這一點，如果你是這樣的人，就別這樣做。

公寓生活中的談判

公寓生活會有很多麻煩，因爲有這麼多人一起住在封閉的空間裡，所以許多管理員會覺得只要有花費就是一種損失。但解決問題也可能是很有趣的事，解決問題不一定都要憤怒、爭吵、威脅，或是相應不理，只要你好好運用一些談判工具。這裡有四個處理同一個問題的案例，四個案例因爲使用了不同的談判工具而有不同的結果。

詹娜．麥朗是一位布魯克林電子品牌的行銷人員，她告訴公寓管理員，她的牆壁上有幾個洞，而且裡面可能有老鼠。「管理員只是拿了幾個捕鼠器給我，然後說他會找除蟲公司來處理。」她說。除蟲公司的人一直沒有來，而牆壁上的洞也一直在那裡。

大衛．韋恩史達克的公寓裡同樣也有老鼠，他把這件事告訴公寓管理員，但對方什麼事也沒做。與其接受管理員提供的捕鼠器，然後痴痴等待永遠不會來的除蟲公司，大衛跑去找公寓所屬的物業公司。大衛引述了這棟公寓的標語：「我們的員工全都受過良好訓練，他們知道如何處理緊急事件，並且協助住戶處理問題。」結果除蟲公司第二天就來了。

肖恩·羅吉瑞古茲是個法律系學生，同時也是未來的律師。他又更進一步。他告訴房東，他的房子裡有洞和老鼠，這會對健康有威脅，而且可能會帶來相關的醫療問題或名譽受損等結果。他打電話給當地的衛生單位，取得了與老鼠問題相關的法規。他還去找了一些生病老鼠的照片，然後把這些東西一起寄給房東。他房間裡的洞當天就補好了，而除蟲公司親自到他家來幫他裝設捕鼠器。

「對很多人來說，」肖恩說，「你必須讓他們看到畫面。這是一個關鍵的談判工具。」換句話說，你要把畫面放進他們的腦袋裡。當然，詹娜·麥朗很快就發現這一點。她最後打了通電話給公寓管理員，跟他說，她兩歲的女兒指著老鼠說：「媽咪，妳看！」結果管理員立刻就來把洞給補好了。

佛拉多·斯帕索在發現自己公寓牆上的洞和老鼠之後，也做了一樣的事。「結果他們把我的廚房整個重新翻修了一遍。」他說，「他們把舊管線給換掉，而且把櫥櫃和爐具也都換新。管理部的人員當天還加班把所有事情給做完。」他還補充：「你一定要做對的表述。你一開始就要讓他們的腦子裡有畫面，而且你要找出什麼對他們來說是最重要的。」

這些工具也都能使用在各類型的修繕上。莉托·海爾曼的公寓有五個需要修繕的地方。她向公寓管理辦公室提出好幾次修理要求，但都沒人來處理。其中一些需要修理的地方是很昂貴的。她去問了管理部經理的姓名，然後特地去等他出現。

「嗨，」她說，「我很高興能遇到讓我們這棟公寓能正常運作的人。」眞是高招！對方看起來有一點不太自在。「我很不好意思耽誤你的時間。」她補充說道。

莉托告訴那位經理，她知道他們的標準是快速地把問題處理完畢，而這次的狀況只是一次不小心的疏忽而已。「他很認同我的說法，並且跟我道歉。」她說。最後她公寓裡的所有東西都修好了。關鍵就是找到眞正可以處理問題的人，讓對方知道他的工作標準，並且保住他的面子。

維修人員通常都覺得自己附屬於建築物，好比家具或飲料販賣機一樣。如果你站在他們的立場來想，你就能想出讓他們感覺好一點的做法。道格拉斯．哥斯坦的公寓天花板需要修理，但管理員跟他說，修繕名單上還有很多人在排隊。於是他跑去找維修人員，告訴他自己有多麼感謝他所做的工作，不知道他方不方便在忙碌的工作中安插一個「小工程」。

「他不但幫我把天花板修好，還順便修了一些其他的東西。」道格拉斯說。「我只是在去找他之前，花了兩分鐘想想他的感受。」這同時也表示你對他們工作的重視。

吳敏川的浴室需要修理。公寓的水電工已經要下班去度週末了，而且他的心情很糟。

「我很抱歉你今天過得不太好。」敏川說，「有什麼我可以幫你的嗎？」結果這個水電工幫他把馬桶給修好了。很幸運地，水電工不是跟他說：「我星期一再幫你修。」如果他眞的這樣說，比較好的回應方式是：「有沒有什麼方法可以讓你今天就幫我修，而且不對我生氣呢？我只是一個想上廁所的人而已。」表述。敏川現在是巴黎一個避險基金的研究部部長。

現在讓我們來談談租金的問題。塔瑪拉．克勞吉克想在租約到期後繼續以同樣的租金再多住兩個月。在去找房東談之前，她先上網Google他。她跟他聊了許多她在網路上找到的相關資訊。「結果他跟我說了很多生意上的故事。」塔瑪拉說。同時塔瑪拉也帶了一個對另外一間公寓有興趣的朋友一起去。「我認識很多國際學生。」塔瑪拉說。

結果塔瑪拉可以用較低的租金續住，這替她省下四百美元。房東也告訴她，她每介紹一個新住戶來住，就可以得到一百五十美元。塔瑪拉以不等值的東西來交易，但所有人都很滿意。

跟其他的談判狀況一樣，當對方說「不」，通常是因爲他們認爲這樣做會有風險。庫馬．杜夫爾想把他的公寓分租出去，但房東說不行，而且庫馬的合約上也是這樣寫的。他試著要找出爲什麼。「因爲他們過去曾有過不好的經驗。」庫馬說，「他們得把不付房租的房客給趕出去。」

當然，庫馬不是這種人。但是人們都很習慣把刻板印象套在相同族群的人身上。最糟糕的狀況就會變成是種偏執，但就算是在最好的狀況下，也會變成某種特定的處理機制。大家會傾向於用建立規定來解決問題，以保護自己不再吃同樣的虧，就算這個人完全沒問題。

爲了處理眼前這個危機，庫馬告訴房東，他可以把分租這段期間的所有房租都先付清。同時他也請一些有名譽地位的商人爲他背書，說一些：「很好的人」「每次都很準時付房租」這一類的話。此外，他也提出自己可以幫忙在他所就讀的華頓商學院張貼公寓的出租廣告。當然，房東自己也可以去做這件事，只是他們不清楚哪裡才是人潮最多的地方。結果：房東同意庫馬分租公寓。庫馬現在是一位顧問了。

另一個常見的公寓大樓問題是噪音。鄰居經常會製造噪音，然後大家爲此爭執，火氣一發不可收拾，有時還會叫警察來。尙皮耶．拉提爾就是處於這樣的狀況中。他和他的鄰居已經完全不說話了，因爲尙皮耶抱怨過太多次。後來尙皮耶上了我的談判課，他想試試不同的方法。他先去找人詢問，在鄰居家裡的兩位管委會委員中，誰才是可以做決定的人。結果是鄰居的太太。

尙皮耶在某日的白天去找這位女士。「我先爲我之前可能有的不理性舉止向她道歉，然後我謝謝她到今天爲止爲避免發出噪音所做的努力。」尙皮耶這位在巴克萊資本基金工作的交易員這麼說。他想知道在降低噪音這件事上，自已有哪些地方可以幫得上忙，同時不會影響到他們夫婦倆的生活。於是他們一起腦力激盪。結果鄰居同意在他們的桌腳和椅腳貼上軟墊，並且在地毯下再鋪一層墊子。尙皮耶表示他願意支付一半的費用，但對方堅持他完全不需要這樣做。

「爭取更多」這套工具也可以幫你處理瘋子。你只要保持冷靜、提供細節、找第三方來調解、給予情緒上的安慰，並且用溫和口吻來描述不好的行爲就行了。「千萬別說」他們是瘋子。

標準和表述的效果

標準，現在已經是我們的老朋友了，能很輕鬆地幫助你快速處理日常生活中的談判問題。通常你只需要將之轉換爲一句話：給好的表述。以下是我從數千位學生中挑選出來的一些案例，他們都冷靜且有效率地達成目的，就像他們日常生活的一部分。

搬家公司在搬運布萊恩．艾家裡的物品時，做了很糟的處置，而布萊恩這位費城郊區一家電子公司的負責人，已經事先付錢給他們了。布萊恩：「你們會提供客戶折扣優惠嗎？」搬家公司的主管說：「偶爾。」布萊恩：「請問我看到工人沒有把東西搬完就走了，而且箱子上的標示還貼錯了，這是應該發生的嗎？」主管：「不是。」布萊恩：「我以後還會想找你們公司來搬家。」主管：「太好了。」布萊恩：「我之後花了一小時來清理善後，以及找我想找的東西，請問這一個小時值多少錢？」答案：價值一百美元的折扣。標準、提問、爲自己加值、保持冷靜。

張猛想讓朋友把車子停在自己公寓停車場八天。費用：一天十二美元（共九十六美元），或是一個月二百美元。「之前有過例外嗎？」張猛問公寓的管理員。回答是：「很少。」「那是什麼樣的狀況？」張猛問，他發現可能有機會了。回答是：「下雪。」「上個禮拜有下雪。」張猛說。他現在是紐澤西一家醫療服務公司的執行長。最後的費用是八天四十美元，比五折還要便宜。

這裡還有一些比較嚴重的狀況。艾爾．泰哈的父親麥弗列剛開完刀，還在住院，他處於疼痛之中，而他的主治醫師開會去了，一時連絡不上。護士說，沒有其他醫師的同意，她不能擅自給艾爾的父親嗎啡。後來護士找來另外一位醫師，但他拒絕替艾爾的父親施打止痛針。

「你們醫院的政策難道就是讓病人在主治醫師不在的情況下持續疼痛嗎？」艾爾問這位醫師。醫師停了一會兒，然後拿起他父親的病歷仔細看了一下，決定開嗎啡給他止痛。「在這種情況下變得情緒化是很容易的事。」艾爾這位任職於紐約最權威的世達國際律師事務所的律師說。「我看到我父親很痛的樣子。」但他沒有因此而情緒化，相反地，他保持頭腦冷靜，並且利用標準和表述，爲他父親取得所需的止痛針。

有人會質疑，如果這些人一開始就把事情做好，不就得了嗎？但我們面對的是眞實的世界，而不是理想中應該如何的世界。你愈常練習運用表述和標準，就愈能臨機應變地運用它們。

與金融機構談判

史蒂芬．邦迪所支付的房屋淨值信貸利率比浮動利率要高了一．四五％。他發現同一家銀行爲了吸引更多客戶，提供新客戶比浮動利率低三．七五％的方案。也就是說，三十萬美元的貸款，每年可以少付一萬一千二百五十美元。於是他打電話去銀行向業務人員詢問這個促銷利率。他一共打了三次電話，銀行業務員都承諾之後會回電給他，但結果都沒有。

史蒂芬最後找上了銀行經理。「你們銀行是不是把新客戶看得比老客戶重要呢？」史蒂芬問。很顯然地，這並不公平。所以銀行經理表示願意提供比原來利率低〇．五％的折扣給他。稍微好一點了，但還不夠好，所以史蒂芬拒絕了。他知道一個人一生只能享受一次貸款的最低利率，而史蒂芬已經在他第一次貸款時拿過這個利率了。「你們之前有過例外的案例嗎？」史蒂芬問。他現在是紐約一家避險基金公司的營業部經理。這位經理回答說她不清楚。「我知道一個例外，」史蒂芬說，「我。」他在第一次信貸之後就曾經取得更好的利率，而且利息也更低。所以之前有過先例。「此外，」史蒂芬說，「你們銀行的業務人員在過去一星期有三次說好了要回電，但都沒有。」

指出不好的行爲，並且詢問與標準相關的問題，讓這位經理知道史蒂芬應該要得到更好的待遇。而史蒂芬已經準備好了更棒的選擇。「把貸款轉到我太太的名下，」史蒂芬說，「這就會變成一筆新的貸款了，不是嗎？然後給我太太新的低利率。」成交。他很堅持、他有所準備，而且他沒有把事情變成個人恩怨。他用了標準與表述。這次的表述做得格外漂亮：接受之前利率的折扣並不能讓他得到更多，史蒂芬說，之前利率的折扣變成了這裡的先例。

哈維爾．奧利維爾被美國銀行拒發信用卡，只因爲康卡斯特網路公司提供了一份他信用不佳的報告。他問：「你們覺得我有信用風險，只因爲康卡斯特拖了兩個月還沒有來把我退租的數據機收走嗎？」他繼續說道：「我的信用紀錄除了數據機這一筆之外，其他不是都很好嗎？」這讓事情回到了正軌。他在四天之後就拿到了信用卡。

關鍵就是找出這些銀行的標準是什麼，然後不斷地問問題。在我的經驗裡，大部分的金融機構在面對一個堅持、聰明、懂得問跟標準相關的問題的客戶，都不會繼續讓他們承受不公平的待遇。但是當客戶生氣的時候，他們立刻就知道這是不當的行爲，於是他們可以避開眞正的問題所在。你可以把這當做是個談判的課題。

自己在家做飯和付錢去餐廳吃飯，兩者最大的差別就是，去餐廳吃飯理論上應該比較不麻煩。餐廳幫你把食物準備好、送上桌給你，而且他們會營造出一個很舒適的氣氛。如果他們沒有做到這幾點，那你就沒有得到你付錢所應得的。

與餐廳人員談判

約翰．卡寇拉和朋友一起去費城的朱利安餐廳吃飯。餐廳不願意接待他們，因為其中一個人穿牛仔褲。餐廳的人說，這不合餐廳的穿著規定。「所以我向他們複述了之前打電話來訂位時，餐廳的人提到的穿著規定中，沒有說不能穿牛仔褲。」約翰說。他把電話的內容記了下來。餐廳讓他們進去了。正如之前提過的，如果你在乎公平的對待，就把你聽到的記下來。這並不困難。約翰現在是巴克萊資本基金的南美洲分公司負責人。

你要要求多少？這問題沒有正確答案。雖然太過分的要求會毀了整場談判交易，但要求太少又會讓你覺得不開心，甚至覺得被人占了便宜。你可以從練習中學習。練習得愈多，就能培養出一種直覺，讓你知道大部分人想要的是什麼，以及你自己該要求些什麼。

當然，這不一定每次都會成功。但如果你使用了本書中的工具，一切就會比較容易成功，結果也會更好。貝比．魯斯有時候也會被人三振，但他還是被列入名人堂中。

我再一次強調，你和對方建立的連結愈強，對方就愈願意幫你達成你想要的目標。就算餐廳犯了錯，例如多收了你的錢，你也無須惡言相向。你可以保持態度溫和，詢問他們一般當他們犯了錯時，會怎麼補償客人。這是一個開放、沒有威脅意味的問題，問這個問題通常都能讓你得到更多。有時候人就是會犯下無心的錯。

有一家很棒的餐廳在感恩節的隔天客滿了。傑夫．葛瑞斯這位德拉瓦的律師想帶全家去這家餐廳吃晚餐。「你們之前有沒有任何例外呢，可不可以讓大家擠一擠？」他問。「是在非常罕見的情況下我們才會這樣做。」訂位經理說。很好的標準。「我的家人從西岸來看我，所以我想帶他們到這裡最棒的餐廳來用餐。」傑夫說，「這算不算是非常罕見的狀況呢？」的確是。

日常生活的談判

日常生活中你都在忙些什麼呢？你會處理一些生活瑣事。你會從一家店到另一家店——買菜、買郵票、修車。所有這些情況都有很多談判的機會，讓你可以得到更多。桂格．崔根在維吉尼亞阿靈頓的東山運動器材店買了一些登山用品。他問店經理詹姆士，最喜歡的戶外運動是什麼。詹姆士並沒有最喜歡的戶外運動，但他也還滿喜歡登山的。桂格正準備去坦尚尼亞爬非洲的第一高峰吉利馬札洛山。

「詹姆士聽了很興奮，」桂格這位波士頓的創投企業家說，「他給了我很多建議，而且把我的登山設備都檢查了一遍，一件一件地檢查。」他還給桂格打了八折，讓他省下二百五十美元。

芙桑．薩夫哲的瓦斯供應商泰勒燃料公司，沒有按照約定運送瓦斯給她，所以她希望能在費用上得到一些折扣。在打電話到瓦斯公司去之前，她先做了一些調查。「我打電話過去，跟我說話的是老闆比爾本人。」芙桑說。「我告訴他，我才剛搬到這一區沒多久，我知道他家的生意是由他父親所創立的，到現在已經五十年了。」芙桑說她比較喜歡當地公司的服務，但她還不是很確定他們的服務品質如何，希望能多了解一些。

「我一說到『當地公司』，他就表示願意給我九五折的折扣。」芙桑說，「經過更深入的討論之後，他同意給我打九折。」芙桑是德拉瓦一家大型製藥公司的負責人，她說她努力抗拒別靠直覺去威脅供應商說，她要換其他公司的服務。「很令人意外地，軟性的『提供對方意見』的方式，反而比『抱怨』要來得有效很多。」五年過去了，芙桑還享受著該公司貼心的服務和折扣。

傑洛米．德林斯基覺得他的電費太高了。他認爲是他的電熱水器有問題。他大可向房東委託的物業管理公司要求換一部新的電熱水器，但他沒有這樣做，他決定自己先做好準備。他先打電話到電力公司去索取他一直以來的用電紀錄，然後他把這份紀錄拿給物業管理公司看，並且提到這家公司的全國性標語：「衆所皆知的優良服務。」一個禮拜之內，一部全新、價值超過一千美元的電熱水器就安裝好了。「如果光是抱怨電熱水器的效率不彰，並不是很有力的說詞，因爲畢竟它還是能用。」傑洛米是麻州一家醫療服務中心的主管。「我學到了在進行談判前，表述的準備是非常重要的。」

如果你希望能大大增加自己的年所得，就應該把這類事情當成你的習慣。麥克斯．麥廷漢在賓州的西南部，他希望美國汽車協會賓州分會能幫他把車修理好。麥克斯發現老闆約翰曾經是位軍人。「所以我問了一些他當軍人的經歷。」麥克斯告訴他，他之前在賓州國家護衛隊服役，而在來美國之前，他在德國也是位軍官。約翰覺得他非常厲害。「我的車馬上就修好了，而且還有軍人折扣。」麥克斯說。

合約的價值到底在哪裡？律師會說，合約是我們司法系統的基礎。但最早期的合約其實和約束雙方履約沒有太大關係。會出現合約這個東西是因爲當時大部分人都不識字，合約就成了一種輔助記憶的東西，用來幫助大家記得他們彼此答應了什麼事。如果他們不是很確定時，就會找抄寫員來把合約讀給他們聽。

何珊的公寓漏水，修理費將近一百美元。「房東堅持低於一百美元的修理費不是她的責任。」何珊說，「但合約裡並不是這樣寫的，房東應該要負責。」

「我跟房東說，我已經在這裡住了一年半了。」何珊說，「一直以來我們的房東房客關係都很融洽，能不能讓我們一直保持這樣的關係呢？」她說公寓的冷水管漏水情況眞的很嚴重。於是房東同意她自己去找水電工來修。何珊，北京的執業律師，這時是不是應該拿出合約，在房東面前揮舞呢？「這一紙合約通常都不是談判的核心重點。」何珊說，「走法律程序的代價很高。對彼此的關係表現出善意和承諾，通常會帶來更好的結果。」

有時候人們很想幫助你，但卻受限於他們個人的工作或職權。這時候你應該給他們一個理由來幫你。陳凱蒂的車子開進停車場時，已經超過停車場的九十分鐘免費停車時段十分鐘了。停車場服務人員堅持她必須付費。她先用標準來談判。「你們有沒有什麼例外的情況？」沒有，他回答她。所以她把過錯轉移到第三方身上。「我會遲到是因爲醫療按摩中心晚了四十分鐘才開始幫我進行治療。」凱蒂說。對方聳聳肩，這跟他沒關係。

「你知道嗎，」凱蒂說，「現在是感恩節假期，你能不能就放我一馬呢？」服務人員說好，但是她得在停車卡上寫明她在抽停車卡時多花了一些時間。換句話說，他需要一個理由來重設時鐘。但如果不是因爲凱蒂的態度讓他心情變好，他根本沒必要幫這個忙。

你雇用的人並不是商品，他們是有感覺的人。如果他們喜歡你，當事情出問題時，他們會更努力地想辦法幫你解決。這就是得到更多的關鍵所在。

多問問他人的意見，這會讓他們覺得自己很有用。每個成人都活了這麼多年，他們見識過很多你沒見識過的事。如果你願意多花些時間和精力，你會發現每個人都可以教你一些東西。

與執法人員談判

許多人會覺得無論是什麼規定，全部都很不公平而且總是太過嚴苛。新聞就常常報導這一類經過加油添醋的故事。經常這樣做，可能會變成一種「自我實現的預言」——當你貶低他人，他們當然就會變得情緒化。但是你不一定非這樣不可。

卡洛斯．切魯賓在俄亥俄西村一條速限二十五英里的路上開到了時速五十一英里。一位警官把他攔了下來。這當然是卡洛斯的錯——沒有必要否認。「我先用道歉來向她表示，我知道她的職權所在。我說我沒有注意到速限，是我的錯，我應該更小心才對。」卡洛斯這位大型服飾公司的副總裁說，這位警官看起來身體不太舒服，而當天的天氣很熱。「我問她還好嗎？結果是因為她懷孕了。我問她什麼時候生產，並且向她道賀。」

卡洛斯並沒有被開罰單。這位警官要他以後開車注意一點。當然他以後一定會注意的。問題是，有多少駕駛人會注意到這位警官是不是身體不舒服呢？很少。

「以前的我，一定會跟他們吵，」卡洛斯說，「這一次是十五年來我第一次沒有這樣做。我用了談判工具。而這也是十五年來第一次警察沒有開單給我。」這是因為卡洛斯不再只想著自己，而是開始為對方著想。

尚皮耶．拉提爾被一位紐澤西州警攔了下來，因為他在速限五十英里的路段開五十八英里。尚皮耶的第一個感覺是憤怒，因為他的速度跟其他車子一樣。但是他記得重要的不是你有沒有錯，而是如何才能達到你的目標。

尚皮耶先向州警道歉，專注地聆聽對方的教訓，然後謝謝這位州警，並且跟他說自己這次在紐澤西度週末的一些細節。最後他沒有拿到超速罰單、沒有被記點，車子的保險費也沒有被提高，只因為沒帶保險資料而被罰了四十三美元。「我只是試著和他連結。」尚皮耶說。這樣做是不是每次都有用呢？絕對不是。但你總有機會碰上一次。如果錯的不是你，要你道歉當然很難。我也不是要你這樣做。但是有太多人明明自己錯了還不肯道歉，就像卡洛斯．切魯賓說的，這樣達不到你的目的。

你的困難處境的細節可以讓你所說的話很具說服力，但是，（一）你說的一定要是你眞正的感受；（二）這些事一定要是眞實的；（三）你所說的話一定不能是別人已經聽過上百次的陳腔濫調。**這樣做的目的並不是要你找個藉口來哄騙對方，而是要和對方產生連結。**

所有的守門人一定都聽過各種藉口。你應該有心理準備，他們的脾氣可能都不會太好。「爲什麼大家不能好好地按規矩來做事呢？」他們的心裡一定是這樣想的。

尼克希．瑞格海芬要去體育館運動，但他忘了帶身分證。「警衛的臉非常臭。」他說，「沒有身分證就不能進去。」誰有權力讓我進去呢？他想知道。經理。於是尼克希請警衛幫他找經理來。然後他請經理去查他的資料，驗證一些個人身分的細節。安全檢查的目的是確認他是本人，而不是爲了要看那張身分證。身分證只是驗證身分的一種方式而已。

尼克希現在是印度孟買本恩資本基金的經理人，他向經理以及更衣室的管理員介紹自己。他們以壁球爲話題聊得很開心，而尼克希就是要來體育館打壁球的。他們兩個人都說，下次如果尼克希又忘了帶證件，就請警衛打電話給他們倆的其中一人就可以了。這整件事的重點是，與未來可以依靠的對象建立起一份穩固的關係。

我們常常會覺得政府公務員是「（討人厭的）官僚」。但是，我們談判的對象並不是這些「官僚」。我們談判的對象是許多不同的個人。這些個人可能比你還討厭那些繁複的規定、規章和時間上的耽擱，畢竟，他們每天都要面對這些東西。所以別爲難他們，如果你這樣做，他們通常也不會爲難你。多問問他們的建議，對他們表示同情。就算你在生全世界的氣又如何？你到底想不想達到目的呢？

各取所需，各得其利

在每天的生活中，你都能找到可以交易的東西，與談一場數十億美元的生意沒兩樣。有時候可能只是你對一位從來沒人注意的客服人員表示尊重，並且和他說說話。

朗恩・沙克特想把他的摩托車停在車庫裡，但他不想支付一個月一百二十美元的停車費。車庫的服務人員說他們從來沒有過例外。「我得找一個讓他願意允許我把車停進來的非實體誘因。」朗恩說，「所以我問他『你騎摩托車嗎？』」「沒有，但如果有機會我很想學。」這位服務人員說。

找到了！「我說我可以教他騎車（當然不是騎我的車）。」朗恩現在是香港避險基金Nine Masts的經營伙伴暨產品組合經理人。結果是：不需付費。這就是在交換評價不相等的東西。

賈斯汀・貝爾希望花旗銀行能取消向他收取的支票及儲蓄帳戶手續費。銀行的辦事人員並不想幫他這個忙。這位辦事員說，雖然別的銀行手續費比較低，但花旗是比較好的銀行。

「我試著找些話題跟他聊。」賈斯汀說，「我問他，他對未來職涯規劃有什麼想法。他說他想去念個企管碩士的學位。我告訴他，我剛好在念企管研究所，而且我很樂意給他一些會對他很有幫助的相關資料。」於是他的手續費被取消了。

「他得進入系統用手動方式把費用給取消。」賈斯汀說。這位辦事員有沒有害銀行少賺了一些錢呢？嗯，這樣想好了：賈斯汀會不會繼續當個忠誠的客戶呢？你覺得花旗銀行是不是還有其他不必付手續費的客戶呢？有。所以（一）事有前例；（二）銀行將會因爲賈斯汀未來持續的光顧而獲利。

陳潔美是賓州大學法律系的學生，她的背很不舒服，但她負擔不起每小時五十美元的按摩治療。於是潔美表示她可以把按摩師的名片放在法學院裡做宣傳，並且跟她的朋友推薦他。後來他們聊了起來。按摩師正好有法律訴訟，於是潔美表示她願意免費幫他做一些法律研究。「結果我在賓州念書的期間，每次的按摩都是免費的。」潔美說。她現在是在華盛頓執業的律師，而且她的背已經好多了。

當然，多去了解其他人是怎麼想的，絕對能幫你找出可以交易的東西。卡洛琳娜．朵森想租下春天這家酒吧餐廳的二樓來辦舞會。經理希望她支付三百美元的DJ費用。卡洛琳娜四處詢問，她知道其他餐廳的條件是，如果顧客能保證一個酒水飲料的最低消費額度，就不會額外要求DJ的費用。

於是卡洛琳娜開出食物和酒水一共二千美元的包場價。她表示願意當場用信用卡全額付清費用。成交。而實際上最後帳單上的費用是三千美元。DJ是免費的。卡洛琳娜從事紐約私人基金的人事召募工作，她使用了標準這個工具，並且降低了對方眼中可能的風險。

博娜蒂特．菲尼坎隔天要參加馬拉松比賽，她被要求得先做骨骼掃瞄才能參賽，但是在她的保險有補助的診所，放射線科都已經預約滿了，而診所的接待人員不太想幫她的忙。於是博娜蒂特詢問醫師在不在，以及他的辦公室在哪裡。她就在那裡等他。「我告訴他，我明天要去跑馬拉松，所以需要做骨骼掃瞄。」她問醫師有沒有幫馬拉松跑者做過骨骼掃瞄，他說他有，而且很引以為傲。他們聊了一會兒他的工作，然後他親自帶她到掃瞄室，立刻幫她進行骨骼掃瞄。

沒辦法通過守門人那一關嗎？你要發揮一點創意來建立連結。納拿．木魯傑森想找一位非常有名的舊金山婦產科醫師帕薩拿．麥能，來幫他太太做產檢，但是這位醫師在他太太懷孕期間的時間都被約滿了，而且診所的接待人員根本不讓納拿有機會當面和醫師說話。納拿做了功課。麥能醫師和納拿的太太莎魯說同一種方言，而且在印度時和納拿的姊姊舒麗上同一所醫學院。

納拿在一張紙上寫下了「侃那達語」和「卡拿塔克大學」。他請接待小姐把這張紙拿給醫師。結果醫師從辦公室走出來，親自幫納拿的太太排了時間。這份連結對他來說是非常有價值的。

當然，這些工具不見得每次都能發揮得很完美。蜜雪兒．麥可利斯希望她的公寓物業管理公司支付她三千美元的法律訴訟費，因為她身為公寓管理委員會的委員，站出來幫忙為一位住戶對物業公司維修問題的指控做辯護。最後物業管理公司承認是他們的錯。

但是，物業管理公司只願意支付五百美元。「我甚至跟他說，我以後還是會幫他們說好話。」蜜雪兒說。但物業管理公司不在乎住戶是不是會幫他們說好話。「使用談判工具不保證會百分之百成功。」蜜雪兒這位顧問說。「但是它們可以讓成功的機會增加，而且能讓你得到更多。」她最後接受了那五百美元，並且決心下次要做得更好。

結盟的重要

你不需要自己一個人孤軍奮戰。當地的商人、買家和官員都非常仰賴當地人給他們的評價。信譽是很重要的。所以如果你能和其他人結盟，就會更有說服力。

餐廳、商店或乾洗店的常客所組成的團體，會讓你得到非常不一樣的待遇，因爲他們展現了人數上的影響力。有一些已經組成的團體是你可以在談判時與之結盟的：房屋持有人協會、家長會、公民俱樂部、童子軍。

如果警察不公正，你可以投訴。如果垃圾沒有按時來收，你可以找到非常有影響力的團體來處理。你可以輪流換不同的盟友，或是自己開發，或是利用網站的力量。

正如查克．麥寇爾在本章一開頭所做的，尋求他人的幫助。有一個發生在中國大陸的故事很適合說明這種狀況。艾倫．貝爾在北京的一家商店裡，很努力地希望能以便宜的價格買下一隻用象牙雕刻的大象。店裡的客人很多，所以銷售員不願意跟他討價還價。

「我爲什麼要給你折扣？」她說，「我店裡有的是客人。」她指著在店裡四處遊逛的人群。艾倫，現在是海洋世界這家總部位在紐約長島的貨運公司的總裁，他轉身看著這群人，然後對老闆說：「你看到店裡的這些客人了嗎？」他說完後，暫停了一下。「他們都是跟我一起來的。」這些人都是他的同學。結果他拿到了折扣。

15 在公共議題上，也要爭取更多

說到公共議題，人們想到的大概都是協商失敗。很多時候，是因爲發生衝突或流程不當，才使得問題雪上加霜、所費不貲、令人擔憂，甚至牽連廣大。自然災害（例如颶風或海嘯）本來也不見得是公共議題，都是因爲有人受到傷害，才會變成公共議題。

無論是戰爭、墮胎、全球暖化、能源危機、健保支出，或是地方學校的爭議，追根究柢，都是因爲有人或政府無法有效解決問題所致。卡翠娜颶風造成的損害原本不會那麼嚴重，但因爲政府規劃不當、後續行動混亂、各單位相互掣肘，而使得情況雪上加霜。二〇〇四年的印尼海嘯造成超過二十五萬人死亡，也是因爲沒有足夠的預警系統，才會使情況嚴重惡化，這在本質上就是溝通和規劃的問題。

本書基本上針對的讀者是個人，但之所以要特別用一章的篇幅來談公共議題，是因爲人人都會受到公共議題的影響。例如戰亂造成兒童死亡，這明顯就影響到個人了，不是嗎？另外諸如稅金被政府浪費在無益的活動上，排擠了教育或醫療保健等更值得的活動，也是例子之一。

如果全球恐怖主義造成有人想在紐約時代廣場中央放炸彈，這就會影響到個人，因爲這樣一來，政府就得花錢布署警力和維安，而無法提供企業稅賦抵免或購屋補貼。

現在，無論是日常話題，或是電視上的紀錄片，都常常討論到人類滅絕這件事，可能也該是個人了解一下究竟出了什麼事的時候了。我們到底有沒有用最有效的方法來避免災難？更基本的問題是，我們找到對的談判代表了嗎？

只要更了解造成公共議題的人事或流程問題，就能再「多做些什麼」，例如透過投票、日常與人交談，以及形形色色的方式，改變群眾的心理，影響企業和政治領導人。當年正是這樣的民氣，促使越戰畫下句點、民權運動起步向前，克服性別歧視。在某一個時間點，當許多人都無法再容忍現狀，事情就會有所改變。

有時候，「更好的談判」還不見得能完全解決問題，但「更好的流程」確實可以減少公共議題的許多負面影響。

其實，各種協議的成敗，眞正問題出在事情本質的情況只有「不到一成」，有超過九成的情況，其實問題都是在於「人」和「流程」。因此，如果有更好的人際交往技巧（例如信任、重視他人、了解他人想法、建立關係），就能減少公共問題。在溝通改善之後，人們便能找出各種需求和標準、交換評價不相等的東西、塑造情境、承諾，然後進一步減少公共問題。

本章所要討論的，就是占了問題超過九成的部分，也就是面對「人」和「流程」的時候，各種做法的優劣。這裡並不是要解決所有的公共議題，也並不打算針對任何特定問題提出解答，但我相信，本章可以做爲檢驗公共議題的範本，讓你得以評估其中各方解決問題的成效，好應付種種已經變得太大、太耗費成本、或是太令人擔憂，因而影響到你的公共議題。

以下會以中東議題做為例子（以色列、巴勒斯坦、伊朗、伊拉克），原因在於，中東已經幾乎是「不可解的衝突」的代名詞。另外也會提到北韓、海盜、種族和墮胎的議題。顯然，相較於洗衣店洗壞衣服時和老闆理論，或是工作面試時談條件，公共議題要複雜得多，當中牽涉了更多的成分、更多相關人員，也有更多的情感問題。然而，基本上我們還是可以使用前面提過的各種人員和過程分析工具。

這可不是白日夢，相關工具都已經開始成功投入應用了。例如，曾就讀華頓商學院、後來成為核子潛艇總工程師的吉姆．沃佩里斯告訴我，他把我在課堂上介紹的工具教給一些派駐阿富汗的同袍弟兄。他們和當地的部落領袖建立人際關係、交換評價不相等的東西，以取得他們的支持，對抗塔利班組織。他也表示，現在美國已經不再採取傳統的威脅手段，而是開始和部落領袖一起遵守齋戒儀式，士兵也會贈送筆記本和筆給部落的兒童。

「就算是艱困的軍事行動，也可以找出組織原則，好實現目標。」他說。

他運用課堂上的工具，解決美軍在訓練演習中，海豹突擊隊和潛艇指揮上的種種衝突。他告訴我，事實證明想快速修正軍事內部衝突的問題，就必須盡快得知對方究竟怎麼想。當然，軍事問題也是公共議題的一種，因為如果軍事流程不佳，將會影響到國家部隊的效率。

在中東地區，有許多以色列人和巴勒斯坦人組成聯合企業以及和平團體。在索馬利亞，社群領袖也已開始為海盜成員尋求合法工作，讓他們放棄海盜生涯。

舉例來說，「父母圈」就是由幾百位在衝突中失去親友的以色列人和巴勒斯坦人所組成，他們分擔彼此的痛苦。「以巴和平戰士」也主張，絕不能以暴制暴。「以色列和巴勒斯坦喪親家庭」則表示，「在我們的腳下，有一個人數不斷增長、由死亡兒童組成的王國」。阿拉伯——猶太聯合團體已經有包括體育俱樂部、語言教學、戲劇，甚至馬戲團在內的種種組織。

當然，現在眞正的問題在於如何推廣，如何讓更多人使用這些工具，以突破關鍵的門檻？方式之一就是教育，宣傳這些工具，讓人們看到其實用之處。

因此，關於公共議題（無論是地方發展，還是全球性的問題），以下提出幾項主要評估問題。從這些問題的答案中，可以看出現在是否已經找到正確的人、選擇了正確的流程。

1.各方之間的溝通效率如何？甚至，現在究竟是否有溝通存在？
2.各方是否尋求、了解及考量彼此的看法？
3.其中一方的態度，是想逼迫另一方，或是想合作？
4.各方是責怪對方過去的做爲，或是珍惜對方的未來可能？針對某一特定訊息，誰是適當的談判代表？
5.是否已經找出各方的需求，並互相交換？
6.行動是逐步進行，或是各方希望一次完成？
7.各方目前是否採取符合目標的行動？
8.目前情緒有多激動？各方是否試著盡量冷靜？

9. 各方是否用彼此的標準來做出決定？
10. 在解決問題的過程中，是否重視不同的價值？

進行有效的溝通

「爭取更多」的主要重點之一，就是各方必須有效溝通，才可能達成可長可久的協議。缺乏溝通，就代表各方還不夠重視彼此，才不願意與對方交談。溝通不良，很可能造成誤解，也就無法達成協議。因此，首先要問的問題就是：各方之間是否有對話交流？如果答案是「否」，而且是本身的問題，那就該立刻努力展開對話。不這樣做的人，就該立刻被撤換，因爲這樣的人比較可能造成痛苦，而非製造機會。

我們來舉一些公共議題的例子，看看各方目前的成效爲何。從目前的全球公共議題看來，那些負責人多半少有溝通，或是溝通不良。

在以色列和巴勒斯坦的衝突中，雙方多年來其實並沒有直接的對話。在以色列，以色列人民和巴勒斯坦人民每天在街上有幾百萬次的對話，但他們的領袖代表卻無法面對面好好談一談。難道他們連一頓飯的時間都找不出來？難道就不能先用體育或孩子這種話題開場？其實，根本沒必要拘泥於形式，畢竟沒有溝通就不可能有說服。

在談判之前還要先設下前提，其實只是對討論多加上一道阻礙。雙方似乎認爲，在談判桌上見面時，就應該要立刻切入實質問題。然而，有效的做法其實應該是，等到流程要結束之時，雙方已經建立起信任、找到對談的方式，再來處理實質問題。除非是故意想引起戰爭，否則無論哪一方、對哪個特定議題有何看法，只要無法溝通，就是雙方共同的失敗。

二〇〇八年十一月，一些巴基斯坦人在孟買發動恐怖攻擊、殺害遊客，印度政府爲此便切斷了與巴基斯坦政府的和平對談。這眞是不可思議！在孟買發生恐怖攻擊之後，應該馬上「開始」對談，而不是停止對談！一直到十五個月後，在二〇一〇年二月，他們才決定恢復正式會談。有一些跡象顯示，在這之前也有一些非正式的私人會談，但並未對外公布，因爲雙方都不想讓選民太過激動。

如果這項傳言屬實，這又是一個各自的政府都溝通不良的例子。如果幾百萬民衆都覺得和對方溝通是不好的，政府應該做的是努力改變這種看法，想個方式，以更巧妙的手法塑造議題的情境。例如，「無論我們對對方的看法爲何，了解他們的想法對我們還是有利。因此，我們要聽聽他們的意見，並向他們提出問題。」

這正是美國在入侵伊拉克之前，應該對海珊做的事。蒐集資料的目的，並不是要爲對方合理化。如果對方是個極端分子，就大可將他們講的話逐字引用，這樣一來，會有助於凝聚反對他們的力量。如果某個國家不斷拒絕對談的要求，我們反而應該不斷嘗試促成對談，並且大聲告訴所有人，我們正在努力。如此一來，拒絕對談的國家就會顯得道理上站不住腳、顏面無光。只要好好塑造議題情境，就能爲自己帶來力量。

例如：「我們每天和伊朗連絡，要求對談，已經持續了一百天，而他們也已經拒絕了我們一百天。伊朗其實根本沒有誠意追求和平，只是在找藉口。」這種說法不但絲毫不軟弱，反而是正面、積極的形象。「我們是主動出擊、爭取和平。」同樣，如果有一方要求先有某些讓步或好處才願意對談，我們應該表示，這是到談判桌上再談的主題。如此一來，就不會模糊了要先有「開放的溝通」這項重點。

二○一○年，南韓等國家指控北韓炸燬南韓軍艦。北韓否認該項指控，後續雙方也不停放話，表示要開戰和實施制裁。但究竟為何，各方不立即開始當面對談？他們大可跳過所有的互相威脅和指責，眞正的重點該是「我們什麼時候來對談？」

北韓總統曾經一直強調北韓願意加入國際貿易，幾乎就要表示寧願用自己的核子計畫，換取加入國際貿易組織。然而我們不但沒有進行這項交易，甚至連會談的機會都不給。

當然，在承諾讓國際稽查人員檢查核子設施這方面，北韓確實出爾反爾。但我們回想一下第三章對於「承諾」的討論，北韓對於條約的承諾並非出於相互尊重，也不是出於雙方的關係。很有可能，北韓根本不覺得這項承諾具有約束力。我們需要的，是設法讓北韓「自己」提出承諾：如此一來，這就是關係下的產物，而不只是合約下的義務。確實，在許多韓國圈中，合約就只是雙方理解之後、不具約束力的一個備忘錄，必須透過雙方合作努力才會成為承諾。

北韓領導人金正日，在柯林頓前總統到訪並合照、釋出尊重之後，釋放了兩名被囚的美國女記者，也再次重啓與南韓家人的團聚機制。另外，南韓前總統金大中二○○九年過世時，北韓也親自表達悼念之意。年復一年，北韓不斷要求與美國進行雙邊會談，但美國堅持採多邊會談模式。無論你對北韓的觀點和立場如何，一直拒絕交談都實在說不過去。現在換成金正日的兒子掌權了，這是一個新的機會。前NBA籃球明星丹尼斯．羅德曼多次訪問北韓，我們卻已經浪費了藉此重啓對話的機會。美國的批評聲浪都很荒謬，結果現在北韓的金正恩轉而打造及測試核彈。

二○○九年，哈瑪斯組織的負責人也表示，該組織已準備好和美國對談。美國或盟友其實應該立刻接受。如果他們釋出某些合作的想法，我們就可以運用，加以協商。如果他們只是在表達極端想法，輿論最終會轉而反對他們。而如果他們一味要求我方先讓步才願意對談，就可以描繪出他們並沒有誠意追求和平的形象。

這也意味著，我們應該和同情恐怖分子的人進行對談。除了少數只爲殺戮而殺戮的恐怖分子以外，多數的恐怖分子同情者似乎是因爲別無選擇，才選擇親近恐怖分子。不過，顯然那些群體不是單一性質的，許多阿拉伯人的母親並不希望孩子自投羅網，命喪黃泉。還是有很多溫和派願意進行和解對談，或可以被說服那樣做。他們之中有些人可能握有伊斯蘭國（ISIS）、伊斯蘭極端團體或其他同類團體的情報。

二○一五年，據報導德國記者尤根．托旦霍夫曾與伊斯蘭國朝夕相處十天，做有關伊斯蘭國的報導。他們在事前花了幾個月的時間，協商了一個合約，約定不會傷害他。伊斯蘭國說他們知道這位記者之前曾對伊斯蘭國多所批評，這次報導可能依然不乏批評，但他們覺得他會公平地講述他們的故事。

誰說伊斯蘭國或類似組織是無法談判的呢？也許只是我們派出去的代表不夠好罷了。這樣說肯定會有一些人感到不服氣，但原則很明顯，我們應該找對方的人好好協商，那樣才會增加和解的機會，而且和解的代價也比較小，不是那麼暴力，至少還可以獲得一些情報。

一九八〇年代，哥倫比亞政府提議，只要M－19這個叛亂組織願意放下武器，回歸家鄉，政府願意大赦這些叛徒，並提供工作。政府顧問奧古斯丁．維萊茲說，後來這群叛軍答應了，叛亂威脅就此解除。當時政府聘請維萊茲來爲那些回歸的叛軍尋找經濟機會，包括工作。

最近，我指導哥倫比亞的高階軍官如何和左派叛軍「哥倫比亞革命武裝部隊」（FARC）協商，以結束西半球歷時最久的恐怖分子衝突。在使用「爭取更多」的模式時，我們明顯看出，重點不是放下武器，而是提供工作、保護證人，以及讓他們重新融入團隊的其他因素。他們去哈瓦那談判以前，我給他們那些建議，並強調先建立人際連結很重要，他們確實照我的話去做了。

當然，有個要素正是整個溝通機制的一部分：放下往日恩怨，不再追究。想做到這點，需要相當的紀律、領導，並有明確的目標。

另外，這也意味著，如果盟軍能與溫和派攜手，就會形成反對極端分子的聯合陣線。但是，要做到這點，就必須先了解各方其實各有不同本質、需要有效的溝通，要尊重對方的理想，並提出他們願意接受的願景。

充分了解知覺印象的差異

在開始溝通之後，必須了解對方的知覺印象。先要知道對方究竟是怎麼想的，否則根本無從說服起。這一點，在本書中已多次強調。無論對方的看法是否正確，我們都要有所認識、加以處理，才有可能實現目標。

換句話說，要達到成功，另一方必須也「想要」達成協議，而這件事的前提在於，你必須讓他們感受到，你了解他們的想法。也就是說，**在任何公共議題上，從其他人想不想了解你的知覺印象，其實就可以看出你是否具有說服力。**

所以關鍵的問題是：我們是否了解對方的看法？我們是否能清楚表達這些看法？我們是否曾和對方討論這些看法？如果以上問題的答案都是「否」，你就不可能爭取到更多。

這是在九一一事件之後，美國必須面對的特別問題。當今，許多開發中國家對美國仍有餘怨，不滿於各種在市場和經濟上的剝削、有毒物質的擴散、對他國的內政干擾，以及美國一貫常有的傲慢態度。無論他們所不滿的是否爲事實，重要的是，必須先了解這些觀點的起因，才可能得到世界上多數人民的支持，共同打擊散布在各地、與美國爲敵的人。

舉例來說，一九八四年十二月，在印度的博帕爾有一家美國聯合碳化物化學公司的工廠，發生了化學物質外洩事件，當場造成約三千人死亡，並有數千人後續死於後遺症。當時我和另一位《紐約時報》的記者進行調查，發現當地的工廠工人違反了十多項公司操作手冊的規定。該公司早已得知這些違反規定的行爲卻未加以處理，公司董事長至今仍拒絕到印度面對法律制裁。

博帕爾事件的死亡人數，超過二〇〇一年九月十一日在美國世貿中心以及其他地點恐怖攻擊所造成的二九八五人死亡。對許多開發中國家來說，九一一事件和博帕爾事件並沒有什麼差別。前者是惡意造成的恐怖主義行爲；至於後者，在印度眼中，也是惡意留下了致命的工業製程。

除非美國和其他已開發國家能理解這樣的知覺印象，否則將永遠無法和世界其他大多數國家眞正和解。這也意味著，現在還是很難發展出更大規模的合作，難以打擊那些還發展著大規模毀滅性武器的人。二〇〇九年，美國參謀長聯席會議主席表示：「每次當我們無法貫徹價值觀，就愈來愈像敵人所批判的那種傲慢的美國人。」

世人對美國的不滿，並非全然荒謬無理；正如美國對他人的要求，也不是樣樣都實際可行。重點是，我們應該聆聽每種聲音，然後再加以陳述、討論，從中找出對彼此有利的東西。比較簡單的，可以立刻解決；比較難的，則列入考慮、不斷努力。至於荒謬不可行的，更要大力宣傳，讓極端分子發現自己有多勢單力孤。

這樣的流程，正是一九九八年愛爾蘭與北愛爾蘭之間和平解決爭端的基礎。他們雙方終於坐下來、互相交談，開始分享彼此的看法。根據哈佛醫學院講師提歐．達吉（當時他還是學生，在和平談判過程中擔任醫療諮詢小組的主席）的說法，他們意識到，大多數人都不希望再繼續戰亂對抗，雙方有很多相同的價值觀，而且他們在脫離英國統治之後都能做得更好。他也表示，雖然當時的和平仍然不穩，但雙方已經開始公開溝通、坦率討論，可說是阻止戰爭延續的安全閥。

研究顯示，在中東，相關各方很少知道其他人的立場和看法究竟爲何。自一九九三年以來，企業家丹尼爾·盧貝斯基便在各種不同企業中同時雇用阿拉伯人和猶太人，而最近他也點出了各方的看法有何不同。他認爲，如果各方都對其他人了解更多，就會形成和平的基礎，也就能帶來經濟的繁榮。

他針對平民蒐集了十五萬份的問卷調查，發現雙方在「耶路撒冷的使用」和「難民返鄉」這兩大議題上看法分歧。雙方都聲稱東耶路撒冷是自己的領地，而且此事絕無談判空間。就算這些土地現在都已有別的用途，巴勒斯坦難民仍然要求將這些土地討回。

盧貝斯基也是和平事業基金會的創辦人，他將各方的觀點拿給對方看，而他們都大爲驚訝。他說：「除非各方多些彈性，否則永遠都沒有達成協議的可能。」他認爲，這種看法能幫助各方以創意來開發解決方案。例如，將耶路撒冷某一處定爲巴勒斯坦人的首都，也讓難民能得到屬於自己的一塊土地（雖然可能不完全是過去曾擁有的那一塊）。

肯吉·普萊斯曾是伊拉克駐軍人員，後來就讀賓州大學法學院，並成爲《法律評論》的主編。他表示，如果他在駐紮伊拉克之前曾修過關於協商談判的課程，絕對會更用心理解當地人對事物的看法。他說：「我們很容易覺得當地的警察既腐敗又沒受過教育，但他們才眞正了解這個國家，可以讓我們的工作進行得更順利。」

他也補充說，無論是在美國或其他地方，軍警常常陷入一種「執法心態」，一心只想維持和平，於是就忽略了傾聽，也就錯失許多可以解決問題的關鍵訊息。他以哈佛大學黑人教授亨利·

蓋茲爲例，蓋茲掉了家門鑰匙，正在想辦法破門而入，卻遭到一位白人警官逮捕，此事在美國掀起軒然大波。這也是一個知覺和溝通的議題：只要有效注重溝通和理解，就能輕易解決。

採取合作的態度

我已經多次強調過，在協商過程中若抱持對抗的態度，反而會造成負面影響，長期來說，可能減少高達七五％的效益。所以下一組問題是：各方如何對待彼此？是相互指責？相互威脅？想傷害對方？還是各方試著通力合作，以達到能滿足各方需求的結果？

自己的需求還得不到滿足時，就不可能對另一方讓步，這是人的天性使然。通常，如果有人想傷害你，你就會以暴制暴。

如果各方希望協議可長可久，就必須要滿足對方的需求（至少得朝著這個方向努力）。

讓我們以近年發生的幾個公共議題爲例。美國前總統小布希，在二〇〇二年將北韓稱爲「邪惡軸心」的一員。他表示，只要美國覺得受威脅，就會隨時攻擊威脅他們的國家。接著，美國便攻擊了也被歸類爲「邪惡軸心」的伊拉克。

如果你是北韓領導人，你會怎麼做？當然是趕快發展核武，好保護自己的國家。於是，美國的談判策略反而鼓勵了北韓繼續發展核武。如果人們覺得受威脅，就會反擊。

接著，讓我們來看看經濟制裁這項手段。這其實就是經濟上的威脅，也是長期以來公共議題方面的談判策略之一。原則上，經濟制裁是希望打破對方政府目前的決議，改變其目前的行為。

然而，已經有許許多多的研究表明，歷史上的經濟制裁從來就效果不彰，反而常常導致受制裁的國家團結起來，組成自己的聯盟，或是想辦法繞過制裁機制。要讓一群國家聯合起來發動制裁，時間很難持續長久。制裁相當難執行，而且黑市總是能靈活因應。

即便在最好的情況下，經濟制裁也是一條長遠且艱鉅的道路。例如過去五十年，古巴就沒因制裁受到太大影響。貿易禁運，傷害到的其實多半是底層人民，國家領導人依然衣食豐厚。

經濟制裁要有效，必須符合幾項條件，例如制裁對象沒有別的選擇（例如南斯拉夫）、制裁對象內部有強大的對立力量（例如南非、辛巴威），或是要求的條件較為單純（例如要求利比亞交出兩個恐怖分子）。

以伊朗來說，它既有大型核子計畫，也有大量藏油和強大的獨裁軍事力量，以及多個盟國，便不符合制裁的條件。至於北韓，經濟條件較差、政治上也較孤立，於是比較符合條件，偶爾也會看到經濟制裁出現效用。

據估計，由於經濟制裁，每年會使美國損失高達二百億美元的出口。而且，就算可以找出使用經濟制裁的理由，通常還是可以用本書中所提到的各種工具，找出更好的談判選項。

讓我們來看一些例子。首先，可以採取經濟制裁的反面做法：攻占市場。前蘇聯解體，原因之一就是內部愈來愈渴求外國的文化，認為那代表一個更美好的生活。從牛仔褲到電腦、電影到雜誌，我們已經看到，西方的商品和服務，可說是威力強大的敲門磚，魅力令人難以抗拒。

只要解除對古巴的貿易禁運，就會讓古巴暴露在諸如青少年文化這種資本主義之下，而極端的社會主義國家對這股潮流幾乎毫無招架之力。事實上，美國的嘻哈樂和饒舌樂，已經將個人性這種概念傳播到全世界的青少年族群中。雖然這聽起來不是什麼絕妙好招，卻是許多人從未想過的一種外交政策，可以打開溝通的大門。同樣地，推動網路發展也是一項強大的談判策略。

二〇〇八年，在二十七年後，伊朗再次向美國購買小麥。這一百多萬噸的冬季小麥，形成經濟合作的基礎。想說服他人爲你做事，最好的辦法就是提供好處，而不是威脅他們。中國就是靠著向伊朗出口而荷包滿滿，那麼美國在這經濟窘迫的時刻，又爲何不能起而效尤呢？二〇〇九年，伊朗進口的產品與服務總值達五七〇億美元。有句格言說：「親近你的朋友，但要更親近你的敵人。」這句話在說服這方面可說所言不虛。與敵人更親近，就代表能得到更多訊息、更多影響力。雖然這似乎違反許多人的直覺，但卻能更有效地達成目標。

賓州法學院畢業的伊朗籍律師埃薩．穆哈瑪迪表示：「如果美國和伊朗有更多交流，美國就能更了解伊朗人民，也就更了解如何讓伊朗的領導人遵守協定。」她也說，許多美國人原本都不喜歡伊朗人，後來認識了她，印象都大爲改觀。她說自己甚至常常是許多美國人一輩子認識的第一個伊朗人。

擇取適當的談判人選

雖然前面已經提過這點，但由於談判人選是談判成敗的主要標準之一，還是值得特別一談。這裡要問的問題是：各方爭論的是否已經是過去的議題？各方是否還在爲過去的議題互相指責，還是他們已經著手開始改善明天？如果一心只想怪罪他人、而不是創造機會，可能就無心於增加價值。談判成功的關鍵，正是增加價值。

在中東地區，似乎各方還都在爲了過去的議題爭吵不休。無論現在已有多少協定、特使，總是有人爲了過去的事一心想報復。在這種情況下是不可能有和平的。整個過程大有問題。不過有一個重要問題，就是究竟誰才是適當的談判人選。如果是因爲這個人選無法放下過去，而讓流程出了問題，顯然這就是個錯誤的人選。因此，這裡的關鍵就在於談判人選的風格和身分。

舉例來說，在世界許多地方，美國光是「出席」就會造成激烈的反應。如果美國減少這種過度出現的情況，就能降低談判成本，也更爲安全，談判也會更有效。此外，由美軍與部落領導人結盟，也是一項非常有效的談判策略。

有多項報告均指出，美國能在二〇〇一年打敗阿富汗塔利班組織，主因是至多數十位的美國特種部隊人員，在當地訓練了許許多多的部落人民。這些人民對鄉間瞭如指掌，知道塔利班潛伏何處，也知道如何召募自己的戰士。這顯然是達到目標的有效方式：說服當地人來打自己的仗。

在各項公共議題中，最明顯的差別就在於溫和派和極端分子之間，而適當的做法，就是讓溫和派來擔任談判中的第三方。比起極端分子，溫和派比較著重如何建立更好的生活方式（也就是未來），而大多數極端分子還是想著如何為了過去的事施以懲罰、破壞。

這意味著，在中東，最適合與猶太極端分子交涉的，就是猶太人的溫和派，而最適合與阿拉伯極端分子交涉的，則是阿拉伯人的溫和派。既然有更適合的人選，美國人又何必親自與恐怖分子交涉呢？無論是哪一種公共議題，選派正確的談判代表都是關鍵。

找出並交換彼此的需求

最後，想談判成功，就需要滿足對方的需求。先前的有效溝通、了解看法、有正確的態度、有適當的談判人選，都只是讓你能開始進行有效對談的過程。走到這一步之後，你需要確定應該滿足各方的哪些需求，以及需求之間該如何交換。這就好比是談判的貨幣一樣。

對世界上的大多數人來說，這種貨幣就是人類的基本需求。無論是卡翠娜颶風的受災民眾，或是巴勒斯坦難民，起點都是要解決基本生活必需品的問題。因此，公共議題的談判也應以基本生活需求為起點。

在這方面，心理學家馬斯洛的需求層級理論（見下圖），可以做為公共議題談判的良好基礎。

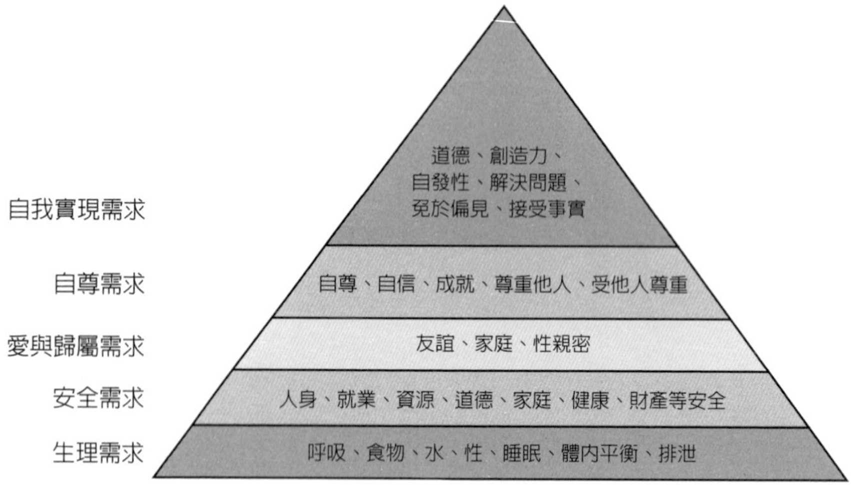
道德、創造力、
自發性、解決問題、
免於偏見、接受事實
自我實現需求
自尊需求
自尊、自信、成就、尊重他人、受他人尊重
愛與歸屬需求
友誼、家庭、性親密
安全需求
人身、就業、資源、道德、家庭、健康、財產等安全
生理需求
呼吸、食物、水、性、睡眠、體內平衡、排泄

人民最基本的需求是食物、飲水、穩定、安全、就業、家庭安全、健康、財產。他們需要有足夠的食物、乾淨的飲用水、遮風蔽雨之處，並免受身體傷害。

儘管如此，每次談到重大的公共議題，占據媒體篇幅和政客時間的，卻往往是對人類來說比較不重要的事：道德、偏見、政治，以及成就。世界上有許多重大爭議，決策者的考量都是由上而下：和平、民主、各種理想。然而，如果人民的基本需求沒能先得到滿足，根本就不會有人有興趣聽這些偉大的理想。

例如哈瑪斯這個極端組織之所以會有這麼多的支持者，絕不只是因爲其意識形態（雖然他們的政治口號是這樣宣稱）。哈瑪斯能提供食物給飢餓的阿拉伯人，還提供醫療服務，甚至相親服務。當人們的基本需求獲得滿足，自然更容易認同並重複該組織的路線。

已有許多證據證明，飢餓會帶來暴力和社會動盪，例如在埃及、海地、塞內加爾、布吉納法索、尼日、馬來西亞、泰國、墨西哥、烏茲別克等地便是如此。世界糧食計畫的糧食安全副主席胡賽因表示：「飢餓的時候，人會更容易生氣。」研究顯示，這在兒童身上更爲明顯，可能引發嚴重的情緒問題，而使暴力週期從年輕時便開始。

如果美國與其他國家想再贏得這幾億人的心，就必須採用當初與前蘇聯在軍備競賽時的策略：讓另一方破產。如果哈瑪斯提供麵包，美國、聯合國及其盟國就該提供麵包和肉。如果哈瑪斯提供每人每天一千卡的熱量，想阻止哈瑪斯的人，就要提供二千卡的熱量。

如果以色列想開始和阿拉伯國家結盟，就必須滿足更多人的基本生活需求。但大體上來說，以色列還沒有這樣做。向加薩發射飛彈，其實只會讓更多人同情哈瑪斯。相反地，以色列應該要做的，是大量送出食物。當然有些人會對此訕笑不已：「以色列今天用了五十噸的麵包和肉來轟炸加薩囉！」然而，飢餓的人可不會這麼想。

接下來，則是提供溫和派一些他們不會想失去的東西，例如食物、住房、教育、醫療、保健、安全。這樣一來，溫和派就會找出極端分子，協助逮捕、甚至消滅他們。這是一項基本的人性原則：要達到長期勸服，麵包比炸彈更有效。在現有的阿拉伯與以色列和平組織基礎上，進行的就是一個增加溫和派的談判過程。

如果你還有所懷疑，可以試試看去沙漠裡生活個半年，而且還沒有食物、水、醫療、教育、空調或其他生活中的方便小玩意。接下來，忽然有人可以讓你得到溫飽，還告訴你這一切痛苦都是美國造成的，看看你的感覺會如何。你大概會同意這些衣食父母的話。換句話說，我們必須讓那些同情恐怖分子的人，也有「可行的選擇」，讓他們能選擇更美好的生活，才能說服他們走向不同的道路。

有些政策專家聲稱，因爲有一些有錢人在背後提供資金、或是實行恐怖主義，現在的恐怖主義已經不再是出自貧困。確實，是有少數富人理論家走上恐怖主義的道路，但他們之所以得到權力和支持，多半還是來自幾千萬個貧困的人民。這裡的重點，其實就是要去說服那些「可被說服」的人。

我在一九八一年開始接觸這項議題，當時以色列轟炸並摧毀了伊拉克的核電廠。身爲記者，我正在寫一篇關於防止核武擴散的報導，而以色列認爲伊拉克正試圖從反應堆中蒐集核彈的材料。於是，我試著找出所有曾在二次大戰期間參與美國原子彈曼哈頓計畫的科學家，並一一致電。

這些科學家當時多半都已高齡八十好幾，也已從麻省理工學院、加州理工學院等美國素富盛名的工程學府退休。我問他們每個人相同的問題：有什麼現有科技，能防止核武擴散？

在沒有任何提示的情況下，他們給我的答案幾乎完全一樣。他們說的都是「這問題問錯了。防止核武擴散的方法，是要讓人民都吃飽，給他們醫療、衣物、教育、住房和就業機會。」

在敘利亞，就算是對以色列毫無好感的商人，也不會反對經濟合作，因爲這有助敘利亞的經濟。在黎巴嫩，西方人和伊斯蘭專業人士之間也會有所對話，這正是聯合企業的基礎。

前蘇聯垮台之後，烏克蘭在美國要求下將核彈頭送至莫斯科，而烏克蘭則得到各種經濟利益做爲回報。這正是以經濟效益交換核武計畫的先例。

北韓必須實施食物配給制度，因此諸如農作物種植技術，以及糧食本身，都可以當成要求北韓暫緩核武發展的籌碼。這裡並不是要爲北韓議題提出解決方案，而是要說明，還有一種尙未嘗試的方式，是以基本人類需求爲訴求。

當然，要解決公共議題，政治手段仍有其重要性。但政府的重點可以放在維持經濟成長，以提供各種基本需求的滿足。在談判上，採取這種做法的理由是，如果人的基本需求被剝奪，就容易變得情緒化，此時人會變得不太容易被說服，而且只會回應那些能滿足他們情緒需求的人，也就是那些能滿足他們基本需求的人。

到目前爲止，這種談判策略還未得到應有的足夠研究。事實上，**中東和平進程的歷史，一直只是追求一種「儀式上的和平」：有特使出來發表宣告，簽下一些正式條約。然而相對地，想得到人民支持，需要的是「實用上的和平」，也就是眞正腳踏實地、與人民生活密切相關的和平。**

美國所追求的，並不是實用上的和平，而是科技上的和平：採用愈來愈成熟的科技和昂貴的基礎設施，遏制恐怖主義。我並不是說這一切都該捨棄不用，但光靠這些，絕對無法阻止恐怖主義。正如愛因斯坦在廣島原子彈事件後所言，「藏不住，擋不了」。每次我們找到一個恐怖行動的解決方案，恐怖分子就會再找出新的方法。在九一一事件後，曾有飛機上出現鞋子炸彈。等到鞋子也必須進行檢查之後，開始有人在內衣褲裡放塑膠炸藥。等到針對男性自殺炸彈客找出特徵和隔離之後，就開始有女性的自殺炸彈客。

如果美國或其他國家想阻止大規模的恐怖攻擊，眞正該做的，就是針對那些可以找到恐怖分子的人，開始提供他們食物、衣服、工作、住房和醫療保健。換句話說，我們需要有更多更多對方的人，「希望看到」我們成功，而這不是光靠強迫就做得到的。

幾年前在南非，海洋學家在開普敦的海灘發現一條死鯨。他們將鯨魚拖到海豹島，這是著名的大白鯊棲息地，大白鯊有時候還會從水裡躍出，捕食鳥類和海豹。在幾小時之間，大白鯊盡情飽食鯨魚肉，吃到幾乎游都游不動，就像醉了一樣地漂在水裡。

接著，潛水員走進籠子裡，就在鯊魚旁邊。但鯊魚對潛水員興趣缺缺，並沒有出現平常的攻擊和碰撞行爲。這裡有一個相當重要的類比：要是人類滿足了牠們的需求，一般說來牠們對爭鬥的興趣就會大幅降低。

阿拉伯人和猶太人並非天生爲敵。有數十萬阿拉伯人生活在以色列，而且根據調查顯示，他們大多對環境都很滿意。成功談判的基礎，就是讓許多不同的人能圍繞在共同的利益上，結成聯盟。這裡的共同利益，就是生活中的必需品。

我在這裡並不是要針對中東或其他任何公共爭議提出實質的解答，例如屯墾區該設在哪裡、難民該移居何處、土地利用的精確位置，都有相關專家可以提出答案。本章的重點，其實是在討論，究竟該如何使用更好的談判工具，好讓談判協議成爲可能。

循序漸進，縮小差異

在本書中我不斷強調，要用循序漸進的方式慢慢縮小各方之間的差異。公共議題上的差異往往是最大的，但相關各方又往往最不會採用循序漸進的方式，而是希望一步登天，從雙方意見完全不同，直接跳到雙方意見完全一致，這種做法幾乎不可能成功。

其實，並不需要一次就把所有的問題都修正完畢，只要找到某個地方，開始踏出第一步就行了。步驟較小，代表感覺起來風險較小，就有更多的人響應。

如果有人堅持一次到位，其實他就不是適當的談判代表人選。大多數的公共議題都會牽涉到太多民眾、太多金錢問題、太多矛盾，不可能一次就解決。

如果能先從小地方開始，並取得成功，就能開創一個小小的運作模式，並讓人有信心繼續下去，贏得更多的信任，達到更爲合作的工作關係。一個規模小、但可以再擴展的計畫，會比難以實現的偉大計畫更爲適用。

因此，我們再次以中東爲例，特別是以色列和巴勒斯坦的關係。這兩方在過去幾十年來，一直希望做到什麼？他們就是希望能一次解決所有問題，也難怪至今未能達成協議。相反地，讓我來提出一個假設性的想法。這不是一個具體的建議，但可以做爲循序漸進的例子。

比方說，你可以在約旦河西岸先開一家小工廠，雇用原本失業或尚未充分就業的人，一半是以色列人，另一半是巴勒斯坦人。資金可能是來自政府、世界銀行，或是私募股權。

至於工廠的營業項目，則選擇一些在當地已經存在的產業。製藥可能是不錯的選擇，例如約旦目前就有一些製藥工廠，而以色列的企業又是製造和銷售學名藥的高手。

如此一來，這家工廠能養得起附近的住宅、醫療、學校，以及一間超市。工廠要求員工必須住在一起，每個人都能得到紅利、股權，並爲自己和家人贏得更好的生活。

接著，再安排人來宣傳這種生活，讓大家看看這種制度確實行得通。很快地，工人就會說，「嘿，現在我有能力讓家人吃飽穿暖住好了。我們有教育、醫療保健，還有新鮮的食物。這可不錯吧！」工廠裡的巴勒斯坦工人，在學校、街坊、生活水準等方面，都會與同工廠的以色列工人很類似，而不像極端的巴勒斯坦哈瑪斯組織分子。同時，以色列工人也會與同工廠的巴勒斯坦工人更類似，而不像那些以色列的極端分子。這些人會建立起一種有共同目標的感覺，如同士兵之間一起出生入死的情誼，能做爲其他衝突地區的參考模式。

將規模放大，可能需要一個世代、大約二十年，才會超過門檻値，而能自我維持。一般人聽到這裡，會覺得「也太久了吧！」然而，我第一次提出這個想法是在一九八一年；我第二次提出則是在二〇〇一年九月二十三日，即世貿中心遭破壞的十二天後，文章刊於《費城詢問報》等刊物，文中的內容大致上是本章的基本原則。後來，我在二〇〇二及二〇〇六年，又詳細重複文章的內容。我的重點在於，既然總有一天要這麼做，那爲何不從現在就開始？

除了製藥業，其他可行的產業顯然還包括：農業產品，使用以色列的省水科技。或者，也可以從死海開採礦物。

如果能建立全新的巴勒斯坦國，就能提供讓創業者放手試驗的機會。在這裡也能發展替代能源：太陽能、生質能、風能，既可以供給電力，也可以讓海水淡化廠得以供應飲用水或灌溉用水。而且，這幾乎是一片完全未開發的處女地，可以蓋起新的住房和基礎建設。

沙烏地阿拉伯人和科威特人顯然希望追求區域和平。他們投資各項巴勒斯坦工程以換取股權。許多富裕的阿拉伯人和猶太人並不住在中東，但他們對於協助促進和平卻是躍躍欲試，例如投資公益工程以促進和平。工程獲認定爲公益工程後，便可由律師事務所定出交易結構。

至於在西岸建起的屯墾區，也不一定要限以色列人才能居住，以色列可以將這些住宅提供給阿拉伯人，換取他們的工作勞力和支持。

以色列對巴勒斯坦溫和派給得愈多，就愈有可能得到支持者。例如，針對以色列控制下的巴勒斯坦地區，以色列拒絕開放更多的手機網路，使得當地資金取得困難。以色列說，在它確信自身安全之前，這項政策不會改變。然而，這樣做正是切斷了使以色列更安全的動機，有害而無益。換句話說，刺激巴勒斯坦經濟成長，才會使更多人手中握有財產而不願失去，而且是友非敵，因此其實會讓以色列更安全。

這跟談判又有什麼關係呢？你其實是想說服別人，要他們改變做事方式和觀點，好滿足他們的目標。你也想說服他們，用更好的方式來和不同的人相處。你也正是在告訴他們，該如何解決公共議題。至於要花多久的時間才能眞正達成，就得看政府和民間企業在背後施多少力了。

另一個能得利於循序漸進式步驟的全球性問題，就是氣候變遷。關於如何減少引起全球暖化的二氧化碳排放，現在爭議不斷。有些人希望採取循序漸進方式，也有人想建立全球共識。於是，許多時間都花在辯論個別的計畫上，例如要不要依汙染程度課徵消費稅，或是讓公司可以買賣汙染的權利。

從談判的角度來看，這時別急著想找出唯一正確的答案，比較有效的方式反而是採取循序漸進的步驟。如果有人可以減少汙染淨值，何樂而不爲？我們應該好好運用目前手上的所有人力和方式，做到最好。

雖然我們已經採用交易或徵稅的方式減少汙染，也協助減緩全球暖化，但各國政府應積極努力尋找更好的流程方法。每次有新的發現，就是向解決問題又走近了一步。

這裡有個微小但重要的差別，就是要改變態度，從為了「正確」的方式而爭論不休，轉而投向循序漸進的做法，將所有方法手段都視為一個中間的小步驟。我們可以把這個想像成是在實驗室中，各種方式都在接受測試，要找出最有效的方法。政府可以支持客觀的研究，不斷對比、比較，並提出更好的循序漸進步驟。現在，在國際氣候會議上常有抗議活動，就是這種問題的一個症狀。我在本書中不斷提到，想有效激發更多想法，需要的是包容，而不是排斥。

設定有意義的目標

在本書中我反覆提到，談判內容如果對各方愈重要，各方就會愈容易激動，也就更不理性，到頭來，就更難達成目標。有關公共議題的另一個關鍵則在於：我們的行動眞的符合目標嗎？

讓我們再次以反恐戰爭為例。已開發國家面對恐怖主義，主要的回應方式就是暴力和暴力威脅；換言之，就是以暴制暴。九一一事件後，美國前國防部長倫斯斐表示，美國對恐怖分子的做法是要「找到他們，再逮捕歸案或就地正法。」在二〇一〇年莫斯科地鐵爆炸案後，俄羅斯總統也說過類似的話。這場「反恐戰爭」不斷以暴力為核心。

用暴力做為說服工具，一向代價高昂。從歷史上看，殺了或威脅了夠多的人，敵對的國家或集團就會放棄。然而時至今日，特別是那些理論空想家和已經一無所有的人，就沒那麼好說服了。畢竟，自殺炸彈客可不在乎你的死亡威脅。

像上面提的這些人，想阻止他們，就只能把他們全部殺光，但這是不可能的。此外，無論有意無意，軍事行動必然會波及無辜，製造出更多的恐怖分子和同情者。當戰爭破壞了愈多的土地和家園，讓愈多人一無所有，也就讓理論空想家更容易召募新血，或至少是得到默許。

最後，文化擴散也使得敵人愈來愈不明顯，居住的地點不定，習慣或外表都與我們類似，與我們也做著同樣的事、講同一種語言。這意味著大規模的攻擊很容易傷及無辜者，卻反而漏了恐怖分子，結果就是創造出更多的恐怖分子。美國已經很無奈地發現，連土生土長的美國居民都可能是恐怖分子。

有人引用以色列官員的說法，說他們希望「摧毀哈瑪斯的恐怖基礎建設」。但以色列不可能做到這一點，因為在有人遭到殺害的同時，也會不斷創造敵人。如果只靠暴力、科技、組織或基礎建設，這個目標就永遠無法達成。

幾乎每隔一段時間，我們就會聽到恐怖組織領導人被捕或被殺的消息。然而，後面還有幾百人等著取而代之。在伊拉克，因為美軍所謂的「意外走火」，導致一位八歲的伊拉克女孩喪命。在加薩，有一位致力於和平、曾與以色列醫師合作的巴勒斯坦醫師，親眼目睹他的三個女兒，在一所聯合國學校旁死於以色列的炮火下。每個死亡的人，背後都有家庭，或許還是一個大家族。結果如何？數以百計的人將憎恨做出這件事的國家，而且願意聽聽反對這個國家的意見。

我要提出的談判策略，是著重於滿足溫和派的需求，而不是只求獵殺極端分子。前者的做法似乎比較便宜，而且成功機會也較高。

還有一項各方都未能獲致成功的公共議題，就是墮胎。時間經過四十多年，墮胎議題仍爭議不斷。每隔一段時間，就有執行墮胎的醫師遭到殺害，有時也有人被捕入獄。然而，墮胎就此銷聲匿跡了嗎？答案是否定的。替人墮胎的醫師，生命有保障了嗎？答案還是否定的。至今仍然不時有人抗議，常常有法庭案件，法律也已通過和廢除不知凡幾，但是沒有人眞正達到目標。

顯然，這不是一個理性的問題。雙方在塑造議題情境時，都不留任何協商的空間：一方是「反對謀殺胎兒」，一方是「保障婦女選擇權」。但最有趣的就是在這場鬥爭持續不休的同時，還是有數百萬起墮胎正在進行。就算在美國明文禁止墮胎，人們還是能設法前往外國墮胎，或走向黑市。

因此，在運用談判工具時，必須更深入，找出本質的問題，然後據以更改目標。像這裡眞正的問題，第一在於有太多人意外懷孕；第二在於各方只有全輸或全贏的概念，沒有任何一方能提出循序漸進的改進方式；第三則是雙方甚至沒有什麼交流，無法據以尋求共同點和改善。

在我看來，要經過協商得到更好的結果，就必須重新塑造議題，不能是「生命權」與「選擇權」之間的對立，而是「較多墮胎」和「較少墮胎」的選擇。現在的情況就是有較多的墮胎情形。如果能將重點放在循序漸進的步驟，就能減少墮胎，這一點雙方都會同意是件好事。

美國有成千上萬想成爲父母的人，不辭辛勞全球奔波，只想領養孩子。有數十萬的美國人都說，只要得到許可，他們就願意領養孩子。自然，接下來的問題就是，現在位於墮胎議題兩方的人，是否已有足夠的努力，能讓懷孕而不想要孩子的人，與那些願意領養小孩的人搭上線？顯然，答案是還不夠。而且，有些人雖然剛開始不想要小孩，但如果提供一些對她們、對小孩、或是對兩者的好處，而讓她們願意先繼續懷孕而不是斷然墮胎，最後至少有一些人會改變想法。

如果目標是防止意外懷孕，就該強調及支持像「節育」這種選項，好讓問題逐漸變小。同樣，這裡並不是要針對墮胎問題提出具體、實質的解答，而是要強調，現在的做法其實根本不符合任何一方的目標。

任何解決方案都必須認清，除非雙方有共同同意之處，否則絕無成功的可能。而起點就是必須尊重對方的看法，共同尋找能減輕問題的可行方案。我們需要冷靜、有同理心的溝通。如果只有極端的立場，問題就永無止境。

不可忽視情感層面

無論是墮胎問題，或是對暴力的依賴，其實都是出自情緒反應，也因此讓人無法達成自己的目標。我之所以要在本章中將「情感」獨立出來談，就是因為在談判中幾乎總是特別會有這種問題。在某種程度上，當情緒變得激動的時候，各方就無法好好聆聽對方的說法，也就無法有效協商談判。因此，講到公共議題，就必須考慮各方是否情緒激動或漠不關心。

再以中東問題爲例。它會造成情緒干擾的原因，不只在於暴力或過去的問題。還有許多議題，都讓當事人無法追求和平與美好生活的目標。

在中東議題上，一個明顯的干擾因素，就是約旦河西岸的以色列屯墾區。如果沒有情感的因素，這一點可能完全不成問題，因為雖然這裡住了超過三十萬以色列人，但其實只占了整個西岸大約五%的土地面積。在這件事情上爭議，只會浪費討論巴勒斯坦建國的時間。其實，雙方都知道一些標準的房地產做法，例如土地互換、土地割讓、補償和其他的解決辦法，而且可以直接做為國家獨立議題下的一個項目來討論。

事實上，無論以色列做了什麼，巴勒斯坦都應該緊抓同一個議題：「我們什麼時候討論巴勒斯坦建國？」有關要將東耶路撒冷做為巴勒斯坦首都的爭議，也是如此。巴勒斯坦人一直無法緊抓目標，原因就是受到關於屯墾區的情感因素影響，而這就是一個在談判過程上的失敗。

至於以色列人，也沒有想到要對巴勒斯坦人動之以情，例如提供部分住房給阿拉伯人，或是在別處做出讓步。這裡問題的重點，不在於以色列「有沒有責任這樣做」，而是以色列到底想不想減少暴力問題。

另一個對於實現中東和平目標的干擾因素，則是不斷的口水戰，例如究竟有沒有大屠殺？是否有人應該針對某特定事件、涉嫌在某國貪汙之類的行為道歉。雖然這些都是重要的議題（至少對相關人士來說），但每次談到這些議題，就彷彿按下了加熱鍵，讓領導人和一般大眾都群情激憤，於是大家不再著重和平與經濟成長的議題（雖然雙方都說這是重要的），而是為了過去的事爭吵不休。無論是什麼問題、在哪個國家，如果看到有人試圖用侮辱或其他議題來模糊焦點，適當的反應該是：「好，但我們是不是該回到重點了？」想做到這一點，需要相當的紀律。每當有干擾發生時，只要領導人和媒體可以立刻指出來，就能維持重點，不致失焦。

動之以情可以緩和情緒、減少干擾。在飽受戰爭蹂躪的地區，情感之所以容易受到挑動，是因爲悲傷常無法得到完全的宣洩。看到心愛的人死於他人之手，幾乎總是讓人一心渴望報復。

中東地區就是這樣。目前在中東並沒有有效的制度來釐清暴力責任歸屬，並加以懲處。常常，連眞正的凶手都找不到。如此一來，人們的悲傷無處宣洩，就容易訴諸成見，只要一看到疑似暴力事件的發動者，無論是否眞爲凶手，都會一心尋求報復。如此一來，便會形成惡性循環。

我們在其他國家也會看到這種情形，包括美國在內。例如在一九九一年，有四名白人警察攔下黑人羅德尼．金之後，無情地用警棍加以毆打，但是在一九九二年，這四名警察得到無罪釋放，引發非裔美國人在洛杉磯的大暴動。此外，在九一一悲劇事件之後，在美國也發生多起對中東人士的報復或限制活動。

如果能做到動之以情，就能避免對目標造成干擾。做法可以是道歉（一般性，或是針對特定的團體和個人），以及尊重其他各方痛苦和看法的行爲，例如爲死者立紀念碑，就可以讓親友面對悲痛和失去所愛的事實，紓解情緒。

例如在華盛頓特區的越戰紀念碑，列出所有陣亡的美國士兵姓名供人永遠悼念。這是在華盛頓特區最多人參訪的紀念碑，每天吸引一萬五千人次，一般都認爲它傳達著濃烈豐富的情感，能提供一股強大的安定力量。那些在戰爭中爲國捐軀的士兵，他們的家人、同袍和朋友，都能從紀念碑中得到情感上的補償。

至於在中東，雖然有各種小型紀念碑，卻沒有類似這種規模的形式。事實是，各方都反對另一方設立紀念碑來紀念傷亡人士，而一些現存的紀念碑也遭到汙損。缺乏適當的紀念碑，使雙方都得花更多時間，才能面對他們失去所愛的事實。由於情感的補償遭到延遲，談判也就變得更加困難。

如果能在中東立起阿拉伯－猶太紀念碑，列出適當日期之後喪生的所有人民姓名，就可以傳達一個共同的歷史感，符合拉丁文 mon -ere 這一字的兩種涵義：「提醒」和「指示」。這樣一來，就能成爲雙方在談判中尋找共同敵人的關鍵因素（也就是「戰爭」），並且讓所有失去親友的人覺得彼此有共同之處。

同樣地，如果能建立多教派共同的致哀中心，開放給那些失去所愛的人，就能促成大家對戰爭的共同厭惡。只要讓民衆都得以表達他們的悲痛（例如在衣服上印著過世親人的照片），就會讓雙方都得到非常強烈的情感補償。如果沒有這樣的情感補償來讓激昂的情緒得以平靜，想得到有效的談判，就是難上加難。

把公平視爲標準

在公共議題中，由於許多人都能看到各項流程和結果，因此「公平」的概念格外重要。從談判的角度來看，想讓大家都覺得公平，最好的辦法就是使用各方都能接受的標準。因此，首先要問的問題就是，各方是否都接受以某套標準爲準則？第二，各方在過去用過什麼標準？第三，各方在這次談判中接受什麼標準？

最好的方式，是從最一般或易於接受的標準著手。如前所述，如果在中東，這種標準可能是：「我們會要孩子喪命嗎？」這時候如果還答「是」，就會被視爲極端分子，於是，馬上可以分出由許多人組成的溫和派團體，以及由較少數人組成的極端分子團體。另一個標準可能是：「是不是應該讓難民在最後能有適當的居所？」還有「我們能接受殺害平民的暴力行爲嗎？」或是「人民是否應有足夠的食物、能在生病時得到醫療、能有乾淨的飲用水？」

如果是在地方層級，例如學校董事會或都市計畫局，我們可以問：「如果政府的決定會影響選民或地方上的居民，在做決定之前，是否應該讓主要選民或居民團體參與決策的過程？」以上種種關鍵，就是塑造情境。在談判過程中，如果準備得更周全，塑造的情境就會更具說服力。

最後，可以提出更具體的標準，例如「是否應建立巴勒斯坦國，以換取非暴力的結果？」或是「警方是否應提問，以確認某人是否確實造成威脅？」光是這些問題本身，就能讓提問的一方看來更有說服力。只要有愈多人問出隱含著標準的問題，無論是何種公共議題，都能讓你這一方更有說服力。

問題是可以解決的

在六○和七○年代，「全球思維，在地行動」成為環保運動的口號。在那個世代，認為要解決世界的問題，就得由社區層級開始，由個人推動行動。但不知為何，在接下來的幾十年間，這個概念消逝了。

如今，這個想法重新出現，而這也是「爭取更多」的一個中心思想。只要運用本書提到的談判工具，無論你是單獨行動，或是與朋友或同事合作，都可以讓世界或是你的生命大不同。唯一要做的，就是在與他人相處的過程中，抱持正確的態度，採取有組織的流程。

所以我們回到重點：要自問「我的目標為何？他人或對方的目標為何？怎樣才能說服他們？」要使用各種輔助工具，包括知覺印象、標準、表述、需求、激勵機制、交換評價不相等的東西，以及保持情緒平靜。這不是精密深奧的科學，無法保證一定會成功，但能讓你增加一些成功機會，讓某些不願意參與的人改變心意，甚至有可能解決一些長期存在的問題。重點在於，看看各方是否願意採用能解決問題的模型。我有許多學生現在都投入重大的公共議題領域，而他們發現，這些工具的效用就像上面所說的一樣。

薩欽．皮洛特曾任印度國家通訊與資訊部長。他表示，在印度這種有數百個不同文化的地方，想讓選民達成協議，就一定需要這些用來評價差異的工具。他也說，這是印度的電信事業有所改善的重要原因。

美樂蒂．黛兒頓曾是駐亞塞拜然的和平隊地區指揮。她說服了那些受過高等教育的和平隊志工，讓他們知道真正該做的事是學習編織、學習煮當地菜餚、花時間與當地人民相處，並和他們談談孩子的話題。這是一個值得學習、從基礎做起的良好模式。她說，這項解決方案就是採取非常小的步驟，一次專注一件事，不斷地前進著。

每一個公共議題都可以用這十個步驟來檢驗，以確定整個流程是否恰當，是否有適當的人來參與，以及如何把事做得更好。最後的重點，不是要得到一切，而是有所進步，得到的比現在更多。

16 現在上場，身體力行！

現在，你已經擁有了所有工具，接下來呢？如何開始談判？誰該先出手？如何知道對方打算要走了？如何將談判收尾？關於這些問題的答案，在本書各章節中已經陸續說明，但最後還是值得用一章來回顧一下。

在你已經學會工具、了解目標，而且認爲自己了解對方之後，以下提供一些實際執行談判的概念。雖然實際情況各有不同，本章還是可以當成範本來應用。

態度

如果你很緊張、害怕、生氣，或是心煩意亂，你的表現就有可能受影響。畢竟，氣勢還是很重要，如果你很緊張，對方一定看得出來。你要事先預想一下協商談判中可能發生的最糟情況，先準備好應付最糟的情況，這樣你就會更有自信。但如果你覺得自己有可能應付不來，也許你就不太適合上場，應該由別人接手。你可以多做些準備、改變感受到的風險，或是看看有沒有其他機會。總之，要讓自己在心理上準備妥當。如果你覺得另一方氣勢逼人，就想像一下他們可能最尷尬丟臉的情況，讓想像力像脫韁野馬一樣盡情馳騁吧。

千萬別高估對方的誠意，而是要針對所有可能受攻擊的弱點做好準備。在你做好準備之後，就算對方確實攻擊了你的某個弱點，你也不會有猝不及防的感覺。行事要循序漸進，別想一步登天，在一天內完成所有事。放輕鬆一點，除非你的生命危在旦夕，否則凡事總有明天。

你完成目標的能力，以及你的信心有多高，常常取決於你的心靈。亨利．福特曾說過：「你可能覺得自己做得到，也可能覺得自己做不到，而你覺得的，就會成爲事實。」

準備

談判過程中，只要準備妥當，就能使你信心大增。準備得愈完整，就愈不會緊張，你也能發揮得愈好，而不會一直想著下一步要做什麼，也不必擔心會出現什麼未知數。

時間地點

簡單來說：完全沒關係，重點是你要覺得自在，而且對方也覺得舒適。如果對方做了什麼讓你覺得不舒服的事，就要直說「這樣讓我覺得不舒服」或「我還沒準備好開始談判。」

如果他們要你「忍一忍」，就回答「所以您要我在沒準備好的情況下就談判嗎？」或是「我可不可以之後再給您一個更完整的答案？」學生有時候會問我，如果是求職面試怎麼辦？讓我告訴你，在對求職者面試時，其實老闆都會展現出他們最好的一面。如果連在面談中他們對你的態度都很不和善，你就馬上走人吧！即使你真的需要這份工作來支付飯錢和房租，錄取之後也要馬上規劃找下一份工作。

就算你是在對方的地盤上談判，也不代表你就處於弱勢，而是看你如何塑造情境。你或許可以說：「好的，所以你們會提供午餐吧？」或「可以派一輛車來接我嗎？」我有一次實在感覺很煩，就坐在他們的會議室裡，向後躺、靠在椅背上，把腳放在他們的會議桌上。我傳達出來的訊息是：「我在這裡也像在家一樣輕鬆自在。」

但這並不代表談判的時間地點不重要，而只是代表每種情況都有不同的情境。

自古以來，男人就懂得在他能找到最浪漫的地方、最正確的時機，向女人求婚。勞資雙方可以用公司成立的初衷，做爲談判的立基。想解決戰爭的爭端，可以用一些神聖的概念做爲基礎。雖然說這並非必要，但可以說「有的話也不錯」。

對彼此的了解

協商談判不是跳舞，也沒有神奇的咒語。像我，一般來說比較輕鬆，開場時會說聲「嗨」或「最近怎麼樣？」而你也許比較正式嚴肅，要看你覺得多自在、又多了解對方而定。雙方也可以一起攻擊共同的敵人，例如抱怨天氣或交通。也別忘了可以讚美對方的西裝、套裝或手錶。但要記住，「讚美必須誠懇」。只要有一點點虛偽，一定看得出來。

曾經有幾次，在協商談判的時候對方問我：「你家人怎麼樣？」但我一講起太太和兒子，他們就似乎沒怎麼在聽。在我看來，對方只是在耍心機，其實並不是真正關心。

我們來想想他人的知覺印象。他們和你穿褲子的方式沒什麼不同，也會餓、會渴、會累，有時也會覺得不知所措。畢竟他們也是人，所以別忘了要以此爲基礎，找出連結。

你可能沒時間與人閒聊，但仍然可以找出人性的連結。我在本書一開始說過陳瑞燕的故事，她靠著與機長的目光接觸，讓自己搭上原本已要起飛的飛機。

在談判中，閒聊的意義重大，有助於建立人性的連結。除了少數人之外，人是社交的動物，喜歡與彼此建立連結，即使是討論彼此的不同，都可以形成一種「互動」的連結。有研究顯示，幽默（如果對方沒有誤解）、小禮物（「要來顆喉糖嗎？」），或是聊聊昨天某件有趣的事，就能讓談判有更融洽的合作氣氛。

如果你實在對另一方不感興趣，就盡量別進行這場談判，否則一定會被看穿，讓人覺得你無聊、冷淡又粗魯。最好的談判者永遠抱持一顆好奇心，想了解他人，也想建立彼此的連結。

這不是要你成爲社交花蝴蝶，但別人身上總有「某些東西」能引起你的興趣，讓你有所成長。光是「對別人好奇」這件事，本身就極具說服力了。

要怎麼做，才能讓自己和他人都更自在？遺憾的是，一般人常常做出完全相反的事，讓別人覺得不太舒服。

當然，記得先問對方有多少時間，如果時間緊迫，就別再浪費。這也是建立連結的一種方式，讓對方覺得你重視他們、重視他們的時間。

起頭最重要

即便是很短的談判，也要「明確」知道你要談的內容，也就是主題和順序。事先就要得到經雙方同意的議程，這樣可以維持談判不失焦，也能協助議題有組織。

凱琳·亞達莉安是一位在加州的顧問，她說她一開始的時候就先準備好一頁的書面議程，才去開會。「第一次開會時，我似乎是全場準備最充分的人，但在場的其實還有許多更資深的人，包括有三成還是律師。」除了她以外，沒有人準備議程，甚至也沒有清楚的議題列表。於是，她把自己的議程印給大家一起看，而她想爭取的一切，也就手到擒來。

如果能有幾個人都帶議程前來，情況就好多了！大家可以找出大多數的問題，進行討論。

協商談判大約需要多久時間？有時要看情況而定。有時候，甚至可以先討論一下要花多久。常常，最好的方式是將談判切成一個個循序漸進的小段落，每次取得可能改變談判的新資訊，就可以休息思考一下，再回來繼續談判。

先從容易的事開始，這樣在各方達成協議時，就能得到小小的成就感，也覺得進度不斷在向前推進。談判之中，如果你覺得不同意，要立刻提出，以免後面再浪費時間。如果不立刻提出，到了最後才來致命一擊，常常會有下面三種結果：（一）協議失敗；（二）失去對方信任，條件也變差；（三）對方提出更多要求，以彌補你現在要求他們放棄的部分。

如前所述，要爲每項議題設定時間的限制。例如，假設有任何議題無法在十五分鐘內解決，就先討論下一個議題。這樣，就可以在可能範圍內解決最多的議題。此外，在看到需要討論的議題全貌之前，千萬別做出任何絕對的承諾，而是先提出有條件或試探性的承諾。

談判動力學

每次面對一項議題，先討論其他人的看法。只要在談判之前做好充分準備和角色互換的練習，你應該就已經有些想法可以與對方分享。如果你想說服他們，就正好可以用他們的看法做爲出發點。

如果出現意想之外的情況，就立刻休息一會兒。例如我的團隊曾經參加一場購併談判，會議中不斷出現意料之外的資訊，結果光是第一個小時，就休息了五次。

如果你對自己的團隊有異議，先別在他人面前提起，以免他人利用你們之間的分歧而挑起內鬥。而雙方對談的時候，只要有共識、不會造成混亂，就不一定只限各方一位代表發言。例如，不同的人可以代表不同角色，或者大家也可以各自發言以集思廣益。

如果出現矛盾，就要求休息。例如告訴對方：「請讓我們先想清楚眞正要說什麼，再向您告知。」對方不會要求你完美無缺，但他們一定會希望你句句屬實。

數十年的研究顯示，協商談判最後如果有時間壓力，結果就是：（一）協議結果不如水準；（二）處理資訊能力下降；（三）附加價值減少；（四）忽略重要訊息；（五）判斷力變差；（六）更多情緒介入；（七）選擇減少；（八）更多粗糙使用權力的情形；（九）更容易對另一方有刻板印象；（十）壓力增加。這一切都可能對關係造成傷害，使協商談判完全失敗。

一旦發現時間不足以好好討論所有議題，就別想全部討論完。若能把其中幾項做到一百分，就比全部做完但都不及格來得好。有多少時間，就做多少事。

時間壓力可能是眞實的或想像的，也可能來自內部或外部，但唯一不變的，就是**時間壓力對談判有害無益**。如果覺得截止期限已經對你造成壓力，就要做出調整，試著安排更多時間，或是先確定好，不會在有壓力的情況下進行談判。無論是買汽車或房子，都可以在一開始就表明，如果對方想訂出一個截止期限，你就不會考慮購買。對人，還是要訂出適當的規矩來。

如何對待彼此

在談判課上，我們常常要求學生對彼此的對待方式加以評分。那些對人不友善的團隊，幾乎最後的談判成果也比較糟。我說「對人不友善」，指的是什麼呢？包括威脅、侮辱或諷刺；

打斷、指責對方、貶低對方、不進行有效溝通、沒有準備議程，或是在其他與人或流程相關的失誤。如果是比較大的案子，結果的差異可能是幾百萬美元。

談判協商的過程中，人們對用字遣詞非常敏感。有些話聽起來威脅性十足，例如：「如果我們無法達成協議，可能會對您的聲譽產生不良影響。」這樣的話語通常只會引發對方的情緒，失去協商的意願。其實你可以說：「我們是否可以想想辦法，看如何把握這次機會，提高您的聲譽？」後者就是之前提過的「合作式威脅」。當你從正面切入，對方還是能了解負面的情形，但會更容易接受你的說法。

有很多方法都可以做到這一點。與其說「我們不信任你」，何不說「讓我們來看看，該怎麼做，才能開始互相信任？」與其說「你一直都不回電給我們」，何不說「您是否接到我們的電話？我們有幾件事，很希望有機會和您討論。」多練習幾次，就能對這種技巧駕輕就熟。

是否需要動之以情？在敵對狀態下，如果能友善相對，就能使談判結果更佳。記得要聚焦在可以共同完成的事項上，建立願景，也要讓對方暢所欲言，解釋他們那一方的看法。

另一種有幫助的做法，是至少指派一位自己人擔任觀察員角色，觀察另一方的團隊和流程。只要他發現情勢不對，就可以要求休息，或是運用一些委婉或靈活的策略，讓事情回到正軌。

如何揭露資訊

大多數人都擔心會不會吐露太多資訊，而我的建議是，只要是能讓你更接近目標的資訊，就盡量給無妨。但如果這項資訊反而會使你偏離目標，就別提供。舉例來說，如果你的目標是用最低價買一輛汽車或一家公司，你就不該在一開始告訴對方你能負擔的金額（至少別在一開始就透露）。他們可能會提供低於你預算的價格。

然而，在談判的最後，如果對方要求的價格還是高於你的預算，就不妨告訴他們你的價格上限，看他們是否有降價空間。

當然，你也可以從無形面下手，試著縮小雙方的差距，但如果（一）你已經試過所有方法；（二）對方的提案仍然在你能接受的價格範圍外；（三）看起來談判已近尾聲，這時候就可以掀開底牌，看看結果會如何。

要向對方透露興趣和需求時，情況也很類似。如果你覺得他們會占你便宜，就先別讓他們知道你究竟有多渴望某件東西。然而，還是要明確告訴對方你想要的目標對象，以免最後得到的東西不是你想要的。如果在這點上說謊，最後他們卻給了你不想要的東西，就有個爛攤子得收了。

如果你不確定對方有多少誠意，就循序漸進地做，先說「我對這幅畫很感興趣」，而別說「我真是愛死這幅畫了」。

談判並不是上法庭做證，你沒有義務揭露所有資訊，然而，也別想刻意隱藏些什麼。如果碰到讓你不舒服的問題，可以直說「我覺得我不適合回答這個問題」。

如果有人問你，能不能有別的方案，就要自問「為什麼他們要提出這個問題？」最明顯的原因是他們想知道你是否已無計可施、因而願意讓步。這時別中計，而是要問，為什麼這很重要。你可以說「如果我有別的方案，你們會願意提高價錢嗎？」或是「如果我沒有別的方案，你會收更多錢嗎？」這一點聽起來是有點討厭，但如果你覺得對方在耍手段，就應該讓對方知道。或許你也可以問得更巧妙一點：「你認為，這對於我們的討論會有什麼影響呢？」

如果是在求職的情況下，就進行重新表述，表示你有很多的「機會」。你可以說「你是否想找出市場（或是我本人）的價值？」接著，你就可以建議使用適切的標準。

該由誰提出第一次報價？這個答案比想像中簡單很多。如果你對於這次談判已掌握許多資訊，就由你來提出第一次報價。其中要包括價格、價值、議價空間、其他條件、他們所知道的資訊、競爭對手等。這樣一來，你就能給這次談判定下基準點，把期望定在你所要的特定範圍之內。

因此，如果你對汽車的價格和細節很熟悉，就應該主動提出報價。一般來說，如果有了足夠資訊，主動報價能讓結果有三%至五%的進步。

然而，如果談判的範圍太廣、或是無法確定，就不要自己提出第一次報價。否則，對方能接受的範圍可能和你的想像大不相同，結果反而是你給自己造成談判的難處。在這種狀況下，如果你第一次報價，誤差值通常是五〇%至一〇〇%。

查理．史密斯是在哥倫比亞大學上EMBA課程的一位年輕經理，他有一次和太太一起去買餐桌和椅子。桌椅的定價爲三千美元，他知道這家店很少打折，也許頂多折個五十美元左右。但他不太肯定，於是他對店員說，他們正要裝潢新家，如果今天就買的話，可不可以打個折？

「那便宜個三百美元可以嗎？」店員這樣說，令史密斯大吃一驚，站在那裡說不出話來。

「好吧，那便宜五百美元？」一片沉默中，店員又這麼說。史密斯終於慢慢說得出話了。

「嗯，呃……」

「那我再加送免費送貨，營業稅也由我們來付。」店員又說。總折扣八百美元。重點：不知道可以談判的範圍時，就別自己提出第一次的報價，否則你就是在談判上自扯後腿。現在，史密斯已經是紐約財務諮詢公司羅令—美吉的常務董事暨企業融資部主管，他說：「這是一次很好的教訓，可以知道個人的觀點不一定能看到全貌。」

然而，也不是說在談判範圍廣泛或不確定的時候，就一定不能提出第一次報價。但你可以先提問，以縮小談判範圍。先聽聽看，爲什麼其他人在這裡討論這個問題？你可以找出他們的需求。一般來說，如果你願意問，對方就會告訴你很多很多。

但黃金法則是，除非你已經有許多關於對方、議價範圍、大致情況的資訊，否則還是別自己提出第一次的報價，而是設法找出對方的報價。

極端報價

報價過於極端，會導致談判失敗，而且通常對方會覺得受到侮辱。如果報得太低，等於是貶低對方，但如果報得太高，往往另一方又會放棄。此外，這也讓你的信譽承受風險。如果你提出極端報價，又快速撤回，對方就會認為你想占他們便宜，於是不信任感油然而生。

所謂極端報價，指的是沒有合理的標準或資訊做為基礎。但這裡的「合理」與否，是由「對方」來判斷，而不是你說了算。因為就算是瘋子，也會覺得自己的報價十分合理。你需要研究一下對方的負責人，弄清楚他的想法。有人習慣先漫天開價、以爭取談判空間，但這種策略往往適得其反。

如果有人向你提出極端的報價，該怎麼辦？應對的策略是：（一）維持心平氣和；（二）提出問題；（三）運用各項標準來判斷。有可能他們並不是想占你便宜；有可能他們只是不知道如何有效進行談判；當然也有可能是他們的背後有人指點。因此，要先問他們怎麼會得到這種報價的想法。是隨便亂挑的嗎？還是有根據？此外，你也可以說這樣的報價與你在別的地方看過的都相去甚遠，而你想知道他們是怎麼取得相關資訊的。

極端報價還違反了一個本書提到的基本原則：循序漸進。從定義來說，極端報價幾乎是循序漸進的相反詞，因此，另一方會接受的機會也就小得多。在會議中如果出現極端分子，你可以訴諸對方的其他組員，例如問他們：「你真的同意剛才所說的每一個字嗎？」如果有任何猶豫，就先要求休息。或許，他們可以再勸勸那位極端分子，讓他講點理。

務必檢查了解一切事項。如果你要買一輛車，而他們告訴你有個特殊配備要多花點錢，你就先上網查查資料。《華爾街日報》曾有一篇報導，買家想加購高檔輪胎和輪圈，而經銷商報價要另收二千美元。結果買家當場用手機上網查詢，發現所謂的高檔輪胎其實竟然比標準配備、不另外收費的輪胎更便宜。

權力動力學

本書不斷強調，小心過度使用權力的問題。使用權力，只要剛好足以達成目標即可，切勿過度。至於要減少另一方濫用權力的情形，除非能增加自己達成目標的能力，否則其實並不重要。

現在應該已經很清楚，**所謂的權力本身並不重要，重要的是權力和目標之間有何關係**。傳統上認爲大小等同於權力的這種想法，其實並不正確。首先，一小群人的力量也可能非常強大。例如馬丁路德．金恩博士或印度聖雄甘地，雖然都只有孤身一人，但他們準備充分，便具有激勵數百萬人的力量，而讓政府及其他權力利益者俯首稱臣。而在一九八九年天安門事件中，在廣場上站在坦克車前的年輕人，也讓整個權力平衡有所改變。雖然他從來沒有對公衆說過半個字，但他的標準再明顯不過：「在中國，絕不應該用暴力來對待表達自身意見的個人。」他在中國人和坦克駕駛兵之間搭起了人性的連結，讓駕駛兵不願意在這種情況下將他輾過。而與此同時，就算是一大群人，也可能力量相當微弱、或變得微弱。以恩隆爲例，只是一次金融醜聞，就讓它的權力煙消雲散。

以下兩者，究竟誰擁有更多的權力？是實質上已經破產的通用汽車公司，還是高利潤、中等規模的科技公司？通用汽車公司有大量的支出和債務，而小公司可能更能控制自己的目標和命運，於是也就可能累積更多的信譽。

在七○和八○年代，核電廠建造業在美國價值達數十億美元之譜，但遇上了一群鬆鬆散散、原本遭到電力公司嘲笑、而且似乎沒什麼權力的一群人，卻幾乎可說是被徹底打敗。這些人包括受過大學教育的家庭主婦、上圖書館的退休人士、各家記者、行動主義律師，以及由大學生或剛畢業的社會新鮮人所組成的公益團體。這些人組成一個聯盟，做出研究、找出安全問題，包括核廢料處理的危險、有意外時如何疏散周邊地區居民。他們說服國會通過更嚴格的監管要求，於是核電有利可圖的部分幾乎消失殆盡。

在一部名爲《美國工業優越地位的神話》的論文中，講到全球競爭力，有一行文字讓我印象深刻，希望也能讓你印象深刻：「無論是任何機構、企業、社會或任何形式的人類成就，無論現在多麼強大且受尊重，都有可能被推翻。」這可說是對濫用權力下了很好的註腳：無論對方是你的孩子、公司、對方負責同樣業務的人，或是競爭對手，都一樣適用。

談判時，別仗勢凌人，否則很可能反遭報應、樂極生悲。而如果是對方仗勢欺人，則務必記錄下每一個不合理的舉動。

有一種情況，是對方的基礎實力比你強大太多，足以蠻橫地將你擊倒。這時候，就要承認他們的權力，對他們動之以情。接著就可以問他們，雖然他們有足以輕鬆擊倒你的實力，但這麼做到底有沒有道理或必要呢？例如，假設是歌劇院要和明星表演者協商談判，雖然歌劇院握有一切資源、足以強勢欺凌表演者，但這位表演者又會有何感受？他或她還會有動機做出最佳演出、讓歌劇院也因之得利嗎？如果你隨意欺負員工，他們還會認眞工作嗎？

比較好的做法，是好好利用本書提到的工具，滿足各項需求、把餅做大。而且，隨時做好準備，坦率地和對方討論關於權力的問題。如果對方有錯誤觀念，也要婉轉地加以導正。但也要記得，權力可能會附帶許多情感因素，因此也可能要用上動之以情的手法。

我們有什麼需求？

各方相處感到自在之後，就該找出談判的重心所在。而設定目標、設定議程，有助於找出談判重心。現在該做的，是更深入探討你的需求。這點不只用在談判本身，也適用於生活中。原因在於，每個人重視的東西不同，評價不相等的東西還是可以拿來交換。想想看，在各種議題下，

你有什麼物品能拿來交換？

該用什麼準則來評估各項選擇？

有些物品無法交換，就得找出適當的標準，讓你有所權衡。它們有什麼標準？該用什麼準則來決定？類似的情況能否參考？過去有何做法？

現在我們能做些什麼？中期？長期？

找出各方現在能做的事，就更能掌握全局。許多人在談判中迷失方向，是因爲他們開始爭論一些他們根本無法掌握的事。就算有某些事確實非常重要，但如果你現在根本無計可施，那又何必在意呢？然而，你還是應該訂出長期的策略。只是，如果現下就能完成更多事項，各方將更能得到成就感，也就更有動力繼續就不同議題達成協議。

如前所述，要先將簡單、能快速解決的事項優先解決。在大多數情況下，能快速解決的問題是最簡單的問題。只要是現在能完成的，就現在處理。接著再來面對中期的議題。最後再處理長期議題。如果現在雙方都還無法決定什麼，是不是至少可以做出什麼建議？可否先決定下次何時開會？能否想出，下次開會應該邀請哪些人來參與？可否先增加對彼此的認識？他們能不能發揮創意，好讓雙方回去時，在第三方的眼中看來都有所進展？

所有這一切，都運用了循序漸進的概念。許多人想畢其功於一役，但這需要許許多多的前期規劃、成本和組織。我們生活在變化快速的世界，如果規劃出一個長期活動的每一個細節，但過程中世界又有所改變（而且通常都會改變），所有先前的時間、精力和費用就都白費了。

我們需要哪些幫手？

幾乎每個人都需要第三方的協助，才能完成某些事（甚至只是和承包商協商談判）。你是否需要買些硬體設備？你是否需要市政府的某種許可？水電管線需要處理嗎？

對於協商談判中的各方來說，找出所需的第三方和其他資源，實在至關重要。

怎樣才能使承諾不跳票？

正如我在前面所提，光是雙方說「我同意」，或是寫下合約，還不代表已經達成承諾。你需要的，是對方「自己」提出的承諾，而這應該是在談判中明確加以討論的一點。

此外，對方也會想知道，你是否也許下你的承諾。在這裡，第三方可能是加強、但也可能是減弱承諾的力量。例如董事會的董事、老闆、破產管理官員、經濟衰退，或是其他的新資訊，都可能破壞協議。如果雙方都還需要有批准手續，會是什麼感覺？有什麼樣的第三方或獎勵措施，可以讓對方堅守承諾？要許下承諾，這件事本身也需要一個期限和時間表，而且必須明確。如果有任何情況，可能導致一方（包括你）打破承諾，就明文寫下。

最後，如果有一方打破承諾，會有什麼後果？是否要向對方提出補償？最好還是先小人後君子，雖然對方可能會說：「我們絕不會打破承諾！你難道不信任我們嗎？」但你應該回答：「如果你離開公司呢？下一個老闆或管理團隊又會怎麼做？如果你出車禍怎麼辦？」

如果他們堅持自己不可能打破承諾，就不妨要求高額的賠償條款，因為既然不會打破承諾，他們就不必擔心有任何風險，但「這會讓我們的團隊覺得安心很多」。要測試對方，小心別承擔更大的風險。

在談判中，應該明確提出討論各種風險，從關鍵員工因為第三方干擾（朋友、戀人、主管機關）而離職、到有某個人不願意合作，都要提出討論。顯然，如果某方承受比較多的風險，也就有權以某種方式獲得補償。因此，在談判協商中的一個關鍵，就是要了解對方的風險狀況。接著，就是盡量減少他們感受到的風險。他們感受到的風險愈小，就會願意付出更多（如果你是賣家），或是收取更少（如果你是買家）。正因如此，新企業喜歡邀請經驗豐富的商人進入董事會或顧問委員會：這會讓資金提供者覺得風險較小。

光是討論實際的風險，就可能可以和對方談上一整天。然而，比較重要的是要找出他們「感受到」的風險，並減輕這些風險。在談判過程中，這些事都應該「明確」加以討論。

有些談判者會膨脹己方所承受的風險，以增加談判的籌碼。例如有些放款人會依據一些虛僞不實的信貸問題，調降你的信用評分。這時候，要採取我在書中不斷強調的忠告：要求他們提供細節、證據，找出標準。

更有效的做法，是由雙方「共同」努力，減少感知風險。讓風險成為雙方共同的敵人，你們就可以一起面對。如果對方不願意提供協助，要假設他們正試著操縱感知風險，好向你收取更多費用（例如銀行或信用卡機構）。要抱著一顆懷疑的心。

在下次開會前，誰該做什麼？

你一定有過這樣的經歷。大家在開會討論時十分熱絡流暢，但等到會議結束後，你卻想不起來誰該負責什麼，可能是配偶、孩子、朋友、同事，或是對方負責同樣業務的人。「到底，現在是由誰去拿比賽門票？誰該打電話給航空公司問時間表？拿票的和打電話的是同一個人嗎？」

所以，等到一切要收尾的時候，可能就漏了某個關鍵。結果一切都毀了。大家開始相互指責，或說都是「溝通不良」的問題。然而，真正的罪魁禍首其實是沒有釐清責任的歸屬。因此，每次談判結束時，要列出任務清單、時間表和負責人。

如果出了問題，該由誰連繫誰？是否有某種緊急處理機制供眾人使用？如果你生病了，代理人是誰？

如果目前的計畫出問題，是否每個人都有備案？是否每個人都有職權範圍，可以自己下決定而無須諮詢他人？坐下來想想這一切。準備紙筆，花上幾分鐘。這幾分鐘的時間，可以省下未來

循序漸進

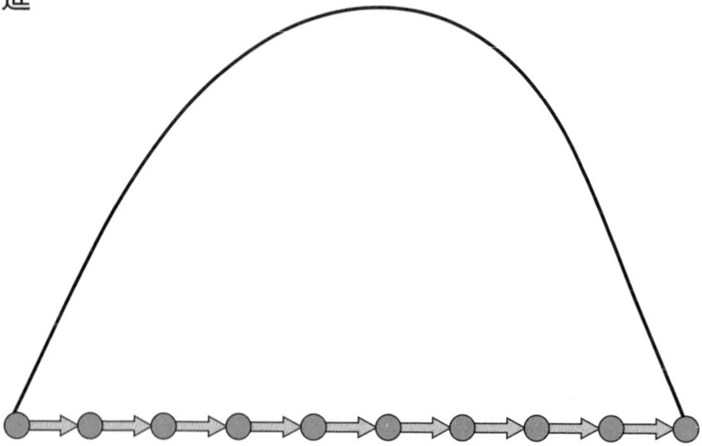

© 1995-2010, Stuart Diamond. All Rights Reserved

許多天、許多錢、許多的麻煩。

從遠景到目標

回到課程總結：**我的目標是什麼、談判的對象是誰、要怎麼做才能說服他們？**我希望你的腦海中已經有了明確的想法。前頁圖就是這個流程的簡化模型。

首先，大圓弧是一般人常試著想做的做法：希望只要一個步驟，就能從腦中的想法，走到最後的目標。但對大多數人來說，這一步都太大了。而底下的另一種做法，是先回到一開始對方腦中的想法，從這裡出發，問對方問題，確認這些想法。你想達成協議嗎？你想開會嗎？一次確認一項問題，就是向目標又邁進了一小步。

所以，最右邊是目標，最左邊是對方現在的位置。要說服他們，就是要一步一步循序漸進，讓他們從左邊走到右邊。

我知道，你一定覺得無聊，想說「別再重複了吧」。現在你已經知道這一切，但光是知道還不夠，重點就在真正身體力行。（別忘了本書訴求正是「爭取更多」！）

你已經準備好了！現在就身體力行、爭取更多！

國家圖書館出版品預行編目資料

華頓商學院最受歡迎的談判課：上完這堂課,世界都會聽你的【暢銷20萬冊增修版】 / 史都華戴蒙(Stuart Diamond)著；洪慧芳, 林俊宏譯. -- 修訂初版. -- 臺北市：先覺, 2018.01
528 面；14.8×20.8公分 --（商戰系列；173）
譯自：Getting more : how to negotiate to achieve your goals in the real world, 1st ed.
ISBN 978-986-134-313-6（平裝）
1.談判 2.溝通技巧
177.4　　　　　　　　　　　　　　　　　　106022334

圓神出版事業機構　先覺出版社 Prophet Press

www.booklife.com.tw　　　　　　　　reader@mail.eurasian.com.tw

商戰 173

華頓商學院最受歡迎的談判課：
上完這堂課，世界都會聽你的【暢銷20萬冊增修版】

作　　　者／史都華・戴蒙（Stuart Diamond）
譯　　　者／洪慧芳、林俊宏
發 行 人／簡志忠
出 版 者／先覺出版股份有限公司
地　　　址／台北市南京東路四段50號6樓之1
電　　　話／（02）2579-6600・2579-8800・2570-3939
傳　　　真／（02）2579-0338・2577-3220・2570-3636
總 編 輯／陳秋月
主　　　編／簡　瑜
責任編輯／許訓彰
校　　　對／許訓彰・莊淑涵・簡　瑜
美術編輯／林韋伶
行銷企畫／范綱鈞・張鳳儀・徐緯程
印務統籌／劉鳳剛・高榮祥
監　　　印／高榮祥
排　　　版／莊寶鈴
特別感謝／李美綾
經 銷 商／叩應股份有限公司
郵撥帳號／18707239
法律顧問／圓神出版事業機構法律顧問　蕭雄淋律師
印　　　刷／祥峯印刷廠
2018年1月　修訂初版
2024年7月　55刷

GETTING MORE: How to Negotiate to Achieve Your Goals in the Real World
Copyright © 2010, Stuart Diamond
Revised contents © 2017, Stuart Diamond
Complex Chinese edition copyright © 2018, Prophet Press, an imprint of Eurasian Publishing Group
This edition arranged with Getting More, Inc. through Andrew Nurnberg Associates International Ltd.
All rights reserved.

定價 400 元　　　　　ISBN 978-986-134-313-6　　　版權所有・翻印必究

◎本書如有缺頁、破損、裝訂錯誤，請寄回本公司調換　　　Printed in Taiwan